天津大学社会科学文库

吴文清 郑春东 等◎著

创业孵化集聚、效率与网络发展研究

中国社会科学出版社

图书在版编目（CIP）数据

创业孵化集聚、效率与网络发展研究 / 吴文清等著 . —北京：中国社会科学出版社，2019.7

ISBN 978 - 7 - 5203 - 4251 - 3

Ⅰ.①创… Ⅱ.①吴… Ⅲ.①创业—研究 Ⅳ.①F241.4

中国版本图书馆 CIP 数据核字（2019）第 061855 号

出 版 人	赵剑英
责任编辑	张　林
特约编辑	张艳红
责任校对	季　静
责任印制	戴　宽

出　　版	中国社会科学出版社
社　　址	北京鼓楼西大街甲 158 号
邮　　编	100720
网　　址	http://www.csspw.cn
发 行 部	010 - 84083685
门 市 部	010 - 84029450
经　　销	新华书店及其他书店

印刷装订	北京市十月印刷有限公司
版　　次	2019 年 7 月第 1 版
印　　次	2019 年 7 月第 1 次印刷

开　　本	710×1000　1/16
印　　张	21.25
插　　页	2
字　　数	338 千字
定　　价	78.00 元

凡购买中国社会科学出版社图书，如有质量问题请与本社营销中心联系调换

电话：010 - 84083683

版权所有　侵权必究

前　言

目前,我国面临"新兴产业、服务业、小微企业作用更凸显,生产小型化、智能化、专业化将成产业组织新特征"的"新常态",作为培育创新型中小企业和企业家的科技企业孵化器的重要作用日益凸显。从实践上看,目前我国孵化器出现了区域集聚的特征,孵化器内创业企业孵化也是一种集聚。孵化器内创业企业集聚和孵化器集聚发展的特征、机理、效率是影响孵化器进一步深入发展的重要问题。科技企业孵化器集聚、效率与网络发展研究对于进一步推动孵化器建设、促进"大众创业,万众创新"的实施,乃至于对我国"创新驱动"发展战略的实践具有较为重要的作用。

本书是国家社科基金(科技型小微企业孵化集聚、效率与空间发展研究,No. 13CGL018)、天津市科技计划项目(京津冀协同创新下的天津市孵化网络建设研究,No. 17ZLZXZF00330)的主要成果。本书集中于研究创业企业孵化集聚下的在孵企业知识学习与网络涌现问题、孵化器集聚效率问题、孵化器网络平台发展问题、孵化器空间网络发展问题等亟待解决的问题,也是学术脉络和学术发展方向的自然延伸。本书主要内容及创新如下:

1. 本书抓住孵化器内存在创业者周期性进入退出这一不同于一般产业集聚的特征,对孵化器内创业团队不同网络连接下的双元学习进行了研究;探讨了孵化器内创业企业知识网络涌现过程及特征;考虑创业者的人际关系网络,构建了孵化器内创业者之间的知识超网络模型,仿真分析了综合孵化器与专业孵化器中创业者之间知识超网络涌现过程中的特质与差异。

2. 本书研究了国家级孵化器区域差异与集聚度,对省域国家级孵化器综合效率、纯技术效率、规模效率和全要素生产率变动指数进行了全局自相关分析，探讨了国家级孵化器效率空间关联模式。基于孵化器集聚的空间邻近特性，构建了孵化器区域性联盟空间博弈模型，利用仿真方法分析公共品回报乘数、合作孵化乘数、联合惩罚对联盟稳定性产生的影响。

3. 本书敏锐捕捉到创业孵化集聚下孵化器与创投关系新的演化特征，构建了孵化器种群与创投种群竞合的生态学模型和知识共享动态演化博弈模型，进一步将孵化器与创投合作孵化创业企业的过程看作一条"孵化链"，考虑声誉对孵化链的影响，并纳入孵化器的利他主义因素，将孵化器与创投的静态合作扩展到动态合作，建立了孵化器与创投合作的微分对策模型。

4. 本书从社会网络出发，系统地分层次研究了微观的个体孵化器网络、区域孵化网络和孵化器政策网络。本书探讨了不同孵化模式下的孵化器利益相关者网络链接特征；研究了区域国家级孵化器网络的网络密度和中心势、无标度特性、小世界特性等网络特征；深入分析了孵化器政策网络的关键词频次、点度中心度，并对共词网络进行聚类分析和多维尺度分析。

5. 本书从孵化器社会网络关系中的关系嵌入角度出发，沿着孵化器向创业企业提供知识服务的路径，探讨了孵化器关系嵌入与孵化绩效的深层次关系。综合考虑孵化器的关系嵌入与知识能力两种因素与孵化绩效的关系，构建了孵化器网络关系嵌入、知识能力与绩效的概念模型，提出了相关假设，通过设计问卷收集数据进行了实证研究。

本书由吴文清、郑春东、谢菲、张海红、吕卓燏、马赛翔、刘晓英、付明霞、赵黎明等同志完成，最后由吴文清统稿、审定。

感谢全国哲学社会科学工作办公室，他们始终关心着我们的研究工作，给予了很大的支持与指导，保证了研究工作的顺利完成。值此本书出版之际表示深深的谢意。

感谢在这一领域辛勤耕耘的各位学者、企业家，他们的著作、文章以及在问卷调查中所回答的问题，给了我们重要启示。

感谢天津大学人文社科处、天津大学管理与经济学部、天津大学宣怀学院（中科创业学院）对这一研究工作的大力支持与帮助。感谢《天津大学社会科学文库》学术专著出版计划的资助。

感谢中国社会科学出版社为本书出版所付出的辛勤劳动。能够由中国社会科学出版社出版这本专著，我们深感荣幸。

吴文清

2019 年 1 月

目 录

第一章 科技企业孵化器理论基础与研究趋势 …………… (1)
  第一节 科技企业孵化器概念及其在我国的发展 ………… (2)
  第二节 孵化器发展理论基础 …………………………… (6)
  第三节 基于共词的我国孵化器研究趋势分析 ………… (11)
  第四节 本章小结 ………………………………………… (23)

第二章 科技企业孵化器内在孵企业知识网络涌现 ……… (25)
  第一节 涌现及研究现状 ………………………………… (26)
  第二节 在孵企业知识网络模型涌现机制 ……………… (29)
  第三节 在孵企业知识网络绩效度量 …………………… (32)
  第四节 仿真分析 ………………………………………… (33)
  第五节 本章小结 ………………………………………… (43)

第三章 科技企业孵化器内创业者知识超网络涌现 ……… (45)
  第一节 超网络概述 ……………………………………… (45)
  第二节 创业者知识超网络模型涌现机制 ……………… (52)
  第三节 创业者知识超网络绩效度量 …………………… (56)
  第四节 仿真分析 ………………………………………… (60)
  第五节 本章小结 ………………………………………… (72)

第四章 孵化器中创业团队知识学习、知识遗忘与知识绩效 ……… (74)
  第一节 创业企业双元学习与绩效 ……………………… (75)
  第二节 孵化器内创业团队双元学习仿真模型 ………… (80)

第三节　仿真结果分析 …………………………………………（86）
　　第四节　三种不同连接网络下的双元学习 …………………（99）
　　第五节　本章小结 ……………………………………………（108）

第五章　科技企业孵化器空间关联与空间博弈 ………………（112）
　　第一节　国家级孵化器区域差异与集聚度 …………………（114）
　　第二节　省域国家级孵化器效率测算 ………………………（116）
　　第三节　省域国家级孵化器效率的空间关联性 ……………（124）
　　第四节　空间公共品博弈下孵化器区域联盟稳定性 ………（128）
　　第五节　本章小结 ……………………………………………（147）

第六章　产业集聚下的科技企业孵化器绩效 …………………（150）
　　第一节　孵化器技术创新效率 ………………………………（150）
　　第二节　科技企业孵化器的集聚度 …………………………（156）
　　第三节　孵化器集聚度对技术创新效率的影响 ……………（158）
　　第四节　孵化器规模与孵化绩效 ……………………………（165）
　　第五节　本章小结 ……………………………………………（180）

第七章　集聚下的科技企业孵化器与创投演化 ………………（183）
　　第一节　集聚下的孵化器与创投知识共享演化与激励 ……（185）
　　第二节　集聚下的孵化器与创投种群竞合模型及演化 ……（202）
　　第三节　集聚下的孵化器与创投合作微分对策 ……………（215）
　　第四节　本章小结 ……………………………………………（232）

第八章　科技企业孵化器网络平台评价与优化 ………………（235）
　　第一节　孵化器网络平台差异性检验 ………………………（237）
　　第二节　孵化器网络活跃度分析 ……………………………（240）
　　第三节　孵化器网络平台内容优化 …………………………（240）
　　第四节　基于网络平台的孵化器投资功能评价 ……………（247）
　　第五节　本章小结 ……………………………………………（254）

第九章 社会网络下的科技企业孵化器合作及政策 ……………（258）
 第一节 孵化器合作网络结构及测度 ……………………（260）
 第二节 孵化器利益相关者网络 …………………………（270）
 第三节 社会网络分析下的孵化器政策 …………………（280）
 第四节 本章小结 …………………………………………（296）

第十章 科技企业孵化器网络关系嵌入、知识能力与绩效 …………（298）
 第一节 理论基础与研究假设 ……………………………（300）
 第二节 问卷设计与调查 …………………………………（310）
 第三节 问卷观测变量设计 ………………………………（312）
 第四节 实证分析 …………………………………………（315）
 第五节 本章小结 …………………………………………（329）

第一章

科技企业孵化器理论基础与研究趋势

党的十八大报告指出，到2020年我国"科技进步对经济增长的贡献率大幅上升，进入创新型国家行列"，"实施创新驱动发展战略……推动科技和经济紧密结合"。《中共中央关于全面深化改革若干重大问题的决定》提出要"激发中小企业创新活力"。习近平多次在不同场合强调，"创新是引领发展的第一动力"，"增强科技进步对经济增长的贡献度，形成新的增长动力源泉"。同时，科技企业孵化器对促进科技成果产业化、培育科技企业和企业家，提高自主创新能力和发展战略性新兴产业的基础性作用在社会上形成广泛共识。目前，我国面临"新兴产业、服务业、小微企业作用更凸显，生产小型化、智能化、专业化将成产业组织新特征"的"新常态"，作为培育创新型中小企业和企业间的孵化器重要作用日益凸显，面临前所未有的发展机遇。

科技企业孵化器是培育和扶持高新技术中小企业的服务机构。科技企业孵化器通过为新创办的科技型中小企业提供办公空间、公共设施平台以及初始种子资金，搭建创业企业内部交流网络，提供创业企业与外部创投及中介机构联系渠道，争取政策扶持，排除外部干扰，降低创业者的创业风险和创业成本，提高创业成功率。科技企业孵化器在弘扬创新、创业精神，有效应对我国经济发展"新常态"，实践"创新驱动"发展战略，促使我国由"制造大国"向"创造大国"转型，促进科技成果转化等方面的社会价值正充分显现。

第一节　科技企业孵化器概念及其在我国的发展

（1）科技企业孵化器雏形

科技企业孵化器的观念始于 1959 年美国的 Joseph L. Manusco，他将纽约州水牛城近郊 Batavia 镇一处荒废的工业用地转变为一个商业中心，并且开始接受第一位租户。当时美国东北部各州正面临严重的经济衰退，这位实业家希望借由提供新创业者安置他们的设备、信用和顾客服务，期望不但能改善当地的经济发展，同时也能维持当地的商业活动及就业。当时所在的种种规划包括了整地、对外交通的筹设、公共设施的建设等。除此之外，举凡一些政策、制度上的准备工作也都是站在创业者的立场设想，像是免税、抵税、减税或是水、电、天然气、废弃处理厂等种种资源上的协助，还有低廉的租金、给予资金援助、辅导服务及法律常识上的咨询服务，都包含在此商业中心，因此也可算是"科技企业孵化器"的雏形。

科技企业孵化器的原文为"incubator"，意指孵蛋器或早产儿的保温箱，以人工的方式通过各种方式的协助，使孕育期内脆弱的新生命得以顺利成长。科技企业孵化器的名称较多，除了最常使用的名词 Business Incubator 外，还有其他称呼，如"innovation center""enterprise center" "business and technology center"等，均是指具有培育企业，促进其发展功能的机构名称。被尊称为"科技企业孵化器之父"的拉卡卡对科技企业孵化器是这样定义的：科技企业孵化器本身是一个系统，是专门为扶持新创的科技型企业而设计和运作的体系。科技部对科技企业孵化器的定义为：高新技术创业服务中心（也称科技企业孵化器，以下简称创业中心）是以促进科技成果转化、培养高新技术企业和企业家为宗旨的科技创业服务机构。创业中心是国家创新体系的重要组成部分，是区域创新体系的重要核心内容。

（2）科技企业孵化器在我国的发展历程

如今，科技企业孵化器已经成为培育和扶持高新技术中小企业的服务机构。孵化器通过为新创办的科技型中小企业提供物理空间和基础设施，提供一系列服务支持，降低创业者的创业风险和创业成本，提高创业成功率，促进科技成果转化，帮助和支持科技型中小企业成长与发展，培养成功的企业和企业家。它对推动高新技术产业发展，完善国家和区域创新体系、繁荣经济发挥着重要的作用，具有重大的社会经济意义。从全球范围来看，越来越多的国家经济增长依赖于创业企业的成长，而通过创建科技企业孵化器的形式加强产学研的联系，促进创新与创业是各国经济建设的重要共识之一。从国外来看，孵化器经历了第一代到第四代的发展，与此同时孵化器研究已经历了4个阶段（1984—1987，孵化器发展与类别研究；1987—1990，孵化器结构研究；1990—1999，孵化器孵化绩效研究；1999—2004，孵化器孵化理论研究）。随着越来越多的国家将孵化器作为一种促进创业的重要工具，孵化器研究在国内外方兴未艾，获得了众多学者的广泛重视。特别是在我国"大众创业、万众创新"的背景下，科技企业孵化器出现了"众创空间"这一新的形式。所谓"众创空间"，是顺应创新2.0时代用户创新、开放创新、协同创新、大众创新趋势，把握全球创客浪潮兴起的机遇，根据互联网及其应用深入发展、知识社会创新2.0环境下的创新创业特点和需求，通过市场化机制、专业化服务和资本化途径构建的低成本、便利化、全要素、开放式的新型创业服务平台的统称。

（3）我国科技企业孵化器发展态势

根据《国家科技企业孵化器"十三五"发展规划》，"十二五"期间，我国孵化器发展突飞猛进，数量全球领先，并完成全国布局。2015年底，全国纳入火炬计划统计的孵化器达2530家，其中国家级孵化器736家，从业人员近4.3万人，孵化面积超过8600万平方米。京津冀、长三角、珠三角、川渝等成为孵化器重要集聚区，实现对欠发达地区全覆盖，省级地区80%以上建立了孵化器协会体系。企业化运作的孵化器从不到30%上升至75%以上，种子投资、创业辅导、技能培训、咨询服务等深度服务成为重要的市场化服务手段。全国孵化器与1.3万家中介机构签订合作协议，共同为创业企业提供优质服务。我国孵化器为社会贡献了大量高成长企业。2011—2015年，累计毕业企业数量从39562家上升为74838家，呈不断增长态势。专业孵化器与综合孵化器、留学人员创业园、国际企业孵化器等面向不同创业主体的孵化器深化发展。国有企事业孵化器与民营孵化器协同共进，孵化器的社会公益性与营利性融合互补。众创空间、孵化器、加速器形成了服务种子期、初创期、成长期等围绕创业企业发展的全孵化链条，创业孵化作为科技服务业的重要组成部分显现出勃勃生机。

孵化器不断探索新型孵化模式，创业孵化链条向早期创业者延伸，不断激励新企业诞生。"十二五"期末，一批顺应网络时代创新创业特点和需求，通过市场化机制、专业化服务和资本化途径构建的众创空间大量涌现。2015年火炬调研数据显示，全国已建成各类众创空间2300余家（经科技部备案498家），出现了多种基于不同服务重点和核心资源的新型孵化模式，推动创新与创业相结合、线上与线下相结合、孵化与投资相结合，为创业者应用新技术、开发新产品、开拓新市场、培育新业态提供了有力支撑。仅2015年，各地众创空间举办各类创新创业活动7万余场次，服务创业团队和初创企业超过15万家，服务创业者超过50万人，多数地区成立了众创空间联盟组织。创业大街、创业小镇、创业社区等创新创业要素集聚发展的苗头初现。众创空间作为创业孵化链条的重要组成部分，不断推动早期创新创业活动，营造了我国大众创新创业的良好生态环境。

1995—2016年我国科技企业孵化器发展概况如表1—1所示。

表1—1　　1995—2016年我国科技企业孵化器基本情况表

年度	孵化器个数	场地面积（万平方米）	在孵企业数（家）	在孵企业总收入（亿元）	在孵企业从业人员数（万人）	累计毕业企业（家）
1995	73	40.2	1854	24.2	2.57	364
1996	80	56.6	2476	36.3	3.78	648
1997	80	77.5	2670	40.8	4.56	825
1998	77	88.4	4138	60.7	6.9	1316
1999	110	188.8	5293	95.8	9.16	1934
2000	164	339.5	8653	207.0	14.4	2790
2001	324	634.7	14270	422.4	28.4	4281
2002	378	632.6	20993	230.5	36.3	6207

续表

年度	孵化器个数	场地面积（万平方米）	在孵企业数（家）	在孵企业总收入（亿元）	在孵企业从业人员数（万人）	累计毕业企业（家）
2003	431	1358.9	27285	759.3	48.3	8981
2004	464	1515.1	33213	1121.7	55.2	11718
2005	534	1969.9	39491	1625.4	71.7	15815
2006	548	2008.0	41434	1926.7	79.3	19896
2007	614	2269.8	44750	2621.9	93.3	23394
2008	670	2315.5	44346	1866.2	92.8	31764
2009	772	2901.3	50511	2000.8	101.2	32301
2010	896	3043.9	56382	3329.5	117.8	36485
2011	1034	3472.1	60936	3800.6	125.6	39562
2012	1239	4375.8	70217	4147.1	143.7	45160
2013	1468	5379.3	77677	3308.8	158.3	52146
2014	1748	6877.8	78965	3696.4	141.7	61944
2015	2533	8680.0	102170	4810.4	166.2	74853
2016	3255	10732.8	133286	4792.7	212.1	89694

数据来源：《中国火炬统计年鉴2017》。

一般来说，我国科技企业孵化经历了初创阶段、发展阶段、提升阶段、二次孵化阶段等多个阶段[1]；从国际上而言，科技企业孵化器研究经历了孵化器发展研究、孵化器配置研究、孵化器培育发展研究、孵化器孵化的影响研究、孵化器孵化的理论研究等若干阶段[2]。在每一个发展阶段，科技企业孵化器均表现出不同的发展特征，其研究内容和重点也不相同，科技企业孵化器的研究趋势获得了学者的广泛重视。国外学者Hackett 和 Dilts[2]，Bergek 和 Norrman[3]等对科技企业孵化器研究作了综

---

[1] 钱平凡、李志能：《孵化器运作的国际经验与我国孵化器产业的发展对策》，《管理世界》2000年第6期，第78—84页。

[2] Hackett S. M., Dilts D. M. A., systematic review of business incubation research [J]. Journal of Technology Transfer, 2004, 29 (1): 55-82.

[3] Bergek A., Norrman C., Incubator best practices: a framework [J]. Technovation, 2008, 28 (1-2): 20-28.

述，国内有侯合银[①]、张力[②]、殷群[③]、陈海秋[④]等多名学者对科技企业孵化器研究的不同方面进行了综述。不过上述对科技企业孵化器研究的总结都是通过文献综述的方法进行，不能全面反映目前科技企业孵化器的研究热点和研究趋势。近年来，基于共词分析研究某一领域研究热点的方法获得了广泛重视[⑤⑥]。因此，结合孵化器发展理论基础，在科技企业孵化器这一新生事物其组织、功能、内涵等都在不断变迁的情况下，通过共词分析了解科技企业孵化器研究现状具有重要的意义。

第二节 孵化器发展理论基础

科技企业孵化器的产生和发展具有深厚的理论基础，结合孵化器的本质及现有研究成果，下列理论体系是构成孵化器产生和发展的理论基础。

一 专业化分工理论

对专业化分工的研究早在古希腊时期就有开展，到17世纪和18世纪，分工理论得到经济学的进一步发展。亚当·斯密的著名论著《国富论》就对专业化分工进行过详细讨论，著名经济学家斯蒂格勒在其论文《分工受市场范围的限制》中提出了斯密定理：专业化生产者的出现当且仅当某一产品或服务的需求随着市场范围的扩大增长到一定程度的时候，与此同时

---

① 侯合银、葛芳芳：《科技企业孵化器可持续发展研究：文献综述与研究框架设计》，《系统科学学报》2010年第1期，第13—18页。
② 张力、聂鸣：《企业孵化器分类和绩效评价模型研究综述》，《外国经济与管理》2009年第5期，第60—64页。
③ 殷群：《企业孵化器研究热点综述》，《科研管理》2008年第1期，第157—163页。
④ 陈海秋：《企业孵化器若干理论问题研究述评》，《高校社科动态》2010年第1期，第34—41页。
⑤ Ronda-Pupo G. A., Guerras-Martin L. Á., Dynamics of the evolution of the strategy concept 1962 – 2008: a co-word analysis [J]. Strategic Management Journal, 2012, 33 (2): 162 – 188.
⑥ 冯璐、冷伏海：《共词分析方法理论进展》，《中国图书馆学报》2006年第2期，第88—92页。

随着市场范围的扩大,分工的细化和专业化的程度也会随之提高①。

孵化器的主要职能是为孵化对象提供孵化服务,这可以看作是孵化对象在创业阶段业务分离的结果,即在孵化器与孵化对象间实现了专业化分工。孵化器专门为孵化企业提供帮助初创企业发展的服务,同时在孵企业则可以专心从事科技创新等经营活动②。在科技发展初期,用于科技成果转化的技术数量较少,所以不会出现从事专业服务的孵化器。随着技术爆炸和网络时代的兴起,涌现出越来越多的科技创业企业,对创业服务的需求也随之增大,孵化器就是在这样的背景下产生和发展起来的。

孵化器的专业化服务可以大大降低孵化对象在初创阶段的成本,提高了社会总体的效益。当然也不能忽略由于专业化分工所产生的孵化器与孵化对象间的交易费用。根据实际情况,孵化器与孵化对象之间专业化分工所产生的综合效益远远大于由于专业化分工而产生的交易费用,这使得孵化器不断产生与发展③。

通过上述分析可知,专业化分工理论为孵化器的产生和发展提供了一种合理的理论解释,是孵化器产生和发展的理论基础。

二 交易成本理论

交易成本理论最初是在1973年由经济学家罗纳德在其著作《企业的性质》中提出的,后经众多学者发展起来的。交易成本理论的基本思想是:由于存在交易成本,使得自由市场并非资源配置的最佳方式,当存在较高交易成本的情况下,用组织方式来代替市场是一种合理的方式④。早期的企业创业通常是由独立的企业家通过多样的市场活动来完成的,这一过程可以形象地表示为用市场培育企业。企业家在创办小企业的过

---

① Lois Peters, Mark Rice, Malavika Sundararajan. The Role of Incubator in the Entrepreneurial Process, Journal of Technology Transfer, 2004 (9): 83-91.

② 盛洪:《分工与交易:一个一般理论及其对中国非专业化问题的应用分析》,上海人民出版社1994年版,第12—15页。

③ 林强、姜彦福、高建:《我国科技企业孵化器的影响因素及发展对策》,《中国科技论坛》2003年第1期,第77—80页。

④ Philips R. G., Technology Business Incubators: How effective as Technology Transfer Mechanisms [J]. Technology in Society, 2002 (24): 299-316.

程中,需要从不同的市场上获得生产过程所需要的资源,这不仅要付出时间成本与资金成本,还要承担这一过程中所存在的风险。同时相比较大规模的企业,小规模的初创企业通过市场行为获得生产资源的成本较高,承担的风险相对较大,因此初创企业的创业成功率较低。孵化器改变了创业企业生成的传统模式,运用组织机构统一对初创企业进行孵化培育,通过政策性的社会网络来进行交易,降低了交易成本。

对于中小型初创企业,企业初期的生产资源决定了企业的发展,但缺乏资源往往是这些企业首先面临的问题。孵化器具有网络化、专业化的特点,通过寻找和凝聚资源可以协助初创企业进行搜索、谈判等活动,从而降低其交易成本[1]。单纯的市场交易关系容易产生信息不对称、有限理性、机会成本等问题而提高交易成本;如果以技术为基础寻找合作伙伴,则存在较高的沟通成本、谈判成本和监督成本等。孵化器能够通过政策性支持形成的社会关系网络来组织相关活动,为创业者提供降低创业风险的环境,全面扶持孵化企业的成长,降低了科技成果转化过程中的交易成本。在孵化器中,创业者可以应用孵化器提供的场地设施,降低了先期的投入成本;通过系统内部的组织过程,降低了获得市场要素和信息的中介费用,节约了时间和空间成本;孵化对象可以利用孵化器建立起来的信用体系、关系渠道、社会信誉等进行企业业务的拓展,大大降低了企业进入市场的门槛和期间的交易费用,提高了企业的创业成功率。

三 集聚经济理论

在产业经济学中,集聚(Cluster)是指同一类产业的企业以及该产业的相关产业和支持产业在地理位置上的相对集中。当多个企业主体在一定区域内聚集在一起时,会产生规模效应或规模经济,就是所说的聚集经济。聚集经济现象的出现需要经济活动在一定范围内集中并达到一定的数量,因此聚集经济通常与规模经济一起讨论,它是规模经济的一种,也可以称为聚集规模经济[2]。作为一种规模经济,聚集经济区别于新

---

[1] Rothaermel F. T., Thursby M., University-incubator firm knowledge flows: assessing their impact on incubator firm performance [J]. Research Policy, 2005, 34 (3): 305 – 320.

[2] 刘友金:《中小企业集群式创新》,中国经济出版社2004年版,第29—42页。

古典主义经济学中的企业内部规模经济。企业内部的规模经济发生在单个企业的内部,指的是单位成本随企业生产规模的扩大而逐渐降低的现象。而规模经济现象的产生是由于大量企业在一定空间范围内的集中,当规模经济到达一定阈值时,区域内的企业都可以从中受益,相对于企业内部的规模经济上述现象可以表述为外部的规模经济[1]。关于外部规模经济的表述,英国经济学家马歇尔也有过研究。他提出企业内部的规模经济一般较容易被人认同,企业也会相应扩大生产规模;而外部的规模经济同样重要,当特定区域内的经济持续增长,会产生专门的服务性行业,由于产业规模的增长而引发的知识量的增长和信息技术的传播也能说明这种集聚现象[2]。

从集聚经济理论的视角进行分析,可以认为孵化器的产生和发展主要依赖于创业资源共享与知识溢出效应。

(1) 创业资源共享

单独的企业由于规模较小,在购买生产要素的支付能力和谈判能力方面较弱。孵化器在为企业提供物业空间,使大量初创企业聚集在一起产生聚集效应的同时,也能使创业资源在企业间得到共享,从而降低单个企业的运行生产成本。孵化器同时为许多企业提供物业等硬件服务和咨询等软件服务,使创业企业能够专注于技术创新等核心竞争力[3]。在这个过程中,孵化器产生了规模经济效应,初创企业产生了聚集经济效应,孵化器提供各种服务的总成本由系统内的对象共同承担,使单独企业的成本减少,将节约的成本用于核心技术的开发与应用,提高了企业的创业成功率[4]。

(2) 知识溢出效应

孵化器中孵化对象的知识溢出是指孵化对象所掌握的知识信息不仅

---

[1] 郁义鸿、李志能、Hisrich, R. D.:《创业学》,复旦大学出版社2000年版,第12—15页。

[2] Kazajian R., Drazin R., A Stage-contingent Model of Design and Growth for Technology Based New Ventures [J]. Journal of Business venturing, 1990, 5 (3): 137 – 150.

[3] 张玉利:《新经济时代的创业与管理革命》,《外国经济与管理》2005年第1期,第2—6页。

[4] Rice, Mark P., Co-production of Business Assistance in Business Incubators: An Explortory Study [J]. Journal of Business Venturing, 2002, 17 (2): 163 – 187.

可以应用于自身的发展，还可以为系统内的其他孵化对象服务并产生正的溢出效应。这里所指的知识信息包括技术、知识等核心资源，也包括专利申请信息、管理经营经验等。一旦知识被创造出来，其所产生的价值与传播的速度及掌握的群体广度成正比。孵化器中聚集了大量的创业企业，空间上的便利使得这些企业之间增大了联系与合作的密度，从而加速了这些企业间的信息流动和知识转移[1]。孵化对象在孵化器中不仅享受各方面的服务，而且主体之间由于空间的优势而相互影响，方便进行知识沟通、技术交流、管理互动等，因此孵化对象间的知识溢出是双向的，即会从外界向企业内溢出也会由企业内向外界溢出[2]。在孵化器中，技术实力较强的企业创新会很快扩散，其他企业主体也会模仿这种创新，知识溢出效应在这样的示范与模仿的过程中产生[3]。知识溢出提高了孵化器中孵化对象的创新能力与创新效率。

四 社会网络理论

社会网络是指由一系列社会关系联结在一起的结点（个体或组织）的综合。市场中的交易关系是社会关系网络的一个子集，社会网络中的成员主体的行为不仅受总体社会经济环境的影响与制约，也与其所处的社会网络位置有关。社会网络的优势体现在降低信息的不确定性、减少经济行为风险等方面。网络联系中的密切程度与信息知识的共享成正比，作为一种重要的资源，信息与信任程度的积累会使网络主体生成社会网络。

在知识传播和信息流动方面的优越性是社会网络的主要特征。孵化器的创新主体在协调获得所需资源的过程中，社会网络是一种有效的交易方式。创新主体可以直接与相关团体取得联系也可以通过孵化器的社会网络进行间接联系，显然后者在节约资源和时间方面具有优势。孵化

---

[1] Smilor, Gill., The New Business Incubator: Linking Talent, Technology, Capital, and Know-How, Lexington Books, Massachusetts, Toronto, 1986, 55 – 58.

[2] Venkataraman S., Hostile environmental jolts, transaction set, and new business [J]. Journal of Business Venturing, 1998, 13 (3): 231 – 255.

[3] Phan P. H., Siegel D. S., Wright M. Science parks and incubators: observations, synthesis and future research [J]. Journal of Business Venturing, 2005, 20 (2): 165 – 182.

器可以将孵化对象与社会网络有效地联系起来。通常，孵化对象具有的资源较少，需要依靠创新技术作为手段来吸纳外部资源，并最终将其转化为所需要素。而在政府、企业、金融机构、科研院所中存在这样的资源要素。综合孵化系统通过资助、联盟等手段构建二者联系的平台帮助双方进行资源的组织与协调[1]。

第三节 基于共词的我国孵化器研究趋势分析

一 研究方法

共词分析方法最早在20世纪70年代中后期由法国文献计量学家提出的，其思想来源于文献计量学的引文耦合与共被引概念。1986年法国国家科学研究中心的Callon M 和 Law J 等人出版了第一部关于共词分析法的学术专著[2]。

共词分析法主要是对同一篇文献中词汇对或名词短语共同出现的次数进行统计，以此为基础对这些词进行分层聚类，揭示出这些词之间的亲疏关系，进而分析它们所代表的学科和主题的结构变化[3]。运用共词分析法进行文献情报的分析研究大致可分为六个步骤：①确定分析的问题；②确定分析的词汇单元；③筛选出高频词；④确定词汇对共现的频率，构建共词矩阵；⑤对共词矩阵，采用聚类法、关联法、词频法、突发词监测法等进行信息分析；⑥对共词结果进行分析[4]。

（一）数据来源

本书的数据来源于CNKI数据库，检索截止日期为2014年8月20日。为了保证数据采集的完备性以及所选文献的权威性和代表性，本书

---

[1] Hansen M. T., Chesbrough H. W., Nohria N., et al. Networked incubators [J]. Harvard business review, 2000, 78 (5): 74–84.

[2] 储节旺、郭春侠：《共词分析法的基本原理及EXCEL实现》，《情报科学》2011年第6期，第931—934页。

[3] 张勤、马费成：《国外知识管理研究范式——以共词分析为方法》，《管理科学学报》2007年第6期，第65—75页。

[4] 钟伟金、李佳：《共词分析法研究（一）——共词分析的过程与方式》，《情报杂志》2008年第5期，第70—72页。

在 CNKI 中的核心期刊数据库和 CSSCI 数据库中检索 2003—2014 年，篇名中含有"企业孵化器"和"大学科技园"的文献，得到篇名含有"企业孵化器"的文献 405 篇，篇名中含有"大学科技园"的文献 225 篇，剔除不相关文献、没有关键词的文献和重复文献，共得到文献 595 篇进行分析[①]。

（二）关键词处理

在上述导出的 595 篇文献关键词基础上，同时为了保证定量分析中关键词的有效性，经过同义词合并、修正等步骤，利用 bibexcel 词频统计软件，得到有关我国科技企业孵化器相关问题研究的关键词频次统计。对科技企业孵化器研究文献同义词的合并修改包括把"孵化器""企业孵化器"等修改成"科技企业孵化器"；把"被孵企业""科技型中小企业"等修改成"孵化企业"；以及对"风险投资""创投机构""博弈分析""道德风险""财政返还"等关键词进行修正。

统计 595 篇科技企业孵化器研究文献所有关键词出现的次数，按照出现频次大小排序。这些文献中关键词总共出现 912 个，其中出现频次大于等于 10 次的关键词共 36 个，将这些高频词按出现频次高低排名，取出排序前 36 的关键词，如表 1—2 所示：

表 1—2　　科技企业孵化器研究文献高频关键词（频次≥10）

关键词	频次	关键词	频次
科技企业孵化器	351	网络治理	15
大学科技园	215	技术创新	14
孵化企业	134	国外经验	14
创投	64	发展实践	14
孵化模式	55	博弈	13
孵化器绩效	35	系统理论	13
发展战略	30	科技孵化器	13
服务创新	24	政府补贴	13

---

① 吴文清、吕卓燏、赵黎明：《基于共词的我国科技企业孵化器研究趋势分析》，《科学管理研究》2014 年第 1 期，第 74—77 页。

续表

关键词	频次	关键词	频次
管理创新	21	农业孵化器	12
区域经济	20	人才孵化	12
评估体系	20	核心竞争力	11
产学研	18	公共服务平台	10
发展模式	17	产业集聚	10
区域创新	16	发展比较	10
孵化器网络	16	创业教育	10
科技成果转化	16	技术转移	10
信息不对称	15	孵化器建设	10
创新环境	15	服务评价	10

（三）共词矩阵

共词分析方法属于内容分析方法的一种，其原理主要是对一组词两两统计它们在同一篇文献中出现的次数，对这些词进行聚类分析，进而分析这些词所代表的学科和主题的结构变化。由表1—2科技企业孵化器研究高频关键词频次统计表可以看出，出现频次最高的是科技企业孵化器，频次为351次，大学科技园出现215次，孵化企业出现134次，创投出现64次。鉴于本书研究的是科技企业孵化器相关问题，科技企业孵化器和大学科技园这两个关键词对于本研究没有实际意义，所以在共词分析中排除这两个词。本书在得到34个高频关键词的基础上，采用共词分析法描述关键词对之间的连接强度，以便进一步揭示我国科技企业孵化器相关问题的研究趋势[1][2]。

对确定的34个科技企业孵化器研究高频关键词，统计它们两两的共现次数，形成一个34×34的共词矩阵，该矩阵为对称矩阵，对角线上的数据为该关键词出现的频次，如表1—3所示。

---

[1] 张垒：《我国图书馆知识产权相关问题研究述评——基于共词分析视角》，《山东图书馆学刊》2013年第6期，第14—19页。

[2] 王君、刘竟、卢章平等：《我国图书馆学硕博士学位论文研究热点可视化分析》，《图书情报工作》2010年第19期，第28—31页。

表 1—3　　科技企业孵化器研究高频关键词共词矩阵（前10）

	孵化企业	创投	孵化模式	孵化器绩效	发展战略	服务创新	管理创新	区域经济	评估体系	产学研
孵化企业	134	21	7	2	8	4	8	4	1	2
创投	21	64	2	2	3	2	3	1	0	4
孵化模式	7	2	55	1	1	1	3	2	0	1
孵化器绩效	2	2	1	35	1	1	2	2	2	0
发展战略	8	3	1	1	30	0	0	2	1	0
服务创新	4	2	1	1	0	24	0	0	1	0
管理创新	8	3	3	2	0	0	21	1	0	1
区域经济	4	1	2	2	2	0	1	20	0	2
评估体系	1	0	0	2	1	1	0	0	20	0
产学研	2	4	1	0	0	0	1	2	0	18

二　共词分析

（一）知识图谱

将科技企业孵化器研究关键词共词矩阵导入社会网络分析工具Ucinet，可绘制出2003—2013年科技企业孵化器研究文献关键词共词矩阵的知识图谱，如图1—1所示。从图1—1可以看出，"孵化企业""创投"和"孵化模式"在知识图谱的中心位置。

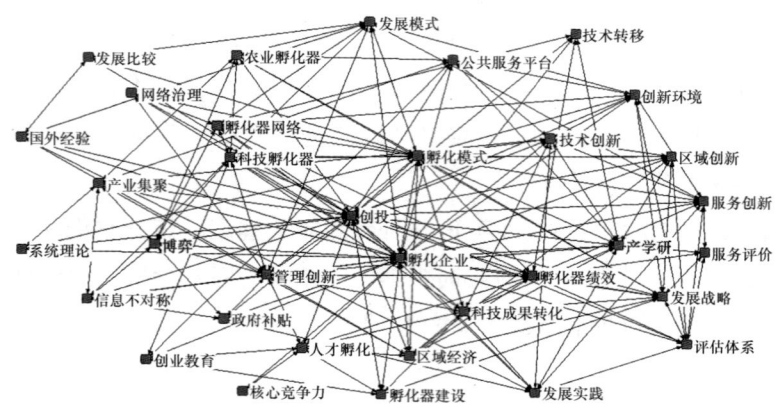

图1—1　2003—2013年科技企业孵化器研究文献关键词
共词矩阵知识图谱

（二）点度中心度分析

点度中心度是用来衡量共词矩阵知识图谱中谁是最主要节点的指标。在一个社会网络中，如果一个节点与很多其他节点之间存在直接联系，那么节点就居于中心地位，在该网络中拥有较大的"权力"，则称该点具有较高的点度中心度[1][2]。

在无向图（Undirected Graph）中，度中心性用于测量网络中一个节点与所有其他节点相联系的程度。对于一个拥有 g 个节点的无向图，节点 i 的度中心性是 i 与其他 $g-1$ 个节点的直接联系总数，用矩阵表示如下：

$$C_D(N_i) = \sum_{J=1}^{g} x_{ij} (i \neq j)$$

其中 $C_D(N_i)$ 表示节点 i 的度中心度，$\sum_{J=1}^{g} x_{ij}$ 用于计算节点 i 与其他 $g-1$ 个 j 节点（$i \neq j$，排除 i 与自身的联系；也就是说，主对角线的值可以忽略）之间的直接联系的数量。$C_D(N_i)$ 的计算就是简单地将节点 i 在网络矩阵中对应的行或列所在的单元格值加总。（因为无向关系构成一个对称性数据矩阵，因此行和列相同的单元格的值相同）

通过 Ucinet 软件，可得到科技企业孵化器研究文献关键词节点的点度中心度分析结果，如表1—4所示，进一步可得出科技企业孵化器研究的热点问题。

表1—4 科技企业孵化器研究文献关键词点度中心度分析表（部分）

序号	关键词	绝对点度中心度	相对点度中心度
1	孵化企业	115.000	16.595
2	创投	70.000	10.101
3	孵化模式	37.000	5.339
4	管理创新	28.000	4.040
5	科技成果转化	26.000	3.752

---

[1] 徐媛媛、朱庆华：《社会网络分析法在引文分析中的实证研究》，《情报理论与实践》2008年第2期，第184—188页。

[2] 苏敬勤、李晓昂、许昕傲：《基于内容分析法的国家和地方科技创新政策构成对比分析》，《科学学与科学技术管理》2012年第6期，第15—21页。

续表

序号	关键词	绝对点度中心度	相对点度中心度
6	发展战略	23.000	3.319
7	区域经济	21.000	3.030
8	产学研	21.000	3.030
9	信息不对称	20.000	2.886
10	博弈	19.000	2.742
11	孵化器绩效	18.000	2.597
12	服务创新	18.000	2.597
13	孵化器网络	16.000	2.309
14	创新环境	16.000	2.309

由表1—4科技企业孵化器研究文献关键词点度中心度分析结果可以看出，第1个节点（孵化企业）、第2个节点（创投）和第3个节点（孵化模式）点度中心度很高，处于前三位，这说明当下"孵化企业""创投"和"孵化模式"是我国科技企业孵化器研究的重点，同时三者也处于图1—1中科技企业孵化器研究文献关键词共词矩阵知识图谱的中心位置。

（三）聚类分析

由于在实际的共词分析过程中，关键词自身的词频大小可能会影响到共现频次，为了准确揭示关键词之间的共现关系，本书采用Ochiia系数①对科技企业孵化器研究共词矩阵进行修正，即 $Ochiia = \dfrac{C_{ij}}{\sqrt{C_i \times C_j}}$，其中$C_{ij}$表示关键词$i$、$j$共现次数；$C_i$表示关键词$i$的频次；$C_j$表示关键词$j$的频次。由此将表1—3所示的共词矩阵转换成相关矩阵，如表1—5所示。

由于相关矩阵中0值过多，容易造成误差过大，为了降低这种误差，用数字1与上述相关矩阵中的数据进行相减运算，从而得到表示两关键词相异程度的相异矩阵，如表1—6所示。

---

① 张静、刘细文、柯贤能、黎江：《国内外专利分析工具功能比较研究》，《情报理论与实践》2008年第1期，第141—145页。

表1—5　科技企业孵化器研究文献的关键词相关矩阵（前10）

	孵化企业	创投	孵化模式	孵化器绩效	发展战略	服务创新	管理创新	区域经济	评估体系	产学研
孵化企业	1.0000	0.2268	0.0815	0.0292	0.1262	0.0705	0.1508	0.0773	0.0193	0.0407
创投	0.2268	1.0000	0.0337	0.0423	0.0685	0.0510	0.0818	0.0280	0.0000	0.1179
孵化模式	0.0815	0.0337	1.0000	0.0228	0.0246	0.0275	0.0883	0.0603	0.0000	0.0318
孵化器绩效	0.0292	0.0423	0.0228	1.0000	0.0309	0.0345	0.0738	0.0756	0.0756	0.0000
发展战略	0.1262	0.0685	0.0246	0.0309	1.0000	0.0000	0.0000	0.0816	0.0408	0.0000
服务创新	0.0705	0.0510	0.0275	0.0345	0.0000	1.0000	0.0000	0.0000	0.0456	0.0000
管理创新	0.1508	0.0818	0.0883	0.0738	0.0000	0.0000	1.0000	0.0488	0.0000	0.0514
区域经济	0.0773	0.0280	0.0603	0.0756	0.0816	0.0000	0.0488	1.0000	0.0000	0.1054
评估体系	0.0193	0.0000	0.0000	0.0756	0.0408	0.0456	0.0000	0.0000	1.0000	0.0000
产学研	0.0407	0.1179	0.0318	0.0000	0.0000	0.0000	0.0514	0.1054	0.0000	1.0000

表1—6　科技企业孵化器研究文献的关键词相异矩阵（前10）

	孵化企业	创投	孵化模式	孵化器绩效	发展战略	服务创新	管理创新	区域经济	评估体系	产学研
孵化企业	0.0000	0.7732	0.9185	0.9708	0.8738	0.9295	0.8492	0.9227	0.9807	0.9593
创投	0.7732	0.0000	0.9663	0.9577	0.9315	0.9490	0.9182	0.9720	1.0000	0.8821
孵化模式	0.9185	0.9663	0.0000	0.9772	0.9754	0.9725	0.9117	0.9397	1.0000	0.9682

续表

	孵化企业	创投	孵化模式	孵化器绩效	发展战略	服务创新	管理创新	区域经济	评估体系	产学研
孵化器绩效	0.9708	0.9577	0.9772	0.0000	0.9691	0.9655	0.9262	0.9244	0.9244	1.0000
发展战略	0.8738	0.9315	0.9754	0.9691	0.0000	1.0000	1.0000	0.9184	0.9592	1.0000
服务创新	0.9295	0.9490	0.9725	0.9655	1.0000	0.0000	1.0000	1.0000	0.9544	1.0000
管理创新	0.8492	0.9182	0.9117	0.9262	1.0000	1.0000	0.0000	0.9512	1.0000	0.9486
区域经济	0.9227	0.9720	0.9397	0.9244	0.9184	1.0000	0.9512	0.0000	1.0000	0.8946
评估体系	0.9807	1.0000	1.0000	0.9244	0.9592	0.9544	1.0000	1.0000	0.0000	1.0000
产学研	0.9593	0.8821	0.9682	1.0000	1.0000	1.0000	0.9486	0.8946	1.0000	0.0000

为了得到科技企业孵化器研究文献关键词的所属类别，利用表1—6的关键词相异矩阵进行聚类分析。在本书中，利用SPSS19.0软件对提取出的科技企业孵化器高频共词矩阵进行系统聚类分析，聚类方法采用的是"组间联接法"，区间采用"平方Euclidean距离"，无标准化转化，分析得到科技企业孵化器关键词聚类分析树状图，如图1—2所示。

根据表1—1国内科技企业孵化器研究文献高频关键词表及图1—2聚类分析的结果，将关联紧密的关键词节点聚类为次级团体，通过分析各类关键词的语义关系，可以将34个关键词生成6个次级团体，这六类问题即是2003—2013年科技企业孵化器研究的热点问题。

第一类（K1）为科技企业孵化器与创投博弈研究。第二类（K2）为科技企业孵化器模式和发展比较研究。第三类（K3）为科技企业孵化器绩效评估及服务研究。第四类（K4）为科技企业孵化器发展战略研究。第五类（K5）为科技企业孵化器中产学研实践研究。第六类（K6）为科

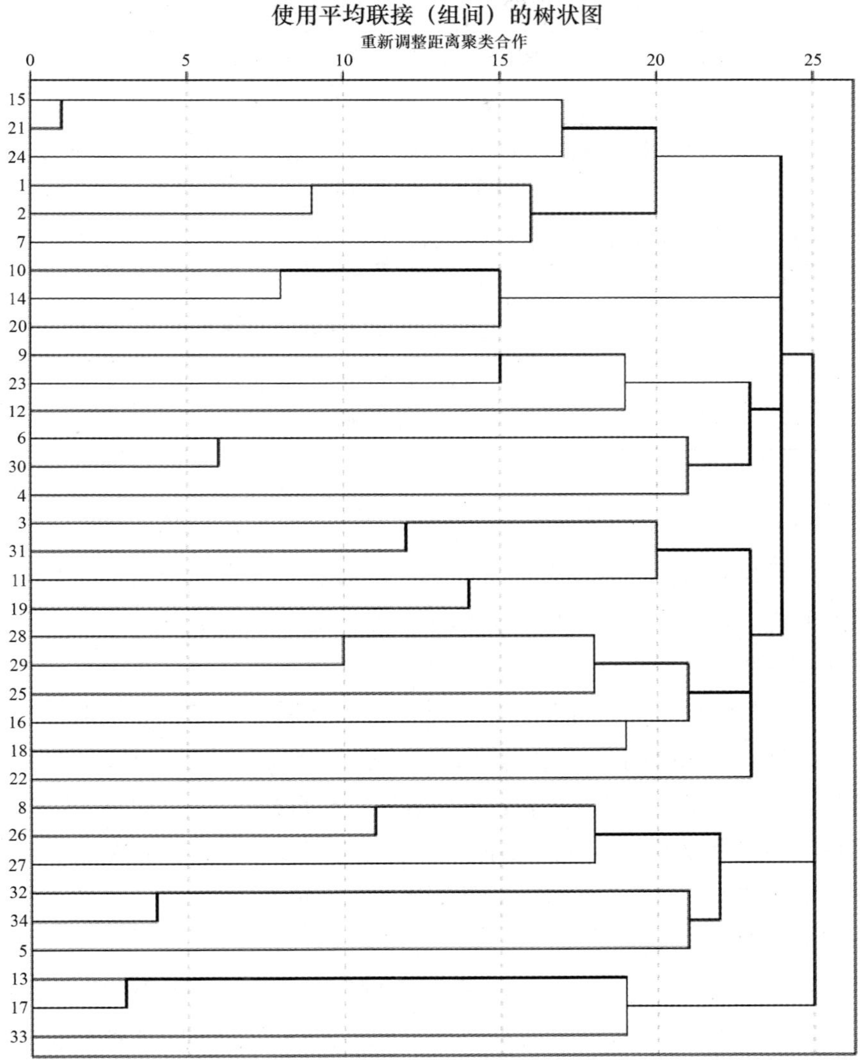

图1—2 科技企业孵化器研究文献的关键词聚类分析树状图

技企业孵化器网络发展研究。科技企业孵化器研究文献关键词次级团体聚类结果如表1—7所示。

表 1—7　科技企业孵化器研究文献的关键词次级团体聚类结果

次级团体	关键词
K1	孵化企业；创投；管理创新；信息不对称；博弈；政府补贴
K2	孵化模式；发展模式；创新环境；技术创新；国外经验；系统理论；农业孵化器；公共服务平台；产业集聚；发展比较
K3	孵化器绩效；服务创新；评估体系；区域创新；科技孵化器；服务评价
K4	发展战略；区域经济；人才孵化；核心竞争力；创业教育；孵化器建设
K5	产学研；科技成果转化；发展实践
K6	孵化器网络；网络治理；技术转移

（四）多维尺度分析

多维尺度法是一种将多维空间的研究对象（样本或变量）简化到低维空间进行定位、分析和归类，同时又保留对象间原始关系数据的分析方法。多维尺度分析结果中，被分析的对象以点状分布，每个点的位置显示了分析对象之间的相似性，有高度相似性的对象聚集在一起，形成一个类别。越在中间的对象越核心，通过多维尺度分析，某研究领域、思想流派或学术共同体在学科内的位置就容易判断[①]。本书利用 SPSS19.0 软件对科技企业孵化器研究文献的关键词进行多维尺度度量分析，其中度量水平选取"序数"、度量模型采用"Euclidean 距离"，得出的多维尺度图谱如图 1—3 所示。

结合表 1—6 科技企业孵化器研究文献的关键词次级团体聚类结果，我们可以看出聚集在同一个次级团体的各个关键词在图 1—3 科技企业孵化器研究文献的关键词多维尺度图谱中也呈聚集在一起的趋势。因此，前述采取的系统聚类的方法，将科技企业孵化器文献研究的关键词聚集为 6 类是合理的。

---

① 张勤、马费成：《国外知识管理研究范式——以共词分析为方法》，《管理科学学报》2007 年第 6 期，第 65—75 页。

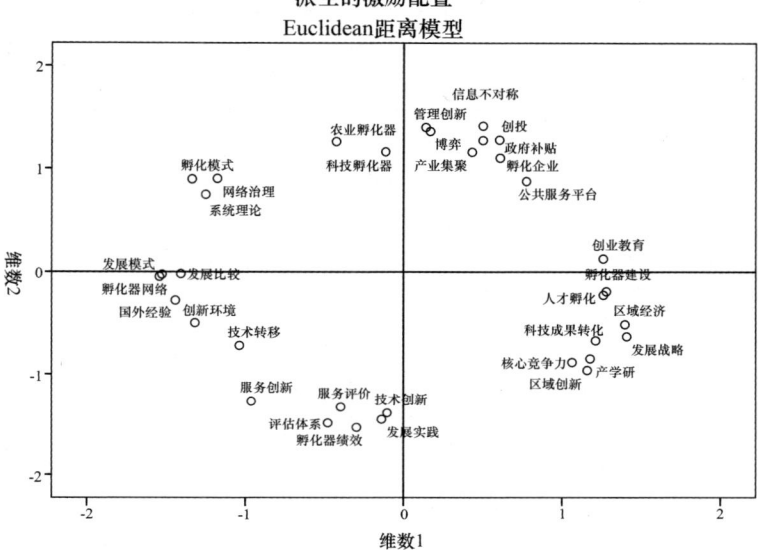

图1—3　科技企业孵化器研究文献的关键词相异矩阵多维尺度图谱

（五）战略坐标分析

为了进一步了解科技企业孵化器各研究主题的发展情况，对上述科技企业孵化器关键词类进行战略坐标分析。设第 k 类关键词的密度为 $D(k)$，向心度为 $C(k)$，$D(k) = \dfrac{\sum_{i,j \in \varphi_s (i \ne j)} E_{ij}}{n-1}$，$C(k) = \dfrac{\sum_{i \in \varphi_s, j \in (\varphi - \varphi_s)} E_{ij}}{N-n}$，其中 E_{ij} 是关键词共现次数，n 是某一类团中的关键词的数目，N 是共词矩阵中所有关键词的数目，φ_s 指一个类团，φ 指研究领域的整体[1]。计算出科技企业孵化器文献研究的各个次级聚类团体的向心度、密度，结果如表1—8所示。

根据表1—8科技企业孵化器文献研究主题类团的密度、向心度，绘制出各主题类团的战略坐标图如图1—4所示。

---

[1] Bangrae Lee, Yong-Il Jeong, Mapping Korea's national R&D domain of robot technology by using the co-word analysis [J]. Scientometrics, 2008, 77（1）: 3-19.

表1—8　科技企业孵化器文献研究主题类团的密度、向心度

类团	K1	K2	K3	K4	K5	K6
密度	0.3616	0.1900	0.1575	0.1671	0.2477	0.2404
向心度	0.1386	0.1259	0.0780	0.0672	0.0618	0.0299

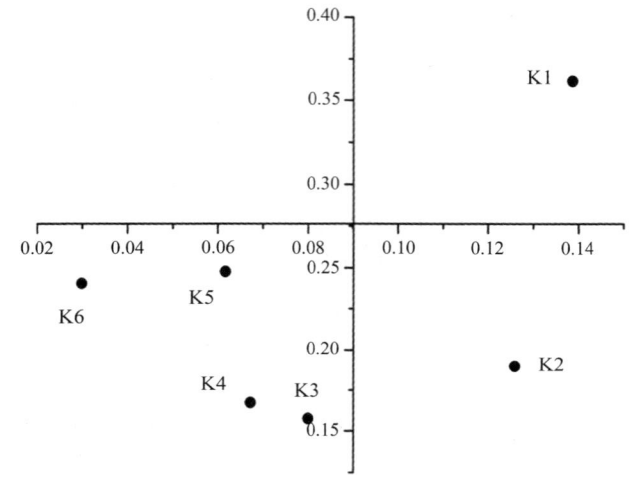

图1—4　科技企业孵化器文献研究主题类团战略坐标图

根据图1—4科技企业孵化器文献研究主题类团战略坐标图，从向心度我们可以看出，K1类团（科技企业孵化器与创投博弈研究）的向心度最大，说明该研究主题在近期科技企业孵化器研究中处于较为主要的位置，同时与其他研究方向有着密切联系，在近期科技企业孵化器研究主题中地位较高。而K6类团（科技企业孵化器网络发展研究）的向心度较小，说明其与其他研究主题的关系不够密切，考虑到网络化、虚拟化是未来科技企业孵化器的发展方向，该研究主题是潜在新兴的研究主题。从密度分析我们可以看出，K1类团（科技企业孵化器与创投博弈研究）的密度较大，关于此主题的研究较为深入。

综合向心度和密度两个维度的分析，再从各主题类团处于战略坐标图中的象限位置我们可以得出，K1类团（科技企业孵化器与创投博弈研究）位于第一象限，向心度与密度均很高，说明K1类团与其他类团关系紧密同时其自身内部各关键词研究联系紧密，且内部关键词都处于知识

图谱的中心位置，点度中心度也很高，因此其属于科技企业孵化器研究的一个主要方向。查询2003—2012年我国自然科学基金和社会科学基金资助的科技企业孵化器研究的相关项目共有4个（2013年度获批的国家社科基金项目由于还没有相关成果，这里未计入），分别是"我国企业孵化器的运行机理和政策框架研究""非营利组织孵化器发展的政策网络研究""科技企业孵化器与创投合作及治理演技"和"科技企业孵化器与风险投资合作的效率机制研究"，其中有2个都是关于科技企业孵化器与创投合作研究，足见其在我国科技企业孵化器研究中的重要性，也印证了前面分析出的其是科技企业孵化器研究的一个主要方向的结论。K3、K4、K5、K6四个类团位于第三象限，其向心度与密度都较低，说明它们的内部研究结构较为松散，若加强与其他各类团之间的联系，进行进一步的深入研究，很有可能成为在网络化、虚拟化发展下的科技企业孵化器研究的又一热点核心问题；K2类团位于第四象限，虽然其有一定的向心度，与其他类团有一定的联系，但密度较低，考虑到该类关键词较多，比较分散，表明该领域有待进一步提炼关键问题，凝聚核心研究方向。

第四节　本章小结

本章阐述了孵化器发展的理论基础，以CNKI中核心期刊和CSSCI数据库为数据来源，收集2003—2014年有关科技企业孵化器的研究文献。对文献关键词进行词频统计后，在此基础上进行了知识图谱分析、聚类分析、多维尺度分析和战略坐标分析。研究表明，我国目前对科技企业孵化器研究领域的方向主要集中在孵化企业、创投、孵化模式、孵化器绩效和发展战略等方面，孵化企业、创投和孵化模式是科技企业孵化器研究领域的研究热点，目前科技企业孵化器研究分为6大研究主题。

科技企业孵化器与创投博弈研究在近期中处于较为重要的位置，是近期科技企业孵化器研究的一个主要方向。科技企业孵化器网络发展研究是网络化、虚拟化下科技企业孵化器的潜在新兴研究主题。科技企业孵化器模式和发展比较研究与其他类团有一定的联系，但密度较低，研究比较分散，该领域有待进一步提炼关键问题，凝聚核心研究方向。科技企业孵化器绩效评估及服务研究、发展战略研究、产学研实践研究内部结构较为松散,若加强与其他各类团之间的联系,很有可能成为在网络化、虚拟化发展下的科技企业孵化器又一研究热点核心问题。

集聚经济理论、社会网络理论是科技企业孵化器发展的重要理论基础,本书主要研究创业企业孵化集聚下的在孵企业知识网络涌现问题、孵化器集聚效率问题、孵化器网络平台发展问题、孵化器空间网络发展问题等亟待解决的问题,也是学术脉络和学术发展方向的自然延伸。

第 二 章

科技企业孵化器内在孵企业知识网络涌现

通常来说，企业在产业集群中的知识增长主要来自三个方面：企业从集群的外面汲取知识、借助与其他企业合作的形式获取知识、通过自身研究开发创造知识①。同样，位于孵化器中的在孵企业也主要依赖上述三种途径获取知识：在孵企业自身研发投入的知识创造、在孵企业获取的来自孵化器管理者提供的知识、在孵企业之间的知识共享和扩散。目前科技企业孵化器关于知识的研究主要集中于孵化器向在孵企业提供知识这一途径，对孵化器中不同在孵企业之间的知识共享、学习、扩散研究较少。因此吴文清等人②指出，以往孵化器的实践过程将在孵企业看成"蛋"的观念，突出了孵化器的主观作用，但同时也忽略了在孵企业之间的沟通过程。另外，孵化器作为在孵企业的集聚区具有复杂适应系统特性，在孵企业作为孵化器系统中的适应性主体，在相互学习和交流的过程中能够产生知识涌现现象，涌现出复杂和动态的网络结构③。本章主要从孵化器中在孵企业知识创新和知识扩散两种微观机制出发，借鉴复杂网络理论的基本内容，引入孵化器内在孵企业之间的连接机制和进入退出机制，研究知识创新能力、吸收能力和退出机制对孵

---

① 黄玮强、庄新田、姚爽：《基于创新合作网络的产业集群知识扩散研究》，《管理科学》2012年第2期，第13—23页。

② 吴文清、赵黎明：《科技企业孵化器内创业企业知识共享和政策》，《科技进步与对策》2009年第12期，第116—118页。

③ 吴文清、张海红、赵黎明：《孵化器内创业企业知识网络涌现研究》，《科学学与科学技术管理》2014年第12期，第109—118页。

化器内在孵企业总体知识水平的影响，考察孵化器内在孵企业知识网络的涌现现象。

第一节　涌现及研究现状

整体涌现性（whole emergence）作为系统科学重要的研究内容，一直以来都被国内外学者所关注，是当代前沿的复杂性科学中最重要的概念之一。整体涌现性一般被简称为涌现性。"涌现"一词在我国曾经有"突现""突变""突发"等多种译名，现在已经基本称之为"涌现"。系统涌现现象是一种从低层次到高层次的过渡，指的是在微观主体的不断演化过程中，宏观系统在性能和机构上的突变，在这一过程中从旧质中可以产生新质。系统整体涌现性的研究有助于我们掌握系统的演化规律，进而帮助我们更好地认识系统和分析系统现象。

一　国外学者对涌现的研究

涌现是一种非常普遍的自然现象。对于涌现的研究，最早可以追溯到19世纪英国学者穆勒关于两种因果关系的学说。根据穆勒的叙述可以得到涌现的三个判据：整体的涌现特性不是部分之和、涌现特性的种类与组分特性的种类不同、独自考察组分行为不能推导涌现特性[1]。19世纪中叶，英国学者刘易斯进一步表述了涌现的内涵，对"生成"和"突现"两个概念加以区别，认为"生成"可以根据结构成分进行预测，而"突现"则不能进行预测[2]。20世纪50年代，英国科学家艾什比对"突现"的定义进行了详细描述，被认为是首个准确给出"突现"内涵的学者[3]。加拿大学者邦格利用数学符号对涌现现象进行了描述，认为所有的自然系统至少存在一种涌现性质，将涌现描述为一系统新特质作为整体的突然出现的过程[4]。之后，贝塔朗菲将"涌现"的概念引入一般系统论，科

---

[1] 欧阳莹之：《复杂系统理论基础》，上海科技教育出版社2002年版。
[2] 刘洪：《涌现与组织管理》，《研究与发展管理》2002年第4期，第40—45页。
[3] 庞元正、李建华：《系统论控制论信息论经典文献选编》，求实出版社1989年版。
[4] [加] 马里奥·邦格：《科学的唯物主义》，张相轮等译，上海译文出版社1989年版。

学地阐明了系统涌现原理,将涌现现象描述为"整体大于部分之和"①。

迄今为止各种理论学派中,最明确的以涌现观点研究系统复杂性的是美国的圣菲研究所(SFI)。圣菲学派的代表人物霍兰教授鲜明指出,涌现现象是一种由小到大、由少到多、由简单到复杂的系统行为,同时提到"像涌现这样复杂的现象,无法只描述为一种简单的定义"②。圣菲学者认为涌现至少具有三个特征,即涌现的普遍性、涌现的系统性、涌现的恒新性。

二 我国学者对涌现的研究

20世纪50年代之后,我国一部分学者也逐渐对系统的涌现现象进行关注并研究,取得了丰硕的研究成果,进一步发展了涌现理论。20世纪70年代末系统科学界的研究出现了比较混乱的局面,钱学森强调整体由相互关联、相互制约的部分组成,运用系统的思想强调系统的整体性、涌现性,成为我国最早对整体涌现性的完整描述③。许国志从系统构成和系统层次两个角度对涌现性进行了解释,认为系统科学把整体具有部分不具有的特性、高层次具有低层次不具有的特性称为整体涌现性④。郝柏林针对复杂性问题中简单规则导致复杂行为进行了研究,本质上是对系统涌现性的刻画与描述⑤。苗东升提出系统是关于整体涌现性的科学理论⑥,指出整体涌现性是整体具有而部分所不具备的特征、属性或功能⑦。同时归纳了导致系统涌现性产生的四种效应:组分效应、规模效应、结构效应和环境效应。金士尧⑧等人通过总结以往的研究成果,认为涌现包

---

① [美]冯·贝塔朗菲:《一般系统论——基础发展和应用》,林康义等译,清华大学出版社1987年版。
② [美]约翰·H. 霍兰:《涌现——从混沌到有序》,陈禹等译,上海科学技术出版社2001年版。
③ 钱学森等:《论系统工程》,国防科技大学出版社1988年版。
④ 许国志:《系统科学》,上海科技教育出版社2000年版。
⑤ 郝柏林:《复杂性的刻画与"复杂性"科学》,《知识和进展》2001年第8期,第467页。
⑥ 苗东升:《系统科学精要》,中国人民大学出版社2006年版,第54、56页。
⑦ 苗东升:《论涌现》,《河池学院学报》2008年第1期,第6—12页。
⑧ 金士尧、黄红兵、范高俊:《面向涌现的多Agent系统研究及其进展》,《计算机学报》2008年第6期,第881—895页。

括微宏观效应、双向关联、分散控制、完全新奇性、一致相关性等特征，以及衍生出的动态性、非线性、鲁棒性和柔韧性等特征。魏巍[1]等人总结了国内外涌现研究的现状，认为涌现现象是在系统与外界的物质、能量、信息交换过程中，表现在子系统通过有机综合形成新结构并实现新功能的过程。针对涌现现象的复杂性，一些学者提出了对应的判断与测度方法。目前，系统涌现性的判断方法主要包括仿真可视化观察法[2]和宏观构型判断法[3]。仿真可视化观察法主观性比较强，宏观构型判断法仍限于理论研究，因此针对系统涌现性的判断方法仍然需要进一步发展。系统涌现性度量方面的研究主要包括数学解析法[4]和仿真运行法[5]。由于一些复杂系统较难建立数学模型或解析模型，测度涌现特性的仿真方法逐渐被广泛应用。

三　涌现理论在特定领域中的应用

随着涌现现象的概念、特征等逐步被人们所认识，涌现理论逐渐被应用到特定的系统之中。Chiles[6]等从涌现的视角研究集群创新网络，认为集群发展壮大、集群效应的发挥、企业能力的提高等都能够用涌现现象来解释。刘媛华[7]构建了企业集群合作创新的动力模型，分析了企业集群创新初期、创新扩散、创新成熟、创新跃迁各阶段合作创新涌现的变化。王子龙[8]等人表明高技术企业之间潜在的协同与竞争机制是高技术

---

[1] 魏巍、郭和平：《关于系统"整体涌现性"的研究综述》，《系统科学学报》2010年第1期，第24—28页。

[2] 苏捷：《基于swarm的突现计算模型仿真及突现特性分析》，硕士学位论文，重庆邮电大学，2009年。

[3] 金士尧、任传俊、黄红兵：《复杂系统涌现与基于整体论的多智能体分析》，《计算机工程与科学》2010年第3期，第1—6页。

[4] 黄红兵、任传俊、金士尧：《基于涌现视角的类BitTorrent性能分析模型》，《电子学报》2010年第2期，第307—314页。

[5] 揣迎才、张明清、唐俊、孔红山：《多角度CAS合作涌现量化分析方法》，《计算机工程与设计》2013年第8期，第2717—2721页。

[6] Chiles Todd H., Alan D. Meyer, Thomas J. Hench. Organizational emergence: the origin and transformation of branson [J]. Organization Science, 2004, 12 (3): 53 – 75.

[7] 刘媛华：《企业集群合作创新涌现的动力模型研究》，《科学学研究》2012年第9期，第1416—1420页。

[8] 王子龙、谭清美、许箫迪：《高技术产业系统自适应演化与涌现分析》，《工业技术经济》2006年第3期，第64—67页。

产业系统自适应演化和复杂性涌现的决定因素，由外部决定的相关参数是产生自适应演化和涌现的外部条件。姜辉[①]等人利用整体涌现性思想，研究了团队创意能力的"双重涌现"特性，同时构建了团队创意模型。

第二节 在孵企业知识网络模型涌现机制

一 网络图描述

本章采用无向网络图表示在孵企业及其它们之间的联系，令 $I = \{1,2,\cdots,N\}$ 为网络中在孵企业的集合，对于任意 $i,j \in I$，(i,j) 对应在孵企业网络中的一条边，$(i,j) = 1$ 表示在孵企业 i 与 j 直接相连，$(i,j) = 0$ 表示在孵企业 i 与 j 不直接相连。在孵企业 i 与 j 的路径长度 d_{ij} 定义为最短路径上的连接数，在孵企业网络的平均路径长度定义为任意两个在孵企业之间路径长度的平均值 $L = \sum d_{ij}/N(N-1)$。假设在孵企业网络中有 k_i 个在孵企业与在孵企业 i 直接相连，则 k_i 为在孵企业 i 的度，在孵企业网络的平均度定义为 $\langle k \rangle = \sum k_i/N$，如果 k_i 个在孵企业之间实际存在的边数为 E_i，那么在孵企业 i 的聚类系数定义为 $C_i = 2E_i/k_i(k_i-1)$，在孵企业网络的聚类系数 $C = \sum C_i/N$ 为所有在孵企业聚类系数平均值，$0 \leq C \leq 1$，$C = 0$ 表示所有在孵企业均为孤立的，$C = 1$ 表示任意两个在孵企业都直接相连。

二 知识创新和扩散机制

在现实世界中，很多主体都有自己独特的吸收能力和创新能力，在孵企业作为孵化器内的适应性主体也不例外，它们通过自身的发展创造和与其他在孵企业的知识互换来获得新知识。在孵企业拥有不同类型的知识，根据知识的性质来划分，孵化期间内在孵企业需要五类知识，即营销产品的知识、运作资本的知识、独有的专业性知识、有关法规和政

---

① 姜辉、张庆普：《基于整体涌现性的团队创意能力模型及实证研究》，《系统工程》2015年第9期，第16—24页。

策的知识、企业日常管理的知识①。因此，仅仅用单一属性描述不能充分反映孵化器中在孵企业知识多维度的特点，引入知识向量 $V = \{v(1), v(2), \cdots, v(s)\}$，表示在孵企业包含 s 种类型的知识，总知识量 K 为各维度知识的代数和。假设在孵企业间一共相互作用 T 次，则在孵企业 i 由于知识创新在相互作用 t 次后的知识量为：

$$K_{i,t+1} = (1 + \alpha_i)K_{i,t} \qquad (2—1)$$

（2—1）式中，$K_{i,t+1} = \sum_{c=1}^{s} K_{i,t+1}^{v(c)}$ 是在孵企业 i 在相互作用 t 次后的知识量，c 为相应的知识类型，α_i 为在孵企业 i 的创新能力，不同在孵企业的创新能力相互独立并服从 $[0, \alpha]$ 的均匀分布，α 为创新能力上限。另外，在孵企业相互作用的第 t 次过程中还可能发生知识扩散，可以通过向其他在孵企业学习获得知识。在孵企业的知识吸收过程不仅与自身的知识吸收能力有关，还与在孵企业间的知识差距有关，因此在引入知识多维属性的条件下，在孵企业 i 从在孵企业 j 获得的 c 类型知识为：

$$G_{ij}^{v(c)} = \begin{cases} \dfrac{\beta_i}{D_{ij}}(K_j^{v(c)} - V_i^{v(c)}) & K_j^{v(c)} - K_i^{v(c)} > 0 \\ 0 & K_j^{v(c)} - K_i^{v(c)} \leqslant 0 \end{cases} \qquad (2—2)$$

（2—2）式中，β_i 为在孵企业 i 的知识吸收能力，不同在孵企业具有的知识吸收能力相互独立并服从 $[0, \beta]$ 的均匀分布，β 为吸收能力上限。$K_i^{v(c)}$ 为在孵企业 i 拥有的 c 类型知识量，D_{ij} 为在孵企业 i 和 j 的知识距离，表示各个维度知识距离之和：

$$D_{ij} = \sum_{c=1}^{s} |K_j^{v(c)} - K_i^{v(c)}| \qquad (2—3)$$

综上所述，同时考虑知识创新和知识扩散，可以得到在孵企业 i 在相互作用 t 次后拥有的知识量为：

$$K_{i,t+1} = (1 + \alpha_1)K_{i,t} + \sum_{j \neq 1} \sum_{c=1}^{s} G_{ij,t}^{v(c)} \qquad (2—4)$$

本章假设当两个在孵企业直接相连并都能够从对方获得相应类型知识时才发生知识扩散，知识多维属性的引入能够实现这一过程。假定

---

① 尤获、戚安邦：《科技企业孵化器知识服务互动模式研究——以天津市科技企业孵化器为例》，《科技进步与对策》2013 年第 1 期，第 1—4 页。

第二章 科技企业孵化器内在孵企业知识网络涌现 / 31

$n(i,j)$ 为 $K_i^{v(c)}$ 中 $K_j^{v(c)}$ 的个数,同理可定义 $n(j,i)$,则两个在孵企业只有满足如下条件时才会发生知识扩散:

$$\min\{n(i,j),n(j,i)\} > 0 \qquad (2—5)$$

三 网络连接机制

本章假设只有两个在孵企业直接相连时才能相互学习和交流,在网络结构中表示为两个在孵企业之间有连边。初始状态下,在孵企业刚刚入驻孵化器,彼此之间还没有建立有效连接,而随着孵化器中在孵企业的不断发展和学习意识的不断增强,在孵企业之间的连接数会越来越多。目前的研究提出了两种企业间重连机制,即知识距离偏好和连接度偏好,本章选择知识距离偏好。知识距离偏好表明在孵企业偏好选择那些与自身有较小知识差距的企业,但并不是线性的关系。在孵企业 i 与 j 连接的概率如下所示:

$$p_{ij} = \frac{1/D_{ij}}{\sum_{j \neq i} 1/D_{ij}} \qquad (2—6)$$

四 进入和退出机制

在孵企业退出孵化器主要有三种方式,即达到毕业标准退出孵化器、未达到毕业标准离开孵化器、企业在孵化期间失败。陈丽兰等人[1]认为及时淘汰没有发展潜力的在孵企业,有助于孵化器提升资源利用率。因此,孵化器中的在孵企业不断更新,经过一个完整的孵化周期,符合条件的在孵企业顺利毕业并离开孵化器,而另一些孵化失败的在孵企业同样要退出孵化器,孵化器需制定严格的企业进入和退出标准。本章假设孵化器以知识量为评价标准对在孵企业进行评价,在一个孵化周期结束后,知识量高代表在孵企业孵化成功,知识量低代表在孵企业孵化失败。每一周期后,具有高知识量的在孵企业由于孵化成功按一定比例毕业退出;而低知识量的在孵企业由于孵化失败按照一定比例退出;同时按照成功毕业和失败退出总比例进入新创企业。新创企业在每一孵化周期进入孵

---

[1] 陈丽兰、戚安邦:《基于全生命周期的科技企业孵化器筛选体系构建》,《科学学与科学技术管理》2013 年第 5 期,第 134—141 页。

化器时，假设各维度知识量为上周期末所有企业各维度知识量的平均值。假设孵化器每一孵化周期中在孵企业相互作用 L 次，孵化器年度毕业率为 SR，退出率为 FR（包括未达到毕业标准退出和孵化失败退出）。

第三节　在孵企业知识网络绩效度量

根据前述建立的模型，可以看出孵化器中在孵企业在一些简单规则的限制下，根据自身的具体情况有选择地与其他企业建立联系，并且能够通过交流和学习改变自身的知识水平。在孵企业的知识创新和知识扩散过程中知识量不断改变，它们之间的知识差距也会发生相应的变化，连接机制使在孵企业形成复杂的网络结构。本章引入平均知识量、知识增长率、知识水平分布均匀性、知识空间分布等指标来描述孵化器中在孵企业知识绩效，用平均路径长度、聚类系数和平均度等指标展现在孵企业网络结构的涌现过程。

一　平均知识量

平均知识量可以反映孵化器的整体知识水平，孵化器中在孵企业相互作用 t 次后的平均知识量为：

$$\overline{K_t} = \frac{1}{N} \sum_{i=1}^{N} K_{i,t} \quad (2-7)$$

二　知识增长率

引入知识增长率指标度量在孵企业知识量增加的变化情况，知识增长率能够直观地描述在孵企业不同时期的知识增长快慢，相互作用 $t(t \geq 2)$ 次后的知识增长率为：

$$R_t = \frac{\overline{K_t} - \overline{K_{t-1}}}{\overline{K_{t-1}}} \quad (2-8)$$

三　知识分布均匀性

引入标准差调整系数来描述孵化器中在孵企业知识分布的均匀性，在孵企业相互作用 t 次后标准差调整系数定义为：

$$c_t = \frac{\sigma_t}{K_t} \tag{2—9}$$

其中，σ_t 为相互作用 t 次后各个在孵企业知识量的标准差。

四 知识空间相关性

知识空间相关性能够反映孵化器内相互连接的在孵企业之间是相似、相异，还是相互独立的，表明在孵企业集聚的特点。本章利用 Moran 指数检验孵化器中在孵企业的全局空间相关性，具体计算公式如下所示：

$$M_t = \frac{\sum_{i=1}^{N}\sum_{i\neq 1}^{N} w_{ij}(K_{i,t} - \overline{K_t})(K_{j,t} - \overline{K_t})}{\sigma_t^2 \sum_{i=1}^{N}\sum_{i\neq 1}^{N} w_{ij}} \tag{2—10}$$

其中 w 为 N 个在孵企业的空间邻接矩阵，$w_{ij} = 1$ 表示在孵企业 i 和 j 直接相连，$w_{ij} = 0$ 表示两个在孵企业不直接相连。Moran 值大于 0 表明高知识量的在孵企业相互连接，低知识量的在孵企业相互连接；小于 0 表明高知识量的在孵企业与低知识量的在孵企业相互连接；取值接近 0 表明在空间分布上在孵企业的知识呈现出随机性的特点。

第四节 仿真分析

根据前面描述，只有当两个在孵企业完全不能从对方获得相应类型知识时，它们的知识扩散才会停止，但现实中不能准确测度各维度知识水平，因此可以将两个相近知识水平视为相同。两企业某类型知识之比不超过临界值 R 时，可视为两企业该类型知识量相同，即：

$$1/R < \frac{K_i^{v(c)}}{K_j^{v(c)}} < R \tag{2—11}$$

各省市《科技企业孵化器认定和管理办法》明确规定了申请省级和市级科技企业孵化器的认定条件。根据调查，根据孵化器种类的不同所提出的要求也不同，综合孵化器中在孵企业数一般要高于 30 家，而专业孵化器中在孵企业数一般要高于 10 家，在孵企业平均孵化年限一般要求 3—4 年，年度毕业企业通常需达到 10% 以上。因此，本章假设孵化器中有30家在孵企业，孵化周期为一年并且企业在孵化周期内平均相互作用30次，年度毕业率为10%，年度退出率为20%。初始状态下，孵化器中在孵企业各维度知识量服从（0，1）上的均匀分布，相关参数设定如表2—1所示。

表2—1　　　　　　　　　　参数赋值

参数	取值
在孵企业数量 N	30
相互作用次数 T	900
创新能力上限 α	0.006
吸收能力上限 β	0.01
知识维度 s	5
年度毕业率 SR	0.1
年度退出率 FR	0.2
每周期作用次数 L	30
知识比临界值 R	1.01

一　算法描述

根据本章设计的各种机制与给出的初始值，可以通过计算机程序设计语言实现。本章用Matlab软件对模型进行仿真，程序流程图如图2—1所示，下面给出具体的仿真步骤。

第一步，对仿真过程中涉及的所有参数赋初始值，如表2—1所示。

第二步，所有在孵企业随机分布在一个100×100的二维平面内，该区域可视为孵化器的孵化空间。

第三步，如果系统运行次数t正好是每个孵化周期结束的时刻，则寻找满足退出条件的企业，删除所有与退出企业相连的边，随后新企业进入并分配知识量。否则，计算各个企业之间的知识差。

第四步，判断两企业是否存在连接，如果存在连接并满足知识扩散条件则计算各自获得的转移知识量。

第五步，计算各个在孵企业的知识创新量。

第六步，如果两个企业间不存在连接，则计算两企业间连接的概率，并按概率建立连接。

第七步，计算各种知识绩效指标与网络结构指标，如果仿真次数 t 超过 T，则仿真过程结束并输出仿真结果，否则转到第三步。

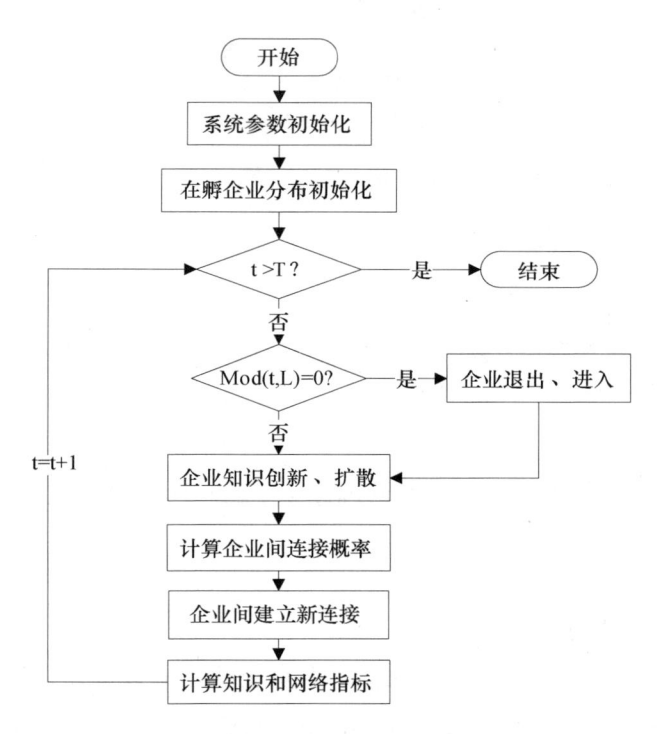

图 2—1　在孵企业知识网络仿真流程图

二　网络结构涌现

通过一段时间的演化，在孵企业之间建立了直接或间接的联系，涌现出了比较复杂的网络结构，如图 2—2 所示。图 2—2 为系统在第二周期某时刻（第 40 次作用后）的演化结果，其中实心圆表示初始化时的在孵企业，实心三角表示新进入的在孵企业，它们之间的线段表示两企业直接相连。在孵企业随机分布在二维平面内，孵化器特有的进入和退出机制使得孵化器中在孵企业不断更新，从图中可以看出系统运行到第 40 次时，已经有 9 个在孵企业（实心圆）退出孵化器，取而代之的是新进入的 9 个在孵企业（实心三角），新进入的企业迅速与其他企业建立连接。

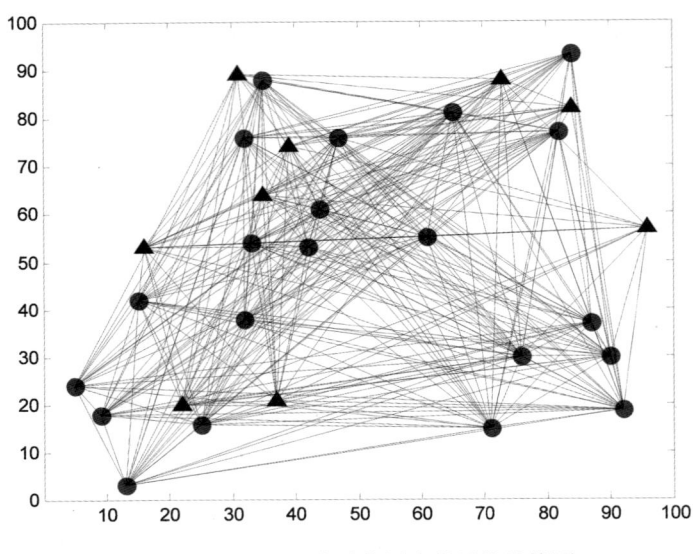

图 2—2　运行 40 次后在孵企业网络结构图

三　平均知识水平

随着系统的不断演化，孵化器中在孵企业不但进行知识创新而且还与其他在孵企业建立连接进行知识扩散，这些都增加了在孵企业的知识量。另外，孵化器通过一段时间对在孵企业的考核，以在孵企业的知识量为判断标准确定在孵企业的去留，同样对在孵企业的知识水平有重要影响。因此，创新能力上限、吸收能力上限和退出率共同影响了在孵企业的知识水平，此处考察这三个因素对在孵企业知识水平的影响。系统中知识整体水平变化趋势可以由在孵企业的平均知识量描述，创新能力上限、吸收能力上限、退出率三种因素对知识水平的影响分别如图 2—3、2—4、2—5 所示（其他参数设定见表 2—1）。从图 2—3、2—4、2—5 可以看出，在孵企业平均知识量开始时增长较快，中期增长较平缓，后期加速增长，并且在孵企业平均知识量与创新能力上限、吸收能力上限和退出率呈正相关。随着孵化周期的不断循环，创新能力上限、吸收能力上限、退出率对在孵企业平均知识量的影响越来越大。从图 2—5 可以看出，系统运行 900 次后，退出率为 0.3 的孵化器中在孵企业平均知识量要远高于退出率为 0.1 和 0.2 的孵化器。

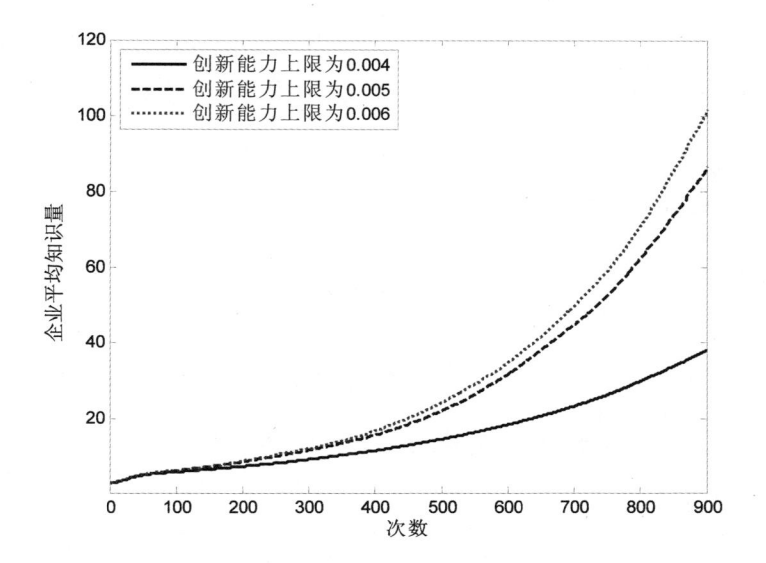

图 2—3　创新能力上限对在孵企业平均知识量影响

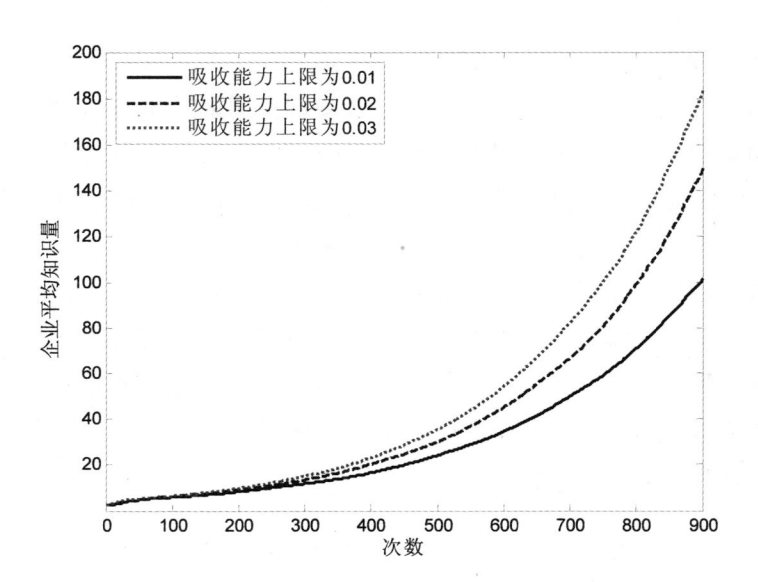

图 2—4　吸收能力上限对在孵企业平均知识量影响

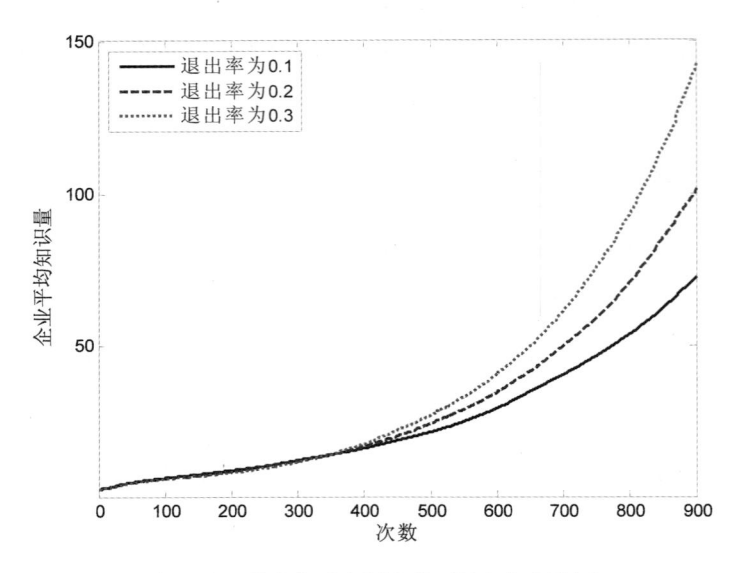

图 2—5 退出率对在孵企业平均知识量影响

四 知识增长率

不同企业退出率下的在孵企业知识增长率变化如图 2—6 所示。从图 2—6 可以看出，每个周期开始时，知识增长率突然增加或下降，而较高的退出率（退出率为 0.2 和 0.3 时）使得孵化周期开始时的知识增长率为正向增加。增长率曲线的变化情况表明，初始状态下孵化器中的在孵企业之间迅速建立连接，促进了各维度知识的扩散，导致知识增长率迅速升高。而随着演化的进行，孵化器中在孵企业的知识量逐渐趋同，知识增长更依赖于知识创新，因此知识增长率逐渐下降。每一孵化周期结束后，一部分在孵企业退出孵化器，导致网络连接数突然减少，原有网络结构发生较大变化，由于退出率的不同，新进入在孵企业的知识量可能高于或低于已退出在孵企业的知识量，从而导致知识增长率出现突然增加或突然降低的急剧波动。

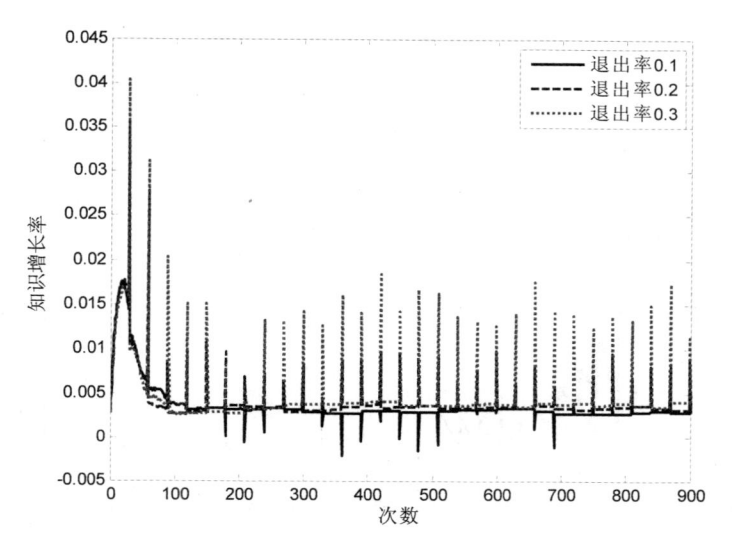

图 2—6　在孵企业知识增长率

五　知识水平均匀性

孵化器中在孵企业知识水平分布的均匀性如图 2—7 所示。系统的初始标准差调整系数为 0.28 左右，之后逐渐减小，直到第四个孵化周期（运行 120 次）之后，标准差调整系数开始在 0.05 附近波动，并且呈现出周期性变化。开始时，在孵企业间建立连接并进行知识扩散，导致它们的知识差距逐渐缩小。但是，当某些在孵企业不能给予其相连的在孵企业提供任何维度知识时，知识扩散就会停止，如果在孵企业自身的知识创新不足以弥补这种差距时，在孵企业之间的知识差距就会越来越大。从图 2—7 可以看出，标准差调整系数的波动周期与孵化器的孵化周期相吻合，在某一孵化周期结束后，孵化成功和孵化失败的在孵企业均退出孵化器，新的在孵企业以平均知识量进入孵化器，因此使标准差调整系数骤然降低，而之后标准差调整系数逐步升高直至该周期结束。

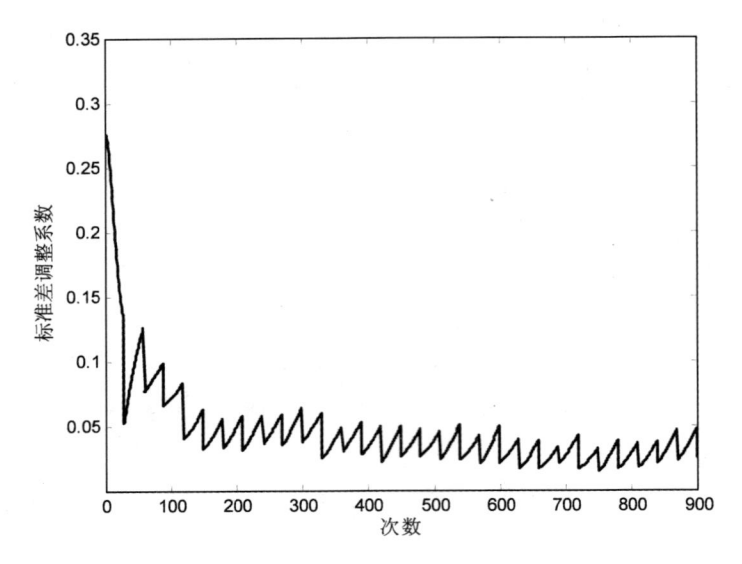

图 2—7 在孵企业知识水平均匀性

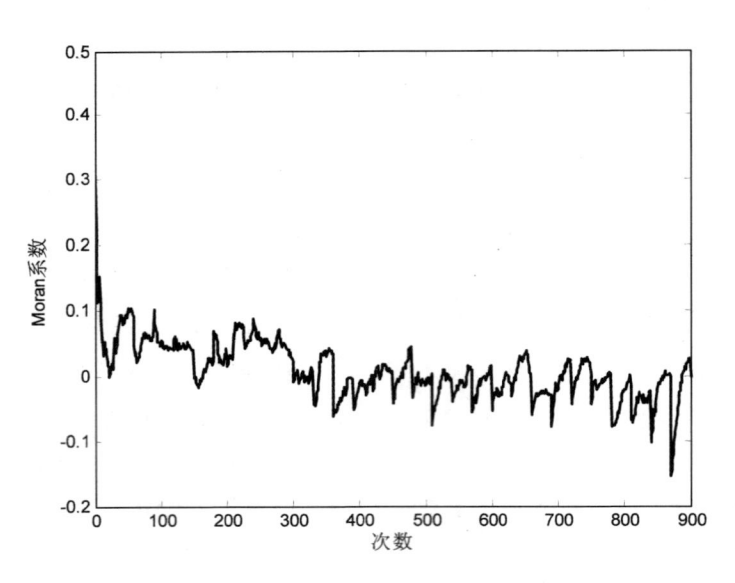

图 2—8 在孵企业知识水平空间相关性

六 知识水平空间相关性

孵化器中在孵企业知识水平的空间分布情况如图 2—8 所示。从图 2—8 可以看出 Moran 指数一直在 0 附近呈现周期波动，表明孵化器中在孵企业并没有产生某种空间相关性。虽然一般企业在集聚的过程中往往表现出空间正相关的特点，但孵化器有其自身独特的特点，在孵企业的周期性进入和退出机制影响了它们知识水平的空间分布特性。

七 网络结构相关指标

在孵企业网络结构的平均路径长度变化如图 2—9 所示，可以看出平均路径长度以 30 次为变化周期，每个周期内平均路径长度逐渐减小。开始时，孵化器中在孵企业平均路径长度为 2.8 左右，然后迅速降低并在第一个孵化周期结束后降至 1.2 左右，第二个孵化周期之后平均路径长度大概在 1.2 到 1.6 之间波动。每一个孵化周期结束时，一部分企业退出孵化器，新企业进入时需要重新与其他企业建立连接，因此每个周期开始时平均路径长度骤然增加，而随着在孵企业间连接的建立，平均路径长度又逐步减小。

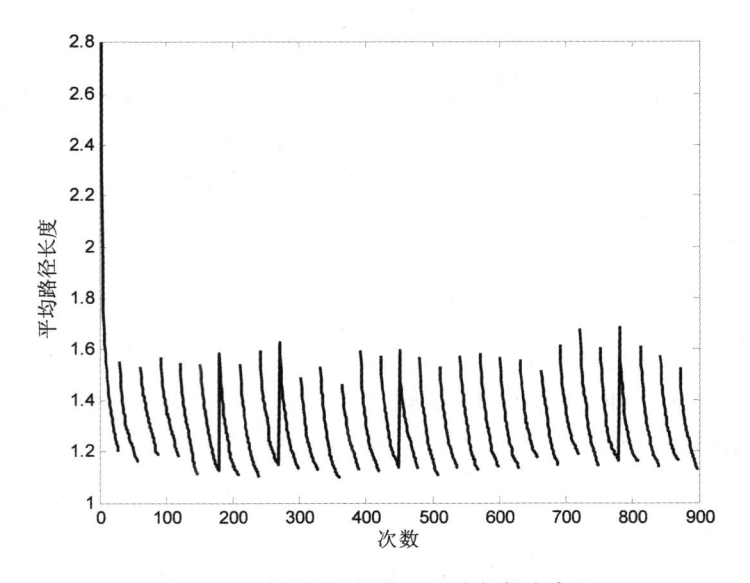

图 2—9 在孵企业网络平均路径长度变化

在孵企业网络聚类系数变化如图 2—10 所示，聚类系数仍然呈现出周期性的变化，在第一个孵化周期结束时迅速升高到 0.8，之后的每个周期内在 0.6 到 0.9 之间波动。企业每周期的进入和退出使聚类系数突然减小，之后因为相互之间不断地建立连接而逐步增大。从图 2—10 可以看出，尽管有在孵企业的退出和进入机制，网络结构的聚类系数仍然很高。在孵企业网络所涌现出的较高聚类系数和较短平均路径长度的特点符合小世界网络的性质，表明孵化器中在孵企业的相互作用机制涌现出了具有小世界网络结构特征的复杂知识网络。

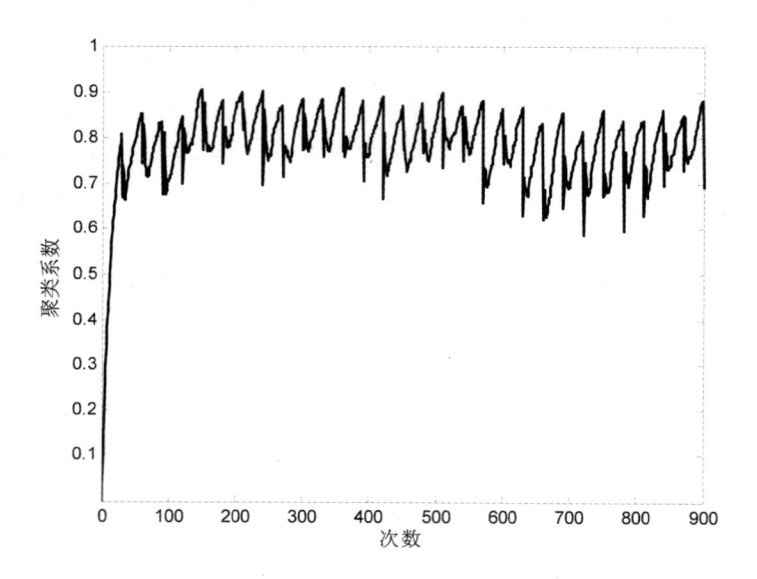

图 2—10　在孵企业网络聚类系数变化

在孵企业网络平均度变化如图 2—11 所示，同样表现出了周期性的波动特征。在孵企业网络平均度第一周期结束时迅速增加到 23 左右，之后在 12 到 25 之间波动变化，也就是孵化器中在孵企业总数为 30 个的条件下，每个在孵企业平均能够与 12 到 25 个其他在孵企业相连接，表明在孵企业之间出现了比较多的学习和交流活动。

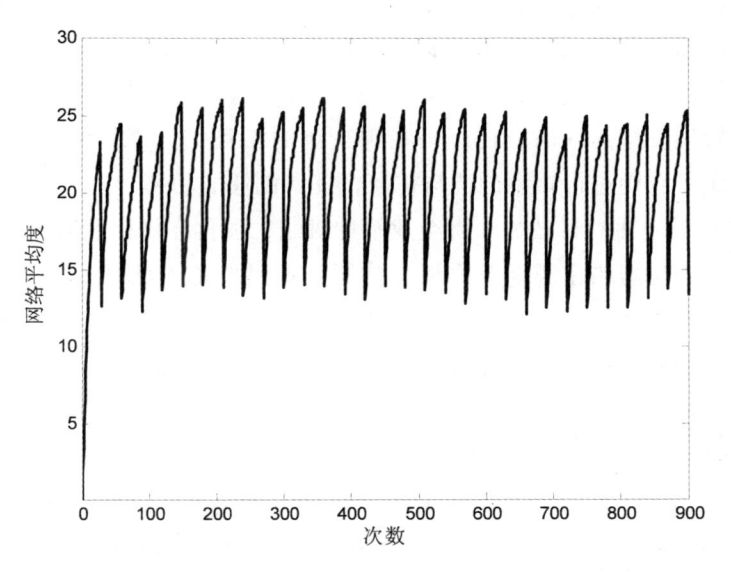

图 2—11　在孵企业网络平均度变化

第五节　本章小结

本章构建了孵化器中在孵企业知识流动模型，结合孵化器独有的进入和退出机制，基于多 Agent 的建模与仿真，对孵化器中在孵企业知识网络涌现和知识增长过程进行了仿真。研究结果表明，孵化器中在孵企业基于简单的规则涌现出了复杂的知识网络，系统整体知识水平不断增加，并且随着在孵企业知识创新能力、吸收能力和退出率的提高而增加，在孵企业知识增长率、知识水平均匀性、知识水平空间相关性、平均路径长度、聚类系数、网络平均度均随着在孵企业的退出和进入呈现周期性的波动。孵化器中在孵企业知识网络涌现出具有较短平均路径长度和较大聚类系数特征的小世界网络结构。根据本章的研究结果，在此向科技企业孵化器管理者提出如下建议：

（1）重视在孵企业间的相互沟通，提高孵化器知识绩效水平

目前，孵化器管理者往往将在孵企业的辅导（知识传递）视为重要工作，这对在孵企业的快速发展起到了促进作用。同时，在孵企业作为

孵化器内的适应性主体，形成了具有小世界特征的知识网络结构，在孵企业之间的内部交流对知识创新和扩散具有重要作用，显著影响到较长时间运行后的孵化器中在孵企业知识量。因此，孵化器管理者向在孵企业提供管理支持的同时，还应为在孵企业的相互交流提供便利条件，以便充分激发它们进行知识创造与扩散，提高创业成功率。

（2）合理建立科技型小微企业筛选机制，强化在孵企业退出机制

入驻孵化器的在孵企业质量是在孵企业最终能否孵化成功的重要因素，因此孵化器引入在孵企业需要把好第一道"筛选"关。本章分析表明，在孵企业的知识创新能力和吸收能力对系统的总体知识水平有重要影响，两种能力越高系统整体的平均知识量越高。因此，孵化器筛选入驻企业时，在软实力上需要着重评估在孵企业的创新意识和学习能力，尽量挑选那些具有较高创新意识和善于学习的企业，以期在将来产生更高的知识绩效水平。另外，退出率较高的孵化器整体知识水平较高，孵化器必须建立强有效的企业退出机制，提高孵化场地、孵化资金等投入要素的使用效率，使孵化器中在孵企业获取更多知识收益。

（3）抓住有利时机，促进每一孵化周期前期的在孵企业互动

每一孵化周期结束后，一部分在孵企业将退出孵化器，取而代之的是新进入的在孵企业。本章分析表明退出率大于毕业率时，系统的知识增长率在每个孵化周期开始时急剧升高，新进入的在孵企业往往能够带来新的知识，促使在孵企业之间产生更多的交流。因此，孵化器管理者应该抓住这一有利时机，在新创企业进入孵化器初期举行更加频繁的企业交流活动，为在孵企业相互之间的学习和交流创造便利条件，提高管理效率并促进在孵企业更好成长。

第 三 章

科技企业孵化器内创业者知识超网络涌现

科技企业孵化器作为一种培育科技型小微企业的特殊性组织，具有不同于其他组织结构的特性，针对孵化器的知识超网络研究能够弥补原来同质网络研究的不足，对于进一步从微观角度考察孵化器知识涌现机理与网络连接机制具有重要意义。殷群将孵化器总结为三种基本类型，第一种是综合类孵化器，第二种是专业类孵化器，第三种是虚拟类孵化器，而综合类孵化器与专业类孵化器是重要的两种组织形式，不同类型孵化器的知识网络涌现过程会出现不同的特点。知识超网络模型下不同类别孵化器的网络涌现机理尚未有学者提出，从知识超网络角度研究在孵企业集群能够进一步完善目前的研究成果。因此，本章引入超网络模型探索在孵企业之间的知识创新、共享与扩散机制，利用异构网络的独有特点刻画在孵企业、知识等不同性质主体间相互作用关系，对于深入理解不同类别孵化器微观本质区别具有重要意义。

第一节 超网络概述

（1）超网络特征

随着人类对现实世界网络的不断探索，已经描绘了多种类型的复杂网络结构，在这些复杂网络结构中，存在数量众多的节点和连边，形成了错综复杂的网络关系。在复杂网络研究领域，近年来有两项研究成果得到了广泛应用,那就是一些网络的小世界效应与无标度特性[1][2],对了解网络的生成机制、传播机制、鲁棒性等特征有很大的推动作用。然而,在某些大型规模的网络结构中,网络中嵌套网络的现象会随之产生,仅借助一般的网络结构图不容易区分不同类型的网络,因此超网络理论模型应运而生[3]。1985 年,Sheffi[4] 首次给出超网络的概念,Nagurney[5] 又将超网络的本质和内涵进行了详细阐述,认为超网络是一种高于而又超于现存网络的网络。基于图的超网络包含如下部分特征:

①网络嵌套网络。组织知识超网络包含知识主体、知识点等网络。

②多层次特性。信息网络同样呈现出多层次特征。超网络的多层次特性使层内和层间均有连接,可以描述不同性质主体间的异质性关系。

③多级特性。同一级别主体之间和不同级别主体之间都可以存在连接。

④流量多维特性。生态系统超网络模型中有物质和能量的流动,交通运输网络中航空、铁路、公路、水运等既有客运也有货运。

⑤多属性或多准则特性。物流超网络中有时间最短、成本最小等优化准则,城市交通中有路径和出行方式选择。

⑥拥塞特性。计算机超网络和运输超网络具有明显的拥塞特性。

⑦协调特性。协调性主要是指全局优化与局部优化之间的协调,如军事供应链网络等。

基于图的超网络模型与复杂网络有明显区别。目前,复杂网络的研究对象主要是节点众多且规模较大的网络,研究过程中通常需要保持节点和连边的同质性。然而,基于图的超网络由多种性质的节点和连边组

---

[1] Watts D. J., Strogatz S. H., Collective dynamics of 'small-world' networks [J]. Nature, 1998, 393 (6684): 440-442.

[2] Albert R., Barabási A. L., Statistical mechanics of complex networks [J]. Reviews of Modern Physics, 2002, 74 (1): 47-97.

[3] 漆玉虎、郭进利:《超网络研究》,《上海理工大学学报》2013 年第 3 期,第 227—239 页。

[4] Sheffi Y., Urban transportation networks: equilibrium analysis with mathematical programming methods [J]. Transportation Science, 1985, 19 (4): 463-466.

[5] Nagurney A., Dong J., Supernetworks, Cheltenham, UK. Northampton, MA, USA. Edward Elgar Publishing Limited, 2002.

成，各个子网络与子网络之间的连接庞杂而复杂，具有比复杂网络更好的适用性。

(2) 超网络研究现状

国外文献中，Nagurney 等人[1]针对新闻机构、情报单位以及全球金融机构，建立了基本知识超网络模型。另外，Nagurney[2]讨论了超网络的概念和应用，重点关注了知识超网络的应用，并且展示了超网络框架对抽象决策的建模。Hassanzadeh 等人[3]基于模拟退火法建立了系统超网络模型。国内文献中，我国学者席运江等人[4]根据三种不同类型的知识要素，构建了组织知识系统的知识超网络模型。于洋等人[5]建立了包括人员、载体、知识三种主体的超网络模型。徐升华等人[6]将超网络分解成社会网与知识网，研究了知识在超网络中的转移过程。陈金丹等人[7]的研究表明，集群中知识网络的涌现是因为网络节点变异或遗传网络结构，并且利用多 Agent 建模方法对集群中知识网络的演变过程进行了仿真。倪子建等人[8]基于 Wiki 内容本体建立了超网络模型，从节点的度、节点的超度、超边的度三个指标评价了超网络的演变机制，并发现 Wiki 本体中存在规模不断增长和多元关系两个特点。王治莹等人[9]建立了生态工业共生超网

---

[1] Nagurney A., Dong J., Management of knowledge intensive systems as Supernetworks: Modeling, analysis, computations, and applications [J]. Mathematical and Computer Modeling, 2005, 42 (3): 397–417.

[2] Nagurney A., Supernetworks: An introduction to the concept and its applications with a specific focus on knowledge Supernetworks [D]. University of Massachusetts Amherst, 2005.

[3] Hassanzadeh R., Eslahchi C., Sung W. K., Constructing phylogenetic supernetworks based on simulated annealing [J]. Molecular Phylogenetics and Evolution, 2012, 63 (3): 738–744.

[4] 席运江、党延忠、廖开际:《组织知识系统的知识超网络模型及应用》，《管理科学学报》2009 年第 3 期，第 12—21 页。

[5] 于洋、党延忠:《组织人才培养的超网络模型》，《系统工程理论与实践》2009 年第 4 期，第 154—160 页。

[6] 徐升华、邹宏:《基于超网络模型的知识转移动力分析》，《情报杂志》2011 年第 7 期，第 94—98 页。

[7] 陈金丹、胡汉辉、吉敏:《集群知识网络的内生演化研究——基于多主体的仿真分析》，《情报杂志》2012 年第 7 期，第 128—133 页。

[8] 倪子建、荣莉莉、刘泉:《基于超网络的维基百科内容知识本体演化研究》，《管理科学学报》2013 年第 12 期，第 68—78 页。

[9] 王治莹、李春发:《超网络视角下生态工业共生网络稳定性研究》，《大连理工大学学报》(社会科学版)2013 年第 1 期，第 14—18 页。

络模型,以解决不同性质企业在工业网络中出现的问题,并通过实证分析验证了超网络模型和稳定性测度算法的合理性。

我国学者在超网络结构方面进行了探索,提出了一些组织和机构的超网络结构模型。比较典型的有王众托等[1]提出了供应链网络与社会网络结合的超网络模型,如图3—1所示。乐承毅[2]等提出了复杂产品系统中的知识超网络概念模型,如图3—2所示。沈秋英等[3]提出了社会网络和知识网络的超网络结构图,如图3—3所示。曹霞等[4]建立了产学研合作创新超网络,如图3—4所示。刘强等[5]进一步研究了三层超网络的一些物理性质,如图3—5所示。从研究方法上一方面从理论和概念上进行阐述,另一方面建立模型,通过变分法进行求解。不过针对某一类具体组织,通过仿真考察超网络变化特征的研究并不多见。

由此可见,超网络模型解决了一些大型复杂网络中的问题,能够有效将不同性质的网络分开研究,弥补了知识网络研究的局限性,为进一步探索和解决知识管理问题提供了新的方法。

在知识网络研究领域,多数学者分别从社会网络和知识网络两种角度研究组织之间的知识转移过程,其出发点将不同性质的主体及它们之间的联系视为一种同质网络[6][7]。然而,从超网络视角进一步考察各种知识网络结构的形成与演变机制,已经开始受到了国内外学者的大力关注。

---

[1] 王众托、王志平:《超网络初探》,《管理学报》2008年第1期,第1—8页。

[2] 乐承毅、徐福缘、顾新建、陈芨熙、王有远:《复杂产品系统中跨组织知识超网络模型研究》,《科研管理》2013年第2期,第128—135页。

[3] 沈秋英、王文平:《基于社会网络与知识传播网络互动的集群超网络模型》,《东南大学学报》(自然科学版)2009年第2期,第413—418页。

[4] 曹霞、刘国巍:《基于社会资本的产学研合作创新超网络分析》,《管理评论》2013年第4期,第115—124页。

[5] 刘强、方锦清、李永:《三层超网络演化模型特性研究》,《复杂系统与复杂性科学》2015年第2期,第64—71页。

[6] Cowan R., Jonard N., Network structure and the diffusion of knowledge [J]. Journal of Economic Dynamics and Control, 2004, 28 (8): 1557–1575.

[7] Fritsch M., Kauffeld-Monz M., The impact of network structure on know ledge transfer: an application of social network analysis in the context of regional innovation networks [J]. The Annals of Regional Science, 2010, 44 (1): 21–38.

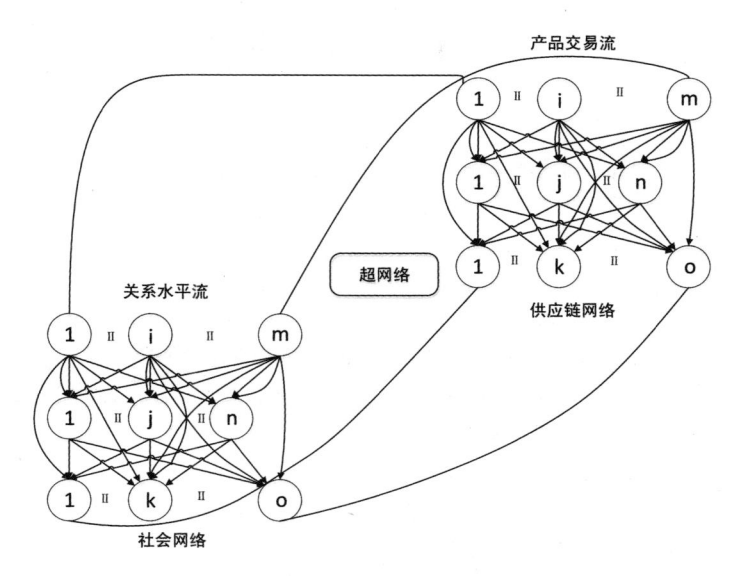

图3—1 供应链网络与社会网络结合的多层超网络结构

资料来源：王众托、王志平：《超网络初探》，《管理学报》2008年第1期，第1—8页。

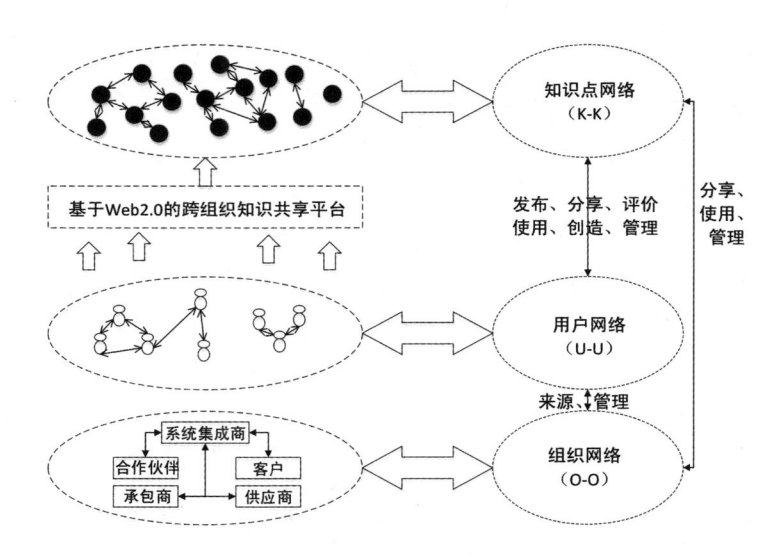

图3—2 复杂产品系统中的知识超网络概念模型

资料来源：乐承毅、徐福缘、顾新建、陈芨熙、王有远：《复杂产品系统中跨组织知识超网络模型研究》，《科研管理》2013年第2期，第128—135页。

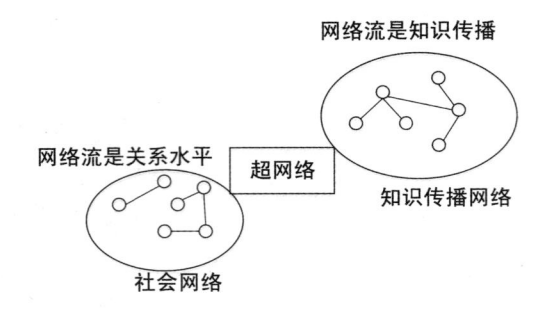

图3—3 社会网络和知识网络的超网络结构图

资料来源：沈秋英、王文平：《基于社会网络与知识传播网络互动的集群超网络模型》，《东南大学学报》（自然科学版）2009年第2期，第413—418页。

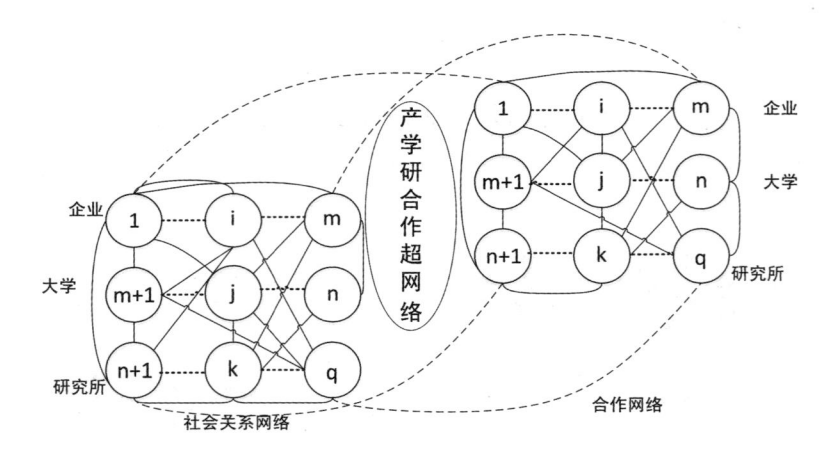

图3—4 产学研合作创新超网络

资料来源：曹霞、刘国巍：《基于社会资本的产学研合作创新超网络分析》，《管理评论》2013年第4期，第115—124页。

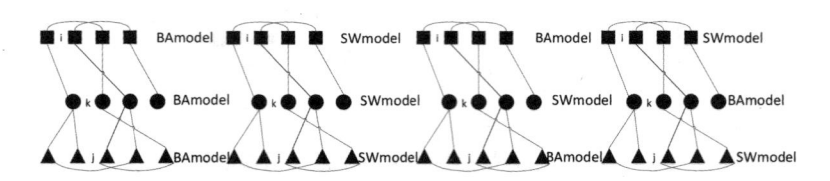

图3—5 三层超网络模型示意图

资料来源：刘强、方锦清、李永：《三层超网络演化模型特性研究》，《复杂系统与复杂性科学》2015年第2期，第64—71页。

(3) 超网络研究方法

超网络因其研究对象的复杂性、多样性等特征，导致研究方法同样呈现出多样性。目前超网络的研究方法主要分为三类，即基于变分不等式的研究、基于超图的研究和基于系统科学的研究。基于变分不等式研究超网络的思路是将网络最优化问题转化为变分不等式进行求解，以便寻找网络最优化的平衡点，因此该方法多用于解决多层、多准则的超网络模型平衡问题。Nagurney 通过证明得到所有的超网络模型都可以转化为有限维的变分不等式问题，并且将变分不等式和投影的方法应用到供应链超网络的平衡研究。基于超图的研究方法利用超图理论描述现实网络系统及其统计特性，多用于解决网络系统中存在的节点和连边不同质的问题。目前，基于超图的超网络研究主要集中在模型的描述和构建上，并对超网络的聚类系数、子图向心性等统计特性进行了探讨。基于系统科学的超网络研究主要从系统的关系和属性出发，着重掌握系统的结构性和整体性特征，研究超网络的整体性和等级结构。

综上所述，孵化器知识管理作为提升孵化器服务能力的一个方面日益受到重视，不过研究的重点在于提升孵化器对于内部创业企业的知识转移与传递，作为孵化器知识管理重要内容的创业者之间的知识互动、扩散尚需进一步探索。尽管已有学者对孵化器内创业企业知识网络进行了初步研究，不过局限于孵化器内创业企业知识学习与扩散的同质网络，不能更为准确深入刻画孵化器内创业者之间形成的知识和人际关系的双重网络结构。另外，孵化器具有创业企业进入与退出等不同于其他组织机构和产业集群的特征。基于上述考虑，本章基于知识超网络视角，探索孵化器中创业者之间的知识涌现机制，利用仿真工具从微观角度出发展现孵化器内部创业者之间的知识超网络涌现过程，并且通过比较综合孵化器与专业孵化器中知识超网络涌现现象的差异，探索如何提升孵化器内部的知识管理水平以及如何促进创业企业之间的知识共享与合作。

第二节　创业者知识超网络模型涌现机制

一　组织知识系统构成

目前，有很多学者对组织知识系统中知识的定义、分类做了详细描述。王众托等人①将组织中的知识来源分成四个部分：来源于人的大脑，来源于手册、文件等媒介，来源于经营管理与工作方法，来源于服务或产品。席运江等人根据知识存储状态进一步将知识归纳为两类：人脑中的知识、媒介中的知识。同理，组织知识系统中知识的分类方法可以引入到孵化器中，为孵化器内知识超网络的研究提供了理论根据。

二　创业者知识超网络描述

仅用社会网络或知识网络描述在孵企业之间的知识流动，不能将传播知识的人与知识、载体等不同性质的个体区别开来，而超网络模型能够很好地刻画不同性质主体之间的联系。通过国内外学者的不懈努力，席运江等人已经提出了知识超网络模型 KSN，即 K–K 网络模型、P–P 网络模型、M–M 网络模型。孵化器中在孵企业的经营业务大都属于高新技术领域，而确保这些高新技术企业能够得到孵化器支持的重要因素是创业团队的知识构成、想法创意、专利技术等软实力，而这些要素大都存在于创业团队成员的大脑中，因此本章根据孵化器的特点将载体网络 M–M 和人员网络 P–P 合并统称为人员网络 P–P。因此，孵化器内的在孵企业知识超网络模型涉及两种性质的节点，一种是创业者节点，另一种是知识节点。本章中在孵企业的知识活动体现在创业者的学习和交流上，因此将孵化器中每个在孵企业简化为一个创业者。孵化器中在孵企业知识超网络模型可以用超图表示，如下所示：

$$G = (G_p, G_k, E_{p-k}) \qquad (3—1)$$

其中，$G_p = (P, E_{p-p})$ 表示创业者之间组成的网络，代表的是一种社会关系，$G_k = (K, E_{k-k})$ 表示知识点组成的网络，是一种知识之间的网络。

---

① 王众托：《知识系统工程》，科学出版社2004年版。

$P = \{p_1, p_2, \cdots, p_m\}$ 表示所有创业者的集合，孵化器中共有 m 个创业者，E_{p-p} 表示创业者之间的关系；$K = \{k_1, k_2, \cdots, k_n\}$ 代表所有知识点的集合，孵化器中共有 n 个知识点，E_{k-k} 代表知识点之间的联系。另外，E_{p-k} 表示创业者网络与知识点网络之间的联系，代表某个创业者拥有哪些知识和某个知识存在于哪些创业者之中，这种联系将两种不同性质的网络连接起来形成了超网络的表现形式。本章中各节点之间的网络关联仍然采用无向图来表示。

三 创业者的知识表示

创业者之间的社会网络关系 E_{p-p} 与知识点之间的知识网络关系 E_{k-k} 可以用各自的邻接矩阵表示，而创业者与知识点之间的超网络关系 E_{p-k} 涉及两种性质节点，是一种多对多的关系，不过本章着重从创业者拥有多种知识点的角度出发进行探讨，可借鉴人员到知识元的映射关系表示方法[1]。创业者 p_i 具有的知识点可用向量表示，如下所示：

$$p_i = [v_{i1}, v_{i2}, \cdots, v_{ij}, \cdots, v_{in}] \quad (3-2)$$

向量（3—2）式中各维度的取值如下所示：

$$v_{ij} = \begin{cases} 0 & 知识点\ k_j\ 不在\ p_i\ 中 \\ x & 知识点\ k_j\ 在\ p_i\ 中 \end{cases} \quad (3-3)$$

其中，$v_{ij} = 0$ 表示创业者 p_i 不具备 k_j 知识点，$v_{ij} = x$ 表示创业者 p_i 具备 k_j 知识点，且 x 对应知识点的知识量。

四 知识创新和扩散机制

（1）知识创新

主体知识创新与知识扩散机制的研究已经较为普遍，但都是基于同质网络的建模，而超网络模型作为一种异构网络有其独有的特点。孵化器内的创业者作为一种适应性主体，会在自身知识结构的基础上不断创新，在本章中表现为某个知识点的知识量增加。在 t 时期，创业者 p_i 完成

---

[1] 孙薇、马钦海、于洋：《基于知识超网络的科技创新团队的组建方法》，《科学学与科学技术管理》2013 年第 8 期，第 166—171 页。

知识创新活动，则在 $t+1$ 时期知识创新后的知识点向量为：

$$p_i^{t+1} = (1 + \alpha_i)p_i^t \qquad (3—4)$$

其中，p_i^t 是创业者 p_i 在 t 时期的知识点向量，α_i 为创业者 p_i 的知识创新能力。不同创业者的知识创新能力相互独立并服从 $[0,\alpha]$ 上的均匀分布，α 为创新能力上限。

（2）知识扩散

孵化器内的创业者在某一时间段内不仅存在知识创新，同时也会有相互之间的知识扩散。不同创业者的知识点向量不完全相同，这样便会造成两种差异。第一种是知识结构不同，意味着拥有的知识点数量不一致，第二种是知识量不同，意味着某个知识点含有的知识量不同。本章假设只有当两个创业者之间已经建立社会关系时，才有知识扩散的可能性。因此，当两个创业者已经建立社会关系时，创业者 p_i 在 $t+1$ 时期由于知识扩散从创业者 p_f 获取的知识点 v_{ij}^{t+1} 为：

$$v_{ij}^{t+1} = \begin{cases} \beta_i(v_{fj}^t - v_{ij}^t) & v_{fj}^t > v_{ij}^t \\ 0 & v_{fj}^t \leq v_{ij}^t \end{cases} \qquad (3—5)$$

其中，β_i 为创业者 p_i 的知识吸收能力，不同创业者的知识吸收能力相互独立并服从 $[0,\beta]$ 的均匀分布，β 为吸收能力上限。由于创业者 p_f 可能拥有创业者 p_i 不具有的知识点，因此 p_i 可以通过知识扩散与新知识点建立连接，超网络中表现为创业者网络与知识点网络建立联系。创业者 p_i 从 p_f 由于知识扩散而得到的知识点向量为：

$$p_{if}^{t+1} = [v_{i1}^{t+1}, v_{i2}^{t+1}, \cdots, v_{ij}^{t+1}, \cdots, v_{in}^{t+1}] \qquad (3—6)$$

综上所述，创业者 p_i 通过 t 时期的知识创新和知识扩散，在 $t+1$ 时期的知识点向量为：

$$p_i^{t+1} = (1 + \alpha_i)p_i^t + \sum_{f=1}^{n} p_{if}^{t+1} \qquad (3—7)$$

五 网络连接机制

综合孵化器与专业孵化器的组织结构特点，导致两类孵化器内创业者之间的知识结构呈现出不同程度的差异。综合孵化器内入驻的企业涵盖了高新技术产业的多个领域，创业者在同一领域内的交流和学习通常情况下要比跨领域多，而不同创业者所属的产业领域不同实质上是所拥有的知识背景不同。而专业孵化器通常仅包括相关产业领域，创业者之间拥有更加相近的知识背景。因此，利用创业者之间的知识相似程度构建其社会关系网络，能够区分综合孵化器与专业孵化器的不同。本章借鉴空间向量模型 VSM 算法表示文本向量相互之间的相似性[①②]，为计算两个创业者相互间的知识相似度提供了理论支持。创业者 p_i 拥有的知识点向量如（3—2）式所示，席运江等人给出了具体方法计算知识点权重。创业者 p_i 拥有的知识点 k_j 的权重如下所示：

$$w_{ij} = tf \times idf \qquad (3-8)$$

$$tf = \frac{v_{ij}}{\sum_{j=1}^{n} v_{ij}} \qquad (3-9)$$

$$idf = \lg \frac{m}{m_j} \qquad (3-10)$$

其中，v_{ij} 是知识点 k_j 在创业者 p_i 中的知识量，tf 是词频，表示某一个给定的知识点在某个创业者知识结构中出现的频率。m 为孵化器内创业者总数，m_j 为包含知识点 k_j 的创业者数，idf 本意为逆向文件频率，这里表示创业者总数除以包含某个知识点的创业者数目之后的值再取对数。

每个知识点的权重计算完成后就能够得出创业者 p_i 的知识点权重向量：

$$W_i = [w_{i1}, w_{i2}, \cdots, w_{ij}, \cdots, w_{in}] \qquad (3-11)$$

创业者 p_i 与创业者 p_f 的知识结构相似度用双方知识点权重向量的夹角余弦表示，如下所示：

$$SIM(W_i, W_f) = \frac{W_i \times W_f}{\| W_i \| \times \| W_f \|} = \frac{\sum_{j=1}^{n} w_{ij} \times w_{fj}}{\sqrt{\left(\sum_{j=1}^{n} w_{ij}^2\right)\left(\sum_{j=1}^{n} w_{fj}^2\right)}}$$

$$(3-12)$$

创业者之间形成的社会网络根据双方知识结构的相似度确定互连的概率，相似度的值越大，双方建立联系的可能性越大，因此创业者 p_i 与

---

① Salton G., Yang C. S., On the specification of term values in automatic indexing [J]. Journal of Documentation, 1973, 29 (4): 351–372.

② Salton G., Wong A., Yang C. S., A vector space model for automatic indexing [J]. Communications of the ACM, 1975, 18 (11): 613–620.

创业者 p_f 连接的概率 $prob_{if}$ 可以用知识相似度表示，如下所示：

$$prob_{if} = \gamma \cdot SIM(W_i, W_f) \tag{3—13}$$

其中，γ 为调整系数，控制了创业者之间的连接速度，以满足现实生活中创业者之间相互了解所必须花费一定时间的条件。

六 进入和退出机制

孵化器中在孵企业的集聚与常见的企业集群有明显不同的特点。无论综合孵化器还是专业孵化器，企业申请进入时，国家级、省市级等不同级别的孵化器都严格规定了高新技术企业申请入驻的条件，制定在孵企业的筛选评价机制，挑选出一些符合国家产业政策、成长能力强、市场前景好的项目对提高创业项目的成功率有重要作用。在孵企业孵化过程中，各级孵化器也都会有相应的在孵企业流动机制，除了促进成长性好的企业顺利毕业退出孵化器，还会及时淘汰那些不良企业，提高资源利用效率。因此，孵化器有与众不同的项目筛选入孵、跟踪辅导和评估退出的特点。本章中，用创业者代表整个在孵企业，在孵化过程中仍然会有达到毕业标准退出、未达到毕业标准退出两种基本退出方式，依然用知识量作为创业者退出的评价标准。在知识超网络视角下，创业者只拥有孵化器中的一部分知识，具体表现为拥有一部分知识点，因此可用平均每个知识点的知识量作为评价指标。每一孵化周期结束后，新进入的创业者按初始条件随机分配知识点，知识点的知识量取孵化器内该知识点的平均值。设孵化器的每一孵化周期内创业者平均相互作用 L 次，孵化器每周期的毕业率为 SR，失败退出率为 FR。

第三节 创业者知识超网络绩效度量

一 平均知识量

利用平均知识量指标反映所有创业者的总体知识水平，孵化器内所有创业者的平均知识量为：

$$\overline{K} = \frac{1}{m} \sum_{i=1}^{m} \sum_{j=1}^{n} v_{ij} \tag{3—14}$$

二 平均知识点数

孵化器内创业者在长期的相互交流过程中,不仅自身已拥有的各方面知识得到了提高,而且还能够从外部获取自身不具备的知识,不断完善自身的知识结构,在本章中表现为创业者拥有的知识点数不断增加。知识点数增加的快慢,可以反映出创业者之间相互交流获取新知识的效率。设创业者 i 的知识点个数为 y_i,则知识超网络中所有创业者的平均知识点数如下所示:

$$\bar{y} = \frac{1}{m} \sum_{i=1}^{m} y_i \qquad (3\text{—}15)$$

三 知识点活跃性

孵化器内的创业者可能自身拥有或通过学习获得知识点中的任何一个,因此某些知识点可能出现在多个创业者的知识结构中,而某些知识点只有少数创业者拥有。因此,可以用知识点在创业者中出现的次数判断知识点的活跃性。假如知识点 j 存在于 z 个创业者中,则知识点 j 出现次数为 z,比较大的 z 值表明知识点 j 是一种共有知识。

四 网络密度

网络密度是企业间相互连接的程度,对企业的效果及行为有明显的影响,该指标同样适用于孵化器内的创业者。创业者网络 $G_p = (P, E_{p\text{-}p})$ 中的顶点数为 m,假设网络中存在的边数为 L,则记 G_p 的网络密度为 d,如以下所示:

$$d = \frac{2L}{m(m-1)} \qquad (3\text{—}16)$$

五 平均聚类系数

根据聚类系数的定义,如果创业者 i 的聚类系数为 F_i,则创业者之间形成的社会网络平均聚类系数为 F,如下所示:

$$F = \frac{\sum_{i=1}^{m} F_i}{m} \qquad (3\text{—}17)$$

六 网络中心势

中心势描绘了整个网络的集中程度,是网络"中心性"的描述指标。对网络图中单一节点来说,假如它与许多其他节点都直接连接,则这个节点的点度中心度就比较大,往往具有中心地位,对整个网络的影响也就越大。网络点度中心势以网络节点的点度中心度为基础,目的是探索不一样的图是否表现出不一样的中心趋势。借鉴网络图中心势测量指标,可以得到孵化器内创业者之间的社会网络点度中心势,如下所示:

$$C_D = \frac{\sum_{i=1}^{m}(C_{Dmax} - C_{Di})}{\max \sum_{i=1}^{m}(C_{Dmax} - C_{Di})} \quad (3—18)$$

其中,C_{Dmax} 代表所有创业人员中最大的中心度,C_{Di} 代表创业者 i 的中心度。创业者之间社会网络的点度中心势的算法显示,要用中心度的最大值和其余点中心度分别做差再求和,得到的值再除以最大可能的差值总和。C_D 的取值介于 0 和 1 之间,数值越高则中心趋势越明显。

七 网络攻击策略

由于创业企业自身的高风险特点,创业企业组成的知识超网络模型具有很多不稳定因素。通常来讲,不稳定因素来自企业孵化器的外部和内部,外部因素主要包括公共政策、经济环境和创业环境等,而内部因素主要包括创业企业失败退出以及企业间社会网络关系的破裂。本书中,我们只关注孵化器的内生性风险如何影响网络的鲁棒性。网络鲁棒性的研究主要分析网络节点的缺失对网络稳定性造成的影响,研究过程中按照节点的度、中心性等网络指标排序逐步移除网络中的节点[1][2]。根据已有研究成果,复杂网络的鲁棒性研究主要包括两种移除节点的方式——随机移除和按照某种规则移除[3]。随机移除节点的过程中,随机选中的创

---

[1] Crucitti P., Latora V., Marchiori M., et al. Error and attack tolerance of complex networks [J]. Physica A: Statistical Mechanics and its Applications, 2004, 340 (1): 388-394.

[2] Bellingeri M., Cassi D., Vincenzi S. Efficiency of attack strategies on complex model and real-world networks [J]. Physica A: Statistical Mechanics and its Applications, 2014, 414: 174-180.

[3] Jalili M., Error and attack tolerance of small-worldness in complex networks [J]. Journal of Informetrics, 2011, 5 (3): 422-430.

业企业以及与之相关的社会联系全部被移除；按照某种规则移除节点的过程中，本书选择以节点的度为评价指标，优先移除那些度值最高的节点。另外，根据企业孵化器中创业企业周期性进入与退出的特点，创业企业退出孵化器的过程同样是一种移除网络节点的方式。本书中，评价企业是否退出的标准是每个企业所拥有知识点的平均知识量，系统会按照一定比例选择那些平均知识量最小和平均知识量最大的创业企业退出孵化器。基于此，创业企业社会网络的鲁棒性研究还可以引入高知识量攻击和低知识量攻击两种网络攻击方式。因此，本书针对孵化器内创业企业之间的社会网络提出四种攻击方式：随机攻击、度攻击、高知识量攻击和低知识量攻击。

八　网络抗毁性测量方法

相关学者在网络抗毁性研究方面取得了很多成果，我们利用最大连通子图尺寸和网络效率来评价网络的抗毁性。

（1）最大连通子图尺寸

随着网络中节点的移除，孵化器内社会网络会逐渐分解成互不连接的子网络，可以用其中的最大连通子图代表整个互不连接的子网络，最大连通子图尺寸可以通过下式得到：

$$S = \frac{m'}{m} \tag{3—19}$$

其中，m' 是最大连通子图中创业企业的数量，m 是整个网络中所有创业企业的数量。最大连通子图尺寸反映了网络结构的稳定性，随着创业企业的不断移除，最大连通子图尺寸 S 会逐渐减小。S 的值越大表明网络的连通性越强。

（2）网络全局效率

网络的全局效率定义为所有创业企业之间最短路径长度倒数的平均值，因此网络全局效率如下所示：

$$E = \frac{1}{m(m-1)} \sum_{i \neq j} \frac{1}{d_{ij}} \tag{3—20}$$

同理，m 是所有创业企业的数量，d_{ij} 为创业企业 p_i 与创业企业 p_j 之间的最短路径长度。与最大连通子图尺寸指标不同，网络全局效率反映了网络的通信能力。不同攻击方式下，E 的值越大表明网络的效率越高。

第四节 仿真分析

本章根据创业者拥有的知识域区别综合孵化器与专业孵化器，综合孵化器一般会入驻多个领域的企业，通常会涵盖软件、生物医药、光电子、新材料等多种行业，而具体到一个企业，其拥有的知识领域只涵盖了整个孵化器知识领域一部分。专业孵化器更具有针对性，通常只包含某一特定的领域，利用更加专业化的服务解决管理团队、孵化项目等方面的问题，这就会导致孵化器内的企业基本上都属于相同或近似的产业领域，因此对于每一个企业来说能够拥有整个孵化器知识域的大部分知识。本章用创业者所能拥有的最高知识点比例来区别两类孵化器，综合孵化器中创业者拥有的知识点比例较少，而专业孵化器中创业者拥有的比例较多。

同样，根据各省市对孵化器申请的认定条件，对于在孵企业数来说，综合孵化器一般要求在30家以上，而专业孵化器一般要求10家以上，因此本章同样假设孵化器中共有30位创业者。另外，从各省市《科技企业孵化器认定和管理办法》的规定中可以看出在孵企业的孵化时限一般不超过3—4年，一些特殊领域的高新技术企业一般也不会超过5年，而年度毕业企业一般要达到10%以上。根据综合孵化器与专业孵化器的特点，确定创业者进入孵化器时拥有的最高知识点数上限，以及孵化期间内所能获得的最高知识点数上限。本章假设孵化器中知识点数为 n，创业者入驻两类孵化器时拥有的知识点数上限比例 μ_0 相同，而孵化期间内所能拥有最高知识点数比例不同（μ_1 或 μ_2），入驻孵化器时创业者拥有的知识点数服从 $(1, \mu_0 \times n)$ 上的均匀分布（取整数），孵化期间内知识点数最高不能超过 $\mu_1 \times n$ 或 $\mu_2 \times n$。另外，本章规定初始状态下，创业者拥有的每个知识点的知识量服从 $(1, \eta)$ 的均匀分布，后期进入的创业者取孵化器中知识点知识量的平均值。其他参数设定如表3—1所示。

表 3—1　　　　　　　　　　参数赋值

参数	取值
相互作用总次数 T	900
每周期作用次数 L	30
创新能力上限 α	0.01
吸收能力上限 β	0.1
知识相似度调整系数 γ	0.1
年度毕业率 SR	0.1
年度退出率 FR	0.2
创业者数量 m	30
知识点数量 n	30
初始知识点数上限比例 μ_0	0.1
综合孵化器中创业者最高知识点数比例 μ_1	0.2
专业孵化器中创业者最高知识点数比例 μ_2	0.6
初始创业者知识点知识量上限 η	3

一　算法描述

同理，根据对创业者知识超网络模型的构建与参数赋值，继续用 Matlab 软件对孵化器内创业者知识超网络模型进行仿真分析，仿真流程图如图 3—6 所示，具体算法步骤如下所示。

第一步，对所有参数赋初始值，如表 3—1 所示。

第二步，初始状态下创业者与知识点都随机分布在 100×100 的二维平面内，该区域作为孵化器的孵化空间，为创业者之间相互学习和交流提供了一个地理位置上比较相邻的平台。

第三步，为所有创业者分配知识点，仿真中表现为创业者与知识点建立连接，并为创业者拥有的知识点分配知识量。

第四步，如果系统运行次数 t 正好是每个孵化周期结束的时刻，则寻找满足退出条件的创业者，删除与其相连的社会连接边与知识连接边，新创业者进入并分配知识点和知识量。

第五步，判断两创业者是否存在连接，如果存在连接则进行知识扩散，如果还能学习新的知识点，则创业者再与新知识点建立连接。

第六步，计算创业者的知识创新量。

第七步，如果两个创业者不存在连接，则根据知识相似度计算两创业者间连接的概率，并按概率建立连接。

第八步，计算各种知识绩效指标与网络结构指标，如果仿真次数 t 超过 T，则仿真过程结束并输出仿真结果，否则转到第四步。

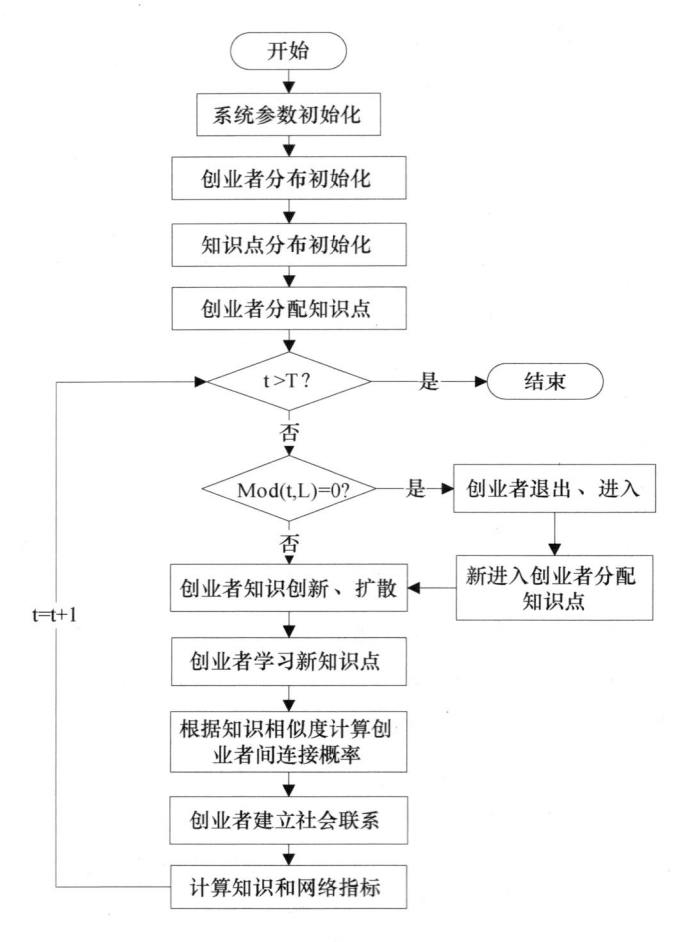

图 3—6　创业者知识超网络仿真流程图

二　知识超网络结构涌现

根据知识超网络模型的特点，本章涉及两种异质节点，一种是孵化器内的创业者，另一种是孵化器内的知识点。图 3—7 给出了孵化器内创业者之间 40 次相互作用后的知识超网络涌现结构（以综合孵化器为例），创业者节点分布在平面下方，知识节点分布在平面上方。本章假设知识点网络结构不变，并且综合孵化器与专业孵化器知识点网络结构相同。从图3—7可以看出，各知识点之间相互连接形成了知识网络，创业者之间形成了社会网络，而创业者与知识点之间的关系将这两种网络连接在一起，形成了知识超网络。其中，创业者之间连线表明建立社会关系，而创业者与知识点之间连线表明创业者拥有哪些知识域，反映了创业者的知识结构。系统运行到第40次时，孵化器已经完成了一次创业者进入与退出过程（30次一周期），从图3—7可以看出孵化器中已经新进入了9个创业者（三角形）。

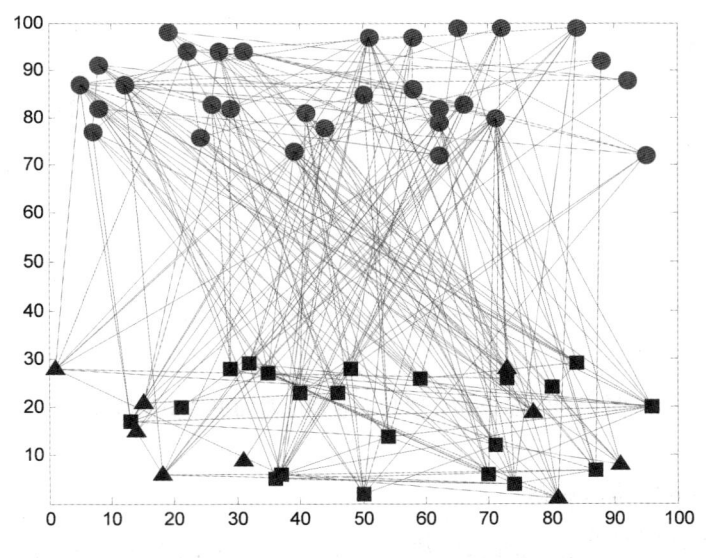

图3—7 运行40次后创业者知识超网络结构图

三 平均知识量

创业者平均知识量指标不仅能够测度孵化器内知识水平的变化情况，而且能够比较综合孵化器与专业孵化器知识水平变化的差异。图3—8给出了综合孵化器与专业孵化器知识水平变化情况，可以看出两类孵化器知识水平均呈现出加速增长的态势，并且在相同初始条件下，专业孵化器的知识水平比综合孵化器提高得更快。另外，从图3—8可以看出，每个孵化周期结束后，两类孵化器的整体知识水平均有一个向下波动的过程。每个周期结束后成功的创业者与淘汰的创业者均会离开孵化器,而新的创业者会进入,在创业者并不拥有所有知识点的假设基础上,新进入的创业者拥有的知识点数会比较少,只能在孵化过程中不断获得新知识点。因此,每个孵化周期结束后会导致孵化器的整体知识水平有所下降,这也充分展示了孵化器培育初创企业的特点。

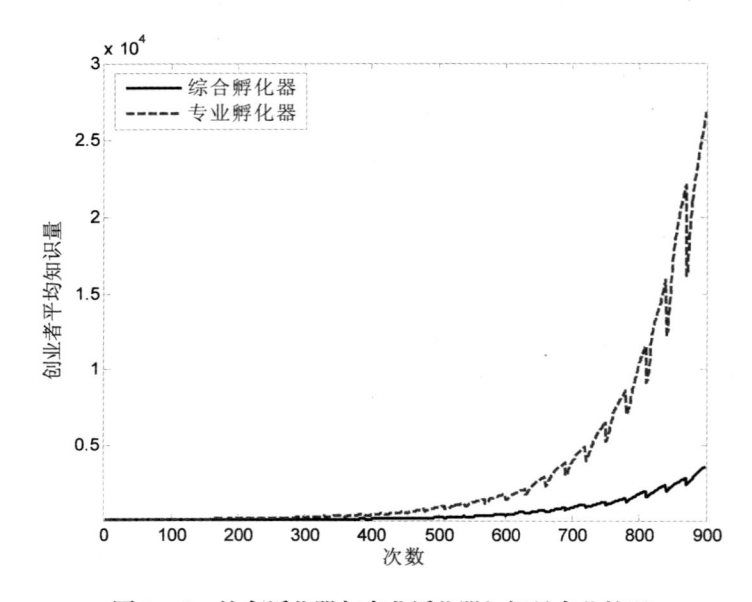

图3—8 综合孵化器与专业孵化器知识量变化情况

四 平均知识点数

创业者拥有的平均知识点数能够反映孵化器的性质,同时也能够展现创业者学习新知识的速度,如图3—9所示。本章中,知识点数 $n=30$,初始知识点数上限比例 $\mu_0=0.1$,因此每个孵化周期新进入创业者起始知识点数服从(1,3)上的均匀分布。相对于整个孵化器而言,综合孵化器中创业者拥有的知识点比例较低,而专业孵化器中创业者拥有的知识点比例较高,因此本章假设综合孵化器中创业者最高知识点数比例 $\mu_1=0.2$,专业孵化器中创业者最高知识点数比例 $\mu_2=0.6$,也就是说综合孵化器中创业者拥有的知识点数不超过6,专业孵化器中创业者拥有的知识点数不超过18。从图3—9中可以看出,综合孵化器中创业者平均知识点数在 5—6 之间波动，而专业孵化器中创业者平均知识点数在 13—18 之间波动。仿真结果显示，专业孵化器中创业者能够拥有孵化器内大部分知识，而综合孵化器中创业者只能拥有孵化器内小部分知识。另外，新的孵化周期开始时，两类孵化器中创业者的平均知识点数都会下降，之后会迅速提升到上限值，并且专业孵化器比综合孵化器波动幅度大。

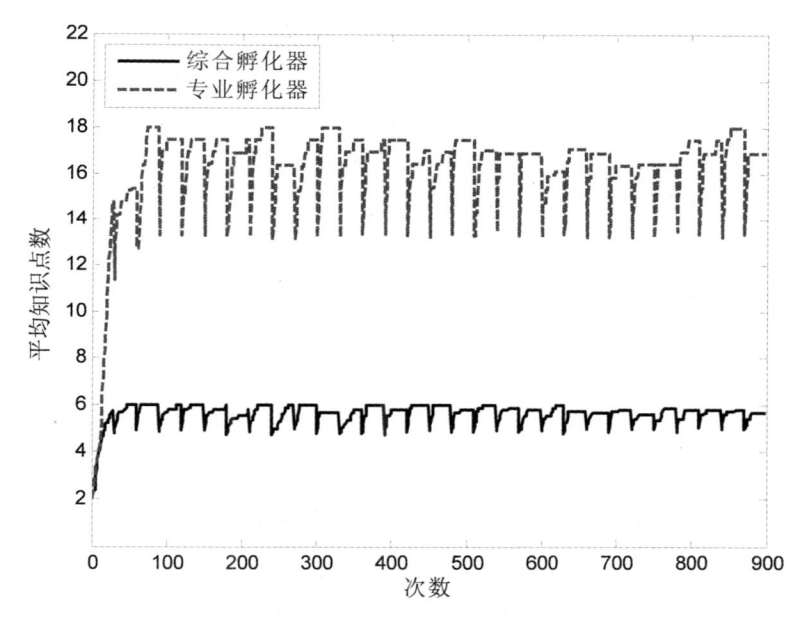

图 3—9　创业者拥有的平均知识点数变化情况

五　知识点活跃性

组织中的知识可以细分成多个领域，而每个知识领域可以用一个知识点表示，通常情况下，一些知识领域会被广泛应用，而一些知识领域仅仅存在于少数人中，知识领域的应用范围大小便可称之为知识点的活跃性。孵化器中具体可以表示为某些知识点存在于多个创业者中，某些知识点只存在于少数创业者中，综合孵化器和专业孵化器的不同特点会导致知识点活跃性不同。每个孵化周期末创业者拥有的知识点状态最具有代表性，本章取 T = 900 时综合孵化器与专业孵化器内创业者拥有的知识点作比较，如图 3—10 所示。图 3—10 中的圆圈或三角表示哪些知识点被哪些创业者所拥有,例如平面内坐标点(4,5)处有一个圆圈,表示综合孵化器中有 5 个知识点存在于 4 个创业者中。从图 3—10 可以看出,综合孵化器中大部分知识点存在于少数创业者中,而专业孵化器中大部分知识点存在于多数创业者中。仿真结果表明,综合孵化器中创业者之间的共性比较小,而专业孵化器中创业者之间的共性比较大,专业孵化器中知识点更加活跃。

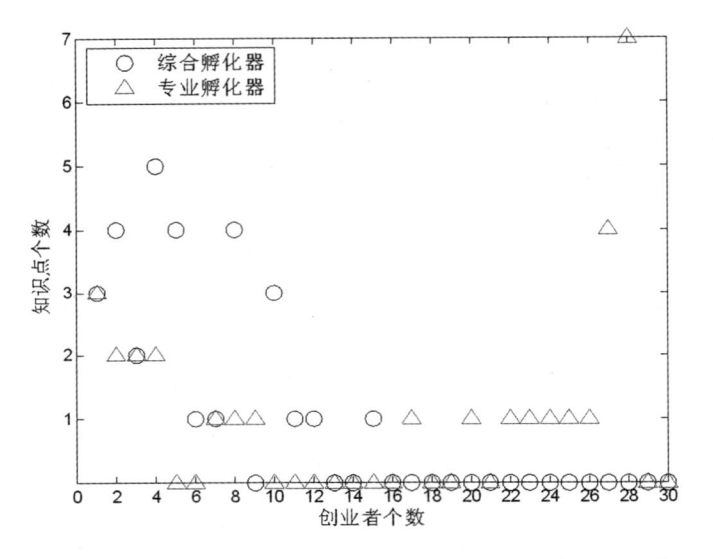

图 3—10 T = 900 时综合孵化器与专业孵化器知识点活跃性对比

六 网络密度

本章中,网络密度指标测量了孵化器内创业者之间的相互连接程度,如图 3—11 所示。从图 3—11 可以看出,两类孵化器的创业者网络密度均呈现出周期性波动变化,波动周期与孵化器的孵化周期一致,并且专业孵化器创业者网络的网络密度要高于综合孵化器。每个孵化周期结束后,一部分创业者退出孵化器,而新进入的创业者尚未建立网络关系,因此每个孵化周期结束后创业者网络密度都会突然降低。专业孵化器内,创业者之间知识领域比较相似,更容易建立连接,而综合孵化器的情况恰恰相反,仿真结果也说明专业孵化器中创业者连接更容易。

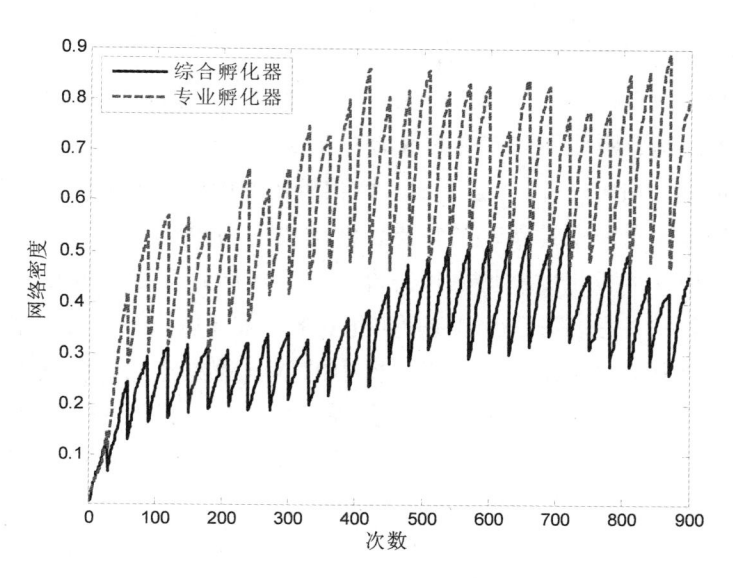

图3—11 创业者网络密度变化情况

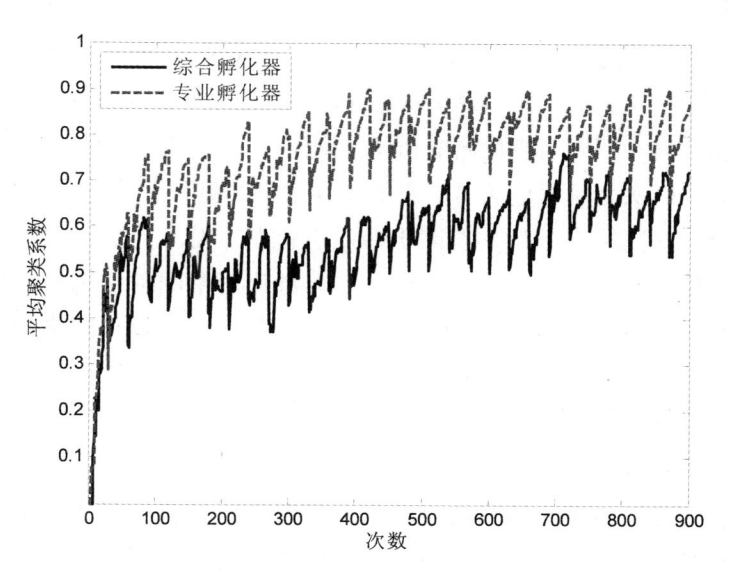

图3—12 创业者网络平均聚类系数变化情况

七　平均聚类系数

聚类系数反映了创业者之间聚集成团的情况，描述了创业者之间的聚集程度。综合孵化器与专业孵化器中的创业者网络平均聚类系数如图3—12所示。从图3—12可以看出，两类孵化器中的创业者网络平均聚类系数同样呈现出周期性波动的特点，波动周期与孵化周期一致，平均聚类系数在前3个孵化周期均迅速升高，之后逐渐趋于稳定波动状态。另外，从图3—12可以明显得出专业孵化器的创业者网络平均聚类系数要高于综合孵化器，也就是说专业孵化器中的创业者更容易聚集成团，聚类现象比综合孵化器更加明显。从现实角度看，综合孵化器通常涵盖多个创业领域，而专业孵化器更加专一，专业孵化器中的创业者聚类现象更加明显，因此仿真结果与实际情况相符。

八　网络中心势

网络中心势指标衡量了创业者网络的集中程度，反映了整体网络的中心趋势。如果创业者网络中各个创业者点度中心度差异比较大，则整个创业者网络就具有比较高的网络中心势，某些创业者的核心作用就越强。如图3—13所示，两类孵化器的创业者网络中心势指标同样表现出周期性波动，波动周期与孵化周期相同，网络中心势在仿真前期迅速升高，直到运行300次之后才呈现出稳定的波动状态。另外，稳定波动状态下，综合孵化器的网络中心势一直高于专业孵化器，而专业孵化器的网络中心势波动幅度更大。仿真结果表明，综合孵化器中的创业者之间的点度中心度差异更大，中心趋势更明显，而专业孵化器创业者网络的中心趋势波动比较大。

九　网络抗毁性分析

本书用仿真结束时的网络结构为分析对象，并且为了消除随机性影响，所有仿真结果取50次模拟的平均值。图3—14和图3—15分别描述了$\mu=0.2$与$\mu=0.8$时不同攻击方式下网络最大连通子图尺寸的变化情况，从图中可以看出最大连通子图尺寸呈现逐步减小的趋势。对于专业化程度较低的孵化器来说（图3—14），所有攻击方式对网络的损毁程度

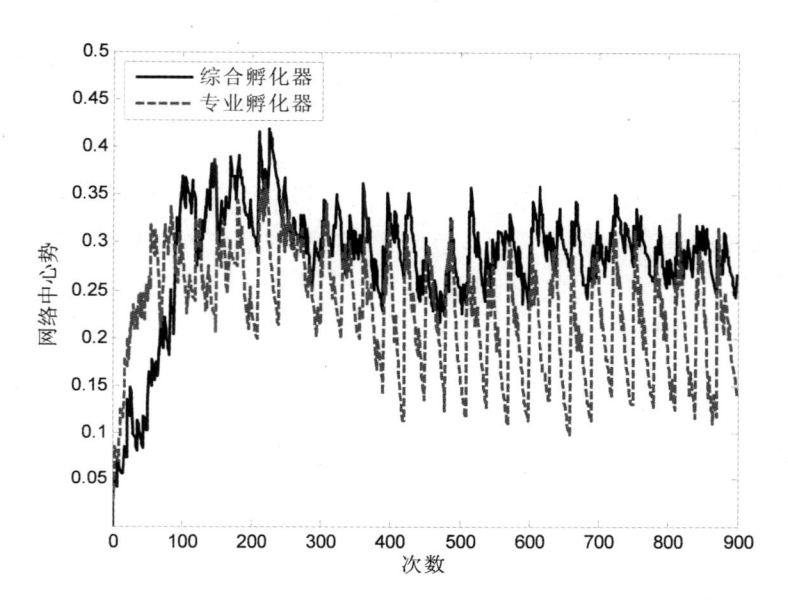

图 3—13　创业者网络中心势变化情况

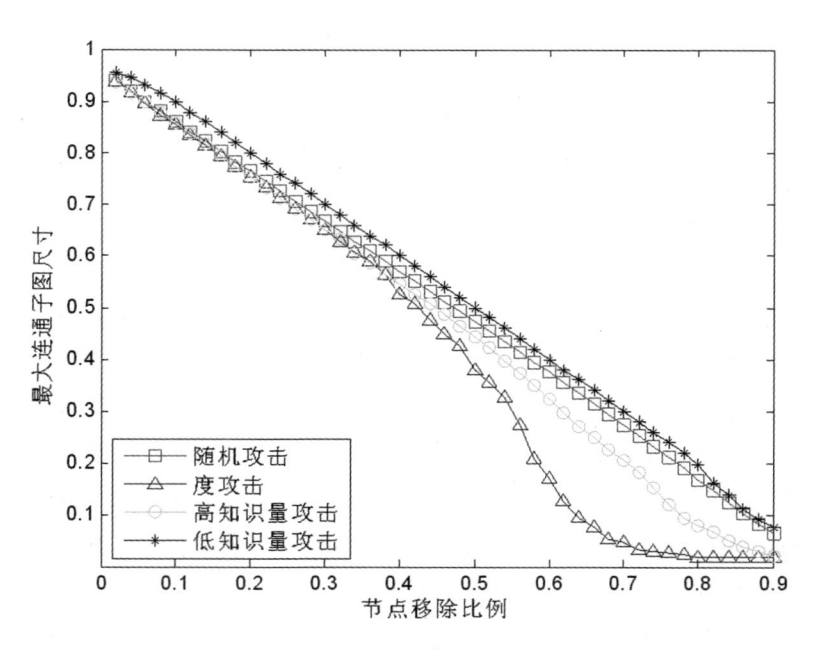

图 3—14　最大连通子图尺寸变化（$\mu = 0.2$）

由大到小依次为度攻击、高知识量攻击、随机攻击和低知识量攻击,当移除的节点个数超过50%时,度攻击和高知识量攻击下的最大连通子图尺寸迅速减少。而对于专业化程度较高的孵化器来说(图3—15),四种攻击方式的结果没有产生明显的区别,并且直至移除节点个数超过70%时,度攻击和高知识量攻击下的最大连通子图尺寸才迅速减少。因此,我们可以看出具有不同专业化程度孵化器的网络稳定性差异并不明显。

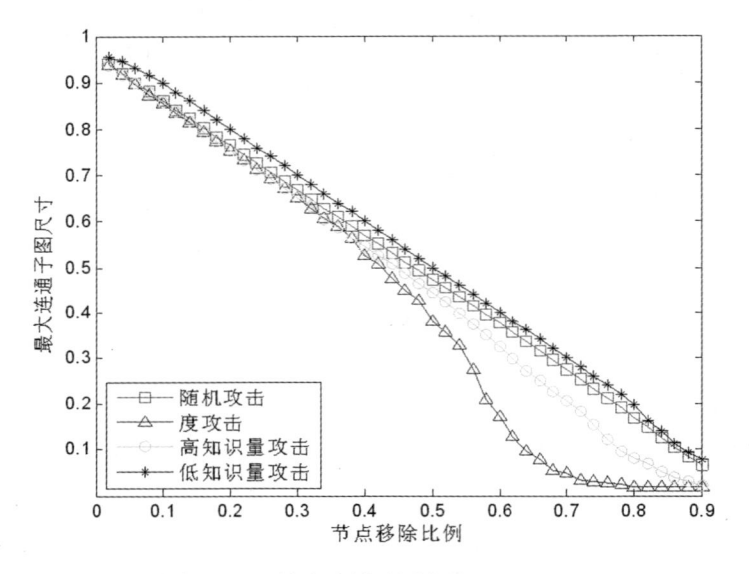

图3—15　最大连通子图变化($\mu=0.8$)

图3—16和图3—17描述了不同攻击方式下网络全局效率的变化情况。根据仿真结果可以看出,对于不同专业化程度的孵化器来说,四种攻击方式中网络的损毁程度由大到小依次为度攻击、高知识量攻击、随机攻击和低知识量攻击。特别指出的是,低知识量攻击过程中网络全局效率会随着移除节点个数的增加先呈缓慢上升趋势,然后才迅速降低。由此可以得出,及时移除孵化器中那些低知识量的创业企业有助于提高网络的通信能力。对于低专业化程度的孵化器(图3—16),当移除的节点个数超过50%时,度攻击和高知识量攻击下的网络全局效率才迅速降低;当移除的节点个数超过70%时,随机攻击下的网络全局效率才迅速降低。然而对于高专业化程度的孵化器(图3—17),当移除的节点个数

超过60%时，度攻击和高知识量攻击下的网络全局效率才迅速降低；当移除的节点个数超过80%时，随机攻击下的网络全局效率才迅速降低。由此可以得出，较高专业化程度的孵化器具有更好的网络通信能力。

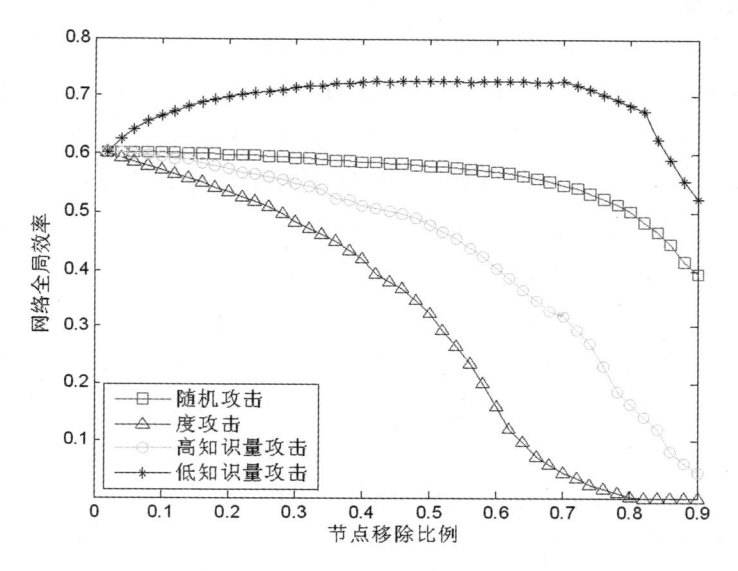

图3—16 网络全局效率变化（$\mu = 0.2$）

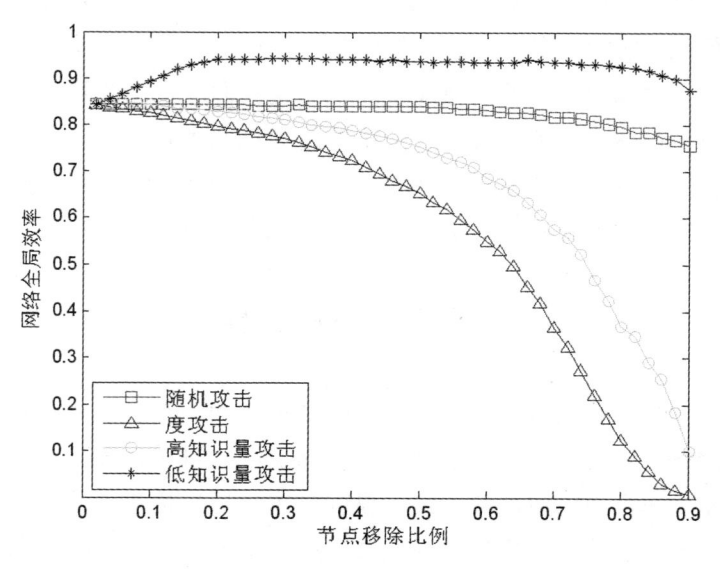

图3—17 网络全局效率变化（$\mu = 0.8$）

根据仿真结果，我们可以看出网络抗毁性测量指标 S 和 E 表现出很大的不同。由图3—14和图3—15可知，当移除较少节点时，四种攻击方式下网络的损毁程度几乎相同，主要是因为创业企业之间还尚未被分解为互不连接的子网络。当移除较多的节点时，网络逐渐被分解为各个子网络，导致度攻击和高知识量攻击下最大连通子图尺寸迅速下降。由图3—16和图3—17可知，网络损毁程度随着节点的不断移除表现出明显的不同。度攻击、高知识量攻击和随机攻击下，网络全局效率随着节点的移除迅速下降，主要是因为节点的移除导致创业企业间的平均最短路径长度迅速升高，从而降低了网络的通信能力。然而，低知识量攻击导致网络全局效率先升高再降低，主要是因为低知识量的创业企业拥有更少的社会连接，移除他们可以在一定程度上提高网络的整体通信能力。由于创业企业网络的异质性特点，度数较高的节点在整个网络中发挥的作用比较大，因此无论最大连通子图尺寸还是网络全局效率，度攻击比其他三种攻击方式造成的损毁程度都大。移除那些度数较大的节点将导致网络迅速被分解为互不相连的子网络。

仿真结果对于综合孵化器和专业孵化器的管理实践具有一定的参考价值。孵化器中社会连接较多的创业企业往往扮演重要角色，移除他们会对整个网络结构造成较大的破坏，尤其会明显降低网络的通信能力。因此，孵化器的管理者应该给予他们更多的关注，并且尽最大努力降低他们在孵化过程中面临的失败风险。另外，我们应该意识到那些成功毕业的创业企业不可避免地会影响网络的连通性和通信能力，同时要注意到及时移除那些绩效水平较差的创业企业有助于提高网络的通信能力，因此孵化器退出机制的建立和执行具有重要意义。

第五节　本章小结

本章构建了孵化器内创业者之间的知识超网络模型，对创业者之间的社会网络与知识网络进行了剥离，弥补了以往将孵化器内创业者之间知识网络主体视为同质性的不足，根据主体的异质性进一步完善了创业者之间的网络组成，并且从微观角度模拟了综合孵化器与专业孵化器中创业者之间知识超网络涌现过程中的差异。另外，本章将知识相似度理论运用到孵化器内创业者之间的知识超网络中，将创业者之间的知识相似度作为它们建立社会关系的基础，比较符合现实条件下创业者之间互动联系的规律，并且在目前针对孵化器的研究进展中，尚未发现有相关文献将知识相似度作为孵化器内创业者之间连接的概率。知识超网络模型下的仿真结果表明，综合孵化器与专业孵化器中的创业者在知识和网络两个方面均表现出比较大的差异，并且表现出与孵化周期相同的周期性波动。知识方面，专业孵化器创业者的平均知识量、拥有的平均知识点数、知识点的活跃性高于综合孵化器。网络方面，专业孵化器创业者的网络密度、平均聚类系数高于综合孵化器，而网络中心势低于综合孵化器。

另外，综合孵化器与专业孵化器知识超网络对比研究，同样具有管理实践意义。从我国孵化器的发展历程来看，初始阶段我国的综合孵化器建设居多，但随着专业孵化器优势的逐步显现，我国的专业孵化器建设已经成为一种发展方向和态势。在本章的前提假设下，仿真结果表明专业孵化器知识水平拥有更高的增长速度，各类知识都得到了广泛应用，并且创业者聚类现象更加明显。从专业分工角度来讲，专业孵化器提高了自身内部知识的利用效率，在一定程度上避免了知识资源浪费。另外，综合孵化器创业者的网络中心势比较高，说明综合孵化器中存在一些"权力"中心，这些创业者拥有更多的资源与信息，一般是某个综合孵化器重点孵化领域中的佼佼者，能够得到重点培育，但可能造成对其他创业者关注不足的现象。

第四章

孵化器中创业团队知识学习、知识遗忘与知识绩效

自从 March 在 1991 年提出了组织学习中的探索式学习和利用式学习模型后，许多国内外学者对组织学习进行了深入研究。随着全球经济的快速发展，各个组织之间的竞争日益成为组织创造、获取和转移知识能力的竞争。组织学习与获取知识的能力已成为组织提高竞争能力和改善绩效的重要影响因素，尤其是在应对激烈与不确定的外部环境时。已有研究表明，在组织学习中保持探索式学习与利用式学习之间的平衡对于提高组织知识水平起着至关重要的作用。因此，大量的组织都寄希望于在探索式学习和利用式学习之间保持平衡来提高组织的知识水平，从而提高组织的竞争力。

与此同时，有关组织遗忘的内容也受到了国内外学者的广泛关注。组织提高自身竞争优势不仅需要学习，也需要适度遗忘。组织遗忘与组织学习一样，在组织的发展中（比如探索新的知识以适应环境的变化）也扮演着重要角色。随着外部环境的不断变化，组织原有的一些旧的知识已经无法适应环境的变化，因此，组织不但需要吸收新的知识，还必须忘掉无法适应环境的旧知识，否则这些旧知识会阻碍组织竞争力的提升。已有的研究表明，组织遗忘对组织创新有重要的影响。组织遗忘能够促进组织知识的创新，增强组织对外界环境的适应性，促使组织知识水平的提高，从而提高组织的竞争力。此外，在组织学习过程中，人员流动对于组织知识的创新也起着重要作用。大量的研究表明，在外部环境变化时，组织中保持适当的人员流动有助于组织中知识的不断更新，

提高组织对外界环境的适应能力，从而提高组织的竞争力。

近年来，孵化器由于在培育创业企业方面的重要作用而受到越来越多国家和学者的重视。孵化器不仅为在孵企业提供资金、设备等外部支持，还要为在孵企业提供管理、技术等知识资源。孵化器中创业团队的知识学习与知识遗忘对于提高创业团队知识水平来说也扮演着重要角色。一般而言，孵化器中的创业团队获取知识主要有三个途径：创业团队自身研发投入的知识创造；创业团队获取来自孵化器管理者提供的知识；创业团队之间的知识共享和扩散。就目前来看，孵化器关于知识的研究主要集中于孵化器向创业团队提供知识这一途径，而对创业团队之间的知识学习与知识遗忘的研究较少。同时，与组织学习中知识更新类似，孵化器中知识的不断更新对于孵化器整体的孵化水平是非常重要的，尤其是面对外部环境的变化。孵化器不会一直为在孵企业提供知识资源，因此，建立合理的创业团队的退出与进入机制对于孵化器的孵化水平是非常有必要的。

基于上述考虑，本章从组织学习中探索式和利用式学习的角度出发，利用计算机仿真建模方法，对孵化器中创业团队的探索式学习和利用式学习进行研究，分析在不同环境下，孵化器中创业团队知识学习和知识遗忘以及团队的退出与进入对团队知识水平的影响，进一步比较了孵化器内不同创业团队成员完全独立、不同创业团队成员按一定比例连接、不同创业团队成员随机连接三种网络情形下的知识绩效，从而为孵化器中创业团队的知识学习提供适当的参考与建议。

第一节　创业企业双元学习与绩效

（1）组织双元学习与仿真模型

March[①] 于 1991 年首次提出双元学习的概念，其包含探索式学习和利用式学习两个维度。其中，探索式学习包括搜索、变化、风险承担、试验、灵活性、开发或创新等行为，其特点是追求和获取新知识；利用式

---

① March J. G., Exploration and Exploitation in Organizational Learning [J]. Organization Science, 1991, 2 (1): 69 – 81.

学习包括对知识的提炼、选择、实施执行以及对知识库中存储知识的再利用等行为,其特点是利用和开发已拥有的知识。随后,许多学者从组织视角、创新视角以及战略视角等多个角度对这两种学习方式的特点、关系、前因和后果进行了分析。

在组织学习中,March 较早提出了探索式和利用式学习的模型。在模型中,组织向个体学习以及个体向组织学习都是以编码知识为中介进行的。组织和个体学习知识的速率不同表现为探索式和利用式学习。学习速率较低时,表现为探索式学习,学习速率较高时,表现为利用式学习。March 强调在组织学习中,在探索式和利用式学习二者之间维持一个适当的平衡对于提高组织的知识水平有着至关重要的作用。同时,在外部环境变化时,适当的人员流动有助于提高组织的知识水平。但是,March 考虑了组织与个体之间的互相学习,没有考虑个体与个体之间的互相学习。Miller[1] 对 March 提出的模型进行了扩展,在模型中加入了个体与个体之间的互相学习。在 Miller 的模型中,个体之间直接进行知识学习,不再借助编码知识这一中介,Miller 强调了个体之间学习的重要性。Fang[2] 在 March 和 Miller 模型的基础上考虑了组织结构对组织知识学习的影响,研究表明半孤立的组织结构下组织的知识水平较高。廖列法和王刊良[3]从探索式和利用式学习的角度,对知识管理策略与组织知识水平关系进行了研究,研究表明在不同的外部环境下,需要采取不同的知识管理策略来提高组织知识水平。严杰等[4]对基于合作与竞争关系的组织学习进行了研究,发现人员调动可以提高组织的知识水平。赵晨、高中华和陈国权[5]研

---

[1] Miller K. D., Calantone R. J., Adding Interpersonal Learning and Tacit Knowledge to March's Exploration-Exploitation Model [J]. Academy of Management Journal, 2006, 49 (4): 709–722.

[2] Fang C., Lee J., Schilling M A. Balancing Exploration and Exploitation Through Structural Design: The Isolation of Subgroups and Organizational Learning [J]. Organization Science, 2010, 21 (3): 625–642.

[3] 廖列法、王刊良:《知识管理策略与组织知识水平关系研究——探索式与利用式学习的视角》,《科学学研究》2008 年第 5 期,第 1037—1045 页。

[4] 严杰、刘人境、徐搏:《基于合作与竞争关系的组织学习研究》,《软科学》2015 年第 6 期,第 70—75 页。

[5] 赵晨、高中华、陈国权:《团队领导学习策略对组织学习影响的仿真研究》,《系统工程理论与实践》2015 年第 8 期,第 2074—2082 页。

究了团队领导学习策略对组织学习的影响，提出团队领导应根据外部环境特征采取不同的学习策略。在给定的网络结构和组织结构方面，Carley[1]研究了在不同情境下（不同组织结构和不同任务）人员流动对组织学习能力和绩效的影响。研究表明，团队结构的学习速度比层级结构组织更快，但由于在层级结构中具有更高的制度性记忆，因而，在不能分解的学习任务中，层级结构组织的人员流动对组织学习的影响更小。Lazer[2]以随机网络、小世界网络、标度网络和全网络为例，探究不同特征的网络结构对组织学习的影响，研究表明，高密度的全网络模型有利于利用式学习，而低密度的线性网络则表现为探索式学习特征。

一部分学者在关注组织学习与绩效的同时，关注组织遗忘对组织绩效的影响。March 认为组织学习也会导致自我限制和组织惰性，另外，在知识演化过程中，随着环境变化，组织知识也不断过时。国外一些学者研究发现，组织忘记可以消除组织记忆中的知识和行为，使动态能力的形成和增强成为可能[3][4]。潘安成和于水通过对格兰仕案例的研究指出，组织忘记能改变组织记忆系统和增强再学习能力，进而形成动态能力。针对前期的关于利用式——探索式学习的模型忽略了个人能够记住知识的总量限制，Miller[5]进一步研究了具有遗忘的组织学习模型。

（2）创业企业双元学习与绩效

创业学习模式的研究中，学者们普遍将探索式学习和利用式学习作为创业学习的两个模式[6]。探索式学习是指创业者对创业过程中的新信息

---

[1] Carley K., Organizational learning and personnel turnover [J]. Organization Science, 1992, 3 (1): 20 – 46.

[2] Lazer D., Friedman A., The network structure of exploration and exploitation [J]. Administrative Science Quarterly, 2007, 52 (4): 667 – 694.

[3] Holan P. M., Phillips N., Remembrance of things past? The dynamics of organizational forgetting [J]. Management Science, 2004, 50 (11): 1603 – 1613.

[4] Leal-Rodríguez A. L., Eldridge S., Roldán J. L., et al. Organizational unlearning, innovation outcomes, and performance: The moderating effect of firm size [J]. Journal of Business Research, 2015, 68 (4): 803 – 809.

[5] Miller K. D., Martignoni D., Organizational learning with forgetting: Reconsidering the exploration-exploitation tradeoff [J]. Strategic Organization, 2015: 1476127015608337.

[6] Politis D., The process of entrepreneurial learning: A conceptual framework [J]. Entrepreneurship Theory and Practice, 2005, 29 (4): 399 – 424.

进行学习，是个体通过探索新的可能性进行的学习，通常与创新性活动相联系。利用式学习是指创业者通过搜寻和总结以往经验进行学习，是对过去的经验和知识的再学习和再利用。利用式学习能促使先前经验转化为克服新入者缺陷的能力。由于利用式学习更侧重"提炼"和"总结"，因此利用式学习更有利于创业者从先前经验中获得有关机会识别和开发的知识，从而推动新创企业发现有价值的机会[1]。尽管两种学习方式源自于组织层面，Li[2]的研究却认为两类学习同样适用于个体、团队、组织间和产业四个层面。

王巧然等[3]研究表明，探索式学习正向调节了创业者先前的创业经验对创业绩效的影响；利用式学习正向调节了创业者先前的创业经验和行业经验对创业绩效的影响；创业能力对创业学习的调节作用具有完全中介作用。赵文红[4]等以西安创业研发园165家新创企业创业者调研数据实证了创业学习、资源构建与创业绩效三者之间的关系。研究表明探索式学习能够有效促进资源构建，而利用式学习对资源构建具有抑制作用；探索式学习和利用式学习的交互项与资源构建负相关。杜海东通过对传统企业和国际新创企业成长路径的案例分析发现，在企业成长过程中，需要不断平衡渐进式与激进式公司创业精神、探索式和利用式学习方式以及强弱关系网络的发展。部分学者研究了团队层面双元学习与绩效之间的关系，Tushman和Reilly[5]就曾强调同时进行探索式学习和利用式学习的企业更可能获取显著绩效。韵江等[6]从团队层面探讨了双元学习、创造力与绩效之间的关系，实证研究表明双元学习与团队绩效之间存在着

---

[1] Aldrich H. E., Martinez M. A., Many are called, but few are chosen: An evolutionary perspective for the study of entrepreneurship [J]. Entrepreneurship Theory and Practice, 2001, 25 (4): 41-56.

[2] Li Y., Vanhaverbeke W., Schoenmakers W. Exploration and exploitation in innovation: Reframing the interpretation [J]. Creativity and innovation management, 2008, 17 (2): 107-126.

[3] 王巧然、陶小龙:《创业者先前经验对创业绩效的影响——基于有中介的调节模型》,《技术经济》2016年第6期, 第24—34页。

[4] 赵文红、王文琼:《基于创业学习的资源构建对创业绩效的影响研究》,《科技进步与对策》2015年第15期, 第86—90页。

[5] Tushman M. L., O'Reilly C. A., The ambidextrous organizations: Managing evolutionary and revolutionary change [J]. California management review, 1996, 38 (4): 8-30.

[6] 韵江、卢从超、杨柳:《双元学习与创造力对绩效的影响——一个团队层面的研究》,《财经问题研究》2015年第5期, 第3—11页。

正相关关系，但双元平衡与联合对团队绩效的影响不显著；双元学习与团队创造力之间有着正相关关系，但其平衡和联合状态与团队创造力之间的关系不显著。张振刚等[①]实证研究表明利用式学习对创新绩效有着显著的正向作用，且这种效应边际递增，而探索式学习对创新绩效具有正向的线性影响作用；利用—探索式学习的平衡对创新绩效呈倒 U 形影响。吴岩等[②]通过对珠三角 182 家新创企业的问卷调查，研究了创业团队的知识异质性、创业学习和创业绩效关系。研究表明创业团队采取利用式学习，其显性知识异质性对财务绩效的正向影响将明显增强，隐性知识异质性对非财务绩效的影响，有较明显的正向促进作用；创业团队采取探索式学习，其显性知识异质性对财务绩效的影响作用几乎没有变化，隐性知识异质性对非财务绩效的影响有细微改善。同时，环境动态性对创业企业的利用式学习和探索式学习有显著影响。陈国权等[③]研究表明，探索式学习或利用式学习对组织绩效具有正向影响，环境动态性对探索式学习或利用式学习与组织绩效间关系存在负向调节作用。

（3）孵化器创业团队学习

对于孵化器中创业团队的知识的学习与获取，国内外的学者也进行了大量研究。Studdard 研究了在孵企业从孵化器获取的知识对在孵企业绩效的影响，研究结果表明，在孵企业通过与孵化器管理团队的社会互动可以获得有效的知识。Becker 和 Gassmann 研究了孵化器的知识合作模式，认为孵化服务过程中的知识包括创业知识、组织知识、技术知识和市场知识四大类，在对在孵企业孵化的过程中，知识策略应是在孵企业内部知识和孵化器供给的外部知识的有效结合。张喜征和单泪源利用资源依赖理论，研究了孵化器中资源主体间知识共享机制问题，提出了基于事件驱动的知识转移与共享机制。杜运力和陈智高对基于企业孵化知识配置进行了研究，提出通过孵化实现创业知识向在孵企业之间转移。周寄

---

① 张振刚、李云健、余传鹏：《利用式学习与探索式学习的平衡及互补效应研究》，《科学学与科学技术管理》2014 年第 8 期，第 162—171 页。
② 吴岩：《创业团队的知识异质性对创业绩效的影响研究》，《科研管理》2014 年第 7 期，第 84—90 页。
③ 陈国权、王晓辉：《组织学习与组织绩效》，《环境动态性的调节作用》，《研究与发展管理》2012 年第 1 期，第 52—59 页。

中等从企业成长周期理论出发，分析了孵化器中处于不同阶段的在孵企业的知识资源的优化配置问题。尤获和戚安邦以天津市科技企业孵化器为例，研究了孵化器知识服务互动模式。

综上所述，组织学习受到了学者们的广泛关注，获得了众多成果，组织遗忘对组织学习和组织绩效的影响研究正在逐步深入。创业企业作为一种较为特殊的组织，探索式学习与利用式学习对创业绩效的影响具有一般组织的共性，同时也具有创业企业自身的特点。孵化器内创业企业双元学习同样具有创业企业学习的一般规律，不过，孵化器内创业团队双元学习受到孵化器内网络的影响，而孵化器内创业企业周期性的进入退出是创业企业双元学习面临的又一个重要问题。目前关于孵化器中知识的研究主要集中于孵化器向创业企业提供知识的研究，对于创业企业之间互相进行知识学习以及知识遗忘的研究较少，而创业企业之间的知识学习与知识遗忘对于提高自身知识水平和孵化器整体知识水平起着至关重要的作用。孵化器中创业企业的退出与进入也会影响创业企业的知识水平，创业企业的退出与进入与其知识水平的关系也需要深入研究。

第二节 孵化器内创业团队双元学习仿真模型

本章采用计算机仿真方法来构建仿真模型，对不同环境下孵化器中创业团队的知识学习与知识遗忘以及团队的退出与进入对团队知识水平的影响进行研究。本章所要解决的问题是，分别在静态和动态的复杂任务环境中，讨论存在知识遗忘和不存在知识遗忘下孵化器内创业团队领导之间的学习、团队领导和成员间的学习，以及孵化器内创业团队的周期性进入退出对创业团队学习成效和知识水平的影响。上述问题涉及个人之间、团队之间特别是团队的动态进入退出关系，以问卷为代表的传统研究方法通常无法解决此类多层面动态演化问题。所以本章采用基于 Agent 的计算机仿真方法建立仿真模型，并在此基础上开展系列模拟实验。本章在 March 的经典模型基础上，借鉴 Miller 对知识遗忘的描述，充分考虑孵化器内创业团队的网络结构和孵化器团队的周期性进出，建立了下面的仿真模型。

一 模型设定

（1）外部环境

在 March 模型中，外部环境也称为外部真实性，其由一个 m 维向量来表示，该向量的每一维度以相同的概率随机取值为 1 或者 -1。本章仿照 March 对外部环境向量的定义，也用 m 维向量来表示外部环境，每一维度以相同的概率随机取 1 或者 -1。外部环境向量是衡量创业团队以及孵化器整体知识水平的依据。

（2）创业团队

March 在模型中设定个体知识向量与外部环境向量对应，每一维度以相同的概率随机取 1、0 或者 -1。类似地，本章设定孵化器中有 t 个创业团队，每个创业团队中有 1 个领导，5 个成员。每个创业团队中的领导和成员的知识向量和外部环境向量对应，同样用 m 维向量来表示，并且每一维度以相同的概率随机取值为 1、0 或者 -1，其中 1 或者 -1 表示特定的知识，0 表示该维度上知识的缺失。同时，本章将领导和成员分为两个层次，让不同创业团队领导之间、同一创业团队领导与成员之间以及成员与成员之间保持全连通状态，而不同创业团队成员之间以及团队领导与其他团队成员之间没有直接联系，简化模型如图 4—1 所示：

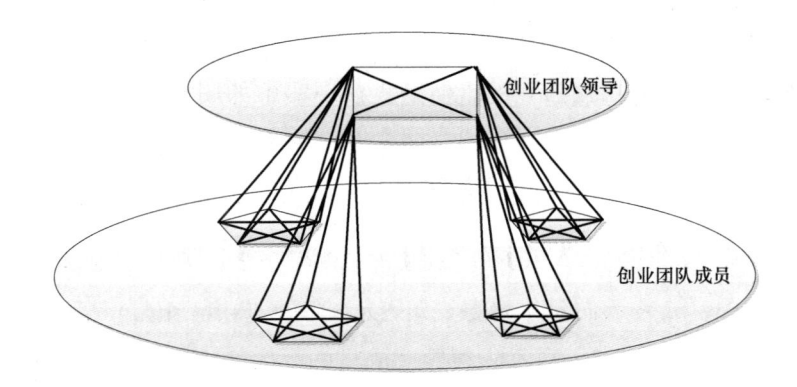

图 4—1 孵化器中创业团队人际网络模型

(3) 知识学习

March 模型中强调了组织与个体之间的知识学习，没有考虑个体之间的知识学习，Miller 模型中加入了个体之间的知识学习过程。本章综合 March 和 Miller 模型特征，分为创业团队内部知识学习和创业团队之间知识学习，具体来讲，在同一个创业团队内部，领导和成员之间、成员与成员之间进行知识学习；在不同创业团队之间，领导与领导之间进行知识学习，而成员不直接学习，而是通过领导来学习其他创业团队的知识。因此，创业团队领导之间的知识学习就代表创业团队之间的知识学习。

(4) 知识遗忘

Miller 在模型中假设个人知识向量中非零的维度的值（1 或 -1）以一定概率变为 0 来表示知识遗忘。本章借鉴 Miller 在模型中对知识遗忘的定义，主要研究创业团队在团队内部以及团队之间的学习过程中，创业团队领导的知识遗忘对团队知识水平的影响。具体地，我们假设在每个周期下孵化器中创业团队领导以概率 f 将自身知识向量中非零维度的值（1 或 -1）转变为 0。

(5) 知识水平

组织的均衡知识水平可以用来评价组织的学习成效。组织均衡知识水平为仿真达到均衡后组织内全部个体知识水平的算术平均值。个体知识水平即个体知识向量与外部环境向量的一致程度。March 在研究时提出了一个相对简单的计算知识水平的方法，即个体知识向量与外部环境向量的匹配数量与外部环境向量的维度之比。March 提出的方法假设了知识向量各维度之间是相互独立的。但是，在现实中的团队所拥有的知识并不是完全的相互独立，不同知识之间会存在着联系。考虑到知识的复杂性，本章采用 Fang 等提出的计算知识水平的方法。具体方法如下：

$$\Phi(x) = k(\prod_{j=1}^{k} \delta_j + \prod_{j=k+1}^{2k} \delta_j + \cdots + \prod_{j=m-k+1}^{m} \delta_j)$$

公式中，m 表示向量维度数，k 表示知识复杂度，$\Phi(x)$ 表示知识水平，δ_j 的取值为 0 或 1。当团队领导或成员的个人知识向量和外部环境向量在某一维度上一致时，δ_j 取 1，不一致时，δ_j 取 0。例如，假设外部环境向量和个人知识向量都是 10 维，即 $m = 10$，外部环境向量是 1111111111，某两个成员的个人知识向量分别为 1011111111 和

1101110111，当 $k=2$ 时，前者的知识水平为：$2 \cdot (1 \cdot 0 + 1 \cdot 1 + 1 \cdot 1 + 1 \cdot 1 + 1 \cdot 1) = 8$，后者的知识水平为：$2 \cdot (1 \cdot 1 + 0 \cdot 1 + 1 \cdot 1 + 0 \cdot 1 + 1 \cdot 1) = 6$；当 $k=5$ 时，前者的知识水平为：$5 \cdot (1 \cdot 0 \cdot 1 \cdot 1 \cdot 1 \cdot 1 \cdot 1 \cdot 1) = 5$，后者的知识水平为：$5 \cdot (1 \cdot 1 \cdot 0 \cdot 1 \cdot 1 + 1 \cdot 0 \cdot 1 \cdot 1 \cdot 1) = 0$；当 $k=10$ 时，前者的知识水平为：$10 \cdot (1 \cdot 0 \cdot 1 \cdot 1 \cdot 1 \cdot 1 \cdot 1 \cdot 1 \cdot 1 \cdot 1) = 0$，后者的知识水平为：$10 \cdot (1 \cdot 1 \cdot 0 \cdot 1 \cdot 1 \cdot 1 \cdot 0 \cdot 1 \cdot 1 \cdot 1) = 0$。比较之后可以看到，知识复杂度不同，计算的知识水平也不同。

本章通过计算孵化器中创业团队内部领导和成员知识水平的算术平均值来评价一个团队的知识水平，之后再计算全部创业团队的知识水平的算术平均值（即团队平均知识水平）来评价孵化器整体的孵化效果。

二 仿真过程与仿真参数

（1）创业团队内部知识学习

创业团队内部知识学习主要包括内部成员之间的知识学习和领导与成员之间互相的知识学习。由于创业团队内部成员之间是全连通状态，对于每一个团队成员来说，其本身的知识水平都要与团队内部其他的成员的知识水平进行比较，比较结果有三种情况：当与其连通的其他成员中不存在比自己的知识水平更高的团队成员时，会保持其现有知识向量不变；当只存在一个比自己的知识水平更高的团队成员时，其知识向量的每一维度均以概率 p_1 将高知识水平成员的对应维度上的知识复制为自己的知识；当存在两个或更多高知识水平成员时，其会依据多数原则进行学习：先逐一识别这些高知识水平成员 m 维知识向量中每一维度上的知识，然后将数量最多的知识以概率 p_1 复制为自己的知识。

创业团队内部成员之间的学习是持续进行的，但是团队领导的个人学习是周期性的。这是因为团队领导在个人学习的同时还需负责团队日常管理并营建学习氛围，所以其参与学习互动的频率会受到影响[8]。本书设定同一创业团队领导与成员之间以及不同创业团队领导与领导之间的学习周期为 α_1，即创业团队领导每隔 α_1 周期向团队内部成员和其他创业团队领导进行学习。当仿真周期数是 α_1 的整数倍时，首先，创业团队领导向团队内部成员学习。由于创业团队领导与内部成员之间也是全连通状态，因此团队领导与成员之间的学习类似于成员与成员之间的学习，比较结果也有三种情况：当与领导连通的团队成员中不存在比自己的知识水平更高时的团队成员时，领导保持其现有知识向量不变；当只存在一个比自己的知识水平更高的团队成员时，其知识向量的每一维度均以概率 p_2 将高知识水平成员的对应维度上的知识复制为自己的知识；当存在两个或更多高知识水平的成员时，其会依据多数原则进行学习：先逐一识别这些高知识水平成员 m 维知识向量中每一维度上的知识，然后将数量最多的知识以概率 p_2 复制为自己的知识。接下来是创业团队成员向本团队的领导进行学习。团队成员首先将自身的知识水平与团队领导的知识水平进行比较，如果团队领导知识水平高，团队成员以概率 p_3 将领导对应维度上的知识复制为自己的知识，否则保持原有的知识向量不变。

（2）创业团队之间知识学习

创业团队之间知识学习主要包括创业团队领导之间的知识学习。由于创业团队领导与领导之间也是全连通状态，因此领导与领导之间的学习同样和成员与成员之间的学习类似，结果也有三种：当与领导连通的其他团队领导中不存在比自己的知识水平更高时的团队领导时，保持其现有知识向量不变；当只存在一个比自己的知识水平更高的团队领导时，其知识向量的每一维度均以概率 p_4 将高知识水平领导的对应维度上的知识复制为自己的知识；当存在两个或更多高知识水平的领导时，其会依据多数原则进行学习：先逐一识别这些高知识水平领导 m 维知识向量中每一维度上的知识，然后将数量最多的知识以概率 p_4 复制为自己的知识。

（3）知识遗忘

本书假设孵化器中创业团队的领导在每个周期内都会发生知识遗忘。具体地讲，就是每个周期中，创业团队领导以概率 f 将其个人知识向量中的非零维度值（1 或 -1）转变为 0。

（4）外部环境变化

本章的研究包括静态环境和动态环境两种，对于动态环境，设定每隔 α_2 周期外部环境向量中的知识有 p_5 的比例改变，通过此来反映外部环境的动态变化。

（5）创业团队的退出与进入

孵化器中在孵企业退出孵化器主要有三种方式：达到毕业标准退出孵化器；未达到毕业标准离开孵化器；企业在孵化期间失败。本书考虑前两种情况，假设创业团队的退出与进入的规则如下：在外部环境变化的同时，即每隔 α_2 周期，分别计算孵化器中每个创业团队的知识水平，然后按照知识水平从高到低进行排序，前 d 个和后 d 个创业团队退出孵化器，$2d$ 个新的创业团队进入孵化器。

本书涉及的仿真参数具体如表 4—1 所示：

表 4—1　　　　　　　　　　仿真参数表

仿真参数	含义	参数取值
m	外部环境向量、领导与成员知识向量维度数	60
t	创业团队数和团队领导数	20
r	团队中的成员数	5
k	知识复杂度	3
p_1	同一团队成员之间学习的速率	0.1，0.3，0.5，0.7，0.9
p_2	团队领导向内部成员学习的速率	0.1，0.3，0.5，0.7，0.9
p_3	团队成员向本团队领导学习的速率	0.1，0.3，0.5，0.7，0.9
p_4	不同团队领导之间学习的速率	0.1，0.3，0.5，0.7，0.9
p_5	外部环境向量每隔 α_2 周期变化的比例	0.1
f	团队领导知识遗忘的速率	0，0.01，0.05，0.1
α_1	团队领导进行个人学习的周期数	5
α_2	外部环境向量变化的周期数	100
d	创业团队退出（$2d$）与进入数（$2d$）	0，1，2，3，4

三　仿真平台与数据处理

本章的所有研究均借助 Matlab 软件作为实验平台，对模型进行仿真实验。同时，为保证结果的准确性，仿真过程重复进行 50 次，然后取算术平均值。下文的所有图像均为 50 次仿真结果的算术平均值，这样可以得到相对平滑的结果曲线。

第三节 仿真结果分析

一 静态环境

(一) 不存在知识遗忘

本章要研究外部环境稳定（静态环境）和外部环境变化（动态环境）两种状态下孵化器中创业团队内部学习与创业团队之间学习的情况。首先，我们研究静态环境下不存在知识遗忘时，创业团队内部与创业团队之间的知识学习情况。仿真结果如图4—2所示：

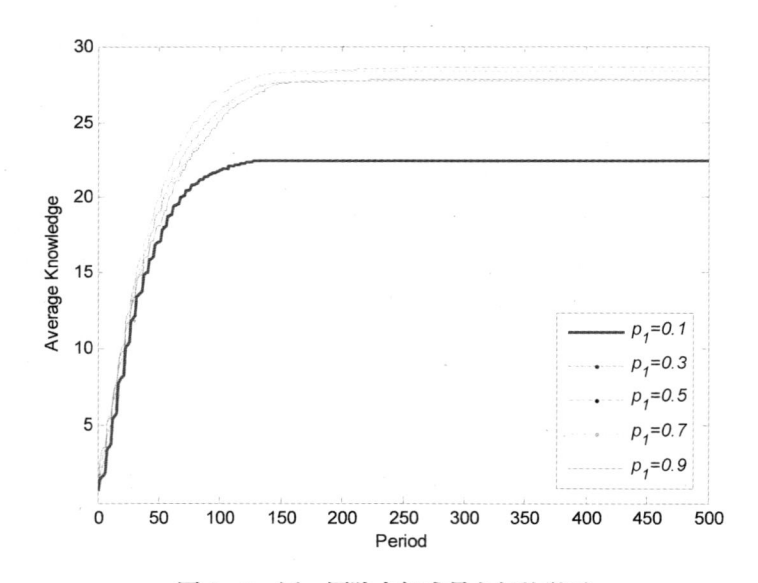

图4—2 同一团队内部成员之间的学习

（注：其他参数设定：$p_2=0.5$, $p_3=0.5$, $p_4=0.5$, $m=60$, $t=20$, $r=5$, $k=3$, $f=0$）

图4—2显示的是同一团队内部成员之间学习速率的不同对团队知识水平的影响。从图4—2中可以发现，同一团队内部成员之间学习的速率（p_1）不同，对团队知识水平的影响也不同。内部成员之间的学习速率p_1从0.1上升到0.5时，平衡时孵化器中团队平均知识水平也逐渐上升，但是当p_1从0.5上升到0.9时，平衡时孵化器中团队平均知识水平逐渐下降。平衡时孵化器中团队平均知识水平随着团队成员之间学习速率的增

加呈现出先增加后降低的状态，上述结果表明孵化器创业团队成员之间加强知识的互相学习有利于提高团队的知识水平，但是互相学习的速率并不是越高越好，适中的知识学习速率（$0.3 \leq p_1 \leq 0.7$）能够产生较高的团队知识水平，过高和过低的知识学习速率不利于团队知识水平的提高。

当团队成员之间的互相学习速率较小时，成员所掌握的知识在团队内部不能及时的共享与利用，从而不利于团队整体知识水平的提高。当团队成员之间的互相学习速率较大时，团队成员所掌握的知识在团队内部迅速传播，团队成员所掌握的知识迅速趋同，知识多样性迅速降低，不利于对知识的创新，从而对团队整体的知识水平产生负面影响。

图4—3显示了团队领导向团队内部成员学习速率的不同对团队知识水平的影响。图4—4则显示了团队成员向本团队领导学习速率不同对团队知识水平的影响。从图4—3和图4—4中可以发现，创业团队领导向内部成员学习的速率逐渐上升时，团队平均知识水平达到平衡所需要的周期逐渐减少，平衡时团队平均知识水平逐渐上升。创业团队成员向领导学习的速率逐渐上升时，团队平均知识水平达到平衡所需要的周期逐渐减少，平衡时团队平均知识水平逐渐下降。图4—5是将图4—3和图4—4中团队领导与成员互相学习平衡时团队平均知识水平综合到一起，从图4—5中可以发现，较高的团队领导向内部成员学习速率（p_2）和较低的团队成员向领导学习速率（p_3）能够产生较高的团队平均知识水平，换句话说，就是高p_2与低p_3的组合有利于提高团队的知识水平。

上述结果与March和Miller的研究结果是一致的。一方面，团队成员向领导学习速率高时表现为利用式学习，利用式学习可以快速提高团队的知识水平，但会影响团队对新知识的探索发现，导致达到平衡时知识水平较低。团队成员向领导学习速率低时表现为探索式学习，探索式学习提高团队知识水平的速度慢，但是会使团队知识水平达到较高的平衡状态。另一方面，领导是团队中知识的集大成者，需要将自己掌握的先进的知识传递给内部成员。团队领导应该快速吸收高水平团队成员所拥有的先进知识并且及时地在团队中进行知识共享，从而提高团队整体的知识水平。

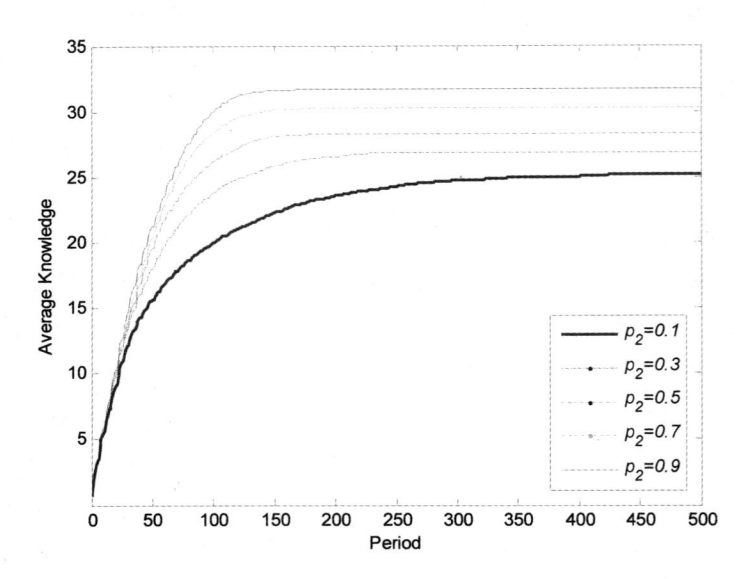

图4—3　团队领导向团队内部成员学习

（注：其他参数设定：$p_1 = 0.5$，$p_3 = 0.5$，$p_4 = 0.5$，$m = 60$，$t = 20$，$r = 5$，$k = 3$，$f = 0$）

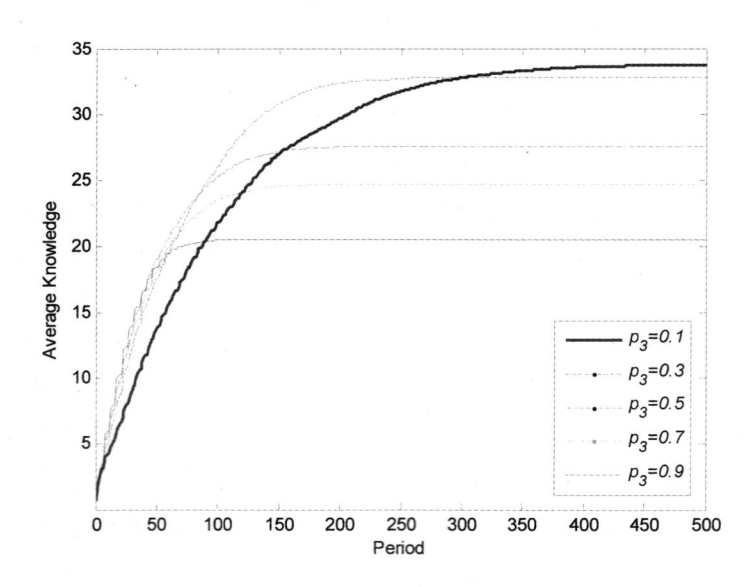

图4—4　团队成员向本团队领导学习

（注：其他参数设定：$p_1 = 0.5$，$p_2 = 0.5$，$p_4 = 0.5$，$m = 60$，$t = 20$，$r = 5$，$k = 3$，$f = 0$）

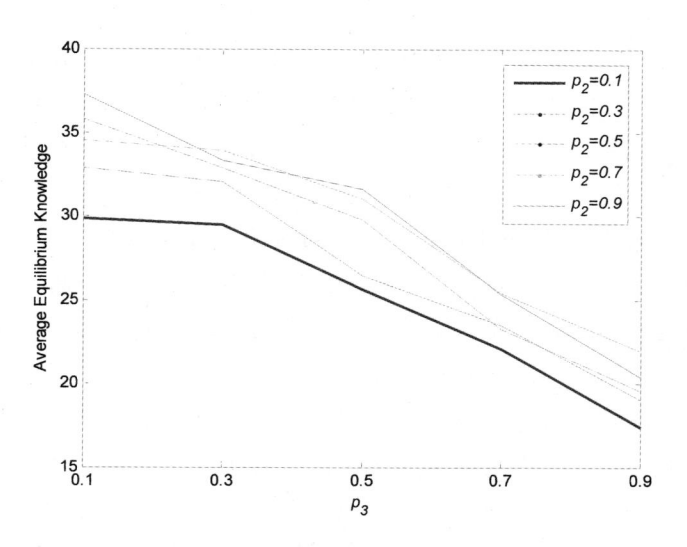

图4—5 团队内部领导与成员互相学习

（注：其他参数设定：$p_1 = 0.5$，$p_4 = 0.5$，$m = 60$，$t = 20$，$r = 5$，$k = 3$，$f = 0$）

上述学习过程都是在创业团队内部进行的。接下来我们研究团队与团队之间的学习过程。

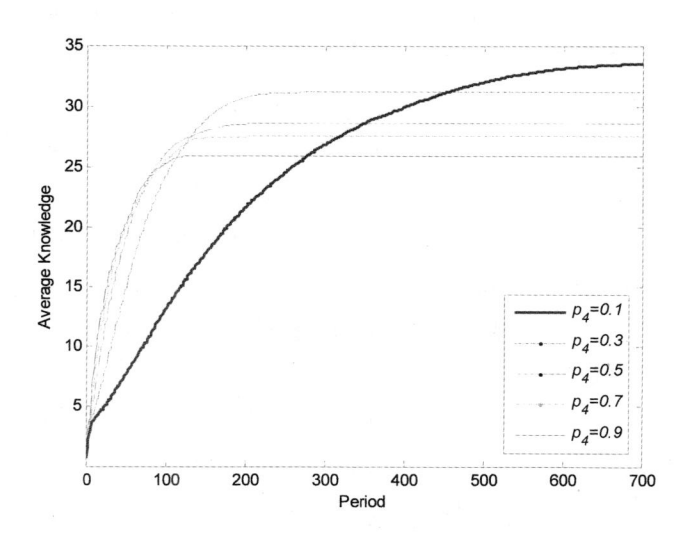

图4—6 不同团队之间的学习

（注：其他参数设定：$p_1 = 0.5$，$p_2 = 0.5$，$p_3 = 0.5$，$m = 60$，$t = 20$，$r = 5$，$k = 3$，$f = 0$）

本书之前已经假设在孵化器中,各个创业团队之间只通过团队领导进行知识学习,因此,本书将团队领导之间的知识学习看作是团队与团队之间的知识学习。仿真结果如图4—6所示。图4—6显示了不同团队之间学习速率的不同对团队知识水平的影响。从图4—6中可以发现,孵化器中不同创业团队之间学习速率不同对团队知识水平的影响也不同。团队之间知识学习速率越低,达到平衡所需周期越长,平衡时团队平均知识水平越高;团队之间知识学习速率越高,达到平衡所需要的周期越短,平衡时团队平均知识水平反而越低。

团队之间学习速率高时表现为利用式学习,利用式学习可以使团队快速学习其他团队的先进知识从而较快提高团队的知识水平,但这样会使得团队被动地吸收其他团队的知识,不利于团队自身对新知识的探索和发现,导致达到平衡时团队知识水平较低。团队之间学习速率低时表现为探索式学习,探索式学习有利于团队自身在内部进行知识的探索与创新,保持团队自身知识的多样性,这样虽然使得团队提高知识水平的速度较慢,但是会使团队的长期知识水平达到较高的平衡状态。

(二) 存在知识遗忘

上文主要研究了孵化器中创业团队内部与团队之间的知识学习过程,并没有考虑知识遗忘这一因素。本节将对存在知识遗忘时孵化器中创业团队内部与团队之间的知识学习过程进行研究。本节中所提到的知识遗忘指的是创业团队领导每周期以概率 f 将个人知识向量中的非零维度值(1 或 -1)转变为 0。仿真结果如下图所示:

图4—7显示的是创业团队知识遗忘速率的不同对团队知识水平的影响。从图4—7中可以发现,随着团队知识遗忘速率的逐渐上升,平衡时团队平均知识水平是逐渐降低的。上述结果表明,知识遗忘会对团队知识水平产生负面影响。

图4—8显示的是存在知识遗忘时 ($f=0.1$),同一团队内部成员之间学习速率的不同对团队知识水平的影响。从图4—8中可以看出,当周期为 500(即 $t=500$)时,团队平均知识水平在团队内部成员之间学习速率等于 0.1 和 0.9(即 $p_1=0.1$ 和 0.9)时相对较低;学习速率在 0.3 到 0.7

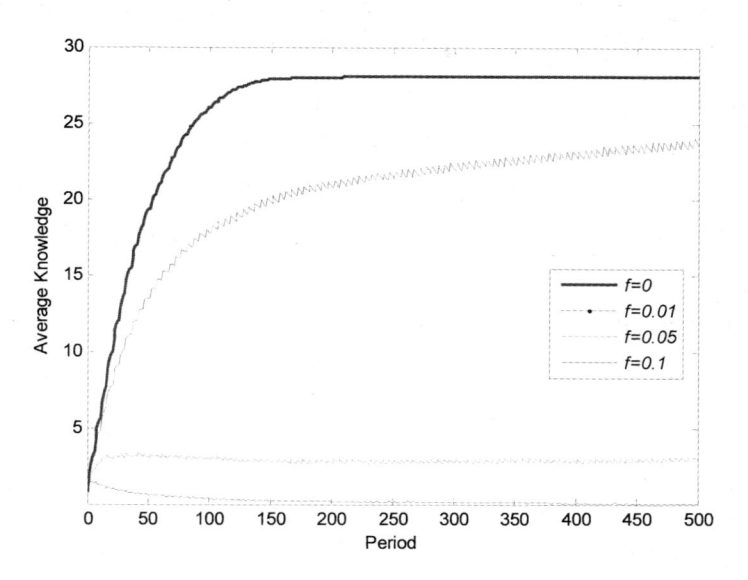

图4—7 知识遗忘速率对团队知识水平影响

（注：其他参数设定：$p_1 = 0.5$, $p_2 = 0.5$, $p_3 = 0.5$, $p_4 = 0.5$, $m = 60$, $t = 20$, $r = 5$, $k = 3$）

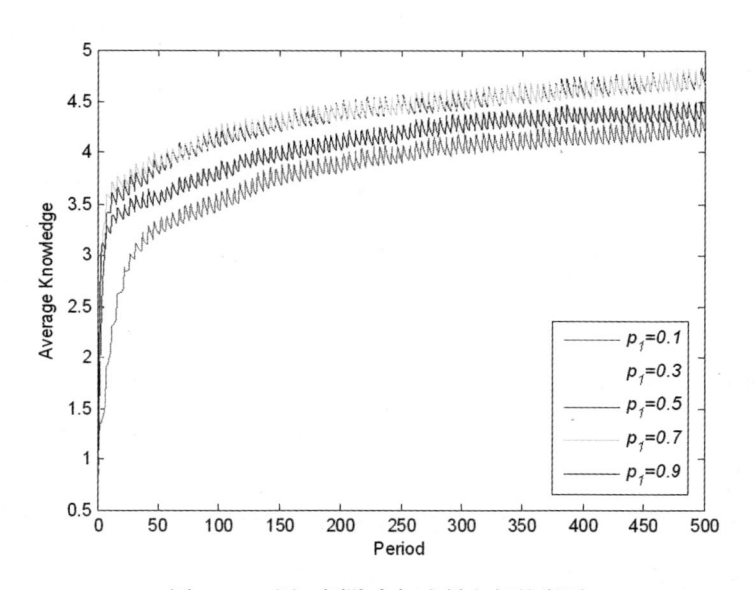

图4—8 同一团队内部成员之间的学习

（注：其他参数设定：$p_2 = 0.5$, $p_3 = 0.5$, $p_4 = 0.5$, $m = 60$, $t = 20$, $r = 5$, $k = 3$, $f = 0.1$）

之间（即 $0.3 \leq p_1 \leq 0.7$）时，团队平均知识水平相对较高。比较图 4—8 与图 4—2 中的结果可以发现，在周期数相同时，存在知识遗忘时的团队平均知识水平整体上要低于不存在知识遗忘时的团队平均知识水平，但是，无论是否存在知识遗忘，同一团队内部成员之间适中的知识学习速率（$0.3 \leq p_1 \leq 0.7$）能够产生较高的团队平均知识水平。上述结果表明，创业团队的知识遗忘对创业团队内部成员之间学习速率与团队知识水平之间的关系的影响并不显著。

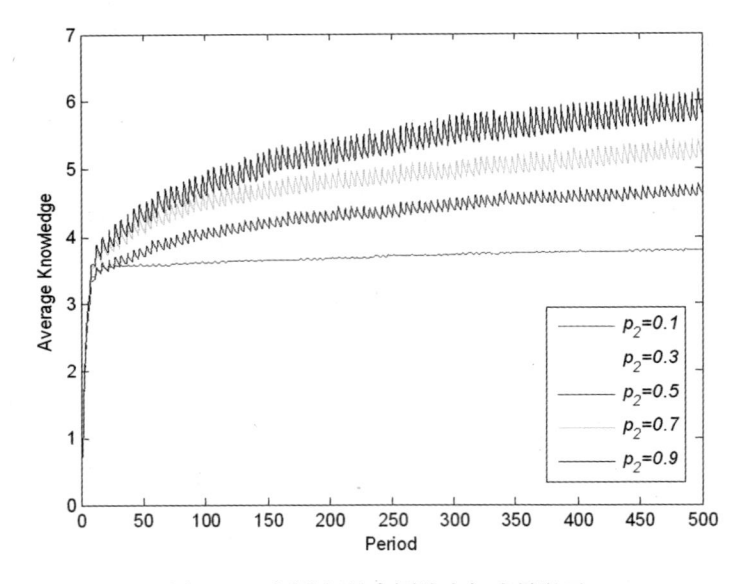

图 4—9　团队领导向团队内部成员学习

（注：其他参数设定：$p_1=0.5$，$p_3=0.5$，$p_4=0.5$，$m=60$，$t=20$，$r=5$，$k=3$，$f=0.1$）

图 4—9 显示的是存在知识遗忘时（$f=0.1$），创业团队领导向团队内部成员学习速率的不同对团队知识水平的影响。从图 4—9 中可以看出，随着创业团队领导向团队内部成员学习速率的增加，在周期为 500（即 $t=500$）时，团队平均知识水平也逐渐增加。将图 4—9 的结果与图 4—3 的结果进行比较可以发现，在周期数相同时，存在知识遗忘时的团队平均知识水平整体上要低于不存在知识遗忘时的团队平均知识水平，但是，无论是否存在知识遗忘，团队平均知识水平与创业团队领导向团队内部成员学习速率二者之间都呈现正相关关系。上述结果说明，创业

团队的知识遗忘不会影响创业团队领导向团队内部成员学习速率与团队知识水平之间的关系。

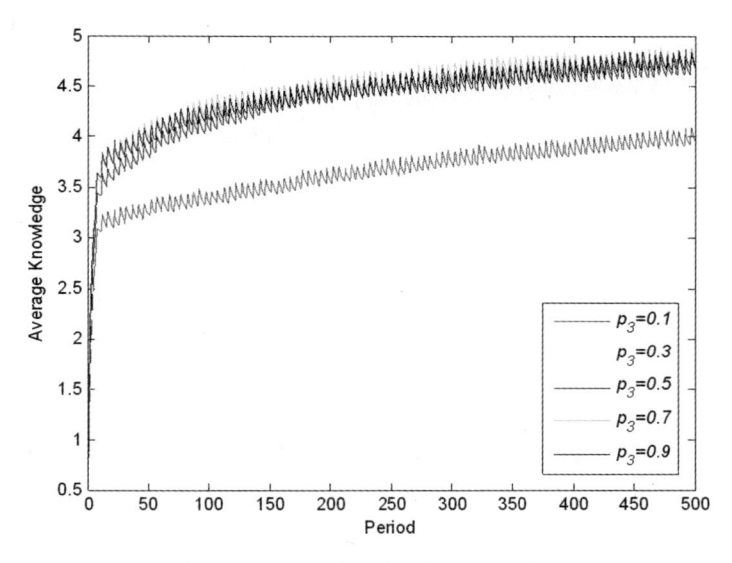

图 4—10　团队成员向本团队领导学习

（注：其他参数设定：$p_1 = 0.5$，$p_2 = 0.5$，$p_4 = 0.5$，$m = 60$，$t = 20$，$r = 5$，$k = 3$，$f = 0.1$）

图 4—10 显示的是存在知识遗忘时（$f = 0.1$），创业团队成员向本团队领导学习速率的不同对团队知识水平的影响。从图 4—10 中可以看出，随着创业团队成员向本团队领导学习的速率增加，在周期为 500（即 $t = 500$）时，团队平均知识水平呈现出先上升后下降的趋势。比较图 4—4 与图 4—10 中的结果可以发现，在周期数相同时，存在知识遗忘时的团队平均知识水平整体上要低于不存在知识遗忘时的团队平均知识水平，同时，创业团队成员向本团队领导学习的速率的变化对团队平均知识水平的影响也发生了变化。在相同周期内，不存在知识遗忘时，团队平均知识水平随着创业团队成员向领导学习的速率的增加而逐渐下降；存在知识遗忘时，团队平均知识水平随着创业团队成员向领导学习的速率的增加而呈现出先上升后下降的趋势。

这里我们同样将创业团队内部领导和成员间互相学习过程综合考虑，具体结果如图 4—11 所示：

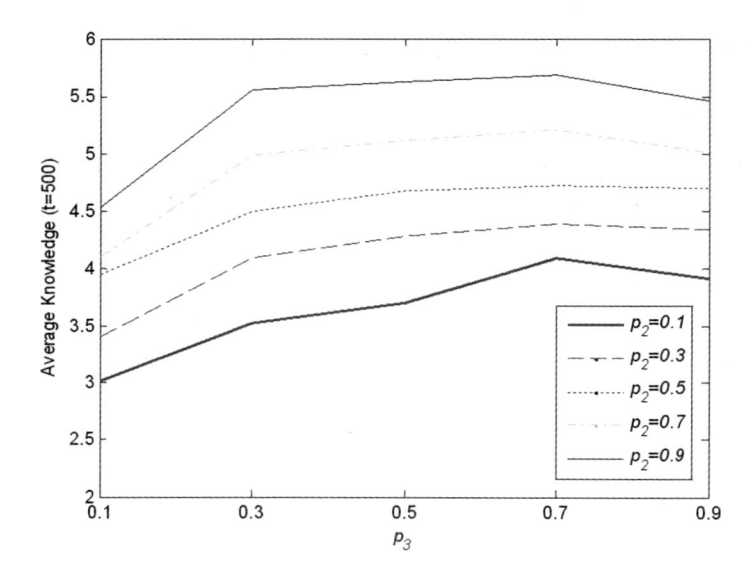

图 4—11　团队内部领导与成员互相学习

（注：其他参数设定：$p_1=0.5$，$p_4=0.5$，$m=60$，$t=20$，$r=5$，$k=3$，$f=0.1$）

图 4—11 显示的是存在知识遗忘时（$f=0.1$），创业团队内部领导和成员间互相学习对团队知识水平的影响。比较图 4—5 与图 4—11 可以清楚地看出，存在知识遗忘的情况下，创业团队领导向团队内部成员学习速率与团队知识水平之间的关系没有发生变化，但是，在创业团队成员向领导学习过程中，团队平均知识水平由原来随着创业团队成员向领导学习的速率的增加而逐渐下降转变为先上升后下降的趋势。上述结果表明，创业团队的知识遗忘会使创业团队成员向本团队领导学习速率与团队知识水平之间的关系发生改变。

创业团队领导是团队知识的集大成者，团队领导通过向内部高知识水平成员以及其他团队领导学习，掌握先进的知识。当团队内部成员向领导学习时，如果学习速率过低（比如 $p_3=0.1$），会导致团队成员不能及时地学习与利用领导所掌握的先进知识，从而使得团队平均知识水平较低。如果学习速率过高（比如 $p_3=0.9$），团队领导的知识遗忘会导致成员在向其学习过程中将自身高水平的知识转化为无知识的状态，从而使得团队平均知识水平较低。适度的学习速率（$0.3 \leqslant p_3 \leqslant 0.7$）既保证团队成员能够及时地向领导学习先进的知识，又可以降低自身高水平知识转变为无知识的可能性，因此可以产生较高的团队平均知识水平。

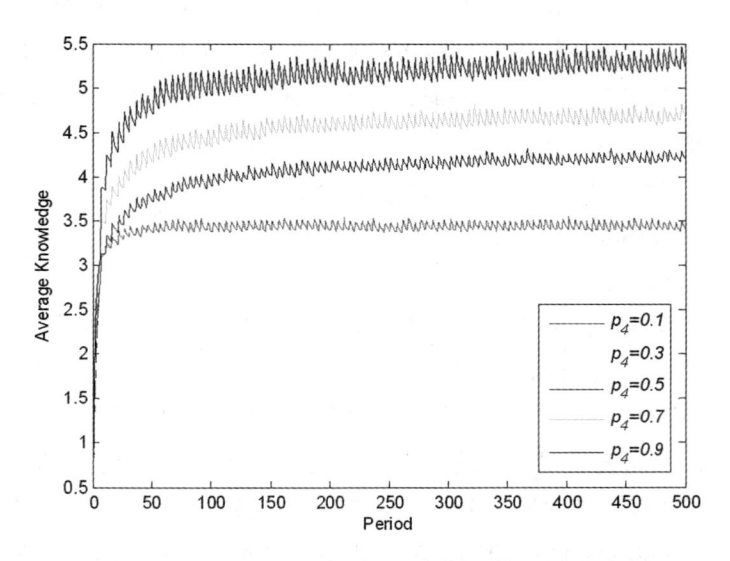

图4—12　创业团队之间学习对团队知识水平的影响

（注：其他参数设定：$p_1=0.5$，$p_2=0.5$，$p_3=0.5$，$m=60$，$t=20$，$r=5$，$k=3$，$f=0.1$）

图4—12显示的是存在知识遗忘时，创业团队之间学习速率的不同对团队知识水平的影响。从图4—12中可以发现，当团队知识遗忘速率 $f=0.1$ 时，平衡时团队平均知识水平随着团队之间知识学习速率的增加而增加，二者呈现正相关关系。比较图4—6与图4—12中的结果我们可以发现，当团队之间的知识学习过程中不存在知识遗忘时（即 $f=0$），平衡时团队平均知识水平与团队之间的知识学习速率呈负相关关系。这说明适度的知识遗忘可以使得平衡时团队平均知识水平随着团队之间知识学习速率的增加而增加。

上述结果可以根据 Miller 的观点解释为：当只有知识学习没有知识遗忘时，不断的知识学习使得在团队之间的知识趋于同质化，学习速率越快，知识趋同也越快，创业团队知识多样性也随之降低，从而导致平衡时团队知识水平的降低；当只有遗忘知识没有知识学习时，虽然也会导致创业团队知识多样性的降低，但是原因是不同的。知识遗忘将非零知识向量转变为零向量，使得创业团队都趋向于没有知识，从而降低了团队的知识多样性。这是两种极端的情况。当知识学习和知识遗忘同时发生时，由此产生的结果避免了由于这两者的互相独立而导致的极端情况，使得创业团队能够在知识学习和知识遗忘共存情况下保持知识的多样性，从而会使当知识遗忘速率适当时，平衡时团队平均知识水平和团队之间知识学习速率呈现正相关关系。

二 动态环境

（一）知识遗忘

在动态环境中，本节从外部环境变化、知识遗忘以及创业团队的退出与进入来进行研究。在静态环境中，我们假设外部环境向量是固定不变的，而在动态环境中，我们假设每隔 α_2 周期外部环境向量中的知识有 p_5 的比例发生改变，来代表外部环境的变化。首先，我们研究在外部环境变化时，知识遗忘与团队知识水平的关系。这里，我们仍假设创业团队中领导的知识遗忘速率就是创业团队的知识遗忘速率，主要研究创业团队中领导的知识遗忘对团队知识水平的影响。仿真结果如图 4—13 所示：

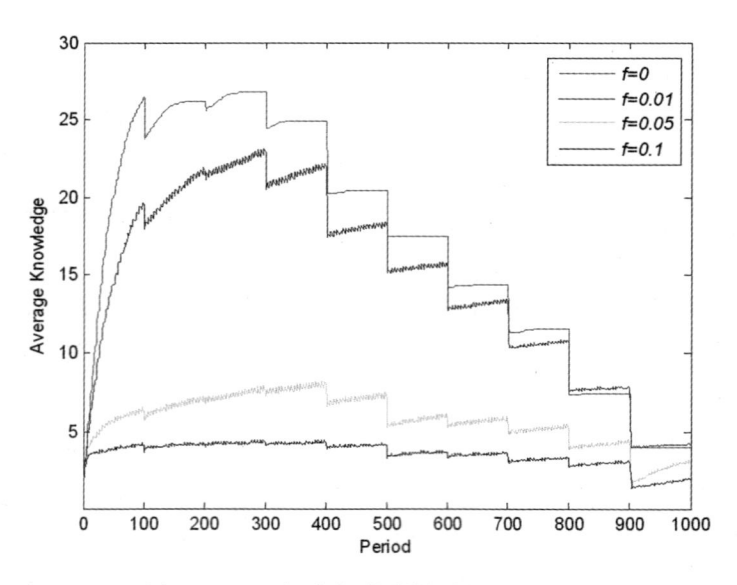

图 4—13 知识遗忘对团队知识水平的影响

（注：其他参数设定：$p_1 = 0.5$，$p_2 = 0.5$，$p_3 = 0.5$，$p_4 = 0.5$，$p_5 = 0.1$，$m = 60$，$t = 20$，$r = 5$，$k = 3$，$\alpha_2 = 100$，$d = 2$）

图 4—13 显示的是在外部环境变化时，创业团队不同的知识遗忘速率对团队知识水平的影响。从图 4—13 中可以看出，在外部环境发生变化时，团队平均知识水平会逐渐下降。同时，创业团队不同的知识遗忘速率对团队平均知识水平的影响存在着差异，并且随着创业团队知识遗忘速率的增加，团队平均知识水平会整体下移。但是，当创业团队的知识遗忘速率 $f=0.01$ 时，长期团队平均知识水平会有所回升。上述结果表明：外部环境发生变化会对创业团队的知识水平产生负面影响，而创业团队适度的知识遗忘对长期团队平均知识水平有一定的提升作用，但是效果不是很显著。

当外部环境发生变化时，创业团队中原有的知识已经无法适应新的环境，必须探索新的知识来解决新的问题。创业团队的知识存储量是有限的，对旧知识的适度遗忘可以为新知识的产生创造条件，同时，新知识的产生需要团队内部投入较大的精力进行长期的探索，这对长期团队知识水平有一定的提升作用，但效果不明显。

（二）创业团队的退出与进入

本节我们研究外部环境变化时，创业团队的退出与进入对于团队知识水平的影响。首先，我们仍然假设每隔 α_2 周期外部环境向量中的知识由 p_5 的比例发生改变，来代表外部环境的变化。然后，就是每隔 α_2 周期，分别计算孵化器中每个创业团队的知识水平，然后按照知识水平从高到低进行排序，前 d 个和后 d 个创业团队退出孵化器，$2d$ 个新的创业团队进入孵化器。仿真结果如下图所示：

图 4—14 显示了在外部环境变化时，创业团队的退出与进入速率的不同对团队知识水平的影响。从图 4—14 中显示的结果可以发现，在外部环境发生变化而没有团队的退出与进入时，团队平均知识水平也会逐渐下降；当存在团队的退出与进入时，长期团队平均知识水平相较于没有团队退出与进入时会有显著的上升，并且，不同的创业团队的退出与进入速率对团队平均知识水平影响也不同，当 d 从 1 增加到 3 时，团队平均知识水平呈现上升状态，当 d 从 3 增加到 4 时，团队平均知识水平反而下降。上述结果表明：在外部环境发生变化时，孵化器中保持团队退出与进入有助于提高团队知识水平，但团队退出与进入的速率并不是越高越

好，适度的团队退出与进入速率可以产生较高的团队知识水平。

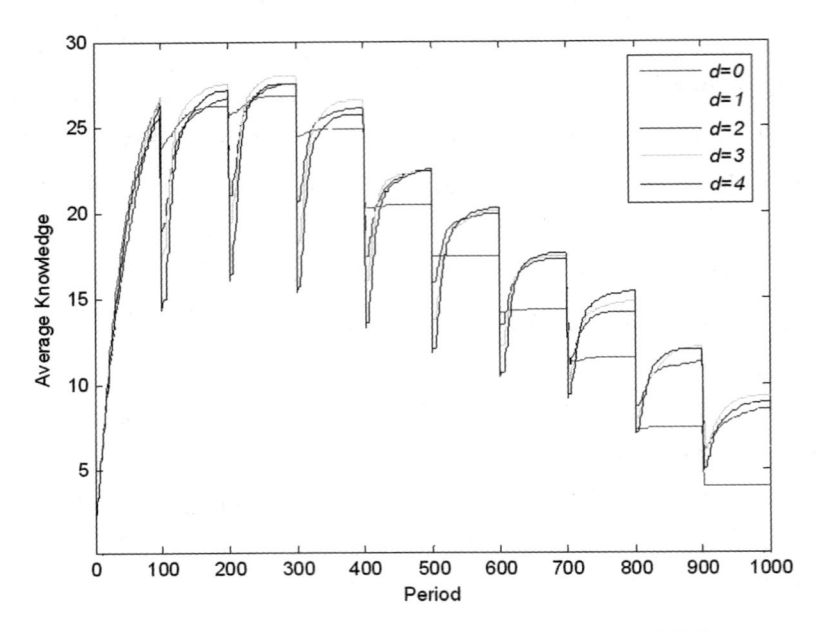

图4—14 创业团队的退出与进入对团队知识水平的影响

（注：其他参数设定：$p_1=0.5$，$p_2=0.5$，$p_3=0.5$，$p_4=0.5$，$p_5=0.1$，$m=60$，$t=20$，$r=5$，$k=3$，$f=0$，$\alpha_2=100$）

当外部环境发生变化时，创业团队原有的知识已经无法适应新的环境，必须探索新的知识来解决新的问题。当存在创业团队的退出与进入时，新进入的创业团队给孵化器中原有的团队带来了新的知识，创业团队之间通过互相学习，使得这些新知识逐渐取代旧知识，并且逐渐形成解决由于环境变化带来的新的问题的方案，进一步帮助创业团队适应新的环境，从而使得长期团队的知识水平有所回升。此外，孵化器中创业团队退出与进入速率会影响到孵化器中知识更新的快慢。创业团队退出与进入的速率过快，虽然使得新知识能够较快地进入孵化器中，但是由于孵化器中创业团队对新知识的吸收与利用的能力存在差异，会导致创业团队不能充分吸收和利用新的知识，从而影响团队知识水平的提升。相反地，创业团队退出与进入的速率过慢，会使得在面对外部环境变化时，新的知识不能及时地进入到孵化器中，创业团队也不能及时更新自身的知识，从而也会影响到团队知识水平的提升。因此，适度的创业团队退出与进入速率能够产生较高的团队知识水平。

第四节　三种不同连接网络下的双元学习

上文图 4—1 孵化器中创业团队人际网络模型显示的是孵化器内创业团队成员连接的一种比较特殊的形式：孵化器内不同创业团队成员是完全独立的。另外，还存在不同创业团队成员间按一定比例连接和随机连接的情形，如图 4—15 和图 4—16 所示。下面进一步讨论孵化器内不同创业团队成员完全独立、孵化器内不同创业团队成员适度连接、不同创业团队成员之间随机连接三种情形下利用式学习、探索式学习以及知识遗忘、进入退出对知识绩效的影响。

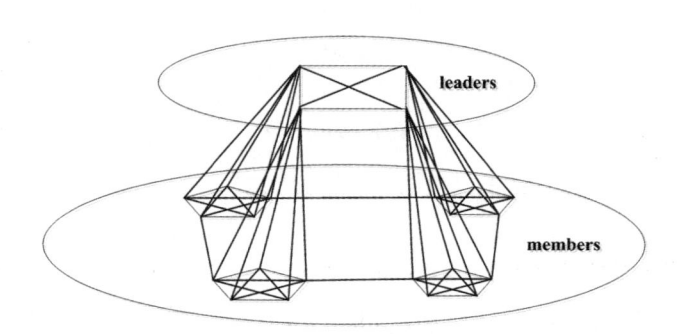

图 4—15　不同创业团队成员之间适度连接关系网络模型

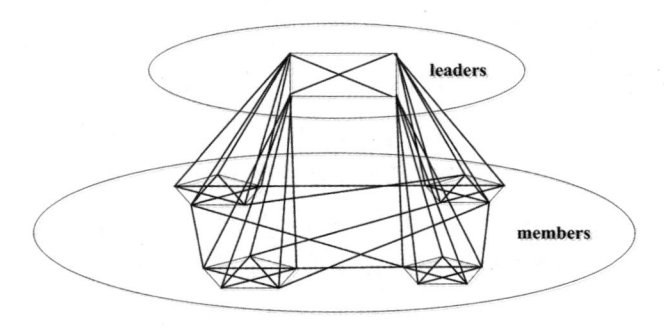

图 4—16　不同创业团队成员之间随机连接关系网络模型

仿真方法、步骤和前文一致，仿真参数如表4—2所示。

表4—2　　　　　　　　三种网络下的仿真参数表

仿真参数	含义	参数取值
m	外部环境向量、领导与成员知识向量维度数	60
t	创业团队数和团队领导数	20
r	团队中的成员数	5
k	知识复杂度	3
p_1	同一团队成员之间学习的速率	0.5
p_2	团队领导向内部成员学习的速率	0.5
p_3	团队成员向本团队领导学习的速率	0.5
p_4	不同团队成员之间学习的速率	0.5
p_5	不同团队领导之间学习的速率	0.5
β	外部环境向量每隔 α_2 周期变化的比例	0.1
f	团队领导知识遗忘的速率	0，0.01，0.05，0.1
α_1	团队领导进行个人学习的周期数	5
α_2	外部环境向量变化的周期数	100
d	创业团队退出（2d）与进入数（2d）	0，1，2，3，4

一　三种网络下的创业团队知识遗忘

首先，我们研究在不同的创业团队成员之间关系网络模型中，创业团队知识遗忘与团队知识水平的关系。仿真结果与分析如图4—17、4—18和4—19所示。

图4—17、4—18和4—19分别显示的是在三种关系网络模型中，当外部环境发生变化时，创业团队不同的知识遗忘速率对团队知识水平的影响。从图4—17、4—18和4—19中可以看出，在外部环境发生变化时，三种关系网络模型中团队平均知识水平会逐渐下降。同时，在三种关系网络模型中，创业团队不同的知识遗忘速率对团队平均知识水平的影响存在着差异，并且随着创业团队知识遗忘速率的增加，团队平均知识水平会整体下移。但是，当创业团队的知识遗忘速率 $f=0.01$ 时，长期团队平均知识水平会有所回升。具体来讲，在完全独立关系网络模型和随机连接关系网络模型中，当运行周期等于800时，团队平均知识水平上升

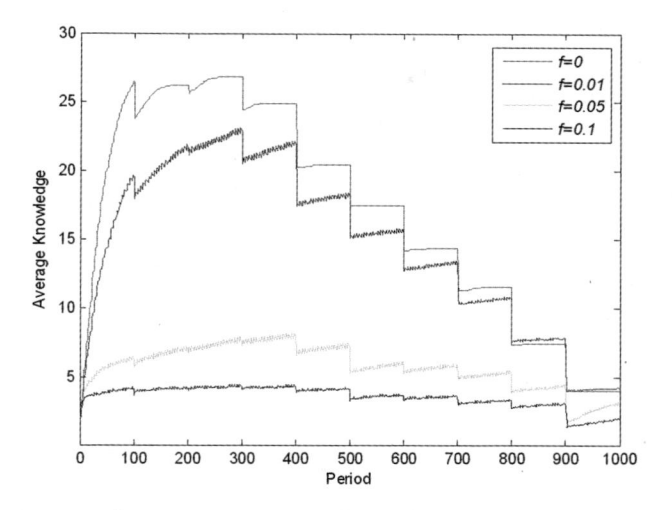

图 4—17　完全独立关系网络模型中创业团队知识遗忘对团队知识水平的影响

（注：其他参数设定：$p_1 = 0.5$，$p_2 = 0.5$，$p_3 = 0.5$，$p_4 = 0.5$，$p_5 = 0.5$，$\beta = 0.1$，$m = 60$，$t = 20$，$r = 5$，$k = 3$，$\alpha_2 = 100$，$d = 0$）

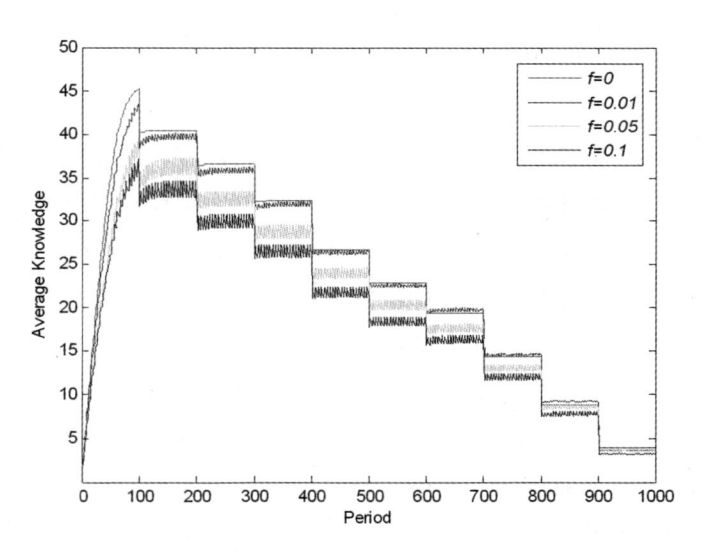

图 4—18　适度连接关系网络模型中创业团队知识遗忘对团队知识水平的影响

（注：其他参数设定：$p_1 = 0.5$，$p_2 = 0.5$，$p_3 = 0.5$，$p_4 = 0.5$，$p_5 = 0.5$，$\beta = 0.1$，$m = 60$，$t = 20$，$r = 5$，$k = 3$，$\alpha_2 = 100$，$d = 0$）

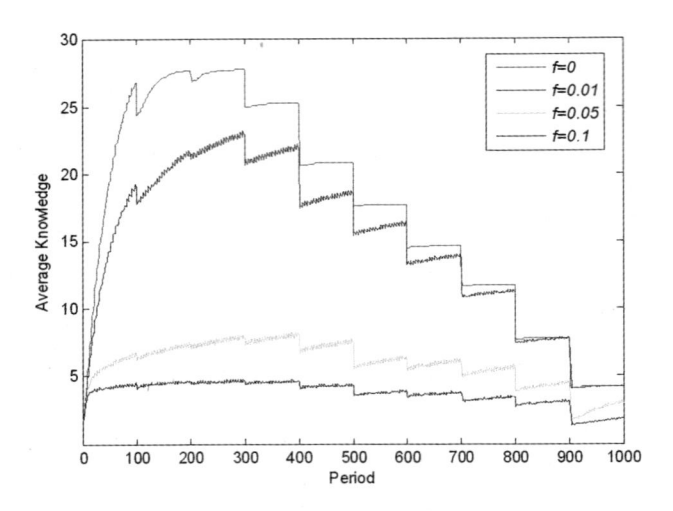

图4—19 随机连接关系网络模型中创业团队知识遗忘对团队知识水平的影响

(注：其他参数设定：$p_1=0.5$，$p_2=0.5$，$p_3=0.5$，$p_4=0.5$，$p_5=0.5$，$\beta=0.1$，$m=60$，$t=20$，$r=5$，$k=3$，$\alpha_2=100$，$d=0$)

(如图4—17和图4—19所示)。在适度连接关系网络模型中，团队平均知识水平在运行周期等于500时上升（如图4—3所示）。上述结果表明：在不同的创业团队成员之间关系网络模型中，外部环境发生变化均会对创业团队的知识水平产生负面影响，而创业团队适度的知识遗忘对长期团队平均知识水平会有一定的提升作用，但是效果不是很显著。

当外部环境发生变化时，创业团队中原有的知识已经无法适应新的环境，必须探索新的知识来解决新的问题。创业团队的知识存储量是有限的，对旧知识的适度遗忘可以为新知识的产生创造条件。适度的知识遗忘对创业团队进行知识创新有促进作用，帮助创业团队加快知识的更新，从而增强团队竞争力。同时，新知识的产生需要团队内部投入较大的精力进行长期的探索，这对长期团队知识水平有一定的提升作用，但效果不明显。

二 三种网络下的创业团队的退出与进入

接下来，我们研究在不同的创业团队成员之间关系网络模型中，创业团队的退出与进入与团队知识水平的关系。仿真结果与分析如图4—20、4—21和4—22所示。

图4—20、4—21和4—22分别显示的是在三种关系网络模型中，当外部环境发生变化时，创业团队的退出与进入速率的不同对团队知识水平的影响。从图4—20、4—21和4—22中显示的结果可以发现，在三种关系网络模型中，当外部环境发生变化而没有团队的退出与进入时，团队平均知识水平也会逐渐下降；当存在团队的退出与进入时，长期团队平均知识水平相较于没有团队退出与进入时会有显著的上升。并且，不同的创业团队的退出与进入速率对团队平均知识水平影响也不同。团队平均知识水平并不是随着创业团队的退出与进入速率的增加而增加。具体来讲，在三种关系网络模型中，当d由1增加到3时，创业团队的知识水平逐渐升高；当d由3增加到4时，创业团队的知识水平反而下降。整体来看，创业团队的退出与进入速率并不是越高越好。上述结果表明：在外部环境发生变化时，孵化器中保持团队退出与进入有助于提高团队知识水平，并且适度的团队退出与进入速率可以产生较高的团队知识水平。

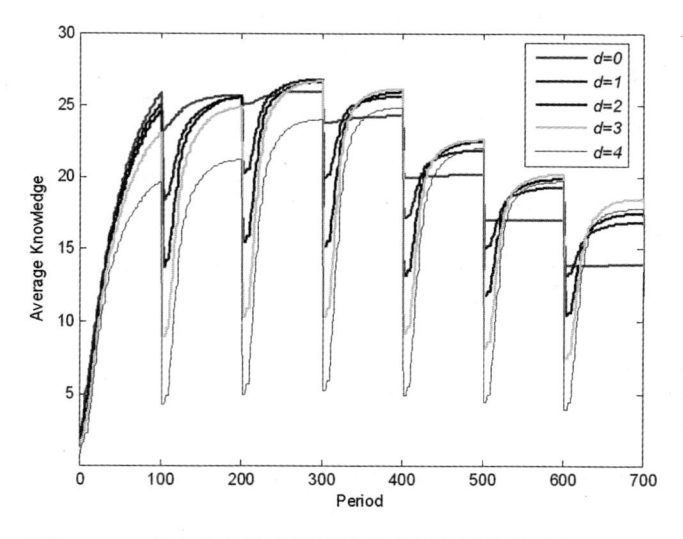

图4—20　完全独立关系网络模型中创业团队的退出与进入对团队知识水平的影响

（注：其他参数设定：$p_1=0.5$, $p_2=0.5$, $p_3=0.5$, $p_4=0.5$, $p_5=0.5$, $\beta=0.1$, $m=60$, $t=20$, $r=5$, $k=3$, $f=0$, $\alpha_2=100$）

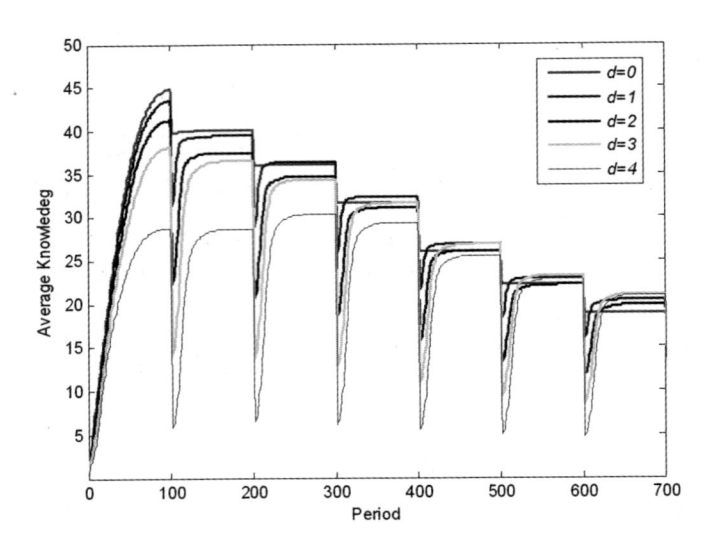

图4—21 适度连接关系网络模型中创业团队的退出与进入对团队知识水平的影响

（注：其他参数设定：$p_1=0.5$，$p_2=0.5$，$p_3=0.5$，$p_4=0.5$，$p_5=0.5$，$\beta=0.1$，$m=60$，$t=20$，$r=5$，$k=3$，$f=0$，$\alpha_2=100$）

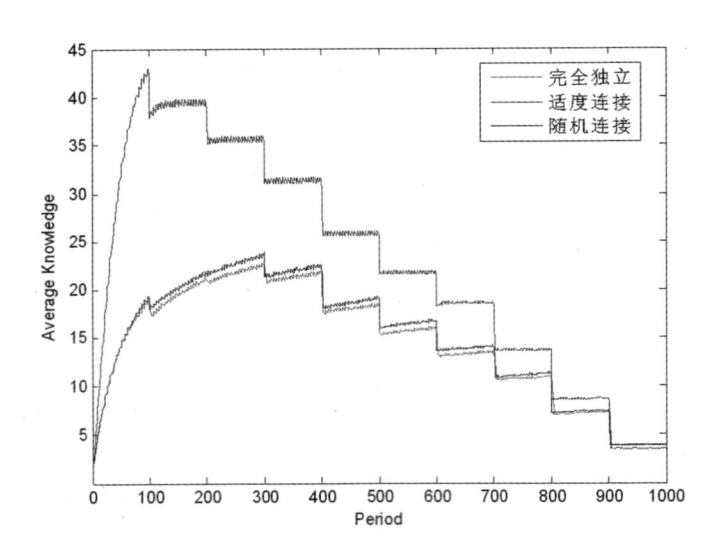

图4—22 随机连接关系网络模型中创业团队的退出与进入对团队知识水平的影响

（注：其他参数设定：$p_1=0.5$，$p_2=0.5$，$p_3=0.5$，$p_4=0.5$，$p_5=0.5$，$\beta=0.1$，$m=60$，$t=20$，$r=5$，$k=3$，$f=0$，$\alpha_2=100$）

当外部环境发生变化时，创业团队原有的知识已经无法适应新的环境，必须探索新的知识来解决新的问题。当存在创业团队的退出与进入时，新进入的创业团队给孵化器中原有的团队带来了新的知识。创业团队之间通过互相学习，使得这些新知识逐渐取代旧知识，并且逐渐形成由于解决环境变化带来的新的问题的方案，进一步帮助创业团队适应新的环境，从而使得长期团队的知识水平会有所回升。此外，孵化器中创业团队退出与进入速率会影响到孵化器中知识更新的快慢。创业团队退出与进入的速率过快，虽然使得新知识能够较快地进入孵化器中，但是由于孵化器中创业团队对新知识的吸收与利用的能力存在差异，会导致创业团队不能充分吸收和利用新的知识，从而影响团队知识水平的提升。相反地，创业团队退出与进入的速率过慢，会使得在面对外部环境变化时，新的知识不能及时地进入到孵化器中，创业团队不能及时地更新自身的知识，也会影响到团队知识水平的提升。综上所述，创业团队的退出与进入速率并不是越高越好，适度的创业团队退出与进入速率能够产生较高的团队知识水平。

三 三种关系网络模型比较

上一节中我们分别研究了三种关系网络结构中，创业团队知识遗忘以及创业团队的退出与进入与团队知识水平的关系。本节将三种关系网络结构进行比较，从创业团队知识遗忘以及创业团队的退出与进入角度来探讨不同的创业团队关系网络与团队知识水平的关系。

(一) 创业团队知识遗忘

不同的创业团队关系网络对团队知识水平的影响如图4—23所示。

图4—23显示了外部环境变化时，在相同的知识遗忘速率下，不同的创业团队关系网络对团队知识水平的影响。从图4—8中可以看出，当外部环境发生变化时，在三种关系网络模型中，团队平均知识水平都会逐渐下降。但是，不同的创业团队关系网络对团队知识水平的影响存在差异。适度连接关系网络模型的整体团队平均知识水平最高，随机连接关系网络模型次之，完全独立关系网络模型最低。适度连接关系网络模型和随机关系网络模型二者的整体团队平均知识水平高于完全独立关系网

络模型。

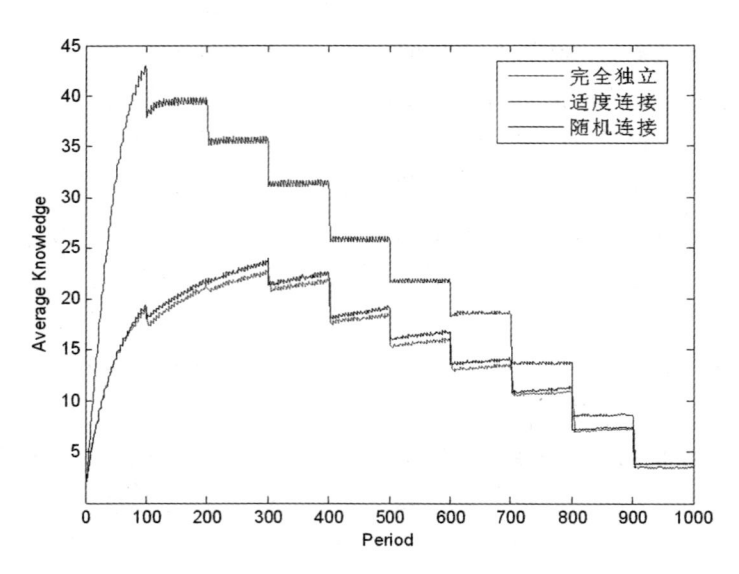

图4—23 不同的创业团队关系网络对团队知识水平的影响

（注：其他参数设定：$p_1=0.5, p_2=0.5, p_3=0.5, p_4=0.5, p_5=0.5, \beta=0.1, m=60, t=20, r=5, k=3, f=0.01, \alpha_2=100, d=0$）

（二）创业团队的退出与进入

创业团队的退出与进入对团队知识水平的影响如图4—24所示。

图4—24显示了外部环境变化时，在相同的创业团队的退出与进入速率下，不同的创业团队关系网络对团队知识水平的影响。从图4—9中可以看出，当外部环境发生变化时，不同的创业团队关系网络对团队知识水平的影响也是不同的。与图4—8显示的结果类似，整体来看，适度连接关系网络模型能够保持较高的团队平均知识水平，随机连接关系网络模型次之，完全独立关系网络模型最低。适度连接关系网络模型和随机关系网络模型二者的整体团队平均知识水平高于完全独立关系网络模型。

综合图4—23和图4—24的结果我们可以看出，外部环境发生变化时，无论是在创业团队知识遗忘的情况下，还是在创业团队退出与进入的情况下，三种关系网络模型中，适度连接关系网络模型整体的团队平均知识水平最高，随机连接关系网络模型次之，完全独立关系网络模型最低。上述结果表明：不同的创业团队关系网络会对团队知识水平产生不同的影响。其中，适度连接关系网络模型能够保持较高的团队知识水平，是一种不同创业团队成员之间能够有效地进行知识学习的关系网络。

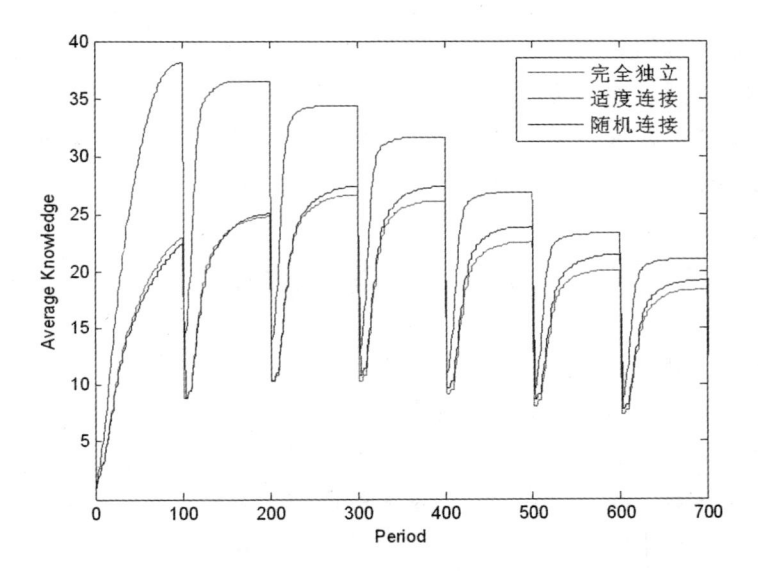

图4—24 创业团队的退出与进入对团队知识水平的影响

（注：其他参数设定：$p_1=0.5, p_2=0.5, p_3=0.5, p_4=0.5, p_5=0.5, \beta=0.1, m=60, t=20, r=5, k=3, f=0, \alpha_2=100, d=3$）

在完全独立关系网络模型中，不同创业团队成员之间没有任何联系。他们只能通过自己团队的领导来间接地与其他创业团队建立联系，通过向自己团队的领导学习来间接地学习其他创业团队的先进知识。这就导致创业团队成员不能有效地学习外部先进知识和及时地更新自身的知识，在一定程度上影响了创业团队知识更新的效率，从而不利于团队知识水平的提高。在适度连接关系网络模型和随机关系网络模型中，创业团队成员既可以直接地向其他创业团队成员学习先进知识，又可以通过自己团队领导间接地学习其他创业团队的先进知识。这样加强了创业团队之间的联系，能够提高创业团队学习先进知识的效率，从而有助于团队知识水平的提升。但是，随机关系网络模型中团队知识水平要低于适度连接关系网络模型。这是因为随机关系网络模型中不同创业团队成员之间的联系相较于适度连接关系网络模型过于密切。一方面，保持团队内部知识多样性有助于自主创新。创业团队之间联系过于密切会导致团队知识趋于同质化，使得知识多样性降低，影响团队内部自主创新。另一方面，创业团队之间联系过于密切会使得创业团队对外部知识学习产生依赖，抑制创业团队内部进行自主知识创新，从而对团队知识水平带来负面影响。在适度连接关系网络模型中，创业团队既能在团队内部有效地进行新知识的探索，又可以相对及时地学习外部先进知识，从而能够使团队知识水平保持较高的状态。

第五节 本章小结

一 总结

本章通过建立仿真模型，研究了在不同的环境下，孵化器中创业团队的知识学习、知识遗忘和团队的退出与进入对团队知识水平的影响。本章对孵化器中创业团队的知识学习的研究主要有三点贡献。第一，本章充分考虑孵化器中创业团队内部关系网络和外部关系网络，描述三种不同的创业团队关系网络模型，研究不同的创业团队关系网络对创业团队知识学习的影响。通过描述具有代表性的创业团队内部以及团队之间网络结构对创业团队内部和团队之间的多层次学习进行研究。第二，本章研究了外部环境变化时孵化器中创业团队整体的退出与进入对团队知识水平的影响。第三，本章在研究孵化器中创业团队的知识学习时加入创业团队的知识遗忘，并且分别将不存在知识遗忘时创业团队的学习过程与存在知识遗忘时创业团队的学习过程进行比较。

本章的第一个贡献在于通过描述创业团队内部以及团队之间典型的网络结构对创业团队内部和团队之间的多层次学习进行研究。March 在研究组织学习时，考虑了组织成员向外部环境的学习，没有考虑组织成员之间的学习。Miller 在研究中加入了组织成员之间的学习。本研究考虑到孵化器中创业团队内部领导与成员的联系以及创业团队之间的联系，描述相对应的网络结构，从创业团队内部成员之间学习、领导向成员学习、成员向领导学习以及创业团队之间的学习四个过程对创业团队内部和团队之间的多层次学习进行了较为全面的研究。

第二，本章研究了外部环境变化时孵化器中创业团队整体的退出与进入对团队知识水平的影响。在先前有关外部环境变化下组织学习情况的文献中，大量的研究都比较集中于外部环境变化时组织中的人员流动对组织知识水平的影响，是从组织中成员个体角度出发的。但是，孵化器中的创业团队则不同。在孵化器中，创业团队通常是以团队整体进入和退出孵化器的，因此，本章从这一角度出发，研究外部环境变化时孵化器中创业团队整体的退出与进入对团队知识水平的影响。

第三，本章在研究孵化器中创业团队的知识学习时加入创业团队的知识遗忘，并且分别将不存在知识遗忘时创业团队的学习过程与存在知识遗忘时创业团队的学习过程进行比较。正如文献中所提到的，长期以来，企业只重视组织学习而忽略了组织遗忘，甚至尽力避免遗忘。事实上，组织的知识学习与知识遗忘是相互补充的，组织中的知识遗忘和知识学习一样，对于提高组织的知识水平同样起着至关重要的作用。同样地，孵化器中创业团队的知识遗忘在团队学习过程中也扮演着重要角色。因此，本书将孵化器中创业团队的知识遗忘与知识学习同等考虑，研究了不同环境下孵化器中创业团队的知识遗忘对团队知识水平的影响，并且与不存在知识遗忘时创业团队的学习过程进行比较。

本章的研究结果表明：在静态环境下，孵化器中创业团队之间的知识学习速率与平衡时团队平均知识水平呈现负相关关系；当存在知识遗忘时，适度的知识遗忘会使创业团队之间的知识学习速率与平衡时团队平均知识水平呈现正相关关系。在创业团队内部，较高的团队领导学习速率与较低的团队成员学习速率有助于提高团队平均知识水平；当存在知识遗忘时，较高的团队领导学习速率与适中的团队成员学习速率有助于提高团队平均知识水平。

本章的研究还发现：在动态环境下，外部环境变化会对孵化器中创业团队的知识学习产生影响。在外部环境发生变化时，创业团队原有的知识已经无法适应环境的变化，因而创业团队的平均知识水平会逐渐降低。如果存在创业团队适度的知识遗忘以及创业团队的退出与进入，创业团队的平均知识水平会因为新知识的产生而上升。因此，孵化器中保持适当数量的创业团队的退出与进入以及创业团队内部进行适度的知识遗忘有助于提高长期团队平均知识水平，并且创业团队的退出与进入对长期团队平均知识水平的提升效果更显著。

二 理论意义

本章的研究具有较强的理论意义。在组织学习领域,国内外研究者对组织学习中的探索式学习和利用式学习进行了大量研究,讨论了探索式学习和利用式学习对于组织学习的重要性。但是,关于孵化器中创业团队如何保持探索式学习与利用式学习之间的平衡研究较少。本章从探索式学习与利用式学习的角度出发,研究了在不同环境下,孵化器中创业团队内部和团队之间多层次学习(包括知识学习与知识遗忘)和团队知识水平的关系。同时,通过研究在动态环境下,孵化器中创业团队整体的进入与退出对团队知识水平的影响,说明了孵化器中保持适当数量的创业团队的进入与退出的必要性。本章的研究在一定程度上对有关孵化器中创业团队学习理论进行了补充,并且为后续的研究提供了理论上的参考与借鉴。

三 管理意义

本章的研究结论对孵化器管理者和创业团队管理者有一定的启示意义。对于创业团队而言,首先,在创业团队内部,团队领导要在日常工作中加强与团队成员的联系,通过领导与成员之间的互相学习综合团队成员所掌握的先进知识,并及时地将这些先进知识在团队内部进行传递;团队成员之间同样要加强互相学习,但不同的是,团队成员之间学习强度并不是越高越好,需要团队成员之间进行适度的学习,使团队成员能够有独立探索的空间,从而发现新的知识。比如,团队领导要鼓励成员将借鉴经验和独立思考结合起来解决问题。其次,在创业团队之间,不同团队领导之间要进行交流与学习,这可以让团队学习其他团队所具有的先进知识,从而有利于提高自身的知识水平,但是创业团队不能过度依赖向其他团队学习来提升自己,创业团队应当在学习其他团队先进知识的同时加强自身对知识的探索与创新,这样有利于团队的长期发展。同时,团队领导的知识存储能力是有限的,不能只重视知识学习而忽略知识遗忘。因此,在学习新的知识时,也要注意适当地抛弃无用的旧知识,以便更好地创造和吸收新的知识,在知识学习和知识遗忘的共同作用下有利于保持团队知识的多样性,并且从长期来看这样做会使得创业团队更能适应环境的变化。

　　对于孵化器管理者而言,既要保证孵化器中的知识在创业团队之间的传递与利用,也要根据外部环境的变化不断地更新孵化器中的知识。在管理孵化器中的创业团队时,孵化器管理者应该根据创业团队的绩效表现,在孵化器中建立创业团队的退出与进入机制,这样做可以使新的知识随着新的创业团队的进入而进入到孵化器中,孵化器中原有的创业团队可以通过向新进入的创业团队学习来更新自身的知识。同时,孵化器管理者要对创业团队退出与进入的速度进行合理的控制,保证创业团队既能及时地学习新知识,又能对新知识进行充分的吸收与利用,从而能够为创业团队在外部环境变化时提供帮助,增强创业团队适应环境变化的能力。

第 五 章

科技企业孵化器空间关联与空间博弈

近年来,我国科技企业孵化器发展出现了一些新的特点,科技企业孵化器建设出现集聚化和布局的不均衡化倾向。以国家级科技企业孵化器为例,2012年我国东部地区江苏省、浙江省、上海市分别拥有国家级科技企业孵化器达80家、34家、23家,北京市拥有国家级孵化器28家;而西部地区的甘肃省、贵州省、青海省、新疆维吾尔自治区、宁夏回族自治区分别拥有国家级科技企业孵化器2家、2家、2家、3家、1家,国家级科技企业孵化器的区域发展集聚化和不平衡趋势较明显。在十八大报告明确提出"支持小微企业特别是科技型小微企业发展"的背景下,科学布局科技企业孵化器、发挥科技企业孵化器的集聚作用和引领带动作用,对有效支持小微企业成长,提高创业企业成功率,完善国家创新体系具有重要意义[1]。

学者们对产业集聚进行了较多研究。Scott[2] 提出了动态的产业集聚理论,并分析了产业集聚的形成及其原因;Storper 和 Walker[3] 分析了工业化的地理变迁过程,指出集聚是一种工业增长的基本空间结构模式。为了衡量产业的空间集聚程度,范剑勇[4]利用产业集中度作为衡量指标;黄

---

[1] 吴文清、马赛翔、刘晓英:《科技企业孵化器集聚及效率与空间关联研究》,《天津大学学报》(社会科学版)2016年第3期,第206—210页。

[2] Scott A. J., New industrial spaces [J]. London: Pion, 1988.

[3] Storper M., Walker R., The capitalist imperative: territory, technology and industrial growth [J]. New York: Basil Blackwell Inc. 1989. 70–71.

[4] 范剑勇:《市场一体化、地区专业化与产业集聚趋势》,《中国社会科学》2004年第6期,第39—51页。

玖立和李坤望[①]在基尼系数的基础上，以 Kernel 密度估计图的形式分析了产业的绝对集中度和相对集中度指标；冼国明和文东伟[②]以产业方差系数从整体上衡量行业空间分布的非平衡性；Porter[③] 指出产业集聚在促进企业提高竞争优势方面起着重要的作用；Hill 和 Brennan[④] 认为产业集群受主导产业、上下游产业、科技力量、人力资源的影响。

任倩倩对北京市 15 家孵化器进行孵化效率实证分析，结果表明孵化效率的差异较大，它们并未有效利用资源，存在规模效率低等问题；张娇和殷群[⑤]通过研究发现，我国孵化器在资源配置方面存在较为严重的问题，应改进资源投入产出比例，有效控制资源投入的冗余和浪费，避免部分效率过低的孵化器对整体效率水平的"拖累"；殷群和张娇[⑥]提出了提高科技企业孵化器运行效率的改进思路：控制资源投入的冗余并提高资源的产出水平。

为了探究空间结构变迁的机制和影响因素，学者们运用多种手段对空间结构演变进行相关性研究。叶强[⑦]为探究城市居住区与商业区空间演变的相关性，运用 GIS 建立相关空间数据库，采用克里金插值法确定居住区与商业区变迁的相关程度；唐伟和钟祥浩[⑧]运用变差系数和探索性空间数据分析法探究 1999—2007 年成都都市圈县域经济差异和经济空间结构的时空变化特征；于淑敏和谢正观采用全局主成分分析方法，

[①] 黄玖立、李坤望：《对外贸易、地方保护和中国的产业布局》，《经济学》（季刊）2006 年第 3 期，第 733—760 页。

[②] 冼国明、文东伟：《FDI、地区专业化与产业集聚》，《管理世界》2006 年第 12 期，第 18—31 页。

[③] Porter M. E., Clusters and the new economics of competition. [J]. Harvard Business Review, 1998, 76 (6): 77-90.

[④] Hill E. W., Brennan J. F., A methodology for identifying the drivers of industrial clusters: the foundation of regional competitive advantage [J]. Economic Development Quarterly, 2000, 14 (1): 65-96.

[⑤] 张娇、殷群：《我国企业孵化器运行效率差异研究——基于 DEA 及聚类分析方法》，《科学学与科学技术管理》2010 年第 5 期，第 171—177 页。

[⑥] 殷群、张娇：《长三角地区科技企业孵化器运行效率研究——基于 DEA 的有效性分析》，《科学学研究》2010 年第 1 期，第 86—94 页。

[⑦] 叶强：《基于 GIS 的城市居住与商业空间结构演变相关性研究——以长沙为例》，《经济地理》2012 年第 5 期，第 65—70 页。

[⑧] 唐伟、钟祥浩：《成都都市圈县域经济时空差异及空间结构演变》，《长江流域资源与环境》2010 年第 7 期，第 732—738 页。

从城市尺度分析广东省经济空间结构演变的动态过程；梁辰和王诺等[1]分别从城市空间增长速率、结构形态、分型演变与重心转移角度解释港口城市空间结构演变过程与规律；赵璟等[2]运用面板数据模型对各影响因素与西部地区城市群空间结构演变之间的关系进行回归分析，探究空间结构演变状况、各因素对空间结构演变的影响以及该影响的大小。

针对创业企业孵化集聚的现象，本章首先从我国省域层面出发，研究了省域国家级科技企业孵化器的区域差异与集聚度，以2009—2012年我国29个省（市、自治区）DEA效率为基础，运用全局自相关和局部自相关分析了我国省域国家级孵化器效率的空间关联性和模式。进一步针对孵化集聚下的孵化器联盟空间邻近特性，利用空间公共品博弈模型对联盟进行了建模，分析了公共品回报乘数、合作孵化乘数、联合惩罚对联盟稳定性的影响。

第一节　国家级孵化器区域差异与集聚度

产业地理集中反映产业产值或就业集中在少数地区，但产业地理集中可能是由于内部规模经济或资源优势导致少数几个大企业在少数区域的集中，也可能由于外部经济吸引大量中小企业而导致的地理集聚，而大量相互联系的中小企业的地理聚集可成为产业集群。传统的测量产业地理集中方法包括集中系数、变差系数、赫芬代尔系数、赫希曼—赫芬代尔系数、信息熵、锡尔系数以及基尼系数等[3]。

本章利用锡尔系数和集中化指数来衡量我国各个省市孵化器间的省域差异程度和集聚度。本章选取的样本为我国大陆29个省市区国家级科技企业孵化器（目前海南省尚没有国家级科技企业孵化器，西藏自治区

---

[1] 梁辰、王诺、佟士祺：《大连临港产业集聚与城市空间结构演变研究》，《经济地理》2012年第8期，第84—90页。

[2] 赵璟、党兴华、王修来：《城市群空间结构的演变——来自中国西部地区的经验证据》，《经济评论》2009年第4期，第27—33页。

[3] 贺灿飞、潘峰华：《产业地理集中、产业集聚与产业集群：测量与辨识》，《地理科学进展》2007年第2期，第1—13页。

孵化器相关统计数据不完整;鉴于数据获取原因,也不包括港澳台地区和中国三沙市),国家级科技企业孵化器经过科技部严格认定,具有代表性,数据较为准确和权威,国家级孵化器数据均来源于历年《中国火炬统计年鉴》。

一 国家级孵化器区域差异

对一个国家地区专业化水平及其趋势进行分析,有两条路径:一条是从行业入手,在对各行业的地方化水平分析的基础上,讨论国家的地区专业化水平及其进展;另一条是从地区入手,在对各地区的专业化水平分析的基础上,讨论国家的地区专业化水平及其进展[1]。具体而言,衡量指标包括 Hoover 地方化系数、Ellison 和 Glaeser (1997) 提出的 γ_j 系数,以及路江涌和陶志刚 (2005) 在 γ_j 系数基础上构建的 β_i 系数、锡尔系数等。

本章利用锡尔系数[2]衡量国家级科技企业孵化器发展的省域差异。锡尔系数最早是由 Theil 于 1967 年研究国家之间的收入差距时首先提出来的。以锡尔系数表示的国家之间的收入差距总水平等于各个国家收入份额与人口份额之比的对数的加权总和,权数为各国的收入份额。在这里只需将国家换成区域,则可用它来研究区域之间的差异。并且锡尔系数可以直接将区域间的总差异分解为组间差异和组内差异两部分,从而为观察和揭示组间差异和组内差异各自的变动方向和变动幅度,以及各自在总差异中的重要性及其影响提供了方便。

锡尔系数具体的计算公式为:

$$L = \sum_{i=1}^{n} p_i \log(\frac{p_i}{y_i}) \qquad (5—1)$$

式 (5—1) 中 L 为锡尔系数,n 为研究的国家级科技企业孵化器区域个数,在本章中为 29,p_i 为 i 省(市、区)的人口占全国人口的比重,y_i 是 i 省(市、区)的国家级孵化器数量占全国国家级孵化器的比重。锡尔

---

[1] 樊福卓:《地区专业化的度量》,《经济研究》2007 年第 9 期,第 71—83 页。
[2] Chakraborty J., Bosman M. M., Measuring the digital divide in the United States: race, income, and personal computer ownership [J]. The Professional Geographer, 2005, 57 (3): 395 – 410.

系数 L 越大，表示孵化器发展的省际差异越大；锡尔系数 L 越小，表示孵化器发展在空间上越均衡。

利用上述数据算得 2011 年和 2012 年我国省域国家级孵化器发展的锡尔系数分别为 0.125 和 0.132，由此可见 2011 年和 2012 年省域国家级孵化器锡尔系数较大，且 2012 年的锡尔系数要高于 2011 年，表明我国省域国家级孵化器数量存在较大的差异，并且不均衡有扩大趋势。

二　国家级孵化器区域集聚度

集中化指数是用来分析和衡量区域内工业或经济部门专门化（或集中化）程度的一项重要的数量指标。下面进一步采用集中化指数来研究我国国家级孵化器数量省域空间集中程度，其计算公式为：

$$I = \frac{\sum_{i=1}^{n} z_i - \sum_{i=1}^{n} i\bar{y}}{\sum_{i=1}^{n} 1 - \sum_{i=1}^{n} i\bar{y}} \qquad (5—2)$$

式（5—2）中 I 为省域国家级孵化器集中化指数，n 为研究区域个数，在本节中为 29，为我国国家级孵化器数量在 29 个省（市、区）均匀分布时所占的比重，z_i 为 i 省（市、区）国家级孵化器数量占全国国家级孵化器数量的比重。I 的值在 0 到 1 之间，如果 I 值越接近 1，就表明国家级孵化器分布越集中；I 值越接近 0，表明孵化器分布越均匀。

利用上述数据算得 2011 年、2012 年我国省域国家级孵化器发展的集中化指数分别为 0.21 和 0.27，集中化指数表明我国国家级孵化器数量分布不均匀，且不均匀程度有扩大趋势。

第二节　省域国家级孵化器效率测算

一　模型与数据

（一）DEA 基本模型

（1）C^2R 模型与 BCC 模型

1978 年 A. Charnes，W. W. Cooper 和 E. Rhodes 三位学者提出了 C^2R 模型来判断某个选定的 DMU 的有效性，如图 5—1 所示。

设有 n 个 DMU_j ($1 \leq j \leq n$)，每个 DMU 都有 m 种输入和 s 种输出，如图 5—1 所示。图中，x_{ij} 为 DMU_j 对第 i 种输入的投入量；y_{kj} 为 DMU_j 对第 k 种输出的产出量；v_i 为对第 i 种输入的一种度量（"权"）；u_k 为对第 k 种输出的一种度量（"权"）。($j = 1, 2, \cdots, n; i = 1, 2, \cdots, m; k = 1, 2, \cdots, s$) 而且 $x_{ij} > 0$，$y_{kj} > 0$，$V_i \geq 0$，$u_k \geq 0$。

记 DMU_j 的输入、输出量分别为 $X_j = (x_{1j}, x_{2j}, \cdots x_{mj})^T > 0$，$j = 1, 2, \cdots, n$；$Y_j = (y_{1j}, y_{2j}, \cdots, y_{sj})^T > 0$，$j = 1, 2, \cdots, n$。对应于权系数 $V = (v_1, v_2, \cdots, v_m)^T$，$U = (u_1, u_2, \cdots, u_s)^T$，称 $h_j = \dfrac{u^T Y_j}{v^T X_j} = \dfrac{\sum_{k=1}^{s} u_k y_{kj}}{\sum_{i=1}^{m} v_i x_{ij}}$，$j = 1, 2, \cdots, n$，为第 j 个决策单元 DMU_j 的效率评价指数。总可以适当地选取 u 和 v，使 $h_j \leq 1$ ($j = 1, 2, \cdots, n$)。

		DMU_1	DMU_2	$\cdots$	DMU_n	
V_1	$1 \rightarrow$	x_{11}	x_{12}	$\cdots$	x_{1n}	
V_2	$2 \rightarrow$	x_{21}	x_{22}	$\cdots$	x_{2n}	
		$\vdots$	$\vdots$	$\cdots$	$\vdots$	
V_m	$m \rightarrow$	x_{m1}	x_{m2}	$\cdots$	x_{mn}	
		y_{11}	y_{12}	$\cdots$	$y_{1n} \rightarrow 1$	u_1
		y_{21}	y_{22}	$\cdots$	$y_{2n} \rightarrow 2$	u_2
		$\vdots$	$\vdots$	$\cdots$	$\vdots$	
		y_{s1}	y_{s2}	$\cdots$	$y_{sn} \rightarrow s$	u_s

图 5—1 决策单元的输入、输出

现在对第 j_0 个决策单元进行效率评价，简记 DMU_{j_0} 为 DMU_0，$X_0 = X_{j_0}$，$Y_0 = Y_{j_0}$，$1 \leq j_0 \leq n$。在各决策单元的效率评价指标均不超过 1 的条件下，选择权系数 u 和 v，使 h_0 最大。于是，构成下面的 C^2R 模型为（分式规划）：

$$(P)\begin{cases} \max \dfrac{\sum_{k=1}^{s} u_k y_{kj_0}}{\sum_{i=1}^{m} v_i x_{ij_0}} = V_{\bar{P}} \\ s.t. \ \dfrac{\sum_{k=1}^{s} u_k y_{kj}}{\sum_{i=1}^{m} v_i x_{ij}} \leqslant 1 (j=1,2,\cdots,n) \\ u_k \geqslant 0, k=1,2,\cdots,s \\ v_i \geqslant 0, i=1,2,\cdots,m \end{cases} \quad (5\text{—}3)$$

利用 Charnes-Cooper 变换，则原分式规划转化为

$$(P_1)\begin{cases} \max \mu^T Y_0 = V_{P_1} \\ s.t. \ w^T X_j - \mu^T Y_j \geqslant 0 (j=1,2,\cdots n) \\ w^T X_0 = 1 \\ w \geqslant 0, \mu \geqslant 0 \end{cases} \quad (5\text{—}4)$$

$$(D_1)\begin{cases} \min \theta = V_{D_1} \\ s.t. \ \sum_{j=1}^{n} X_j \lambda_j + s^- = \theta X_0 \\ \sum_{j=1}^{n} Y_j \lambda_j - s^+ = Y_0 \\ \lambda_j \geqslant 0 (j=1,2,\cdots,n); s^+ \geqslant 0; s^- \geqslant 0 \end{cases} \quad (5\text{—}5)$$

(D_1)（加入了松弛变量 s^+ 及 s^-）为线性规划问题（P_1）的对偶规划问题。其中，λ_j 为相对于 DMU_0 重新构造一个有效 DMU 的组合中第 j 个决策单元 DMU_j 的组合比例。

利用（P_1）和（D_1）判断 DMU 的 DEA 有效性并不直接。为此，Charnes 和 Cooper 等人引进了非阿基米德无穷小量概念，构造了具有非阿基米德无穷小量的 C^2R 模型（D_ε）来判定 DMU_0 的有效性。

首先，非阿基米德无穷小量 ε 是一个抽象的数学概念，它被理解为是一个小于任意正数而大于零的数（在实际使用中，常取 ε 为足够小的正数，例如 10^{-6}）。具有非阿基米德无穷小量的 C^2R 模型（D_ε）如下：

$$\begin{cases} \min[\theta - \varepsilon(\overset{\Lambda}{e}{}^T s^- + e^T s^+)] = V_{D_{1\varepsilon}} \\ s.t. \sum_{j=1}^{n} \lambda_j X_j + s^- = \theta X_0 \\ \sum_{j=1}^{n} \lambda_j Y_j - s^+ = Y_0 \\ \lambda_j \geq 0 (j = 1, 2, \cdots, n) \\ s^+ \geq 0, s^- \geq 0 \\ \overset{\Lambda}{e} = (1, 1, \cdots, 1)T \in R^m \\ e = (1, 1, \cdots, 1)T \in R^s \end{cases} \quad (5—6)$$

Banker，Charnes 和 Cooper（1984）将 CCR 模型中的固定规模报酬的限制假设改成变动规模报酬的假设，将无效率的原因分成技术的无效率或运营规模不当，并引用 Shephard 的距离函数观念导出 BCC 模型，可衡量各决策单元的纯粹技术效率，即把 CCR 模型的技术效率细分为纯技术效率和规模效率。BCC 模型同时也放宽 CCR 模型固定规模报酬的前提假设，即各决策单元的规模报酬可能递增、递减或固定。

（2）Malmquist 生产率指数

Malmquist 生产率指数由 Caves 等所提出，目的在于衡量技术水平变动，应用 DEA 理论分别计算在不同基期下的生产率变动，其生产率变动指数定义为：

$$M^t = \frac{D^{t+1}{}_0(X^{t+1}, Y^{t+1})}{D^t{}_0(X^t, Y^t)} \quad (5—7)$$

M^t 是指在固定规模报酬下，以第 t 期技术水平为基础，计算由第 t 期至第 t+1 期间在生产率上的变动率，若 $M^t > 1$，表示生产率有改善，$M^t < 1$ 表示生产率降低。后经 Fare 等（1989）提出产出导向修正模型，并将 Malmquist 生产率指数（TFP）分解为总体技术效率变动指数（TE）及技术变动指数（TC）的乘积，即 TFP = TE × TC，其数学公式分别如下：

$$TFP(X^{t+1}, Y^{t+1}, X^t, Y^t) = \left[\frac{D^t{}_0(X^{t+1}, Y^{t+1})}{D^t{}_0(X^t, Y^t)} \times \frac{D^t{}_0(X^{t+1}, Y^{t+1})}{D^{t+1}{}_0(X^t, Y^t)}\right]^{\frac{1}{2}}$$

$$(5—8)$$

$$TE(X^{t+1}, Y^{t+1}, X^t, Y^t) = \left[\frac{D^t{}_0(X^{t+1}, Y^{t+1})}{D^{t+1}{}_0(X^{t+1}, Y^{t+1})} \times \frac{D^t{}_0(X^t, Y^t)}{D^{t+1}{}_0(X^t, Y^t)} \right]^{\frac{1}{2}}$$

(5—9)

$$TC(X^{t+1}, Y^{t+1}, X^t, Y^t) = \frac{D^{t+1}{}_0(X^{t+1}, Y^{t+1})}{D^t{}_0(X^t, Y^t)} \quad (5—10)$$

当 TFP>1 时表示从 t 至 t+1 时生产率有改善，TFP<1 表示生产率降低。实际上这两种指标是两个以 Malmquist 产出导向的生产率指数的集合平均数。而距离函数可分别改写成 DEA 的线性规划形式，求出在不同基期下的 DEA 效率值，即一步计算出各项变动率。

根据 Fare 等（1994）的研究，式（5—9）中 Malmquist 指数中技术效率变化部分能够进一步的分解为纯效率变化和规模效率变化：

$$TFP(X^{t+1}, Y^{t+1}, X^t, Y^t) = \frac{S_0^t(x_t, y_t)}{S_0^t(x_{t+1}, y_{t+1})} \times \frac{D_0^t(x_{t+1}, y_{t+1}/VRS)}{D_0^t(x_t, y_t/VRS)} \times$$

$$\left[\frac{D_0^t(x_{t+1}, y_{t+1})}{D_0^{t+1}(x_{t+1}, y_{t+1})} \times \frac{D_0^t(x_t, y_t)}{D_0^{t+1}(x_t, y_t)} \right]^{\frac{1}{2}}$$

(5—11)

其中第一项表示规模效率变化，第二项表示纯技术效率变化，最后一项表示技术变化。生产率的变化，即 TFP，分解为纯技术变化，规模效率变化以及技术变化，可能等于 1、大于 1 和小于 1，分别表示没有变化、有改进和倒退了。

（二）投入产出指标

本章基于投入导向的 BCC 模型[①]对我国省域国家级科技企业孵化器效率进行测算。选取合理的投入产出指标是运用 DEA 方法进行效率评价的基础性工作和关键性步骤。殷群在对长三角地区科技企业孵化器运行效率进行评估时选取的投入指标分别为企业孵化器在职人员总数、孵化器的场地面积、孵化器当年的总收入与孵化基金总额；产出指标为累积毕业企业数、在孵企业人员数与孵化器人员数和在孵企业上缴税金。张鹏在对广东企业孵化器进行评估时选取孵化器固定资产净值、本科以上

---

① Banker R. D., Charnes A., Cooper W W. Some models for estimating technical and scale Iinefficiencies in data envelopment analysis [J]. Management Science, 1984, 30 (9): 1078–1092.

员工所占比例、孵化场地作为输入指标,年度毕业率、在孵企业当年税收总额、人均收入、当年新孵企业数、每平方千米孵化面积的就业人数以及孵化器在孵企业增长率作为输出指标。吴文清选取人、财、物三个方面指标对大学科技园进行了动态评价。结合殷群、张鹏等人的研究以及数据的可得性,本节选取的投入产出指标如下:

投入指标:科技企业孵化器的正常运行所需投入的资源可以从人、财、物三个方面来考虑。人力是以科技企业孵化器管理机构从业人数衡量;科技企业孵化器的物力采用孵化器场地总面积衡量;科技企业孵化器所投入的财力以孵化器累计公共技术服务平台投资额与孵化基金总额之和衡量。

产出指标:相对于一般从人、财、物三个方面考虑科技企业孵化器的投入指标,产出指标没有比较统一的标准。由于国家没有统一的关于孵化器毕业标准,孵化器累计毕业企业数以及当年毕业企业数在不同孵化器毕业标准下差异很大,因此本节的产出指标不包括毕业企业数。本节的产出指标由在孵企业人员数、在孵企业累计获得风险投资总额和批准知识产权数三个指标组成。在孵企业人员数体现了企业孵化器在培养创业企业和企业家以及促进就业方面的业绩,在孵企业累计获得风险投资总额体现了企业孵化器培育的质量水平,批准知识产权数体现了企业孵化器在促进科技进步和创新方面的绩效。

将各省域国家级孵化器对应的变量进行加总,得到 29 个省域国家级孵化器的投入产出变量数据。

二 省域国家级孵化器效率分析

为探究全国和长三角地区科技企业孵化器的投入产出效率,首先确定合理的投入产出指标,然后基于数据包络分析(DEA)方法,运用 DEAP2.1 软件对确定的投入产出指标进行计算,得到我国 2009—2012 年的 29 个省(市、自治区)孵化器效率,通过对 2009—2012 年的 29 个省市区的省域孵化器 Malmquist 生产率指数效率变动进行的测算,以及效率值的不同变化,研究综合效率变化、技术变化和全要素生产率变化等效率值的不同变化,分析造成孵化器效率差异的原因,提出初步解决方案,进一步检验各省域孵化器动态效率变动以及技术进步和资源配置效率变化的趋势，把握孵化器整体状况，提出我国孵化器改进和优化的建议，国家级孵化器数据均来源于历年《中国火炬统计年鉴》。结果如表5—1所示。

从表5—1可得知：

(1) 省域国家级科技企业孵化器总体效率较好。在研究的29个省市区中，其中孵化器DEA综合效率相对有效的省域有9个，占总体数据的31%，这些省市区国家级孵化器所投入的孵化器数量、资金、规模、人员与其本身的效益是匹配的。

(2) 部分综合效率小于1的省域国家级孵化器源于规模无效性。从表5—1中可以看出，有9个省市区（辽宁、江苏、福建、山东、河南、湖北、广东、重庆、陕西）的孵化器纯技术效率为1，但综合效率都小于1。说明这些地区的技术水平已经得到有效发挥，但是规模效率较低，无法发挥规模优势，因此如何发挥该地区孵化器的规模效益是关键。另外11个省市的孵化器规模效率和技术效率均小于1，这说明这些省市的孵化器不仅存在规模效率低下的问题，而且技术水平的效率较低，技术人员、物质条件和资金支持未达到合理的配置，无法充分发挥技术优势。

(3) 西部地区的国家级科技企业孵化器投入产出效率表现较好。内蒙古、四川、贵州、新疆、宁夏、青海6省区的综合效率都为1，其中贵州、新疆、宁夏、青海4省区的综合效率为1，主要是因为它们拥有的国家级孵化器数量很少，所在孵化器能够择优选择好的创业项目进行孵化，投入产出效率高。

(4) 省域国家级科技企业孵化器总体处于技术进步状态。我国29个省域国家级孵化器2009—2012年全要素生产率变动指数（TFP）为1.168，表明我国国家级孵化器2009—2012年以16.8%的速度处于进步状态，速度较快。在研究的29个省市区中，孵化器全要素生产率变化（TFP）大于1的省域有27个，占总体数据的93.1%，可以看出，这些省域国家级科技企业孵化器的经营绩效相对改善，这主要得益于国家对科技企业孵化器发展的重点关注，尤其是《国家科技企业孵化器"十二五"发展规划》的发布，各省市加大了对孵化器的投入力度，改善了孵化器孵化服务。

表 5—1　　我国 29 个省域国家级孵化器 2009—2012 年 DEA 动态效率评价

地区	综合效率	纯技术效率	规模效率	全要素生产率变动指数（TFP）
北京	1.000	1.000	1.000	1.502
天津	0.570	0.611	0.932	1.174
河北	0.474	0.534	0.888	1.059
山西	0.651	0.657	0.990	1.247
内蒙古	1.000	1.000	1.000	1.199
辽宁	0.578	1.000	0.578	1.142
吉林	0.555	0.563	0.987	1.001
黑龙江	0.389	0.410	0.949	1.141
上海	1.000	1.000	1.000	1.236
江苏	0.489	1.000	0.489	1.218
浙江	0.470	0.721	0.653	1.412
安徽	0.694	0.724	0.959	1.167
福建	0.860	1.000	0.860	1.651
江西	0.343	0.345	0.993	1.007
山东	0.445	1.000	0.445	1.217
河南	0.597	1.000	0.597	1.144
湖北	0.690	1.000	0.690	1.194
湖南	1.000	1.000	1.000	0.837
广东	0.824	1.000	0.824	1.020
广西	0.475	0.528	0.899	1.191
四川	1.000	1.000	1.000	1.006
重庆	0.774	1.000	0.774	1.471
贵州	1.000	1.000	1.000	1.054
云南	0.499	0.518	0.964	1.204
陕西	0.747	1.000	0.747	1.162
甘肃	0.342	0.358	0.955	1.124
新疆	1.000	1.000	1.000	1.146
宁夏	1.000	1.000	1.000	0.972
青海	1.000	1.000	1.000	1.311
平均值	0.706	0.827	0.868	1.168

第三节 省域国家级孵化器效率的空间关联性

随着科技企业孵化器的发展,在我国各省域逐步形成了在一定区域内具有层级结构、网络化组织和相互联系的孵化器集群。各省域内部的孵化器增长已不是孵化器各自孤立的发展,而是在孵化器之间相互作用影响下的协同发展。孵化器空间结构影响着孵化器的形态和内部格局。面临我国经济发展的"新常态",在孵化器作用越显重要的背景下,分析各省域孵化器差异的空间结构及其成因,从孵化器的整体视角研究孵化器空间关联的规律和机制对于加快全国范围内的孵化器发展、保持孵化器集群竞争力是十分有益的。

近年来,以认识与地理位置相关的数据间空间关联性为核心的空间自相关技术已经在相当广泛的领域得到了应用,逐渐发展和完善的探索性空间数据分析(Exploratory Spatial Data Analysis,ESDA)方法即是空间自相关技术的核心内容之一。ESDA 通过描述数据的空间依赖性和空间异质性来挖掘事物的空间分布特征,具体通过空间权重矩阵的定义来解释区域之间的空间关系,进而从复杂的社会经济现象中抽取出其在空间上的联系与演化规律[1]。

本章首先通过 ArcGIS 建立项目空间数据库,同时对全国和长三角地区的地图进行数字化处理,得到地理信息系统分析地图。然后利用 GeoDa 软件的局部空间自相关功能,运用 ESDA 测度方法,创建 ROOK 邻近权重文件并得到 Moran's I 指数,生成 LISA 聚集地图。通过 Moran's I 指数统计分析空间自相关性,通过地图中各区域的颜色判断全国各省(市、自治区)所属的区域类型:HH 区域(自身和临近省市的空间差异小,发展水平高)、HL 区域(自身的发展水平高于临近省市,空间差异较大)、LH 区域(临近省市的发展水平高于自身,空间差异较大)和 LL 区域(自身和临近省市的空间差异较小,发展水平较低),进而判断其空间自

---

[1] 蔡芳芳、濮励杰、张健:《基于 ESDA 的江苏省县域经济发展空间模式解析》,《经济地理》2012 年第 3 期,第 22—28 页。

相关类型,并得到某一区域与周围区域的相似程度、空间差异程度和空间关联性,揭示各地孵化器空间依赖的位置变化。

一 孵化器效率的全局空间差异

为研究 2009—2012 年我国孵化器效率的关联性和差异程度,本书首先对这类效率进行了全局自相关分析。全局空间关联分析(Global Moran's I)反映的是空间邻接或邻近的区域单元属性值的相似程度。这里用空间自相关指数(Moran's I)统计量作为衡量我国省域国家级孵化器效率全局空间自相关指标:

$$I = \frac{n\sum_i\sum_j w_{ij}(x_i - \bar{x})(x_j - \bar{x})}{S_0 \sum_i (x - \bar{x})^2}, i(j = 1,2,\cdots,n) \quad (5—12)$$

式(5—12)中 $S_0 = \sum_i \sum_j w_{ij}$,$w_{ij}$ 表示空间邻接矩阵中的元素,x_i 与 x_j 表示我国某省市区国家级科技企业孵化器效率值,$\bar{x}$ 表示我国省域国家级科技企业孵化器效率的平均值,n 表示研究的省域个数。在给定的显著性水平下,若 Moran's I 值接近 1,表明孵化器发展水平相似的地区在空间上显著集簇;若 Moran's I 值接近 -1,则表明该区域的孵化器发展水平在整体上呈现极化态势。

我国 29 个省市自治区 2009—2012 年国家级科技企业孵化器的综合效率、纯技术效率、规模效率和全要素生产率变动指数的 Moran's I 估计值及其显著性检验如表 5—2 所示。

表 5—2　　29 个省域国家级孵化器效率的 Moran's I 估计值

	综合效率	纯技术效率	规模效率	全要素生产率变动指数(TFP)
Moran's I 值	-0.246	-0.162	-0.09	-0.049
P 值	0.024	0.148	0.33	0.420

从表 5—2 可以看出,在 5% 的显著性水平下,我国省域国家级科技企业孵化器的综合效率存在空间自相关,而省域国家级科技企业孵化器的纯技术效率、规模效率和全要素生产率变动指数则不存在空间

自相关性。这表明我国各省域国家级科技企业孵化器综合效率在空间上呈现高高或低低的聚集现象，综合效率较大的省份，其周围省份综合效率也比较大；综合效率较小的省份，其相邻省份孵化器的综合效率也比较小。

二 省域国家级科技企业孵化器综合效率的关联格局

为进一步认识我国省域国家级孵化器综合效率的关联格局，对其进行 LISA 分析。Local Moran Index 即 LISA（Local Indicator of Spatial Association）是安索林在 1995 年提出[①]，用来检验局部地区数据是否存在空间关联性的方法。其计算公式如下：

$$I_i = \frac{(X_i - \bar{X})}{S_1^2} \sum_{i=1}^{n} [w_{ij}(X_i - \bar{X})] \qquad (5\text{—}13)$$

式（5—13）中，n 是研究的省域个数，w_{ij} 是空间邻接矩阵中的元素，X_i 为区域 i 国家级孵化器综合效率的观测值，$\bar{X}$ 是 i 个区域国家级孵化器综合效率观测值的平均值，$S_1^2 = \sum_{i=1}^{n}(X_i - \bar{X})^2/n$ 为方差。对 Local Moran's I 指数采取 95% 的置信水平进行筛选，并结合行政区划图，将我国各省域国家级科技企业孵化器投入产出综合效率局部差异的空间格局可视化，得到的空间模式结果可以分为四种情况：①高—高（High-High）：高观测值区域单元集簇成群；②高—低（High-Low）：高值区域单元被孤立在低观测值单元中；③低—高（Low-High）：低值区域单元被包围在相对高值的区域单元中；④低—低（Low-Low）：低值区域单元集簇成群。

对我国省域国家级科技企业孵化器综合效率进行局部空间关联分析，分析结果如图 5—2、图 5—3 所示。

从图 5—2、图 5—3 可以看出，我国省域国家级科技企业孵化器综合效率的空间关联模式包括：（1）High-High；（2）High-Low；（3）Low-High。具体而言，呈现出 High-High 型特征的省域为重庆市，重庆市的孵化器综合效率较高，当其效率增加时，可以拉动周边省市的综合效率提

[①] Anselin L., Local indicators of spatial association—LISA [J]. Geographical Analysis, 1995, 27 (2): 93–115.

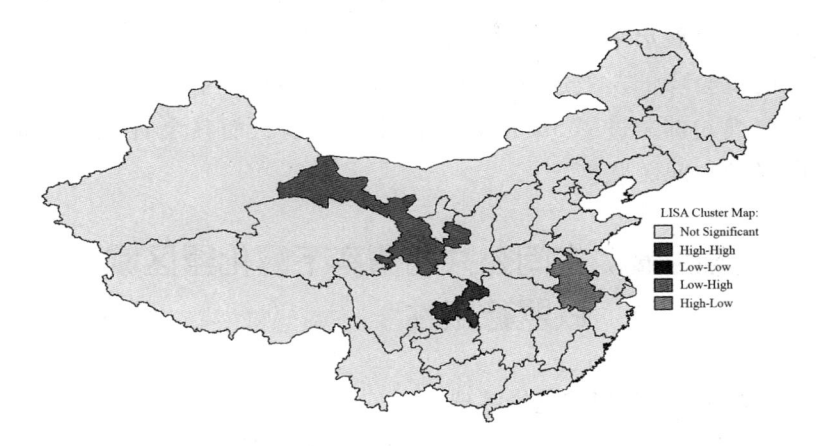

图 5—2　29 个省域国家级孵化器综合效率空间关联模式分类

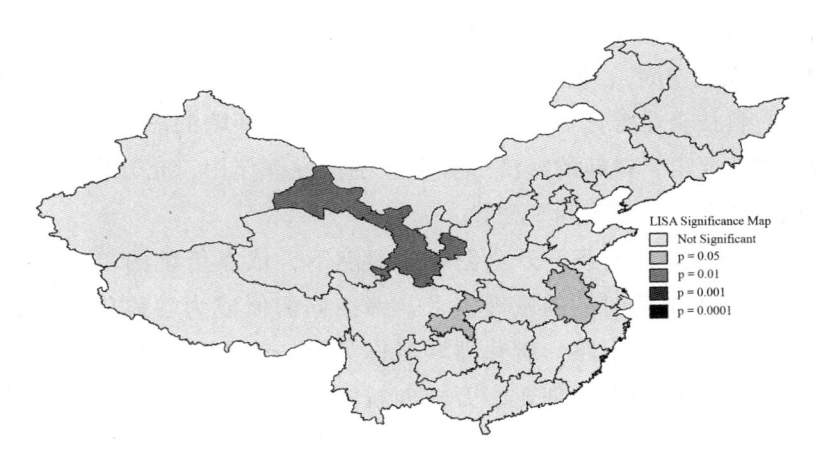

图 5—3　29 个省域国家级孵化器综合效率空间关联模式显著性检验

升，使得周边省市孵化器的综合效率也较高，二者的变化方向相同，相互促进；由于安徽省呈现出 High-Low 的类型，因此当安徽省国家级孵化器综合效率提高时，周围省市孵化器的效率降低，二者之间呈负向变动，这种状态有碍于孵化器的发展，此时孵化器可以通过相互合作，加强信息的交流、知识的共享来达到共同发展；呈现出 Low-High 型特征的省域是宁夏回族自治区，周边地区的孵化器综合效率高于自身，二者之间的空间差异较大，并且呈负向变动，当周边地区的孵化器快速发展时，反而会使自身的效率降低，可能是由于宁夏回族自治区经济发展水平较低，周围地区孵化器的发展使得该区孵化器进行孵化的机会降低。上述各个省市区国家级科技企业孵化器综合效率空间关联模式都通过了5%的显著性水平检验，而其余省市区并未呈现出明显的空间关联性。

第四节　空间公共品博弈下孵化器区域联盟稳定性

一　孵化器空间博弈理论基础

经济新常态的宏观背景下，创新创业已成为促进我国经济发展的强劲动力，对于我国在调整产业结构、继续深化改革的过程中继续保持经济活力具有重要的战略意义。2015年全国两会政府工作报告指出，要大力发展"众创空间"，发挥自主创新示范区、高新区集聚创新要素的领头羊作用。科技企业孵化器作为培育创新创业生态环境的摇篮，集聚了各种创新创业要素，在新的经济形势下应主动发挥作用，充分利用优势资源，积极推动"众创空间"建设。

孵化器在大众创业、万众创新的浪潮下，依靠传统的单打独斗显然已经满足不了新时期的发展需求，缔结同盟便成为各孵化器优势互补、合作共赢的新出路。孵化器联盟作为进一步集聚创新创业要素的重要途径，是推动大众创业、万众创新的有力举措，为大力发展"众创空间"提供了有效载体。联盟有助于各孵化器成员之间的交流合作与创新发展，实现优势互补和科技资源整合，提供公共服务方案和资源共享平台，增强地区孵化器的整体品牌影响力。近年来，孵化器联盟在全国多个地区相继涌现，如北京经济技术开发区孵化器创新联盟、天津滨海新区科技企业孵化器发展战略联盟、深圳高新区孵化器联盟等。最近，作为新型孵化器资源共享、交流合作的平台，全国首个区域性"众创空间"联盟于2015年3月在上海正式揭牌成立。由此可见，孵化器联盟对进一步提高地区的资源利用率和改善创业环境具有重要作用。

关于孵化器联盟的研究，国内外文献主要从定性的视角阐述了孵化器联盟对创新创业的重要意义。张涵等认为孵化器作为科技创业联盟的重要桥梁，应承担起加强联盟伙伴间关系建设的任务。郭俊峰等[①]认为有效的产业协同和稳定的孵化联盟是实现成本最小化的必要条件，有助于孵化器实现规模效应。薛二勇等[②]表明瑞典的联盟驱动模式是欧洲国家科技园（孵化器）发展的典型战略模式之一。从我国多个地区孵化器联盟的现状看，孵化器联盟的形成往往受到地理因素限制，通常以区域性联盟的形式存在。地理邻近性是促进创业企业相互交流和构建网络的重要因素[③]，有利于创业企业之间达成合作[④]，进而成为孵化器形成区域性联盟的重要因素。Qian 等[⑤]从多个角度分析了美国孵化器的地域分布特点，发现孵化器的分布呈现区域性差异。由此可见孵化器存在地域聚集特性，具备形成区域性联盟的基础。孵化器通过区域性联盟实现资源共享和优势互补，联盟的稳定性成为影响联盟能否长期维持的关键因素。从一般企业联盟的实践看，联盟成员间的合作与竞争共存，机会主义行为作为竞争的一种具体表现降低了联盟绩效[⑥]。Heidl 等[⑦]认为复杂性和潜在的搭便车行为导致联盟存在不稳定性，而引入第三方能够减少联盟成员的机会主义行为。徐岩等[⑧]从随机演化博弈角度研究了联盟的稳定性，指出机会主义行为对联盟的稳定性造成不利影响。对于孵化器区域性联盟而言，

---

① 郭俊峰、霍国庆、袁永娜：《基于价值链的科技企业孵化器的盈利模式分析》，《科研管理》2013 年第 2 期，第 69—76 页。

② 薛二勇、苏竣、何晋秋：《创新型国家科技园发展的战略模式——欧洲国家科技园发展的典型模式研究》，《科学学研究》2010 年第 1 期，第 67—76 页。

③ Cooper C. E., Hamel S. A., Connaughton S. L., Motivations and obstacles to networking in a university business incubator [J]. The Journal of Technology Transfer, 2012, 37 (4): 433 –453.

④ Bøllingtoft A., The bottom-up business incubator: leverage to networking and cooperation practices in a self-generated, entrepreneurial-enabled environment [J]. Technovation, 2012, 32 (5): 304 –315.

⑤ Qian H., Haynes K. E., Riggle J. D., Incubation push or business pull? Investigating the geography of US business incubators [J]. Economic Development Quarterly, 2011, 25 (1): 79 –90.

⑥ 徐二明、徐凯：《资源互补对机会主义和战略联盟绩效的影响研究》，《管理世界》2012 年第 1 期，第 93—100 页。

⑦ Heidl R. A., Steensma H. K., Phelps C., Divisive faultlines and the unplanned dissolutions of multipartner alliances [J]. Organization Science, 2014, 25 (5): 1351 –1371.

⑧ 徐岩、胡斌、钱任：《基于随机演化博弈的战略联盟稳定性分析和仿真》，《系统工程理论与实践》2011 年第 5 期，第 920—926 页。

联盟成员在资源共享的过程中同样无法避免机会主义行为的出现,联盟的稳定性因此也会受到影响。

孵化器在联盟中的合作有多种形式,其中实现资源共享是孵化器加入联盟的重要动机。孵化器在联盟中共享的资源可视为一种公共品,又因为孵化器区域性联盟的地理邻近特性,利用空间公共品博弈理论[1]研究孵化器区域性联盟具有较好的适用性。既然联盟的稳定性是保障联盟成员之间长期合作的必要条件,采取何种措施提高孵化器区域性联盟的稳定性便成为重要的研究课题。相关学者研究表明,惩罚机制在促进联盟合作的自组织演化过程中发挥着重要作用[2],不同的惩罚策略对联盟的稳定性产生不同的影响[3]。韦倩[4]认为惩罚机制对于维持群体合作秩序具有重要作用,能够在一定程度上避免机会主义行为。叶航[5]表明足够大的公共品回报促使惩罚行为保持稳定的演化趋势。Szolnoki 等[6]研究了空间公共品博弈中条件惩罚的演化优势。Schoenmakers 等[7]分析了公共授权机构下合作惩罚的演化进程。Zhong 等[8]表明惩罚成本的差异对空间演化博弈产生不同的影响。惩罚机制的引入能否提高孵化器区域性联盟的稳定性是本章要解决的关键问题。

综上所述,相关文献对孵化器联盟的重要性和形成条件做出了定性探讨,但缺乏对孵化器区域性联盟建模和搭便车等因素如何影响联

---

[1] 冯瑞雪、张宏斌、王宏等:《引入时间收益的空间公共品博弈在反省机制下的仿真分析》,《系统工程》2014 年第 2 期,第 117—122 页。

[2] 丁绒、孙延明、叶广宇:《增强惩罚的企业联盟合作规范机制:自组织演化视角》,《管理科学》2014 年第 1 期,第 11—20 页。

[3] 黄璜:《合作的逻辑:基于强欺骗策略的演化分析》,《管理科学学报》2013 年第 9 期,第 1—8 页。

[4] 韦倩:《增强惩罚能力的若干社会机制与群体合作秩序的维持》,《经济研究》2009 年第 10 期,第 133—143 页。

[5] 叶航:《公共合作中的社会困境与社会正义——基于计算机仿真的经济学跨学科研究》,《经济研究》2012 年第 8 期,第 132—145 页。

[6] Szolnoki A., Perc M., Effectiveness of conditional punishment for the evolution of public cooperation [J]. Journal of Theoretical Biology, 2013, 325: 34 – 41.

[7] Schoenmakers S., Hilbe C., Blasius B., et al. Sanctions as honest signals-The evolution of pool punishment by public sanctioning institutions [J]. Journal of Theoretical Biology, 2014, 356: 36 – 46.

[8] Zhong W. W., Zhao J. X., Lian Z. Z., Punishment mechanism with self-adjusting rules in spatial voluntary public goods games [J]. Communications in Theoretical Physics, 2014, 62 (5): 649 – 654.

盟稳定性的定量分析。本章基于孵化器的空间邻近特性，借鉴空间公共品演化博弈理论，构建孵化器区域性联盟数理模型，利用仿真方法分析公共品回报乘数、合作孵化乘数、联合惩罚对联盟稳定性产生的影响。

二 理论模型与假设

孵化器区域性联盟主要由地区内各类孵化器组成，还包括一些与科技创业密切相关的创投机构、科研机构、中介服务机构等多元化主体。经调查可知，孵化器区域性联盟的业务指导单位一般为当地的科技主管部门，通过设立联盟大会管理日常活动，旨在建立资源共享机制并完善孵化体系，推动合作孵化，提高区域的科技创新能力与品牌影响力。各类成员拥有入会自愿、退会自由的权利，一旦成为会员便拥有获得联盟提供的各项共享资源的权利，同时也要承担提供相关资源的义务。综上所述，可以得出孵化器联盟中的两个主要活动——资源共享与合作孵化，联盟框架图如图5—4所示。资源共享主要包括公共技术平台、仪器设备、创业导师、信息资源等方面的共享，共享的资源具有典型的公共品属性，合作孵化主要有资金、人员、技术、经验等方面的合作投入。依据上述分析，本章提出如下假设：

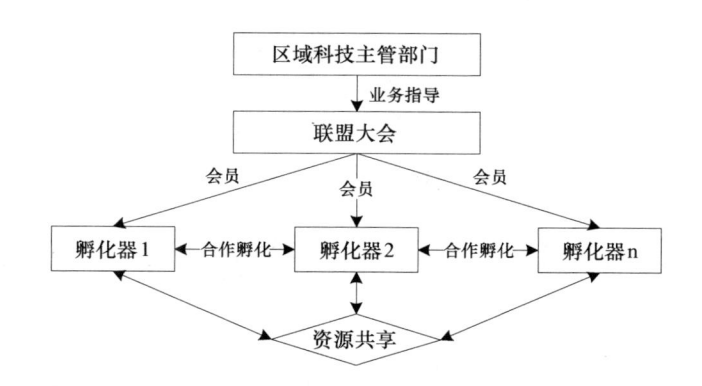

图5—4 孵化器区域性联盟框架图

H1：孵化器区域性联盟包含多种服务性机构，但孵化器仍然是联盟的主要组成部分，本章将联盟成员限定为各类孵化器。

H2：孵化器联盟的形成受到地理因素的限制，地理位置上较为邻近的孵化器更容易形成区域性联盟。

H3：联盟成员间资源共享为公共品博弈，合作孵化采用"成本分担、收益共享"的合作模式。

H4：系统内资源共享策略与合作孵化策略的比例越高，孵化器区域性联盟的稳定性越强。

（一）模型构建

假设系统内所有孵化器分布在一个 $L \times L$ 的二维空间网格上并满足周期性边界条件，孵化器由于地理因素限制只能局部相互作用，任意孵化器与其邻近的 $N-1$ 个孵化器组成区域性联盟。

（1）无惩罚下的博弈模型

孵化器之间资源共享属于公共品博弈，每个采取资源共享策略的孵化器向联盟投入固定的资源，不失一般性可设为 1，在所有联盟成员之间共享。假设项目孵化的总成本为 I，孵化器独立孵化取得的收入为 R。孵化器采用"成本分担、收益共享"的方式，与联盟内有合作意愿的孵化器合作孵化项目，则合作收入和孵化成本在它们之间平均分配。企业通过分工协作形式的协同效应能成倍增加产出[①]，合作孵化由于协同效应也能提高总的收入水平。综上所述，孵化器 x 在博弈过程中可采取四种策略，即"资源共享 + 合作孵化""资源共享 + 独立孵化""搭便车 + 合作孵化""搭便车 + 独立孵化"，取得的收益分别为：

$$P_{CC} = k_1 \frac{N_{CC} + N_{CD}}{N} - 1 + \frac{k_2 R - I}{N_{CC} + N_{DC}} \quad (5\text{—}14)$$

$$P_{CD} = k_1 \frac{N_{CC} + N_{CD}}{N} - 1 + R - I \quad (5\text{—}15)$$

$$P_{DC} = k_1 \frac{N_{CC} + N_{CD}}{N} + \frac{k_2 R - I}{N_{CC} + N_{DC}} \quad (5\text{—}16)$$

$$P_{DD} = k_1 \frac{N_{CC} + N_{CD}}{N} + R - I \quad (5\text{—}17)$$

其中，k_1 为公共品回报乘数，表示资源共享的协同效应，k_2 为合作孵

---

① 魏光兴、余乐安、汪寿阳等：《基于协同效应的团队合作激励因素研究》，《系统工程理论与实践》2007 年第 1 期，第 1—9 页。

化乘数，表示合作孵化的协同效应。根据相关学者对公共品博弈的研究[1]，通常取值 $1 < k_1 < N$，而根据一般企业合作的协同参数取值[2]，令合作孵化乘数 $1 < k_2 < 2$。N_{CC} 为采取"资源共享 + 合作孵化"策略的孵化器数量，N_{CD}、N_{DC}、N_{DD} 分别为采取其他三种策略的孵化器数量，$N_{CC} + N_{CD} + N_{DC} + N_{DD} = N$。若孵化器 x 选择合作孵化，则满足条件（5—18）式时，才能保证合作孵化取得的收益高于独立孵化取得的收益：

$$\frac{k_2 R - I}{N_{CC} + N_{DC}} > R - I \qquad (5—18)$$

化简（5—18）式，得到 $k_2 > \delta(N_{CC} + N_{DC} - 1) + 1$。其中 $\delta = (R - I)/R$，为孵化器独立孵化获得的利润率。通过上述分析得知，合作孵化乘数需要达到某个临界值，才能保证合作孵化取得的收益大于独立孵化取得的收益，该临界值与独立孵化的利润率和联盟内合作孵化的孵化器个数有关。

（2）联合惩罚下的博弈模型

就资源共享而言，孵化器不一定提供有价值的信息和经验，但同样能获得联盟内其他孵化器共享的资源，此时便产生搭便车行为，有必要引入相应的惩罚机制。就合作孵化而言，孵化器有自由选择的权利，只能鼓励而不能惩罚。实践中，联盟大会可作为惩罚主体，假设资源共享者联合起来对每个搭便车者的惩罚为 $\beta/(N-1)$，同时惩罚行为产生一定的成本，每个资源共享者付出的惩罚成本为 $\gamma/(N-1)$，$N-1$ 为群体规模的尺度[3]。例如，某个搭便车者的周围全是资源共享者时，它承受最高的惩罚 β；某个资源共享者的周围全是搭便车者时，它承担最高的惩罚成本 γ。联合惩罚机制下，采取四种博弈策略所取得的收益分别为：

$$P_{CC} = k_1 \frac{N_{CC} + N_{CD}}{N} - 1 - \gamma \frac{N_{DC} + N_{DD}}{N - 1} + \frac{k_2 R - I}{N_{CC} + N_{DC}} \qquad (5—19)$$

---

[1] Li K., Cong R., Wu T., et al. Social exclusion in finite populations [J]. Physical Review E, 2015, 91 (4): 042810.

[2] 蒋国银、胡斌、王缓缓：《基于 Agent 和进化博弈的服务商动态联盟协同管理策略研究》，《中国管理科学》2009 年第 2 期，第 86—92 页。

[3] Helbing D., Szolnoki A., Perc M., et al. Evolutionary establishment of moral and double moral standards through spatial interactions [J]. PLOS Computational Biology, 2010, 6 (4): e1000758.

$$P_{CD} = k_1 \frac{N_{CC} + N_{CD}}{N} - 1 - \gamma \frac{N_{DC} + N_{DD}}{N-1} + R - I \quad (5-20)$$

$$P_{DC} = k_1 \frac{N_{CC} + N_{CD}}{N} - \beta \frac{N_{CC} + N_{CD}}{N-1} + \frac{k_2 R - I}{N_{CC} + N_{DC}} \quad (5-21)$$

$$P_{DD} = k_1 \frac{N_{CC} + N_{CD}}{N} - \beta \frac{N_{CC} + N_{CD}}{N-1} + R - I \quad (5-22)$$

(二) 策略更新

本书利用 Monte Carlo Step (MCS) 进行模拟,每一个完整的 MCS 中所有孵化器平均有一次与邻居博弈的机会。空间演化博弈中存在两种经典的策略更新机制:同步更新[1]和异步更新[2]。本章选择异步更新机制,每次 Monte Carlo 模拟由以下三个基本步骤组成。第一,随机选择一个孵化器 x,与所有邻居进行一次公共品博弈,同时依次与 $N-1$ 个邻居进行合作孵化博弈。第二,随机选择孵化器 x 的一个邻居 y,y 与其 $N-1$ 个邻居同样按照上述方式进行一次博弈。第三,孵化器 x 以一定的概率将它的策略传递给孵化器 y[3],概率如下所示:

$$pr_{x \to y} = \frac{1}{1 + \exp[(p_y - p_x)/\lambda]} \quad (5-23)$$

其中,参数 λ 为噪声,表示孵化器在博弈过程中的理性程度,$\lambda = 0$ 代表完全理性,$\lambda = +\infty$ 代表完全随机。通常情况下,取 $\lambda = 0.1$[4]。p_x 和 p_y 分别为孵化器 x 与孵化器 y 在与邻居博弈过程中取得的总收益。

三 仿真实验

本章取 $L = 100$,则孵化器在一个 100×100 的二维规则格子上进行空间演化博弈。假设联盟内共有 9 位成员(即 $N = 9$),本书邻居类型设置

---

[1] Wu Z. X., Rong Z., Boosting cooperation by involving extortion in spatial prisoner's dilemma games [J]. Physical Review E, 2014, 90 (6): 062102.

[2] Cui P., Wu Z. X., Selfish punishment with avoiding mechanism can alleviate both first-order and second-order social dilemma [J]. Journal of Theoretical Biology, 2014, 361: 111-123.

[3] Huang S., Luo D., Impact of separation of interaction and replacement neighborhoods on spatial reciprocity [J]. Applied Mathematics and Computation, 2015, 253: 318-323.

[4] Xu B., Li M., Deng R., The evolution of cooperation in spatial prisoner's dilemma games with heterogeneous relationships [J]. Physica A: Statistical Mechanics and its Applications, 2015, 424: 168-175.

为 Moore 型，则每个孵化器与其相邻的 8 个孵化器进行博弈。初始状态下，四个策略在所有孵化器中以相等的概率随机分配。系统至少经过 2000 个 MCS 模拟，以确保出现稳定策略。

（一）无惩罚下的仿真结果

上述模型假设 $1 < k_1 < N$，$1 < k_2 < 2$，下面首先考察独立孵化的利润率对系统稳定策略及其比例的影响。仿真中令 $k_1 = 4$，$k_2 = 1.4$，独立孵化收入 $R = 10$，孵化总成本 $6 \leqslant I \leqslant 10$，即独立孵化的利润率 δ 在 0 到 0.4 之间变动，得到的稳定策略及其比例如图 5—5 所示。由图 5—5 可知，当 $\delta < 0.06$ 时，系统的稳定策略为 DC；当 $0.06 < \delta < 0.36$ 时，系统的稳定策略为 DC、DD，并且随着 δ 不断增大，DD 稳定策略的比例逐渐提高；当 $\delta > 0.36$ 时，系统的稳定策略为 DD。仿真结果表明，利润率只有在某个区间内变动时，才能改变系统稳定策略的比例，区间的位置和长度与 k_1、k_2 取值有关。

由此可知，孵化器独立孵化的利润率位于某个区间内时，独立孵化策略的比例随着利润率的提高而增加；位于区间外时，利润率的变化不改变系统稳定状态。

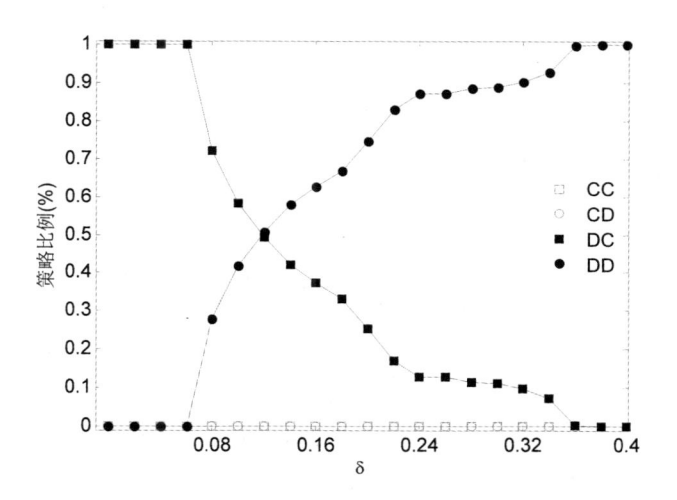

图 5—5　稳定策略比例随利润率 δ 变化情况

根据我国某家知名国家级科技企业孵化器 2014 年 6 月的财务数据，

其营业收入中孵化服务收入基本来源于独立孵化，毛利率接近40%，而目前我国大多数孵化器尚难以达到该水平。仿真中取 $R=10$，$I=7$，即孵化器独立孵化的利润率 $\delta=0.3$。公共品回报乘数与合作孵化乘数对孵化器区域性联盟演化稳定策略的影响如图5—6所示，图中所绘的分界线为相变线，将系统的稳定状态划分成（a）、（b）、（c）、（d）、（e）五个区域。L_1 为 k_1 的临界值曲线，当 k_1 超出临界值曲线 L_1 时，才会出现资源共享稳定策略；L_2 为 k_2 的临界值曲线，当 k_2 超出临界值曲线 L_2 时，才会出现合作孵化稳定策略。由图5—6可知，区域（a）中 k_1、k_2 均小于各自临界值，系统稳定策略为 DD；区域（b）中 k_1 小于临界值，k_2 大于临界值，系统稳定策略为 DC 和 DD；区域（c）中 k_1 大于临界值，k_2 小于临界值，系统稳定策略为 CD 和 DD；区域（d）（e）中，k_1，k_2 均大于各自临界值，系统稳定策略分别为 CD、DC、DD 和 CC、CD、DC、DD。

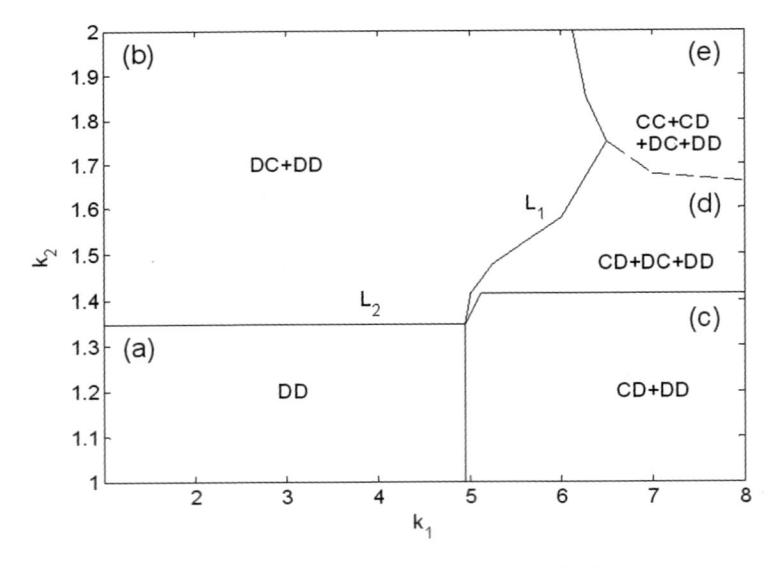

图5—6　系统稳定状态下 k_1-k_2 相变图

为进一步观察各策略的演化动态和图5—6的相变过程，取图5—6中一些有代表性的横截面研究稳定策略随 k_1 和 k_2 的变化过程。k_2 分别为1.2、1.4、1.6、1.8时，稳定状态下各个策略的比例随 k_1 的变化情况如图5—6所示。为消除随机性影响，取每次仿真周期最后20个 MCS 各策略的平均值作为该策略的比例（下同）。首先，考察 k_1 对系统稳定策略的影响。结合图 5—6 和图 5—7 可知，k_1 位于图 5—6 区域（a）、（b）时，k_1 取值的变化不改变系统的稳定策略及其比例，k_1 位于图 5—6 区域（c）、（d）、（e）时，k_1 值的不断增大使 CC + CD 策略的比例逐渐提高。其次，考察 k_2 对系统稳定策略的影响。根据图 5—5 和图 5—6 可知，k_2 位于图 5—6 区域（a）、（c）时，k_2 值的变化不改变系统的稳定策略及其比例，k_2 位于图 5—6 区域（b）、（d）、（e）时，k_2 值的不断增大使 CC + DC 策略的比例逐渐提高。

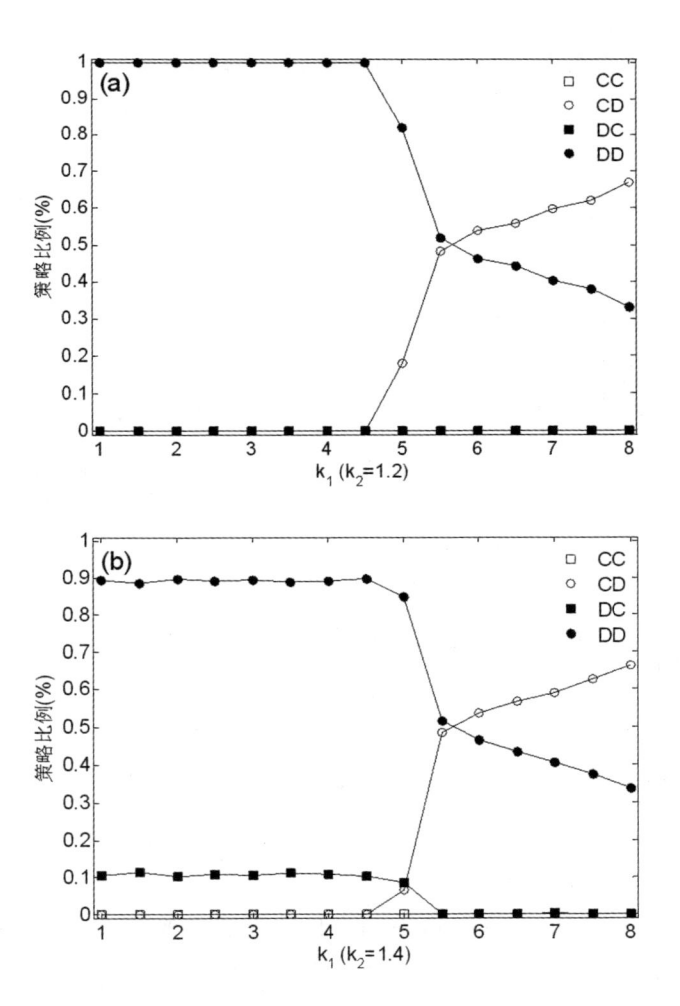

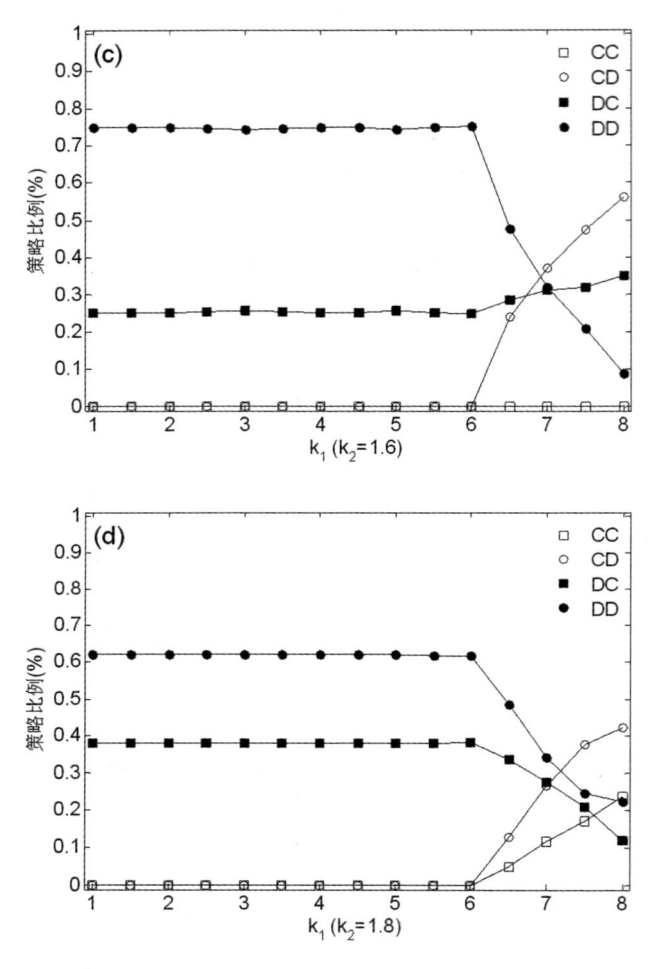

图 5—7　不同 k_2 取值时稳定策略随 k_1 变化情况

根据上述分析可知，孵化器的公共品回报乘数、合作孵化乘数小于各自临界值时，取值变化不改变系统稳定状态；超出各自临界值后，取值的增加分别提高了系统中资源共享与合作孵化稳定策略的比例，从而提高联盟的稳定性。

从图 5—6 可知，k_1、k_2 取值的变化使系统出现 5 种稳定状态，区域（a）中只有一种稳定策略，而其他四个区域均为混合稳定策略。为进一步观察稳定状态时各个策略的空间分布特征，本章给出了图 5—6（b）、 （c）、（d）、（e）四个区域内各个稳定策略的空间分布图，仿真中取值分别为 $k_1=4$，$k_2=1.7$；$k_1=6$，$k_2=1.3$；$k_1=7$，$k_2=1.5$；$k_1=7$，$k_2=1.8$。根据实验结果，当 MCS=2000 时系统均能达到稳定状态，四个区域分别对应得到图 5—8—（1）、5—8—（2）、5—8—（3）、5—8—（4），图中黑色代表 CC 策略，深灰色代表 CD 策略，浅灰色代表 DC 策略，白色代表 DD 策略。从图 5—8—（1）可知，当 k_1、k_2 位于图 5—6 区域（b）时，稳定状态下 DC 策略在系统内形成丝状分布，以抵制 DD 策略的入侵。从图 5—8—（2）可知，当 k_1、k_2 位于图 5—6 区域（c）时，稳定状态下 CD 策略在系统内形成簇状分布，以抵制 DD 策略的入侵。从图 5—8—（3）可知，当 k_1、k_2 位于图 5—6 区域（d）时，稳定状态下 CD 策略形成簇状分布，DC 策略形成丝状分布并主要围绕在 CD 策略的边缘。从图 5—8—（4）可知，当 k_1、k_2 位于图 5—6 区域（e）时，稳定状态下 CC、CD 策略（资源共享策略）形成簇状分布，而 CC、DC 策略（合作孵化策略）形成丝状分布。综上所述，系统中资源共享策略 CC、CD 形成簇状分布，共同抵制搭便车策略的入侵，而合作孵化策略 CC、DC 聚集成丝状，以抵制独立孵化策略的入侵。

根据上述分析可知，演化稳定状态下，资源共享的孵化器具有明显的簇状空间分布特性，共同抵制搭便车行为的入侵，而合作孵化的孵化器具有明显的丝状空间分布特性，以抵制独立孵化策略的入侵。

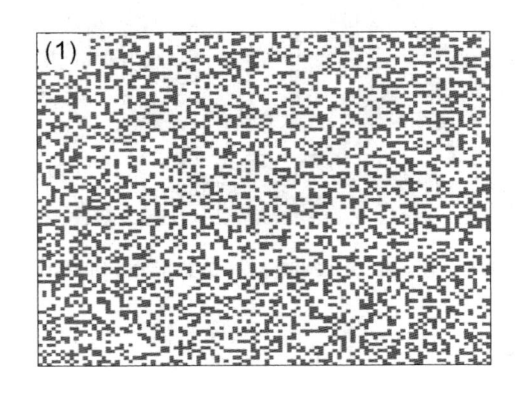

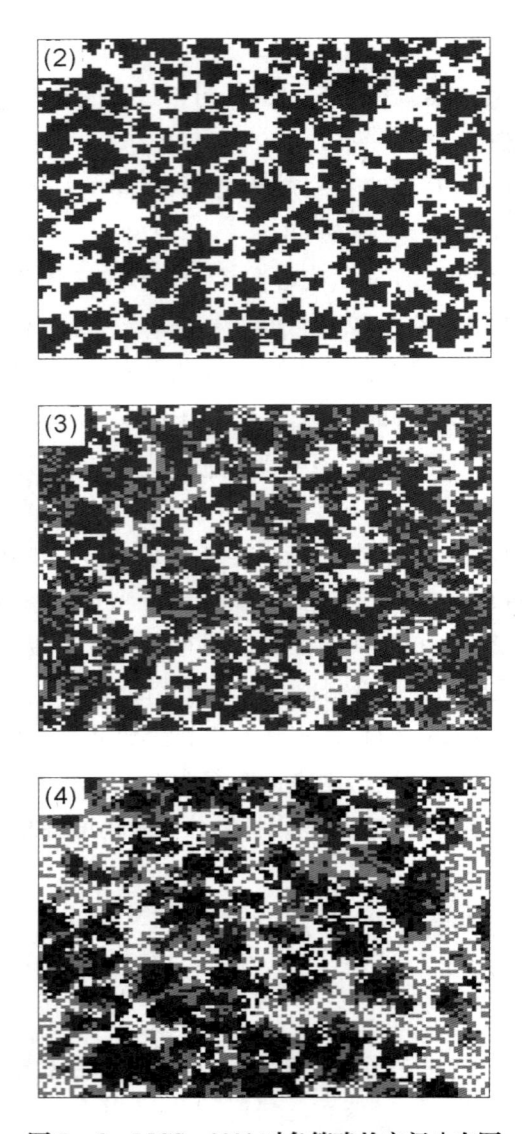

图 5—8　MCS = 2000 时各策略的空间分布图

(二) 联合惩罚下的仿真结果

根据图 5—6 区域（d）、（e）可知，k_1、k_2 都大于各自临界值时，孵化器区域性联盟在无惩罚机制的情况下，仍然能演化出资源共享与合作孵化的稳定策略。然而现实条件下，孵化器的公共品回报乘数与合作孵化乘数往往难以同时达到较高水平，有必要引入惩罚机制维持联盟的稳定性。因此，本书主要考察图5—6区域（a）、（b）、（c）三种情况下联合惩罚对联盟稳定性的影响。

（1）公共品回报乘数k_1与合作孵化乘数k_2均小于各自临界值（情形1）

由图5—6区域（a）可知，当k_1和k_2均小于各自临界值时，系统的稳定策略为DD。仿真中以$k_1 = 4$，$k_2 = 1.3$为例，得到$\beta - \gamma$相变图如图5—9所示。曲线$\gamma = f(\beta)$不仅是相变线，同时也是惩罚临界函数，只有当$\gamma < f(\beta)$，即$\gamma/\beta < f(\beta)/\beta$，系统才能演化出CD稳定策略。其中，$\gamma/\beta$为惩罚价格，表示资源共享的孵化器实施每单位惩罚需要付出的惩罚成本，只有当惩罚价格γ/β小于阈值$f(\beta)/\beta$时，联合惩罚机制才能发挥作用。图5—10给出了$\gamma = 0.1$与$\gamma = 0.5$两种情况下，系统稳定策略及其比例的变化过程。结合图5—9和图5—10可知，只有当$\gamma/\beta < f(\beta)/\beta$时，系统才能演化出CD稳定策略，并且随着$\beta$的不断增大，CD稳定策略的比例基本呈线性增加趋势，直至完全取代DD稳定策略。

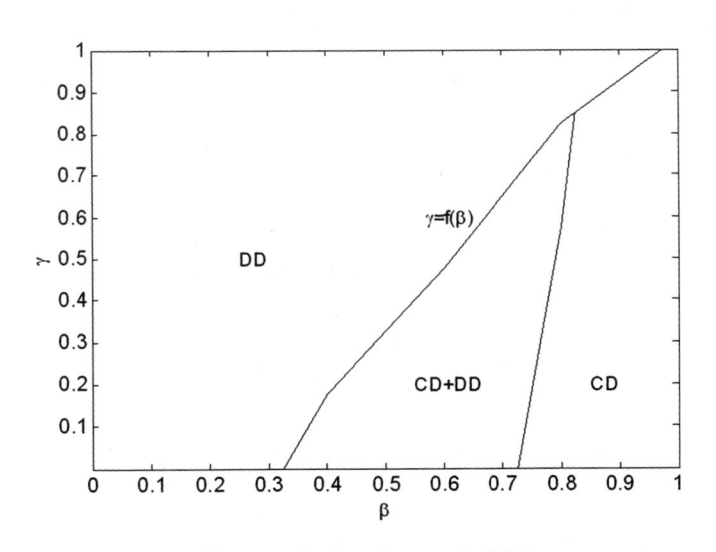

图5—9 情形1时$\beta - \gamma$相变图

情形1时的仿真结果表明，孵化器公共品回报乘数、合作孵化乘数均小于各自临界值的情形下，惩罚价格γ/β小于$f(\beta)/\beta$时，才能使系统演化出资源共享的稳定策略，从而提高联盟的稳定性。

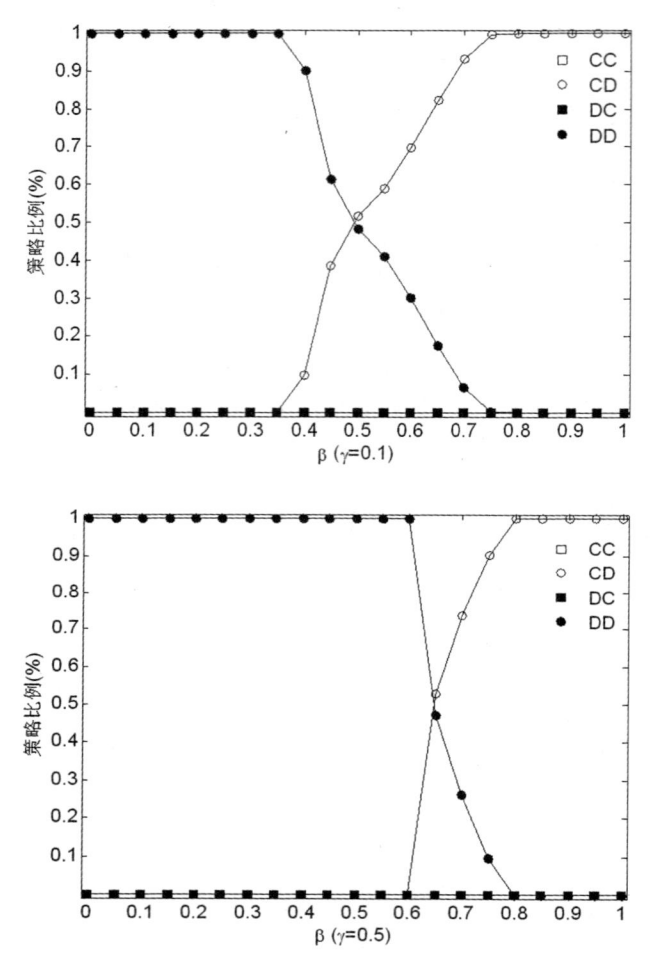

图 5—10 情形 1 时稳定策略及其比例变化

（2）公共品回报乘数 k_1 大于临界值，合作孵化乘数 k_2 小于临界值（情形 2）

由图 5—6 区域（c）可知，当 k_1 大于临界值，k_2 小于临界值时，系统的稳定策略为 CD 和 DD。仿真中以 $k_1 = 6$，$k_2 = 1.3$ 为例，得到 $\beta - \gamma$ 相变图如图 5—11 所示。图 5—11 中 $\gamma = f(\beta)$ 为惩罚临界函数，函数上 γ、β 的取值使 CD、DD 稳定策略的比例与未加入惩罚机制时相同。同理，只有当 $\gamma/\beta < f(\beta)/\beta$ 时，联合惩罚才能发挥作用，提高 CD 稳定策略的比

例；当 $\gamma/\beta > f(\beta)/\beta$ 时，联合惩罚反而会抑制 CD 稳定策略的出现，甚至使系统全部演化为 DD 稳定策略。图 5—12 给出了 $\gamma = 0.1$ 与 $\gamma = 0.9$ 两种情况下，系统稳定策略及其比例的变化过程。结合图 5—11、图 5—12 可以看出，随着 β 的不断增大，CD 稳定策略的比例逐渐提高，并且取值越接近相变线，系统稳定策略的转化速度越快。

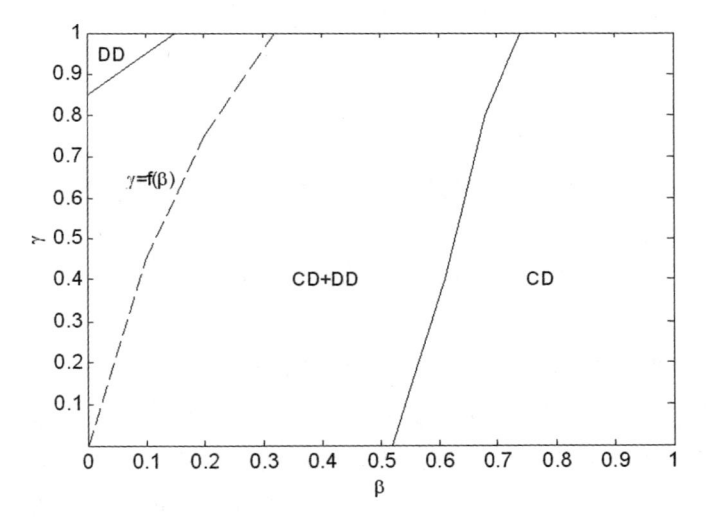

图 5—11　情形 2 时 $\beta - \gamma$ 相变图

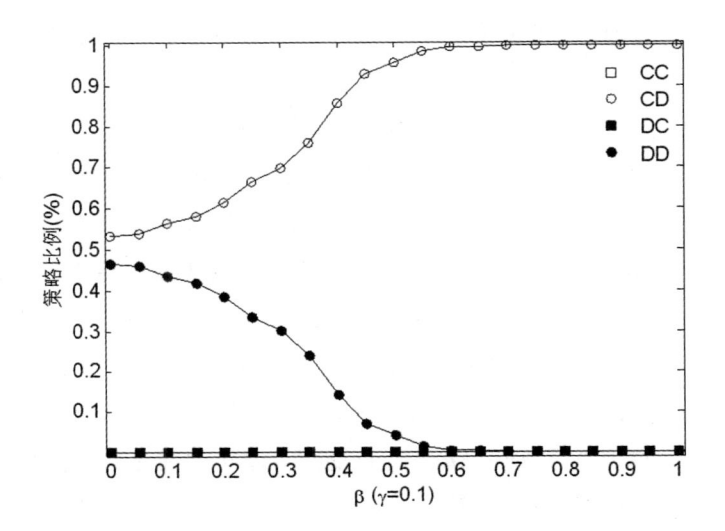

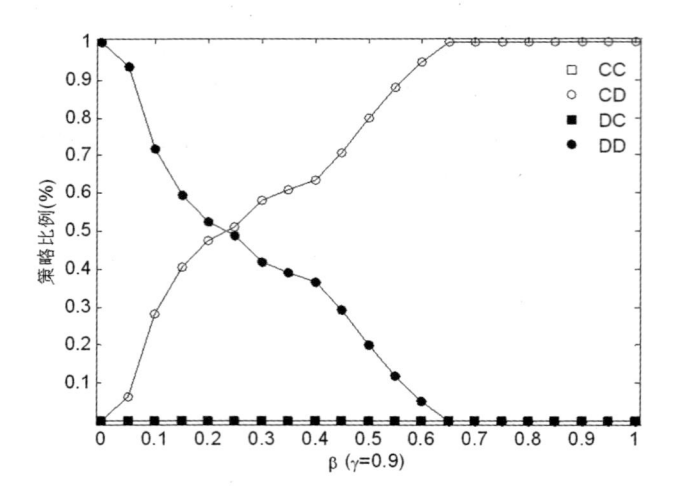

图 5—12 情形 2 时稳定策略及其比例变化

情形 2 时的仿真结果表明，孵化器的公共品回报乘数大于临界值、合作孵化乘数小于临界值的情形下，惩罚价格 γ/β 小于 $f(\beta)/\beta$ 时，才能提高资源共享稳定策略的比例，从而提高联盟的稳定性；惩罚价格 γ/β 大于 $f(\beta)/\beta$ 时，反而会减少资源共享稳定策略的比例，从而降低联盟的稳定性。

(3) 公共品回报乘数 k_1 小于临界值，合作孵化乘数 k_2 大于临界值（情形 3）

由图 5—6 区域（b）可知，当 k_1 小于临界值，k_2 大于临界值时，系统的稳定策略为 DC 和 DD。仿真中以 $k_1 = 4$，$k_2 = 1.7$ 为例，得到 $\beta - \gamma$ 相变图如图 5—13 所示。图 5—13 中曲线 $\gamma = f(\beta)$ 既是相变线，也是惩罚临界函数，只有当 $\gamma/\beta < f(\beta)/\beta$ 时，惩罚机制才能发挥作用，使系统演化出 CC、CD 稳定策略。图 5—14 给出了 $\gamma = 0.1$ 与 $\gamma = 0.5$ 两种情况下，系统稳定策略及其比例的变化过程。根据图 5—13 和图 5—14 可知，当 $\gamma/\beta > f(\beta)/\beta$ 时，γ、β 取值的变化不改变系统稳定状态；当 $\gamma/\beta < f(\beta)/\beta$ 时，β 取值的增加使系统中 DD 稳定策略迅速演化为 CD 稳定策略，DC 稳定策略迅速演化为 CC 稳定策略。另外，此种情形下引入联合惩罚机制，并不会改变系统中合作孵化稳定策略的比例，对合作孵化策略无

影响。

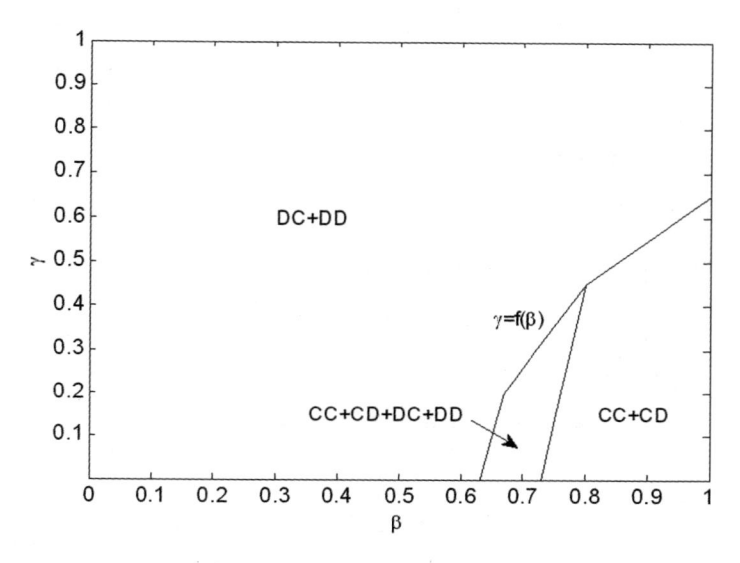

图 5—13　情形 3 时 β - γ 相变图

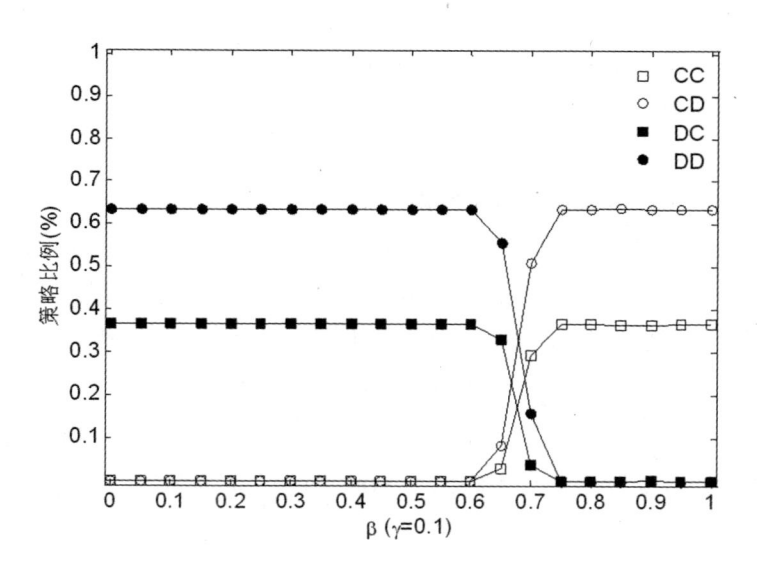

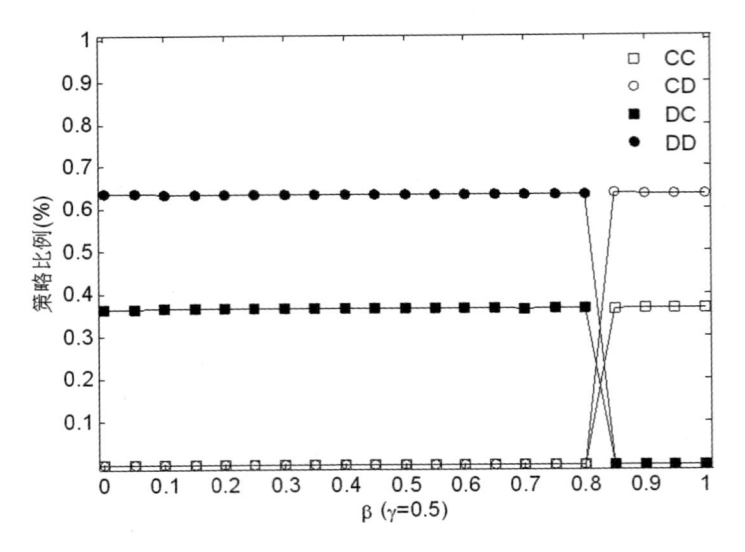

图 5—14　情形 3 时稳定策略及其比例变化

情形 3 时的仿真结果表明，孵化器的公共品回报乘数小于临界值、合作孵化乘数大于临界值的情形下，联合惩罚不影响合作孵化稳定策略，惩罚价格 γ/β 小于 $f(\beta)/\beta$ 时，才能使系统演化出资源共享的稳定策略，从而提高联盟的稳定性。

四　孵化器区域性联盟空间博弈结论

根据我国多个地区孵化器联盟的现状，本书总结出联盟内成员之间资源共享与合作孵化两个重要的相互作用机制，借助空间公共品博弈模型对孵化器区域性联盟进行建模，利用仿真方法研究了公共品回报乘数、合作孵化乘数对稳定策略的影响，并进一步分析了三种情形下联合惩罚对联盟稳定性产生的作用。研究结果表明：独立孵化的利润率位于某个区间内时，独立孵化稳定策略随着利润率的提高而增加，反映了联盟内孵化器之间合作与竞争并存；公共品回报乘数、合作孵化乘数只有超出各自临界值时，其值的增加才能分别提高资源共享、合作孵化稳定策略的比例，进而增强联盟的稳定性；资源共享的孵化器具有明显的簇状空间分布特性，共同抵制搭便车行为的入侵，合作孵化的孵化器具有明显的丝状空间分布特性，以抵制独立孵化策略的入侵；联合惩罚机制下，惩罚价格只有大于某一阈值时，才能增加联盟内资源共享的稳定策略，从而提高联盟的稳定性。

根据上述结论，联合惩罚机制在满足相应的条件下，有助于提高联盟的稳定性。相关学者研究表明，第三方介入不但能降低惩罚成本，还能增强惩罚能力，从而降低了惩罚价格。地区科技主管部门作为孵化器区域性联盟的业务指导单位，一般不干涉联盟的日常管理活动，若该部门或相关的政府机构作为第三方进一步对联盟实施监督和管理，有利于降低联盟成员中资源共享者监督和惩罚的成本，增加对搭便车者的惩罚能力，通过降低惩罚价格提高孵化器区域性联盟的稳定性。

第五节　本章小结

本章研究了我国国家级科技企业孵化器区域差异与集聚度，利用数据包络分析法对2009—2012年我国29个省域国家级科技企业孵化器效率进行了测算，对29个省域国家级孵化器综合效率、纯技术效率、规模效率和全要素生产率变动指数进行了全局自相关分析，运用LISA方法对省域国家级孵化器综合效率空间关联模式进行探讨。进一步基于孵化器的空间邻近特性，借鉴空间公共品演化博弈理论，构建孵化器区域性联盟数理模型，利用仿真方法分析公共品回报乘数、合作孵化乘数、联合惩罚对联盟稳定性产生的影响。研究表明，在我国省域国家级孵化器的综合效率、纯技术效率、规模效率和全要素生产率变动指数中，综合效率具有全局空间相关性；联合惩罚机制在满足相应的条件下，有助于提高联盟的稳定性。基于上述研究，本书提出如下建议：

（1）注重各地孵化器的均衡发展

我国孵化器数量存在较大的差异，并且不均衡有扩大趋势。因此需要注重科技企业孵化器的均衡化发展，通过局部地区重点投入的方法促使科技企业孵化器特别是国家级孵化器向均衡化发展，发挥国家级孵化器的带动和引领作用。而且，孵化器的均衡化发展可以促使各地孵化器之间形成良性竞争，提高孵化器的孵化服务质量。当孵化器质量提高，有助于提高入驻企业的毕业率，为入驻企业提供更专业、更高效的孵化服务。

(2) 重点优化局部科技企业孵化器规模

研究表明，有 9 个省市区国家级科技企业孵化器的纯技术效率为 1，但综合效率都小于 1，这是规模效率小于 1 的缘故。这些孵化器的技术人员与设备充分配合，技术水平得到充分发挥，技术能力得到充分体现，因此应重点关注规模效益。对于规模效率递增的地区，应扩大国家级孵化器数目，发挥其规模效益，而对于规模效率递减的地区，应使孵化器的数量控制在合理范围，使每个孵化器都最大限度地发挥自身能力。

(3) 提升孵化器技术效率

我国省域国家级孵化器的动态效率指标中，只有综合效率具有全局空间相关性，表明我国省域国家级孵化器对周边地区的技术引领作用不明显，应通过重点扶持、示范引导、优化布局、交流合作等方法发挥省域国家级孵化器的作用，有效发挥我国省域国家级孵化器的集聚和扩散作用，促进我国高新技术产业的均衡发展。

(4) 促进各地孵化器协同发展

从上文的分析可以看出，我国国家级孵化器的空间关联性不强，绝大多数孵化器独立发展，与周围省市并未建立合作发展方式，也未从整体上形成优势互补、互动发展的局面。目前可结合京津冀一体化发展和长江经济带建设的契机，一方面重点促进京津冀区域内科技企业孵化器的协同发展，鼓励京津冀孵化器之间形成战略联盟；另一方面重点建设长江经济带上的省域国家级孵化器效率较低的地区如湖北省国家级孵化器，促使长江经济带上的省域国家级孵化器形成"High-High"发展局面，并进一步带动周边地区国家级孵化器的发展，实现共赢的局面。

(5) 建立联合惩罚机制

地区科技主管部门作为孵化器区域性联盟的业务指导单位，一般不干涉联盟的日常管理活动，若该部门或相关的政府机构作为第三方进一步对联盟实施监督和管理，有利于降低联盟成员中资源共享者监督和惩罚的成本，增加对搭便车者的惩罚能力，通过降低惩罚价格提高孵化器区域性联盟的稳定性。

(6) 建立资源共享与合作孵化激励机制

根据研究结果，资源共享协同效应与合作孵化协同效应的提升是联盟成员积极参与资源共享与合作孵化的必然要求，同时也是孵化器联盟稳定运行的根本保障。从内部治理角度而言，区域科技主管部门应充分整合孵化器联盟内的闲置创新创业要素，建立起联盟成员资源共享的有效通道，促使共享的资源高效率、无障碍的流通，提升联盟成员之间资源共享的协同效应；加深对联盟成员的全方位了解，根据各联盟成员的资源禀赋差异，有针对性地促进联盟成员之间的合作孵化，以便充分发挥它们在信息、技术、资本、人才等多方面的优势，提升联盟成员之间合作孵化的协同效应。从外部激励角度，区域科技主管部门应针对资源共享与合作孵化行为制定相应的激励机制，具体可采取财政补贴、税收减免、绩效奖励等多种鼓励措施，增加联盟成员资源共享与合作孵化的协同收益，提高联盟内各参与方的经营绩效，促使资源共享与合作孵化成为联盟成员的最优决策，进而提高孵化器区域性联盟的稳定性。

(7) 发挥示范主体辐射带动作用

系统中追求共同利益的各类孵化器产生了不同规模、不同形状的集聚涌现现象，资源共享群体与合作孵化群体演化出不易被外界干扰和打破的壁垒防线，形成了具有一致价值观和利益导向的孵化器集群。区域科技主管部门应注重联盟成员之间的社会关系维护，增进联盟成员彼此之间的信任和了解，推动联盟成员建立深层次合作伙伴关系，促使联盟内成员之间构筑牢固的利益共同体，从而使他们自觉维护共同的长期稳定利益，实现互利共赢的良好局面。另外，应充分发挥资源共享主体与合作孵化主体的辐射带动和示范作用，促使联盟成员之间持续保持资源共享与合作孵化关系，扩大资源共享与合作孵化效果的影响力，降低机会主义等违背联盟共同利益的行为所产生的负面作用。

(8) 营造创业项目合作孵化环境

为确保联盟合作孵化有效运行，区域科技主管部门应积极构建并完善联盟合作孵化机制，科学规范联盟合作孵化流程，不断强化孵化体系建设，实现联盟合作孵化与个体孵化器发展的紧密结合。孵化器联盟的发展与壮大，需要营造良好的创业项目合作孵化环境，促进联盟成员合作交流平台建设，增进各类孵化机构之间对创业项目的相互了解，鼓励借助联盟合作孵化形式实现优势互补与合作共赢，为实现我国创新创业的蓬勃发展创造有利条件。

第六章

产业集聚下的科技企业孵化器绩效

无论对于中小企业还是孵化器，技术创新能力都是影响可持续性发展的关键因素，而且中国各省市的经济发展有较大差距，在此背景下，研究孵化器集聚对孵化器创新效率的影响有其现实意义，有助于进一步探究技术创新效率的影响因素，同时促进各省市经济协调、可持续发展。本章从两个角度研究集聚对孵化效率的影响，一方面从区域产业集聚的角度研究产业集聚下的孵化器创新效率；另一方面从孵化器内创业企业集聚的角度研究孵化器规模与孵化器绩效的关系。

第一节 孵化器技术创新效率

一 技术创新效率的投入产出指标

周明、李宗植[1]在评估企业技术创新效率时，选取的投入指标为研发资本、人力资源投入、政府对企业技术创新的支持力度，选取的产出指标为知识产权（如专利等），知识产权可以反映以技术为基础的企业创新能力，是衡量企业技术创新产出的常用指标。黄鲁成、张红彩[2]在对北京市制造业行业进行技术创新效率评价时，选取研发经费、研发人员、科技活动人员做为投入指标，选取专利申请数、新产品工业总产值、新产品销售收入作为产出指标。综合考虑上述指标与数据的可得性，本书选

---

[1] 周明、李宗植：《基于产业集聚的高技术产业创新能力研究》，《科研管理》2011年第1期，第15—21页。

[2] 黄鲁成、张红彩：《北京制造业行业的技术创新效率评价》，《研究与发展管理》2006年第3期，第54—58页。

取的投入指标由累计公共技术服务平台投资额、专业技术人员数两个指标组成,并以批准知识产权数作为衡量科技企业孵化器技术创新能力的产出指标。

二 投入产出指标的变动情况

本章选取的样本仍为我国大陆 29 个省市区国家级科技企业孵化器,国家级孵化器数据均来源于历年《中国火炬统计年鉴》。将各省市区国家级科技企业孵化器对应的变量进行加总,得到 29 个省市区国家级科技企业孵化器的投入产出变量数据,再将 29 个省市区的国家级科技企业孵化器的相关数据进行加总,即可得到全国科技企业孵化器的投入产出变量数据及其同比增长率,如表 6—1 所示。

表 6—1　　　　　　我国国家级孵化器 2009—2012 年投入产出变量数据

年份	批准知识产权总数	同比增长率(%)	累计公共技术服务平台投资总额	同比增长率(%)	专业技术人员总数	同比增长率(%)
2009	14361	—	2754032	—	2452	—
2010	18997	32.28	4012731	45.70	3201	30.55
2011	28052	47.67	10193388	154.03	3725	16.37
2012	34143	21.71	13224397	29.74	4430	18.93
年均增长率		33.89%		76.49%		21.95%

从表 6—1 可以看出,在 2009—2012 年期间,全国科技企业孵化器的批准知识产权总数、累计公共技术服务平台投资总额、专业技术人员总数均快速增长。尤其累计公共技术服务平台投资总额增长最快,其年均增长率达到 76.49%,最大同比增长率达到 154.03%,这反映出近些年科技企业孵化器发展势头迅猛,市场对科技企业孵化器的发展前景乐观的预期。从表 6—1 还可看出,在 2011 年,批准知识产权总数、累计公共技术服务平台投资总额的同比增长率均达到最大值,而专业技术人员数的同比增长率却处于最小值 16.37%,因此可以初步判断,在当前阶段,专业技术人员与累计公共技术服务平台投资额的增加均可促进批准知识

产权数的增加,但其增长更依赖于资金(累计公共技术服务平台投资总额)的支持。

本书将全国 29 个省市区按《中华人民共和国国民经济和社会发展第十一个五年规划纲要》的"四大经济区"标准进行划分,分为东部地区、东北地区、西部地区和中部地区。以批准知识产权数为例,分析在 2009—2012 年期间,各地区国家级科技企业孵化器产出指标占全国孵化器产出指标的百分比,如表 6—2 所示。

表 6—2　　　　各地区批准知识产权数占全国总数的百分比　　　单位:%

经济区	2009 年	2010 年	2011 年	2012 年
东部地区	57.18	58.73	64.82	66.42
东北地区	8.66	8.78	6.73	6.71
中部地区	12.09	13.92	14.34	13.19
西部地区	22.07	18.57	14.11	13.68

由表 6—2 可以看出,从 2009 年到 2012 年,东部地区的批准知识产权数占全国总量的百分比呈稳步上升趋势,且其所占的比重大于东北地区、中部地区和西部地区所占比重之和,最高时达到 66.42%。相反地,西部地区批准知识产权数占全国总量的比重不断下降,从 2009 年的 22.07% 降至 2012 年的 13.68%。同期,东北地区和中部地区批准知识产权数占全国的比重则有增有减,处于不断变动中,变动幅度较小。综合而言,批准知识产权数在全国规模不断扩大的同时,其地区差异也在不断加剧,具体体现为西部经济不发达地区与东部沿海经济发达地区的差距不断加大。

对累计公共技术服务平台投资总额、专业技术人员总数的分析结果也同样验证了上述结论,呈现出西部地区向东部地区显著倾斜的态势。

三　国家级孵化器技术创新效率分析

首先对基础数据进行标准化处理,然后利用数据包络分析法(DEA),运用 DEAP2.1 软件对 2009—2012 年我国 29 个省(市、自治区)的数据进行计算,结果如表 6—3、表 6—4 所示。

从表6—3、表6—4可得知：

（1）在2009—2012年期间，国家级科技企业孵化器技术创新能力的综合效率较低。在4年内所研究的29个省市区中，孵化器技术创新综合效率相对有效的省（市、自治区）最多时也只达到4个，占总体数据的13.79%，这表明绝大多数省市区的国家级科技企业孵化器所投入的研发资金、研发人员与其本身的收益不匹配。

（2）在2009—2012年期间，部分国家级科技企业孵化器技术创新综合效率小于1是源于规模无效性。以2009年为例，有6个省市的国家级科技企业孵化器（山西、上海、江苏、福建、河南、湖北）的纯技术效率为1，技术水平已经发挥到最佳，但由于其规模无效性，导致技术创新综合效率均小于1。因此如何发挥各省市区国家级科技企业孵化器的规模效益是关键。其他省市区孵化器的技术创新综合效率较低，是因为技术效率和规模效率同时较低，二者较低是因为孵化器的资源、技术和规模效益均未得到有效利用。

（3）在2009—2012年期间，西部地区的国家级科技企业孵化器技术创新投入产出综合效率表现较好。除福建省外，其余综合效率为1的省市区全部位于西部地区，包括四川、新疆、青海、贵州、宁夏、陕西、内蒙古等。西部地区的综合效率为1主要是因为其拥有的国家级孵化器较少，所在孵化器能够择优选择好的项目进行技术创新，投入产出效率较高。

表6—3　　　　2009—2010年全国29省市区国家级孵化器技术创新效率综合评价

地区	2009年			2010年		
	综合效率	纯技术效率	规模效率	综合效率	纯技术效率	规模效率
北京	0.389	0.680	0.572	0.335	0.436	0.768
天津	0.322	0.822	0.391	0.428	0.441	0.971
河北	0.386	0.546	0.707	0.228	0.233	0.978
山西	0.309	1.000	0.309	0.674	0.724	0.930
内蒙古	0.442	0.946	0.467	0.389	0.517	0.754
辽宁	0.317	0.430	0.739	0.223	0.297	0.752

续表

地区	2009年 综合效率	2009年 纯技术效率	2009年 规模效率	2010年 综合效率	2010年 纯技术效率	2010年 规模效率
吉林	0.073	0.091	0.803	0.233	0.298	0.781
黑龙江	0.153	0.406	0.377	0.182	0.196	0.926
上海	0.416	1.000	0.416	0.272	0.304	0.896
江苏	0.327	1.000	0.327	0.215	1.000	0.215
浙江	0.420	0.682	0.615	0.615	1.000	0.615
安徽	0.240	0.299	0.802	0.892	0.902	0.989
福建	0.765	1.000	0.765	1.000	1.000	1.000
江西	0.039	0.053	0.732	0.033	0.152	0.219
山东	0.335	0.467	0.718	0.235	0.360	0.652
河南	0.492	1.000	0.492	0.448	0.457	0.982
湖北	0.579	1.000	0.579	0.508	0.752	0.675
湖南	0.175	0.180	0.972	0.106	0.142	0.745
广东	0.645	0.796	0.811	0.506	1.000	0.506
广西	0.285	0.373	0.764	0.232	0.252	0.920
四川	1.000	1.000	1.000	0.442	0.619	0.714
重庆	0.410	0.649	0.631	0.842	0.848	0.992
贵州	0.736	0.788	0.935	1.000	1.000	1.000
云南	0.167	0.260	0.641	0.338	0.408	0.829
陕西	0.228	0.288	0.791	0.237	0.284	0.835
甘肃	0.471	0.849	0.555	0.718	0.808	0.888
新疆	1.000	1.000	1.000	1.000	1.000	1.000
宁夏	0.322	0.429	0.752	0.116	1.000	0.116
青海	1.000	1.000	1.000	0.557	1.000	0.557
平均值	0.429	0.656	0.678	0.448	0.601	0.766

表6—4　　2011—2012年全国29省市区国家级孵化器技术创新效率综合评价

地区	2011年 综合效率	2011年 纯技术效率	2011年 规模效率	2012年 综合效率	2012年 纯技术效率	2012年 规模效率
北京	0.233	0.467	0.498	0.393	0.762	0.516

续表

地区	2011年			2012年		
	综合效率	纯技术效率	规模效率	综合效率	纯技术效率	规模效率
天津	0.248	0.519	0.477	0.434	0.447	0.971
河北	0.237	0.391	0.606	0.280	0.287	0.977
山西	0.250	0.282	0.885	0.438	0.480	0.912
内蒙古	0.257	0.528	0.488	1.000	1.000	1.000
辽宁	0.139	0.280	0.495	0.243	0.243	1.000
吉林	0.206	0.303	0.680	0.261	0.324	0.807
黑龙江	0.059	0.073	0.817	0.265	0.269	0.987
上海	0.132	0.256	0.517	0.332	0.526	0.632
江苏	0.279	1.000	0.279	0.534	1.000	0.534
浙江	0.280	0.625	0.448	0.620	0.694	0.893
安徽	0.426	1.000	0.426	0.552	0.775	0.712
福建	0.469	0.842	0.557	1.000	1.000	1.000
江西	0.054	0.135	0.399	0.181	0.285	0.635
山东	0.185	0.337	0.549	0.395	0.402	0.981
河南	0.146	0.339	0.431	0.365	0.459	0.796
湖北	0.312	0.561	0.556	0.506	0.518	0.978
湖南	0.086	0.142	0.605	0.270	0.295	0.916
广东	0.547	1.000	0.547	0.974	1.000	0.974
广西	0.146	0.189	0.775	0.253	0.343	0.736
四川	0.338	0.640	0.528	0.498	0.541	0.921
重庆	0.172	0.255	0.676	0.153	0.187	0.817
贵州	0.189	0.195	0.971	0.525	0.753	0.697
云南	0.190	0.220	0.862	0.315	0.407	0.774
陕西	0.137	0.228	0.598	1.000	1.000	1.000
甘肃	0.314	0.340	0.924	0.112	0.182	0.618
新疆	1.000	1.000	1.000	0.373	0.756	0.493
宁夏	1.000	1.000	1.000	1.000	1.000	1.000
青海	0.151	0.627	0.240	0.042	0.133	0.314
平均值	0.282	0.475	0.615	0.459	0.554	0.813

第二节 科技企业孵化器的集聚度

锡尔系数和集中化指数只能反映科技企业孵化器在全国范围内的集聚程度，无法将其与各省市的国家级科技企业孵化器技术创新效率相结合进行面板数据分析。因此，本书采用专业化指数来衡量各省市区国家级科技企业孵化器的集聚程度，选取适当的产业数据是计算专业化指数的前提。根据我国孵化行业的实际情况与数据的可得性，选取国家级科技企业孵化器、国家火炬计划项目、火炬计划软件产业基地、火炬计划特色产业基地的产值作为数据分析的基础。专业化指数的计算公式为：

$$LQ_{ij} = (q_{ij}/q_j)/(q_i/q) \qquad (6—1)$$

其中 q_{ij} 为产业 i 在区域 j 的产值，q_j 为各个产业在区域 j 的产值总和，q_i 为产业 i 在全国的产值，q 为各个产业在全国的产值总和。国家级孵化器数据均来源于历年《中国火炬统计年鉴》。经过计算，可以得到全国29省市区国家级科技企业孵化器的专业化指数，如表6—5所示。

表6—5　2009—2012年全国29省市区国家级孵化器的专业化指数

地区	2009年	2010年	2011年	2012年
北京	2.085644871	2.061606224	2.196059406	1.784945807
天津	4.066270667	2.783142573	3.266264454	3.022955652
河北	0.323476237	0.365018352	0.82599815	0.754156252
山西	1.96669145	4.079448337	5.079523956	0.927786575
内蒙古	2.460572291	1.425017846	0.964160552	1.3947365
辽宁	2.984472453	2.916868336	1.996269652	1.856382421
吉林	0.417543311	0.638864715	0.802972956	0.759311904
黑龙江	2.791008219	0.466496581	0.41016742	1.328595711
上海	2.778040305	3.096096186	3.198218217	3.18655885
江苏	0.331761204	0.577365648	0.902632153	1.144648951
浙江	0.845405155	0.720291524	0.78535293	0.612552825
安徽	0.266425767	0.397371548	0.385567017	0.34325959
福建	1.267688594	1.51827685	1.184271586	1.085925858
江西	2.843462731	2.136964459	2.444583818	0.800572631

续表

地区	2009 年	2010 年	2011 年	2012 年
山东	0.689893878	0.903540204	0.739503845	0.574611617
河南	2.509273059	2.950461916	1.510069721	3.082733888
湖北	0.631398047	0.795902812	0.656120402	0.71209718
湖南	1.441443475	0.93857662	0.860853022	0.65015931
广东	0.41328174	0.425901759	0.470907733	0.405891691
广西	3.868191275	9.222829685	7.94254374	5.326396266
四川	3.485871732	4.306070488	2.9074238	2.741813815
重庆	2.590123309	1.855262049	0.301039479	0.287330133
贵州	0.493638309	0.556679942	0.647647359	3.942354805
云南	16.76083754	23.76547315	6.33323886	8.551430721
陕西	14.37795746	7.458015937	4.93392128	3.088871436
甘肃	0.839166895	0.854754125	0.414894942	0.214479315
新疆	0.030153368	0.032932119	0.077169951	0.068562489
宁夏	0.147758428	0.115859605	0.217299096	0.106772493
青海	7.221343212	7.391516805	74.34392433	52.87959137

以 2012 年为例，由表 6—5 可以看出，国家级科技企业孵化器专业化指数较高的地区有天津市、上海市和河南省，主要是由于在这些省市国家级孵化器的数量较多、发展较好、其产值占各产业总产值的比重较大。而广西、贵州、云南、陕西、青海等地的国家级孵化器数量较少，产值也相对较低，但其集聚度较高，主要是因为在上述地区，国家火炬计划项目、火炬计划软件产业基地、火炬计划特色产业基地等产业的发展仍处于起步阶段，国家级科技企业孵化器的产值占各产业总产值的比重较高，因此专业化指数较大。

从 2009—2012 年的国家级孵化器专业化指数数据来看，在 2011 年，青海地区国家级科技企业孵化器的专业化指数达到最高 74.34。这是因为在 2011 年，青海省的火炬计划软件产业基地、火炬计划特色产业基地的产值均为 0，国家火炬计划项目的产值也达到 4 年中最低，且远远低于其余 3 年的产值。相反地，国家级科技企业孵化器的产值却保持持续性增长，因此，在 2011 年青海的国家级科技企业孵化器专业化指数达到最大。

从 2009—2012 年的国家级孵化器专业化指数数据来看，新疆地区的专业化指数连续 4 年处于 29 个省市的最小值。这主要是由于新疆地区的国家火炬计划项目、火炬计划特色产业基地的产值远远高于新疆国家级科技企业孵化器的产值。国家火炬计划项目、火炬计划特色产业基地项目是新疆重要的经济产业，得益于国家在西部大开发中的倾斜政策，新疆的火炬计划项目产值逐年增加，发展势头良好。而新疆国家级孵化器的产值虽然也逐年增长，但由于国家级孵化器的数量较少，只有 1 家，其产值远远低于国家火炬计划项目、火炬计划特色产业基地项目的产值之和，因此新疆地区的孵化器专业化指数最小。

第三节 孵化器集聚度对技术创新效率的影响

本章采用面板数据分析等统计方法，测量孵化器集聚度对区域技术创新效率的影响。

一 面板单位根检验

在分析国家级孵化器集聚度对区域技术创新效率的影响时，必须首先检验各个变量的平稳性，因为基于非平稳变量建立的统计回归模型会出现"伪回归"。本书采用单位根检验来衡量各个变量的平稳性，包括 LLC 检验、ADF 检验和 PP 检验等[①]。

在非平稳的面板数据渐进过程中，Levin 和 Lin（1992）很早就发现这些估计量的极限分布是高斯分布，这些结果也被应用在有异方差的面板数据中，并建立了对面板单位根进行检验的早期版本。后来经过 Levin 的改进，提出了检验面板单位根的 LLC 法。Levin 指出，该方法允许不同截距和时间趋势，异方差和高阶序列相关，适合于中等维度（时间序列介于 25—250 之间，截面数介于 10—250 之间）的面板单位根检验。

---

① 高铁梅：《计量经济分析方法与建模——EViews 应用及实例》，清华大学出版社 2009 年版。

对面板数据考虑下面的一阶自回归过程：

$$y_{it} = \gamma_i y_{i,t-1} + X_{it} \varphi_i + u_{it} \quad (6—2)$$

其中，X_{it} 表示模型中的外生变量向量，包括各个体截面的固定影响和时间趋势，$i = 1, 2, \cdots, N, t = 1, 2, \cdots, T_i$。$N$ 表示个体截面成员的个数，T_i 表示第 i 个截面成员的观测时期数，参数 γ_i 为自回归系数，随机误差 u_{it} 相互满足独立同分布假设。对于（6—2）表示的一阶自回归过程，若 $|\gamma_i| < 1$ 则对应序列 y_i 平稳，若 $|\gamma_i| = 1$ 则对应序列 y_i 为非平稳序列。

$|\gamma_i| = \gamma$ 时，各截面序列具有相同的单位根过程；不相等时，各截面序列具有不同的单位根。

LLC 检验仍采用 ADF 检验式形式，即检验时考虑：

$$\Delta y_{it} = \delta y_{i,t-1} + \sum_{j=1}^{p_i} \beta_{ij} \Delta y_{i,t-1} + X'_{it}\varphi + u_{it} \quad (6—3)$$

其中，$i = 1, 2, \cdots, N, t = 1, 2, \cdots, T_i$，$\delta = \gamma - 1$，$p_i$ 为第 i 个截面成员的滞后阶数。LLC 检验虽然采用 ADF 检验形式，但并没有直接使用 Δy_{it} 和 $y_{i,t-1}$ 对参数 δ 进行估计，而是用 Δy_{it} 和 $y_{i,t-1}$ 的代理变量。具体步骤如下：

①给定各截面成员的滞后阶数 p_i 后，从 Δy_{it} 和 $y_{i,t-1}$ 中剔除 $y_{i,t-1}$ 和外生变量的影响，并进行标准化求出代理变量。设

$$\Delta \bar{y}_{it} = \Delta y_{it} - \sum_{j=1}^{p_i} \widehat{\beta}_{ij} \Delta y_{i,t-j} - X'_{it} \widehat{\varphi} \quad (6—4)$$

$$\Delta \bar{y}_{i,t-1} = \Delta y_{i,t-1} - \sum_{j=1}^{p_i} \dot{\beta}_{ij} \Delta y_{i,t-j} - X'_{it} \dot{\varphi} \quad (6—5)$$

其中，$(\widehat{\beta}_{ij}, \widehat{\varphi})$ 和 $(\dot{\beta}_{ij}, \dot{\varphi})$ 分别为 Δy_{it} 和 $y_{i,t-1}$ 对滞后差分项 $\Delta y_{i,t-j}$ 以及外生变量 X'_{it} 回归得到的响应参数的估计值。

则 Δy_{it} 和 $y_{i,t-1}$ 的代理变量 $\Delta \bar{y}_{it}$ 和 $\bar{y}_{i,t-1}$ 分别为：

$$\Delta \bar{y}_{it} = \Delta y_{it} / s_i \quad (6—6)$$

$$\bar{y}_{i,t-1} = y_{i,t-1} / s_i \quad (6—7)$$

其中，s_i 为模型（6-3）中对应于第 i 个截面成员的 ADF 检验式的估计标准差。

②利用获得的代理变量估计参数 δ，即用代理变量做回归 $\Delta \bar{y}_{it} = \delta \bar{y}_{i,t-1} + \varepsilon_{it}$，估计 δ。所获得参数相对应的 t 统计量渐近服从标准正态分布。

本章运用 Eviews 软件对 2009—2012 年的中国各省市国家级孵化器集聚度与技术创新效率进行单位根检验，即对国家级孵化器专业化指数（LQ 序列）、技术创新综合效率（Crste 序列）、技术创新纯技术效率（Vrste 序列）、技术创新规模效率（Scale 序列）进行单位根检验，检验结果如表 6—6（a）(b)（c）(d) 所示。

表 6—6（a） LQ 序列的面板单位根检验结果

检验方法	统计量	P 值	截面数据个数	观测值
Null：Unit root（assumes common unit root process）				
Levin, Lin & Chu t*	-18.1623	0.0000	29	87
Null：Unit root（assumes individual unit root process）				
ADF-Fisher Chi-square	97.5225	0.0009	29	87
PP-Fisher Chi-square	125.942	0.0000	29	87

表 6—6（b） Crste 序列的面板单位根检验结果

检验方法	统计量	P 值	截面数据个数	观测值
Null：Unit root（assumes common unit root process）				
Levin, Lin & Chu t*	-28.4460	0.0000	29	87
Null：Unit root（assumes individual unit root process）				
ADF-Fisher Chi-square	113.160	0.0000	28	84
PP-Fisher Chi-square	128.745	0.0000	28	84

表 6—6（c） Vrste 序列的面板单位根检验结果

检验方法	统计量	P 值	截面数据个数	观测值
Null：Unit root（assumes common unit root process）				
Levin, Lin & Chu t*	-16.6834	0.0000	25	75
Null：Unit root（assumes individual unit root process）				
ADF-Fisher Chi-square	104.971	0.0000	24	72
PP-Fisher Chi-square	139.222	0.0000	24	72

表6—6（d）　　　　Scale 序列的面板单位根检验结果

检验方法	统计量	P 值	截面数据个数	观测值
Null：Unit root（assumes common unit root process）			
Levin, Lin & Chu t*	-32.3948	0.0000	29	87
Null：Unit root（assumes individual unit root process）			
ADF-Fisher Chi-square	120.584	0.0000	28	84
PP-Fisher Chi-square	139.032	0.0000	28	84

以表6—6（a）为例，原假设为 LQ 序列存在单位根，是不平稳序列。由 LLC、ADF 和 PP 检验结果可知，三者的伴随概率 P 值均小于 0.05，LLC、ADF 和 PP 检验统计量均表明应当拒绝存在单位根的原假设，即该序列不存在单位根，LQ 序列为平稳序列。同样地，由表6—6（b）（c）（d）可以看出，Crste 序列、Vrste 序列和 Scale 序列也不存在单位根，也是平稳序列。

LQ 序列、Crste 序列、Vrste 序列和 Scale 序列均为平稳序列，因此本书构建面板数据模型进一步分析2009—2012年国家级孵化器集聚度与技术创新效率之间的相关性。

二　孵化器集聚度对技术创新效率影响的分析

该部分运用混合模型、地区层面的个体固定效应模型，分别分析国家级孵化器集聚度对技术创新效率的影响。

（一）混合模型分析

以2009—2012年全国各省市国家级孵化器技术创新综合效率（Crste）为因变量，以国家级孵化器集聚度（LQ）为自变量，运用 Eviews 软件进行面板数据混合模型分析，得到的模型分析结果如表6—7（a）所示。

由表6—7（a）可以看出，该混合模型的系数估计值为 0.018248，P 值为 0.0000，远小于 0.05，得到的模型为：$Crste_t = 0.018248LQ_t + u_t$，国家级科技企业孵化器集聚度对技术创新综合效率的影响为正且显著。此时，残差平方和 $SSE_r = 26.96740$。

表 6—7（a）　　　　孵化器集聚度对技术创新综合效率
影响的混合模型分析结果

变量	相关系数	标准差	t 统计量	P 值
LQ	0.018248	0.003371	5.413232	0.0000

运用同样的分析方法，可以得到国家级孵化器集聚度对技术创新纯技术效率、规模效率的影响，得到的模型分析结果分别如表 6—7（b）、表 6—7（c）所示。

表 6—7（b）　　　　孵化器集聚度对技术创新纯技术效率
影响的混合模型分析结果

变量	相关系数	标准差	t 统计量	P 值
LQ	0.023183	0.003756	6.172591	0.0000

表 6—7（c）　　　　孵化器集聚度对技术创新规模效率
影响的混合模型分析结果

变量	相关系数	标准差	t 统计量	P 值
LQ	0.036558	0.008169	4.475488	0.0000

由表 6—7（b）可以看出，孵化器集聚度对技术创新纯技术效率影响的混合模型系数估计值为 0.023183，P 值为 0.0000，远小于 0.05，得到的模型为：$Vrste_t = 0.023183 LQ_t + u_t$，与表 6—7（a）相比，国家级科技企业孵化器集聚度对技术创新纯技术效率的影响程度大于对综合效率的影响程度。

由表 6—7（c）可以看出，孵化器集聚度对技术创新规模效率影响的混合模型系数估计值为 0.036558，P 值为 0.0000，远小于 0.05，得到的模型为：$Scale_t = 0.036558 LQ_t + u_t$，与表 6—7（b）、表 6—7（c）相比，国家级科技企业孵化器集聚度对技术创新规模效率的影响程度大于对综合效率、纯技术效率的影响程度。

混合模型的分析结果从整体上阐明了国家级孵化器集聚度对技术创

新效率的综合影响，但在研究孵化器集聚度对技术创新效率的贡献时应深入到各省市区层面进行分析，不能简单地假设国家级孵化器集聚度与技术创新效率之家的关系是标准的、单一的。因此，本书将利用固定效应模型从地区层面对孵化器集聚度与技术创新效率的关系进行模型分析。

（二）地区层面的固定效应模型分析

国家级孵化器技术创新综合效率等于纯技术效率与规模效率的乘积，能够更全面地概括技术创新的状况，因此该部分以技术创新综合效率为例，运用个体固定效应模型，分析在地区层面上集聚度与综合效率之间的关系。

个体固定效应模型如下：

$$y_{it} = \lambda_i + \sum_{k=2}^{k} \beta_k x_{kit} + \mu_{it}$$
$$i = 1,2,\cdots,n$$
$$t = 1,2,\cdots,T$$
（6—8）

式（6—8）中 y_{it} 是被解释变量对个体 i 在 t 时的观察值，x_{kit} 是第 k 个被解释变量对个体在 t 时的观察值，β_{ki} 是待估计的参数，μ_{it} 是随机误差项。

固定效应模型分析结果如表6—8所示。

表6—8　孵化器集聚度对技术创新综合效率影响的固定效应模型分析结果

变量	相关系数	标准差	t 统计量	P 值
C	0.440273	0.023843	18.46574	0.0000
LQ	-0.010501	0.003610	-2.908756	0.0046
Fixed Effects（Cross）				
BEIJING – C	-0.081434	HENAN – C	-0.051132	
TIANJIN – C	-0.047781	HUBEI – C	0.043316	
HEBEI – C	-0.151567	HUNAN – C	-0.270808	
SHANXI – C	0.009120	GUANGDONG – C	0.232232	
NEIMENG – C	0.098120	GUANGXI – C	-0.142071	
LIAONING – C	-0.184166	SICHUAN – C	0.164514	

续表

变量	相关系数	标准差	t统计量	P值
JILIN - C	-0.242648	CHONGQING - C	-0.032808	
HEILONGJIANG - C	-0.262406	GUIZHOU - C	0.187034	
SHANGHAI - C	-0.120090	YUNNAN - C	-0.042305	
JIANGSU - C	-0.093762	SHANXI1 - C	0.038614	
ZHEJIANG - C	0.051257	GANSU - C	-0.030424	
ANHUI - C	0.090883	XINJIANG - C	0.403525	
FUJIAN - C	0.381501	NINGXIA - C	0.170770	
JIANGXI - C	-0.341929	QINGHAI - C	0.369585	
SHANDONG - C	-0.145140			

Effects Specification

Cross - section fixed (dummy variables)

R-squared	0.511514	Mean dependent var	0.404595
Adjusted R-squared	0.346792	S. D. dependent var	0.272461
S. E. of regression	0.220206	Akaike info criterion	0.029496
Sum squared resid	4.170216	Schwarz criterion	0.741631
Log likelihood	28.28923	Hannan-Quinn criter.	0.318582
F-statistic	3.105315	Durbin-Watson stat	2.564652
Prob (F-statistic)	0.000026		

由表6—8固定效应模型的分析结果可以看出，国家级孵化器集聚度（LQ）的回归系数为 -0.010501，符号为负，对应的伴随概率 P 值为 0.0046，远小于 0.05，因此认为国家级孵化器集聚度（LQ）对技术创新综合效率的影响为负向且显著。此时残差平方和 SSE_u = 4.17117。

由表6—7（a）与表6—8的数据分析结果对比发现，在不同模型下，国家级孵化器集聚度（LQ）对技术创新综合效率的影响向相反方向变动，因此用 F 统计量来判断应该选择混合模型还是个体固定效应模型。F 统计量的计算公式为：

$$F = \frac{(SSE_r - SSE_u)/(N-1)}{SSE_u/(NT-N-k)} \tag{6—9}$$

其中，SSE_r 代表混合模型中的残差平方和；SSE_u 代表个体固定效应模型的残差平方和；NT 代表 2009—2012 年的样本量，k 代表解释变量数，N 代表年数，则计算可得 $F = 239.2$，远大于 5% 置信水平下的同分布临界值，因此应拒绝原假设，建立个体固定效应模型进行统计分析更为合理。

由表 6—8 可以看出，孵化器集聚度与技术创新综合效率反向变动，其可能的原因有三：一是孵化器的集聚造成科研经费、科研人员的过剩，而部分孵化器不愿对技术研发、技术创新进行投入，科研实力并未完全发挥，造成科研资源的浪费。二是我国国家级科技企业孵化器的发展还未达到成熟阶段，入驻企业同样处于起步阶段，二者的合作模式与发展方向均有待进一步磨合，处于磨合期的孵化器与在孵企业可能无法最大程度地发挥技术优势。三是集聚度较高的孵化器集中于青海、陕西、云南等西部地区，由于经济资源发展水平较低、高科技人才短缺等原因，导致该地区技术创新效率较低；相反地，由于江苏、浙江、广东等东部地区的国家火炬计划项目、火炬计划软件产业基地、火炬计划特色产业基地等项目发展良好，导致该地区的国家级孵化器集聚度较低，但该地区受经济发展与高科技人才的带动，使得技术创新综合效率较高，因此出现了集聚度与技术创新综合效率反向变动的现象。

由表 6—8 还可以看出，各地区的国家级孵化器自发性集聚有正值和负值，但是数值大小不同。为负值的地区是北京市、天津市、吉林省、河北省、辽宁省、黑龙江省、江西省、山东省、上海市、江苏省、河南省、湖南省、广西壮族自治区、重庆市、云南省、甘肃省，自发性集聚为负值说明各地区的技术创新综合效率受到集聚等其他因素的影响较大，而各地区的数值不同则说明，地区差异对各省市国家级孵化器产生的影响存在一定差异。

第四节　孵化器规模与孵化绩效

面临我国经济发展"新常态"，大众创业、万众创新成为发展的新动力，而科技企业孵化器（以下简称孵化器）是促进技术创新与创业的普遍工具。截至 2014 年，我国科技企业孵化器数量超过 1600 家，在孵企业

8万余家，就业人数175万。经过20余年的发展，我国孵化器的数量和规模均跃居世界前列，孵化器事业发展进入历史最好时期，初步完成全国区域布局。正如《国家科技企业孵化器"十二五"发展规划》所述，孵化器建设得到国家科技、教育、人力资源和社会保障、财政、税务等部门以及社会组织的广泛认可和积极参与，社会基础进一步扩大。与此同时，我国孵化器类型和性质也呈多元化发展趋势。在我国面临"新兴产业、服务业、小微企业作用更凸显，生产小型化、智能化、专业化将成产业组织新特征"的"新常态"下，科技企业孵化器促进创新与创业的重要作用日益凸显，各级地方政府建设科技企业孵化器的热情高涨，可以预见，在十二五期间，我国科技企业孵化器的规模将进一步扩大。越来越多的人力、财力资源投入到科技孵化器建设中，并期待通过扩大孵化器规模提高创新与创业绩效，不过我国孵化器还存在资源配置失衡和运行效率不高的问题[①]。

　　从理论上讲，尽管学者们在对孵化器的概念方面存在一定争议，比较一致的共识是典型的"好"孵化器应具备的一个特征是能够通过与外部机构的合作，使在孵企业享受到一定的规模经济收益[②]。由于我国的孵化器从无到有、从发展到壮大仅有二十余年的历史，现有研究对孵化器的规模效应关注不够，相应的实证研究还十分缺乏。在我国孵化器规模急剧扩大的同时，孵化器绩效与规模的深层次关系以及作用机制成为亟待解决的问题，也是发挥我国孵化器在"新常态"下促进大众创业、万众创新作用需要厘清的关键问题。基于上述考虑，本书在对孵化器规模经济效应来源理论分析的基础上，从孵化器资金规模、面积规模和管理团队规模三个方面衡量孵化器规模对孵化器的创业绩效、创新绩效和筹资绩效的影响，深入探讨我国孵化器是否存在规模经济效应以及影响因素。研究不但丰富了现有的孵化器理论，更为孵化器资源的有效配置与我国孵化器的高水平集约建设提供了实证依据。

----

① 吴文清、付明霞、赵黎明：《科技企业孵化器规模对孵化绩效的影响——基于国家级孵化器的实证研究》，《科技进步与对策》2015年第19期，第1—7页。

② Bøllingtoft A., Ulhøi J. P., The networked business incubator—leveraging entrepreneurial agency? [J]. Journal of Business Venturing, 2005, 20 (2): 265-290.

一 理论分析与假设

（一）孵化器规模经济的来源

伴随着科技企业孵化器的产生，规模经济便是解释其形成和发展的主要理论之一[1]。如同一般的企业组织，孵化器的规模经济也来源于孵化器内分工专业化、孵化器固定成本分摊以及孵化器管理者的学习效应。

（1）孵化器内分工专业化的规模效应

伴随着孵化器规模的扩大，孵化器内部分工专业化，形成项目招商部、产业服务部、综合服务部、物业管理部、信息部等专业化部门。专业化分工后的孵化器能够使在孵企业专注于自身核心业务，并能针对在孵企业的不同发展阶段提供有针对性的服务，大大节省了时间，提高了服务质量和效率[2]。另外，由于在孵企业在孵化器内失败的一个原因在于在孵企业与孵化器的交流障碍[3]，部分在孵企业不能很好识别孵化器能为自身提供的支持，孵化器也不能很好分辨出在孵企业的真实需求。孵化器内部的专业化分工降低了孵化器与在孵企业之间的信息不对称，提升了双方沟通效率，促进了孵化绩效，并为孵化器开展更高的增值服务奠定了基础。孵化器内部分工专业化后容易吸引更多的财务、法律、融资等外部中介机构的关注和入驻，产生集聚效应[4]。

（2）孵化器固定成本分摊的规模效应

伴随着孵化器规模的扩大，越来越多的创业企业入住孵化器进行孵化，单个在孵企业共享空间、共享服务的成本也随之降低，提升了孵化器资源利用的效率。随着规模的扩大，孵化器在其孵化网络中的地位和作用增强，更容易和创投结成战略联盟，扩大在孵企业获得资金的能

---

[1] Bruneel J., Ratinho T., Clarysse B., et al. The evolution of business incubators: comparing demand and supply of business incubation services across different incubator generations [J]. Technovation, 2012, 32 (2): 110 – 121.

[2] 黄曼慧、黄燕:《孵化器产生和发展的经济学理论基础研究》,《科技进步与对策》2001年第12期, 第142—143页。

[3] Schwartz M., Hornych C., Specialization as strategy for business incubators: an assessment of the central German multimedia center [J]. Technovation, 2008, 28 (7): 436 – 449.

[4] 林德昌、杨健、王红卫:《科技企业孵化器的规模效应分析》,《科技进步与对策》2011年第8期, 第91—94页。

力，降低了在孵企业的信息搜寻成本；规模越大的孵化器更容易获得政府的资金和政策支持，降低孵化器自身的运营风险以及在孵企业的运营成本；规模越大的孵化器越容易和学研方进行合作，降低在孵企业的研发成本。

（3）孵化器管理者学习的规模效应

随着孵化器规模的扩大，孵化器管理者积累的孵化经验和知识越来越多，越有可能促使孵化器内部、孵化器与在孵企业、孵化器与外部机构之间的协调发展，实现科技企业孵化器的整体最优[1]。成熟且具有丰富经验的孵化器管理者能够很好地识别申请孵化创业项目的前景，更为准确地筛选创业项目，提高孵化器资源利用率；能够更好识别在孵企业的内在需求，开展高增值服务项目，提升创业成功率；能够更加关注自身声誉，减少与创业者的合谋，降低孵化器、创投、创业者三方合作中的道德风险和逆向选择风险，降低创投的代理成本，提升合作效率[2]。更为重要的是，富有经验的创业导师对在孵企业一对一的辅导能加速创业者对创业过程的学习，降低创业失败率[3]。

（4）孵化器规模经济的独特性质

不过，相对于一般的企业组织，孵化器的规模经济还具有一些特殊性质。一是不确定性。孵化器的服务对象是新创企业，面临的技术风险、市场风险等难以预测，在孵企业的成功或失败是由于自身原因还是由于孵化器的原因难以清晰界定，因此孵化器的投入与产出间的关系充满了不确定。二是交叉催化孵化。孵化器规模越大，孵化器内在孵企业之间的交叉催化效应越强，在孵企业成长越快；同时，孵化器与外界的交互作用越复杂，蜕变和进化速度就越快。达到一定规模的孵化器，其自身与内部的在孵企业形成二级交叉催化循环网络。三是涌现现象。孵化器作为创业企业的集聚区具有复杂适应系统特性，在相互学习和交流的过

---

[1] 陈莉敏：《科技企业孵化器集群的规模经济原理分析》，《北京科技大学学报》（社会科学版）2008年第4期，第21—24页。

[2] 谢菲、赵黎明、吴文清：《科技企业孵化器、创投、创业者三方博弈分析》，《软科学》2009年第3期，第37—39页。

[3] Scillitoe J. L., Chakrabarti A. K., The role of incubator interactions in assisting new ventures [J]. Technovation, 2010, 30 (3): 155 – 167.

程中能够产生知识涌现现象①,孵化器规模越大,孵化器内知识涌现现象越复杂,孵化器的投入产出越容易受到知识涌现的中介效应影响。孵化器服务对象的不确定性、孵化器与在孵企业的交叉催化效应以及在孵企业知识涌现现象导致孵化器的管理活动相对一般企业组织而言更为复杂,影响了孵化器的规模经济。

(二)孵化器规模与绩效

国内外孵化器规模与绩效的实证文献较少,更多的是从理论和案例方面进行探讨。一般而言,孵化器内分工专业化、孵化器固定成本分摊以及孵化器管理者的学习效应使孵化器具有规模经济。伴随孵化器规模的扩大,孵化器绩效会得到提升。Bøllingtoft 研究表明孵化器规模扩大有利于创业者相互交流和发展个人关系网络,提高创业成功率。林德昌等以南山创业中心为例研究了科技企业孵化器规模效应,认为孵化器服务创新面临的一个主要挑战是孵化器的规模化,充分利用规模效应可以提升其孵化绩效。郭俊峰等基于价值链对科技企业孵化器的盈利模式进行了分析,认为发挥孵化器管理者的经验、孵化知识和共享设施,并且利用好孵化器规模经济原理,能够最大化实现孵化器成本协同。对于孵化器的筹资绩效,徐灵等[②]研究表明在 5% 的显著性水平下,以工作人员数衡量的孵化器规模对筹资绩效影响不显著,而以年运营经费衡量的孵化器规模对孵化器筹资绩效影响显著,孵化器类型和运营模式对孵化器筹资绩效影响不显著。

另外,孵化器规模的扩大也可能不利于孵化绩效的提升。首先,随着孵化器规模的扩大,单一孵化器管理者面对更多的创业企业,不能很好地评估在孵企业的风险和识别在孵企业的需求,从而降低了孵化绩效。其次,尽管规模较大的孵化器内在孵企业共享空间成本降低,不过管理成本和管理复杂程度呈指数增长,削弱了孵化器的规模经济性。最后,从孵化器利润来源来看,随着孵化器规模的扩大,孵化器的物业收入占

---

① 吴文清、张海红、赵黎明:《孵化器内创业企业知识网络涌现研究》,《科学学与科学技术管理》2014 年第 12 期,第 109—118 页。

② 徐灵、魏彤春、侯光辉:《社会组织孵化器筹资绩效的影响因素研究——基于二维交互式分析模型》,《企业经济》2013 年第 8 期,第 159—164 页。

总收入的比例将增加，增大了孵化器管理者仅通过物业收入维系孵化器运营的风险，降低了孵化器管理者通过提升服务获取创业企业成功后的财政返还和补贴的动机。另外，规模过大的孵化器内在孵企业众多，创业者的身份识别难度增大，在创业企业进行知识共享和交叉催化孵化的过程中，搭便车的在孵企业增加，不利于孵化器内知识网络涌现和形成交叉催化孵化网络，影响孵化绩效。殷群、张娇运用 DEA 方法对 2008 年 180 家国家级企业孵化器运行的技术效率、纯技术效率和规模效率进行了测算，研究表明我国孵化器在投入产出方面存在不匹配的情形，部分孵化器场地面积存在浪费现象。赵黎明等[①]对"孵化器—创投—创业者"合作绩效实证研究表明，过度的网络规模扩张将增加合作的管理成本，不利于创业企业的成长。

综上所述，可以发现孵化器规模的扩大对孵化绩效既有正方面的影响，也有负方面的影响。孵化器内创业企业的本质在于"共享"：共享空间、共享服务、共享知识、共享信息、共享网络。孵化器发展初期，规模的扩大降低了在孵企业的共享成本，有利于实现孵化器的规模经济；当孵化器规模超过一定阈值，规模扩大导致孵化器管理成本上升，在孵企业服务强度减弱，以及由于身份识别性降低产生的搭便车问题和道德风险问题增加，抵消了孵化器的规模经济。孵化器的筹资绩效则受到孵化器的管理团队、资金投入、孵化器占地面积、在孵企业个数、孵化器类型和产权性质的影响。由此，我们提出如下研究假设：

H1：科技企业孵化器的规模（包括团队规模、场地规模和资金规模）与孵化器绩效之间呈倒 U 形关系，即随着孵化器规模的逐步扩大，孵化绩效相应提升；当孵化器规模达到一定阈值之后，孵化绩效逐步下降。

H2：孵化器筹资绩效与孵化器的管理团队、资金投入、占地面积、在孵企业个数、孵化器类型和产权性质相关。

---

① 赵黎明、曾鑫：《"科技企业孵化器—风险投资—在孵企业"三方合作绩效影响因素的路径分析》，《科学学与科学技术管理》2012 年第 2 期，第 67—73 页。

二　研究设计

（一）数据来源

本部分数据来源于 2010—2013 年《中国火炬统计年鉴》（由于 2014 年《中国火炬统计年鉴》中孵化器的数据是以省域为单位的，没有各个孵化器的数据，故选取 2010—2013 年的数据）。在各类孵化器中，国家级孵化器经过严格审核，也有相应的考核机制，具有很好的代表性，因此本部分以国家级孵化器为研究对象。本书以 2010 年《中国火炬统计年鉴》中统计的 280 家国家企业孵化器为基准进行数据筛选，第一要求数据连续性，即保留 2010—2013 年四年中都有记录的孵化器，略去有缺省年份的科技企业孵化器；第二要求数据有效性，即剔除孵化器中在孵企业人员数、在孵企业个数、孵化器管理机构人员数、孵化器总面积、孵化器孵化基金总额、累计公共技术服务平台投资额为 0 的无效数据。最终得到连续有效的数据记录为 117 条。

本部分以这 117 家国家级孵化器的基本情况为基础，进行科技企业孵化器孵化绩效与规模效应的研究。

（二）变量选取

（1）被解释变量

根据《国家级科技企业孵化器评价指标体系（试行）》（国科火字〔2013〕182 号）并借鉴学者的研究，本书以孵化器当年毕业企业数（GM）、批准知识产权数（$ANIP$）、在孵企业累计获得风险投资额（AVI）作为被解释变量。孵化器绩效是一个各方面综合的结果，需要考虑的因素较多[1]，《国家级科技企业孵化器评价指标体系（试行）》中孵化绩效包括孵化效率、研发效率、获奖情况和毕业企业四个方面，其中最核心的是创业绩效、创新绩效和筹资绩效。当年毕业企业数即孵化器的毕业企业数量，指根据《科技企业孵化器认定管理办法》（国科发高〔2010〕680 号）规定的条件毕业，并已迁出孵化器场地的企业。该指标作为国

---

[1] Schwartz M., Göthner M., A multidimensional evaluation of the effectiveness of business incubators: an application of the PROMETHEE outranking method [J]. Environment and Planning C: Government and Policy, 2009, 27 (6): 1072 – 1087.

家级科技企业孵化器评价指标体系中的孵化绩效指标，是衡量孵化器孵化效率的重要指标，该指标衡量了孵化器的创业绩效。批准知识产权数指孵化器内的企业获得的各类知识产权授权（包括专利、软件著作权、集成电路布图设计、植物新品种等）的数量，该指标作为国家级科技企业孵化器评价指标体系中的孵化绩效指标中的研发效率指标，是衡量孵化器创新绩效的重要标准。资金不足是新创企业面临的一个普遍和重要问题，帮助在孵企业获得风险投资的支持是孵化器的一个重要职能，直接关系到在孵企业能否成长壮大，在孵企业累计获得风险投资额衡量了孵化器在帮助在孵企业筹资方面的绩效。孵化器当年毕业企业数、批准知识产权数、在孵企业累计获得风险投资额分别从创业绩效、创新绩效、筹资绩效三个方面孵化器绩效，较为全面综合衡量了孵化器孵化绩效。

（2）解释变量

孵化器投入的规模表现在人、财、物三个方面，本书选取孵化器管理人员数（TM）、孵化器资金投入总额（TF）、孵化器总面积（TS）、在孵企业个数（PN）四个指标分别衡量。孵化器管理人员数指孵化器服务人员数量，是孵化器的人力投入。孵化器资金投入总额表示孵化器基金总额与累计公共服务平台投入之和，这是孵化器内外部投入资金，是孵化器财力投入的重要指标。孵化器总面积指孵化器的建筑面积，孵化器的面积是孵化器可以容纳多少创业企业在其中进行孵化的限制，是孵化器物力投入的一个重要指标。孵化器在孵企业个数指在孵化器内入驻，并符合《科技企业孵化器认定和管理办法》（国科发高〔2010〕680号）规定条件的企业。一般而言，孵化器内在孵企业个数越多意味着孵化器规模越大，也是衡量孵化器规模的重要指标。

（3）控制变量

不同类型、不同性质和不同地区的孵化器，其孵化绩效存在差异。本书考虑如下控制变量：一是孵化器类型（TI），将孵化器分为两种类型：专业型与综合型，将其设置为虚拟变量。若孵化器为综合型，设置虚拟变量值为1；若孵化器为专业型，设置虚拟变量值为0。综合型孵化器内在孵企业行业差异性较大，专业型孵化器内在孵企业集中于某一行业,此虚拟变量的设置主要是考察专业型和综合型孵化器的规模效应是否存在显著差异,哪个类型的孵化器规模效应更突出。二是孵化器产权性质（PP）:将孵化器的产权性质分为事业型和企业型两种并设置虚拟变量。若孵化器为企业型,设置虚拟变量值为1;若孵化器为事业型,设置虚拟变量为0,此虚拟变量的设置主要考察事业型孵化器与企业型孵化器的规模效应是否存在显著差异。三是孵化器所在地区（LD）:将我国各省按国家批复的区域发展规划中所界定的范围分为东部及中西部,东部虚拟变量设为1,中西部设为0,主要研究区域发展水平对孵化器孵化绩效规模效应的影响。

三 实证分析

（一）模型设定

由于本部分选取的被解释变量批准知识产权数、当年毕业企业数属于任意非负整数,不服从正态分布,考虑采取描述非负整数特征的计数模型、负二项分布、泊松分布等概率分布[①]。由表6—9可以看出,本研究中批准知识产权数、当年毕业企业数的方差远大于均值,不符合要求被解释变量均值与方差相等的泊松分布。负二项分布允许被解释变量的方差大于均值,因此采用负二项回归来估计模型的参数,在孵企业累计获得风险投资额则用普通最小二乘回归进行分析。

表6—9　　　　　　　　孵化器相关数据描述性统计量

变量	单位	均值	标准差	最大值	最小值	中位数
当年毕业企业数（GM）	个	11.00	9.46	70.00	0.00	8.00
批准知识产权数（ANIP）	个	78.90	86.79	755.00	1.00	54.00
企业累计获得风险投资额（AVI）	千元	91324.31	230268.80	2719222.00	0.00	21660.00
孵化器管理人员数（TM）	人	23.79	15.60	127.00	6.00	19.00
孵化器资金投入总额（TF）	千元	33263.75	57393.56	604860.00	800.00	14770.00

---

① 陈光华、梁嘉明、杨国梁:《产学研合作研发是规模经济的吗?——以广东省省部产学研合作专项为例的分析》,《科学学研究》2014年第6期,第882—889页。

续表

变量	单位	均值	标准差	最大值	最小值	中位数
孵化器总面积（TS）	平方米	55131.80	53205.75	580000.00	5626.00	37000.00
在孵企业个数（PN）	个	127.57	92.68	638.00	26.00	95.50

孵化器的创业绩效、创新绩效、筹资绩效分别受到解释变量孵化器管理人员数（TM）、孵化器资金投入总额（TF）、孵化器总面积（TS）、在孵企业个数（PN）和控制变量孵化器类型（TI）、孵化器产权性质（PP）、孵化器所在地区（LD）的影响，为了考察孵化绩效与规模倒 U 形关系的存在，在计量模型中加入了管理团队规模的二次项（TM^2）、孵化器资金规模的二次项（TF^2）、孵化器面积的二次项（TS^2）。结合上述分析，本书构建了以下计量模型：

$$GM_{it} = \alpha + \beta_0 TF_{it} + \beta_1 TF_{it}^2 + \beta_2 TM_{it} + \beta_3 TM_{it}^2 + \beta_4 TS_{it} + \beta_5 TS_{it}^2 + \beta_6 LD_{it} + \beta_7 TI_{it} + \beta_8 PP_{it} + \varepsilon_{it} \quad (6—10)$$

$$ANIP_{it} = \alpha + \beta_0 TF_{it} + \beta_1 TF_{it}^2 + \beta_2 TM_{it} + \beta_3 TM_{it}^2 + \beta_4 TS_{it} + \beta_5 TS_{it}^2 + \beta_6 LD_{it} + \beta_7 TI_{it} + \beta_8 PP_{it} + \varepsilon_{it} \quad (6—11)$$

$$AVI_{it} = \alpha + \beta_0 TF_{it} + \beta_1 TF_{it}^2 + \beta_2 TM_{it} + \beta_3 TM_{it}^2 + \beta_4 TS_{it} + \beta_5 TS_{it}^2 + \beta_6 LD_{it} + \beta_7 TI_{it} + \beta_8 PP_{it} + \varepsilon_{it} \quad (6—12)$$

（二）实证结果

表 6—10 显示了模型中孵化器当年毕业企业数、批准知识产权数、在孵企业累计获得风险投资额、孵化器管理人员数、孵化器资金投入总额、孵化器总面积、在孵企业个数等主要变量的 Spearman 相关系数，因为被解释变量当年毕业企业数、批准知识产权数服从负二项分布，因此采用 Spearman 秩相关系数。表 6—10 给出了由 Evews8.0 软件检验得到的结果，结果显示上述所有变量均存在较显著的相关关系，但相关系数较小，因此将它们放在同一模型中进行检验。为避免解释变量和二次项之间的多重共线性，本书在构建管理团队规模二次项（TM^2）、孵化器资金规模二次项（TF^2）、孵化器面积二次项（TS^2）之前对数据进行了中心化处理。

表6—10　　　　　　　　主要变量的 Spearman 相关系数

变量	1	2	3	4	5	6	7
批准知识产权数	1						
当年毕业企业数	0.2641***	1					
在孵企业累计获得风险投资额	0.4068***	0.1805***	1				
孵化器资金投入总额	0.3108***	0.2090***	0.4155***	1			
孵化器管理人员数	0.1926***	0.1549***	0.1160***	0.2926***	1		
孵化器总面积	0.4201***	0.3524***	0.2194***	0.4463***	0.2671***	1	
在孵企业个数	0.5172***	0.4602***	0.1815***	0.2786***	0.2637***	0.7086***	1

注：***$p<0.01$，**$p<0.05$，*$p<0.1$，下同。

在运用面板数据对模型（1）、模型（2）、模型（3）的参数进行估计之前，对模型（1）、模型（2）、模型（3）进行 Hausman 检验，检验结果如表6—11倒数第二行、第三行所示。Hausman 检验结果表明模型（1）、模型（2）采用固定效应模型更为合适，模型（3）采用随机效应模型更为合适。模型（1）、模型（2）、模型（3）面板回归结果如表6—11所示，回归分析之后对模型（1）和模型（2）进行 LR chi2 检验，检验结果显示两个模型都在1%的水平显著，这说明被解释变量当年毕业企业数、批准知识产权数回归模型选择负二项分布的合理性。

表6—11　　　　　　　　　　模型分析结果

变量	当年毕业企业数（1）	批准知识产权数（2）	企业累计获得风险投资额（3）
孵化器资金投入总额	0.121* (1.818)	0.202*** (2.918)	0.345*** (3.841)
孵化器资金投入总额的二次项	-0.018* (-1.790)	-0.029*** (-2.775)	-0.019 (-1.352)
孵化器管理人数	0.025 (0.439)	0.018 (0.312)	-0.066 (-0.892)

续表

变量	当年毕业企业数 (1)	批准知识产权数 (2)	企业累计获得风险投资额 (3)
孵化器管理人数的二次项	0.005 (-0.362)	-0.019 (-1.311)	0.010 (0.519)
孵化器总面积	0.146** (2.179)	0.210*** (2.847)	-0.113 (-1.247)
孵化器总面积的二次项	-0.019** (-1.898)	-0.042*** (-4.043)	0.011 (0.753)
在孵企业个数	0.214*** (4.349)	0.254*** (4.511)	0.174*** (2.663)
地区差别	0.160* (1.711)	0.115 (-1.131)	0.157 (1.244)
孵化器类型	-0.06 (-0.759)	0.530*** (5.676)	-0.330*** (-1.005)
产权性质	-0.110 (-1.385)	0.400*** (4.516)	-0.110 (-2.848)
常数项	2.327*** (20.907)	3.860*** (31.156)	0.146 (0.963)
Log likelihood	-1504.987	-2376.156	-634.586
LR chi2	106.63	186.80	
R2	0.2226	0.2802	0.0921
Hausman 检验	23.627	31.836	3.856
(P值)	0.0013	0.0000	0.7962
观测值	463	463	463

注：模型1和模型2括号内为z值，模型3括号内为t值，下同。

根据表6—11，模型（1）的检验结果显示，孵化器的资金投入规模和孵化器面积规模在统计上支持假设H1。随着孵化器资金投入规模的增加，孵化器当年毕业企业数递增，当孵化器资金投入规模达到一定阈值水平后，孵化器当年毕业企业数递减，不过递减的效果并不显著，表明孵化器资金投入规模与孵化器创业绩效之间呈倒U形关系。同理，随着孵化器总面积规模的逐步增加，孵化器当年毕业企业数递增，当孵化器总面积达到一定阈值后,孵化器当年毕业企业数递减,孵化器面积规模与孵化器创业绩效存在倒 U 形关系。

根据表 6—11,模型(2)的检验结果显示,随着孵化器资金投入规模的增加,孵化器内在孵企业批准的知识产权数递增,当孵化器资金投入规模达到一定阈值水平后,孵化器内在孵企业批准知识产权数递减,孵化器资金投入规模与孵化器创新绩效之间呈倒 U 形关系。同理,孵化器总面积规模与创新绩效也存在倒 U 形关系。

根据表 6—11 中的模型(3)的检验结果显示了在孵企业累计获得风险投资额与孵化器资金投入总额之间呈正相关关系,孵化器资金投入总额越多,越能吸引更多的风险投资者进行投资,从而使在孵企业获得更多的风险投资额。在孵企业累计获得风险投资额与在孵企业数呈正相关关系,孵化器内在孵企业越多,越能吸引风险投资者进行投资,从一个方面反映出孵化器具有获取风险投资的集聚效应。孵化器面积规模与在孵企业累计获得风险投资额关系并不显著。模型(3)验证了假设 H2 中孵化器在孵企业获得的风险投资额与孵化器资金投入总额、在孵企业个数和孵化器类型相关。

根据表 6—11 模型(1)、模型(2)、模型(3)中显示了孵化器管理团队规模与孵化器创业绩效、创新绩效、筹资绩效关系均不显著,这反映出目前我国主要孵化器还处于粗放发展阶段,未能充分发挥管理团队的规模效应,应进一步提升孵化器服务的有效性和针对性。

根据表 6—11 模型(1)、模型(2)、模型(3)中控制变量对孵化绩效的检验表明,孵化器所在地区对孵化器当年毕业企业数有一定影响,表明我国孵化器的创业绩效存在东部与中西部的地区差异。孵化器类型与产权性质对孵化器批准知识产权数存在显著影响,综合型孵化器的创新绩效要高于专业型孵化器,企业性质的孵化器创新绩效高于事业性质的孵化器。孵化器类型对在孵企业累计获得风险投资额存在显著影响,综合型孵化器的筹资绩效要高于专业型孵化器。

(三)稳健性检验

为检验负二项分布模型(1)、模型(2)和面板 EGLS 回归模型(3)结果的稳健性,本书采用泊松分布模型对模型(1)和模型(2)进行稳健性检验,采用分位数回归(中位数回归)对模型(3)的结果进行稳健性检验，结果如表6—12所示。

表6—12　　　　　　　　　稳健性检验结果

变量	模型（1）	模型（2）	模型（3）
孵化器资金投入总额	0.114*** (4.625)	0.203*** (21.941)	0.269*** (3.236)
孵化器资金投入总额的二次项	-0.016*** (-4.007)	-0.022*** (-12.317)	-0.007 (-0.234)
孵化器管理人数	0.012 (0.517)	0.038*** (3.950)	-0.015 (-0.955)
孵化器管理人数的二次项	0.008 (1.581)	-0.033*** (-13.613)	0.004 (0.495)
孵化器总面积	0.129*** (4.928)	0.301*** (25.784)	-0.044 (-1.157)
孵化器总面积的二次项	-0.019*** (-3.613)	-0.156**8 (-31.519)	0.006 (0.720)
在孵企业个数	0.020*** (13.088)	0.253*** (45.357)	0.089* (1.671)
地区差别	0.122*** (3.048)	0.182*** (-13.323)	0.009 (0.399)
孵化器类型	-0.063 (-1.623)	0.379*** (28.122)	-0.067** (-2.080)
产权性质	-0.077** (-2.133)	0.449*** (29.866)	-0.01 (-0.383)
常数项	2.335*** (47.867)	4.079*** (214.568)	-0.174*** (-2.936)
R2	0.2530	0.3953	0.0887
观测值	463	463	463

由表6—12稳健性检验结果可以看出，模型（1）、模型（2）和模型（3）的回归结果显著性和回归系数相对于表6—11原模型的回归结果显著性和回归系数无明显变化，稳健性模型检验结果与原模型检验结果总体一致。稳健性检验模型（1）和模型（2）的结果说明，孵化器的资金

投入规模和孵化器的面积规模与孵化器创业绩效和创新绩效分别存在倒 U 形关系，而孵化器创业绩效和创新绩效不存在孵化器管理团队规模效应。模型（3）验证了假设 H2 中孵化器内在孵企业获得的风险投资额与孵化器资金投入总额、在孵企业个数和孵化器类型相关。综上所述，本书实证结果具有很好的稳健性和有效性。

四　孵化器规模与孵化绩效研究启示

科技企业孵化器是促进技术创新与创业的工具和载体。目前，我国孵化器的数量和规模均跃居世界前列，需要更为关注孵化器的资源配置效率。上述研究结论对我国孵化器的集约建设并且在"新常态"下更好地发挥孵化器促进"大众创业、万众创新"的作用具有重要启示。

（1）确定合适的孵化器规模

孵化器的创业绩效与创新绩效分别和孵化器资金投入规模、孵化器面积规模之间存在倒 U 形关系得到证实，孵化器资金投入规模、孵化器面积规模过大和过小均不利于孵化器创业绩效和创新绩效的提升，而由于孵化器资金投入与孵化器筹资绩效存在规模效应，因此，尤其需要注意孵化器面积规模的过度扩大。

（2）根据不同目标确定合适的投入规模比例

孵化器绩效是一个需要考虑多重因素的综合指标，创业绩效、创新绩效、筹资绩效是测度孵化绩效的典型指标。创业绩效、创新绩效和筹资绩效的规模经济效应大小存在较大差别，需要根据孵化器的发展目标和发展阶段确定合适的投入规模比例，以发挥最优的规模经济效应。

（3）发挥管理团队的规模效应

从企业组织理论和孵化器规模经济来源分析均可得出管理团队对孵化绩效存在规模经济效应，但我国孵化器绩效的管理团队规模经济效应并未得到证实。因此，一方面需要扩大孵化器管理团队规模，特别是创业导师队伍的建设；另一方面需要从注重基础服务向注重增值服务转变，如《国家科技企业孵化器"十二五"发展规划》所述，在整体规模扩大的基础上，努力提高孵化能力和服务水平，拓展服务领域，提升服务质量，提高孵化效率。

（4）不同类型和性质的孵化器共同发展

研究表明，不同类型和性质的孵化器在创业绩效、创新绩效和筹资绩效方面有不同的优势，在孵化器的建设中，应根据不同目标建设相应的孵化器，而不用刻意追求孵化器的类型和性质，充分发挥市场配置社会资源的基础性作用，引导多种管理体制和运营机制孵化器的发展。

第五节　本章小结

本章从两个层面研究了集聚下的孵化器与效率关系。从孵化器产业集聚的角度，本章确定了衡量孵化器技术创新的有效指标，分析了在全国范围内投入产出指标的变动情况，可以看出在该期间技术创新的投入与产出均有较大提升。同时分析了在东部地区、东北地区、西部地区和中部地区技术创新投入与产出指标的变动情况，可以看出该指标在西部经济不发达地区与东部沿海经济发达地区间的差距不断加大。运用数据包络法测算了2009—2012年省域孵化器技术创新效率，数据显示，各省市区国家级孵化器的技术创新效率之间存在显著差异。运用专业化指数来衡量国家级科技企业孵化器的集聚度，研究结果表明我国国家级孵化器分布不均匀。以集聚度和技术创新效率的相关数据为基础，对数据进行单位根检验，运用面板数据分析方法分析了我国省域国家级孵化器集聚度对技术创新综合效率的影响。分析结果表明，孵化器集聚度对技术创新综合效率有显著的负向影响。最后提出了改进国家级孵化器技术创新效率的政策建议，优化国家级孵化器资源配置，促进各地国家级孵化器均衡发展，提升技术创新效率，发挥孵化器的集聚优势。

从孵化器内创业企业集聚的角度，本章利用国家级科技企业孵化器的数据探讨了孵化器规模与孵化绩效之间的关系，研究结果表明：孵化器的创业绩效与创新绩效分别和孵化器资金投入规模、孵化器面积规模之间呈倒 U 形关系；孵化器的筹资绩效和孵化器资金规模之间存在规模经济效应；孵化器的创业绩效、创新绩效、筹资绩效和孵化器管理团队规模关系不显著；孵化器所在地区对孵化器创业绩效有一定影响，综合型孵化器的创新绩效要高于专业型孵化器，企业性质的孵化器创新绩效高于事业性质的孵化器，综合型孵化器的筹资绩效要高于专业型孵化器，孵化器的产权性质对孵化器创业绩效和筹资绩效影响不显著。

基于上述研究，本章提出如下建议：

（1）优化国家级孵化器资源配置

在2009—2012年期间，有85%以上的国家级科技企业孵化器技术创新综合效率小于1，约有66%的国家级孵化器技术创新纯技术效率和规模效率均小于1，这些国家级孵化器的技术创新水平与规模效益均未得到有效发挥。为解决该问题，应当保证科研人员与科研经费达到最优的配比，营造良好的科研环境，对专业技术人员实施激励机制与竞争机制，促进技术创新。同时，应鼓励专业技术人员对知识产权的申报，发挥其规模效益。

（2）促进各地国家级孵化器均衡发展

研究表明，我国省域国家级科技企业孵化器总产值存在较大的差异，并且在各省市经济发展的带动下，其不均衡有扩大趋势。因此需要注重科技企业孵化器的均衡化发展，通过促进省域经济水平整体提升、增加国家级孵化器数量、国家级孵化器向均衡化发展，发挥国家级孵化器的带动和引领作用。

（3）提升技术创新效率

国家科技企业孵化器应加大对国外先进技术的引进、加强与高校的研发合作、吸引优秀人才、为高科技人才提供优惠政策、提升自身技术创新能力，以此提升技术创新的效率。同时，政府也应为国家级孵化器提供技术创新方面的优惠政策，提高国家级孵化器和在孵企业进行技术创新的动力。

（4）发挥孵化器的集聚优势

数据显示国家级孵化器的集聚程度越来越明显，如何有效利用孵化器集聚所带来的产业优势提升技术创新能力是十分重要的。孵化器应建立良好的社会网络和有效的政策与制度，加强技术交流与经验分享；培养管理者的创新精神和孵化器的创新文化；将技术创新的责任落实到具体环节，形成协同发展、互动发展的新局面。

（5）确定合适的孵化器规模

孵化器的创业绩效与创新绩效分别和孵化器资金投入规模、孵化器面积规模之间存在倒 U 形关系得到证实，孵化器资金投入规模、孵化器面积规模过大和过小均不利于孵化器创业绩效和创新绩效的提升，而由于孵化器资金投入与孵化器筹资绩效存在规模效应，因此，尤其需要注意孵化器面积规模的过度扩大。

第七章

集聚下的科技企业孵化器与创投演化

科技企业孵化器与创投合作的可能性、必要性、模式受到了众多学者的关注[1][2][3]。在孵化器与创投合作的可能性方面，研究表明，孵化器管理者会对孵化器设施的管理和运营产生重大影响，孵化器也能成为创业企业和风险资本的纽带。不过创业企业在成长过程中不仅需要设施和资金的支持，还需要管理、技术等知识来保证自身运行和健康发展。因此，科技企业孵化器不仅要为在孵企业提供资金、设施等外部支持，还应与创投等外部机构共同向在孵企业提供知识服务[4]，孵化器的知识服务最近几年也开始受到更多关注[5]。Studdard 研究了创业企业从孵化器管理者获取知识对新产品开发、提升技术能力和降低销售成本产生积极影响的原因。Bergek 等人指出孵化器通过孵化网络向在孵企业提供知识。尤荻等人发现孵化器知识服务的互动过程两个主要方面中的一个是孵化器

---

[1] 李刚、张玉臣、陈德棉：《孵化器与风险投资》，《科学管理研究》2002 年第 3 期，第 18—22 页。

[2] 郭田勇、王鋆：《推动我国高新产业发展的"孵化器+风险投资"模式研究》，《中央财经大学学报》2006 年第 11 期，第 48—52 页。

[3] 秦军、殷群：《孵化器与风险投资融合模式研究》，《科学学与科学技术管理》2009 年第 5 期，第 105—110 页。

[4] Studdard N. L., The effectiveness of entrepreneurial firm's knowledge acquisition from a business incubator [J]. International Entrepreneurship and Management Journal, 2006, 2 (2): 211 – 225.

[5] Becker B., Gassmann O., Gaining leverage effects from knowledge modes within corporate incubators [J]. R&D Management, 2006, 36 (1): 1 – 16.

和创投等外部知识资源间的互动。李文博[1]从孵化器创业知识服务的运营模式角度，认为孵化器应加强与创投等网络的协同创新。同时，创投对创业企业提供的咨询等知识服务也获得了重视[2][3]。

由于科技企业孵化器能够深入密切接触其内的创业企业，孵化器对创业项目更为了解[4]，科技企业孵化器提供的知识对在孵企业的新产品开发、提升技术能力、提高声誉和降低销售成本有积极影响；创投对于创业项目的市场信息和商业运营更为专业[5]，对创业项目扩大市场及做大做强更为重要。在实践过程中，孵化器和创投不充分合作导致创业企业不熟悉双方各自的特点，从而使创业企业无法很好地利用孵化器和创投资源提升绩效[6]。因此，科技企业孵化器和创投需要和对方进行充分的知识和信息合作，在孵化器与创投组织联盟框架下进行知识（信息）协同创造，更为高效地培育创业企业和企业家。

一方面孵化器群体与创投群体能够形成产业集聚，孵化器、创投、在孵企业等多种要素在集群过程中会形成一个复杂的知识网络系统，各种类型的知识在节点与网络链路之间进行创新与扩散，而前面章节研究的孵化器内部知识网络可理解为整个孵化器网络体系的子网。另一方面，科技企业孵化器与创投不仅存在合作关系，还形成了竞争关系，发展成一种复杂的合作与竞争关系。鉴于整个系统的复杂性，本章将借鉴演化博弈思想探究如何促进孵化器群体与创投群体在共同培育创业项目上获取较高的收益。本章内容包括三方面：创业孵化集聚下的孵化器与创投

---

[1] 李文博：《企业孵化器创业知识服务的商业运营模式：一个多案例研究》，《研究与发展管理》2014年第1期，第89—101页。

[2] Kanniainen V., Keuschnigg C., The optimal portfolio of start-up firms in venture capital finance [J]. Journal of Corporate Finance, 2003, 9 (5): 521-534.

[3] Cumming D., Fleming G., Suchard J. A., Venture capitalist value-added activities, fundraising and drawdowns [J]. Journal of Banking & Finance, 2005, 29 (2): 295-331.

[4] Mcadam M., Marlow S., Sense and sensibility: the role of business incubator client advisors in assisting high-technology entrepreneurs to make sense of investment readiness status [J]. Entrepreneurship & Regional Development, 2011, 23 (7-8): 449-468.

[5] Elitzur R., Gavious A., Selection of entrepreneurs in the venture capital industry: an asymptotic analysis [J]. European Journal of Operational Research, 2011, 215 (3): 705-712.

[6] Chen C. J., Technology commercialization, incubator and venture capital, and new venture performance [J]. Journal of Business Research, 2009, 62 (1): 93-103.

知识共享演化博弈分析；基于种群关系的孵化器与创投竞合模型与演化分析；孵化器与创投动态合作微分对策研究。

第一节　集聚下的孵化器与创投知识共享演化与激励

一　演化博弈理论

演化博弈理论诞生于生物学领域，最早用于解释种群进化问题，之后阿尔钦认为可以用来解释各种社会形态的动态选择机制，这种机制促使各行为主体为适应社会发展的压力而采取适应性的决策，通过模仿、学习等途径最后达到纳什均衡。

纳什提出的"群体行为解释"被认为是最早的关于演化博弈思想的理论成果，该解释认为博弈参与人不需要对共同博弈结构有充分知识，只需积累策略集中各策略所能获得的效用信息，最终达到纳什均衡。Smith 和 Price[1] 首次提出的演化稳定策略以及 Taylor 和 Jonker[2] 定义的模仿者动态被认为是演化博弈理论最核心的概念，被广泛运用于经济学和管理学领域，并在发展中得到不断完善。在其发展进程中，学者们将研究扩展到不同背景下，扩大和完善了研究领域。进入 21 世纪，演化稳定策略的分歧及合作演化博弈的研究使演化博弈体系更加完善。如孙庆文等在不完全信息条件下对演化博弈均衡进行渐进稳定性分析，吴昊等探讨了合作竞争博弈中的长期演化趋势。演化博弈的理论研究扩展到了完全信息、不完全信息、合作、非合作等条件下，用于分析各种实际问题。

传统的博弈理论均假设参与人是完全理性的，为追求个人利益最大化而做出决策，策略集是完全信息公开的，但在现实生活中，这些条件基本上是不存在的；与传统博弈有所不同，演化博弈理论研究的是有限理性的参与人，通过参与人的决策选择而得到动态均衡结果，与实际情

---

[1] Smith J. M., Price G. R., The Logic of Animal Conflict [J]. Nature, 1973, (246): 15 – 18.
[2] Taylor P. D., Jonker L. B., Evolutionarily stable strategies and game dynamics [J]. Mathematical. Bioscience, 1978, 40 (1 – 2): 145 – 156.

况更加相符。由于演化博弈理论的实践性,其受到学者们的广泛关注,并被应用在众多领域。

Smith 和 Price 提出的"演化稳定策略"概念和 Taylor 和 Jonker 提出的"模仿者动态模型"是演化博弈理论的两大基石。

(一)演化稳定策略(ESS)

生态学家史密斯和普莱斯提出了演化稳定策略,这是演化博弈理论的最基本概念,之后,演化博弈论迅速发展起来。所谓演化稳定策略是指如果占种群绝大多数的个体选择演化稳定策略,那些小的突变群体就不能侵入这个群体。或者说,在自然选择下,突变者要么经过进化加入大群体,要么被淘汰。

Smith 和 Price 所定义的演化稳定策略如下:

定义 1.1 (Smith 和 Price):$x \in A$ 是演化稳定策略,如果 $\forall y \in A, y \neq x$,存在一个 $\bar{\varepsilon}_y \in (0,1)$,不等式 $u[x, \varepsilon y + (1-\varepsilon)x] > u[y, \varepsilon y + (1-\varepsilon)x]$ 对任意的 $\varepsilon \in (0, \bar{\varepsilon}_y)$ 都成立。其中 A 是博弈参与人的策略集合;y 表示突变策略;$\bar{\varepsilon}_y$ 是一个与突变策略 y 有关的常数,称之为侵入界限;$\varepsilon y + (1-\varepsilon)x$ 表示选择演化稳定策略参与人与选择突变策略参与人所组成的群体。

Selten[1] 提出了非对称博弈 ESS 的概念。

定义 1.2 (Selten):在非对称博弈 G 中,参与人的决策 $s = (s^1, s^2)$ 称为演化稳定策略,如果:(1) 对任意的 $s' \in S \times S$,满足 $f(s,s) \geq f(s',s)$;(2) 如果 $f(s,s) = f(s',s)$,那么对任意的 $s \neq s'$ 有 $f(s',s) \geq f(s',s')$。

根据 Gressman[2] 提出的多种群演化稳定策略等价于其强稳定性,格雷和瓦格定义了严格 N 群体演化稳定策略概念:

定义 1.3 (Garay 和 Varga):策略组合 $P^* = (P^{1*}, P^{2*}, \cdots, P^{n*}) \in S$ 称为 N 群体进化稳定策略,如果对每一个 $P = (P^1, P^2, \cdots, P^n) \in$

---

[1] Selten R., Evolutionary Stability in Extensive Two-Person Games-Correction and Further Development [J]. Mathematical1 Social Science, 1988, 16 (3): 223 - 266.

[2] Cressman R., Strong Stability and Density-Dependent Evolutionarily Stable Strategies [J]. Theoretical Population Biology, 1990, 145 (3): 319 - 330.

$S/\{P^*\}$, $\forall i \in (1,n)$, $P^i \neq P^{i*}$, 存在 $0 < \varepsilon_p^i < 1$, 对所有的 $0 < \varepsilon^i < \varepsilon_p^i$ 都有：

$$P^i\left(\sum_{i=1}^n A^{ij}X^j\right) < P^{i*}\left(\sum_{i=1}^n A^{ij}X^j\right)$$

其中 $X^j = (1-\varepsilon^j)P^{*j} + \varepsilon^j P^j$ 表示选择策略 P^j 与 P^{*j} 个体所组成的群体；A^{ij} 表示 i,j 两种群博弈时，i 种群的效用。

不过，目前被广泛采用的还是 Friedman[①] 给出的多群体非对称博弈的演化稳定策略定义，也是本书所采用的演化稳定策略定义。现引述如下：

对于 N 个相互博弈的种群，每个种群 $n_i(t)$ 有 t 个策略，用下标 i 表示。种群 $x(x_1, x_2, \cdots, x_K)$ 对应的 t 维向量集 x_i。具有该形式的任一向量 i 表示种群 $x_i = n_i(t)/N$ 的任意一个个体的混合策略，而具有该形式的向量 $f(s_i, x)$ 表示种群 s_i 中采用每种策略的个体在该种群中所占的比例。因此，$f(x,x) = \sum x_i f(s_i, x)$ 个这样的 $dx_i(t)/dt = [f(s_i,x) - f(x,x)]x_i$ 维空间的笛卡儿积 $dx_i^j(t)/dt = [f(s_i^j, x) - f(x^j, x^{-j})]x_i^j$ 既表示策略集合，也表示状态空间。

演化博弈论用每个种群中的个体的适应度作为支付来描述博弈策略，个体的适应度是个体策略和当前状态的函数，适应度函数就是一个映射 $j(j = 1, 2, \cdots, K)$。它假定该函数是第一个变量（自己的策略）K 的线性函数，并且对于第二个变量（种群状态）K 是连续可导的。适应度函数也可以记成 x_i^j。适应度函数关于变量 $i(i = 1, 2, \cdots, N_j)$ 的线性假设可以看作是"大数"假设：对于大种群，一个混合策略的适应度是构成的各种纯策略的期望适应度。

演化博弈的最终基本模型是描述状态 s_i^j 如何随时间演化的一个动态结构。若根据稳定性分析可知该系统的某个解是稳定的，则该解就对应演化稳定策略（ESS）。

[①] Friedman J. H., Multivariate Adaptive Regression Splines [J]. The Annals of Statistics, 1991, 19 (1): 1-67.

(二) 复制动态方程

演化博弈理论的应用领域十分的广泛，不仅在种群演化过程中，而且在实际生活中，个体所采取的策略并不是一成不变的，而是在进程中通过学习、模仿、适应的一个过程，是动态演化的一个过程，Taylor 和 Jonker 通过对群体的动态演化行为进行了研究提出了模仿者动态模型[1]。模仿者动态模型是演化博弈理论的核心基础。

(1) 单种群模仿者动态

假定群体中每一个个体在任何时候只选择一个纯策略，$S_K = \{s_1, s_2, \cdots, s_K\}$ 表示群体中各个体可供选择的纯策略集；N 表示群体中个体总数；$n_i(t)$ 表示在时刻 t 选择纯策略 i 的个体数。$x(x_1, x_2, \cdots, x_K)$ 表示群体在时刻 t 所处的状态，其中，x_i 表示在该时刻选择纯策略 i 的人数在群体中所占的比例，即 $x_i = n_i(t)/N$。以 $f(s_i, x)$ 表示群体中选择纯策略 s_i 的个体所得期望支付。$f(x, x) = \sum x_i f(s_i, x)$ 表示群体平均期望支付。在对称博弈中每一个个体都认为其对手来自于状态 x 的群体的虚拟个体。这样就可以得到系统的微分方程：

$$dx_i(t)/dt = [f(s_i, x) - f(x, x)]x_i$$

(2) 多种群模仿者动态模型

在处理实际问题时，经常会遇到单种群模型无法解决的问题，例如社会经济问题通常会涉及多个利益方，相互关系错综复杂，这时就需要构建多种群的模型来解决实际问题。Selten 给出了多群体模仿者动态方程：

$$dx_i^j(t)/dt = [f(s_i^j, x) - f(x^j, x^{-j})]x_i^j$$

其中，$j(j = 1, 2, \cdots, K)$ 表示第 J 个种群，K 表示有 K 个种群，x_i^j 表示第 J 个种群中采取 $i(i = 1, 2, \cdots, N_j)$ 策略的比例，s_i^j 表示种群 J 中采取策略比例最高的是第 i 个，x^j 和 x^{-j} 分别表示种群 J 及其他种群在 t 时刻的状态；$f(s_i^j, x)$ 表示种群 J 中的个体选择策略 s_i^j 时所能获取的期望支付，其中

---

[1] Taylor P. D., Jonker L. B., Evolutionarily stable strategies and game dynamics [J]. Math. Bioscience, 1978, 40 (1-2): 145-156.

x 表示策略组合;$f(x^j, x^{-j})$ 表示种群的平均支付。

二 孵化器与创投知识共享演化博弈

（一）模型建立

孵化器创投联盟知识共享演化博弈中，知识的价值包括基本价值、垄断知识的附加价值、知识转移的协同价值、知识的杠杆价值和提供知识产生的负面影响[1]。同理，孵化器群体与创投群体之间的知识共享演化博弈也含有相同的知识价值分类。本章中，孵化器群体为博弈方1，创投群体为博弈方2。假设博弈方 i (i = 1,2) 拥有知识的基本价值为 r_i，由于独自拥有知识而具有的知识垄断价值为 va_i，对共享知识的吸收能力为 m_i，获取对方转移知识后的杠杆价值为 l_i。孵化器群体与创投群体都进行知识共享时产生知识的协同效应为 s，假设双方竞合过程中产生的协同效应相等并且为各自价值之和的线性组合，即 $s = k(l_1 + l_2)$，$k \geq 1$，共享知识产生的负面影响为 nr_i，博弈方 i 拥有知识的边际收益 k_i。双方共享知识的成本之和为 c，当双方都共享知识时，各自的共享知识成本为 $c/2$，当仅有一方共享知识时，单独承担成本 c，当双方都不进行知识共享时，其成本为 0。另外，在孵化器创投联盟知识共享演化博弈中，声誉、惩罚、利他主义和其他心理和社会学因素会对合作博弈中的个人行为发挥作用[2]。因此，本章将这些因素整合在一起，称为社会惩罚。孵化器群体与创投群体知识共享演化博弈过程中，如果一方进行知识共享而另一方不进行知识共享，不合作者由于声誉降低而带来的损失为 θ，如果双方均共享或均不共享知识，则双方都没有声誉损失。竞合下孵化器群体与创投群体知识共享演化博弈的支付矩阵如表7—1所示。

---

[1] Loebecke C., Van Fenema P. C., Powell P., Co-opetition and knowledge transfer [J]. ACM SIGMIS Database, 1999, 30 (2): 14 – 25.

[2] Cai G., Kock N., An evolutionary game theoretic perspective on e-collaboration: the collaboration effort and media relativeness [J]. European Journal of Operational Research, 2009, 194 (3): 821 – 833.

表 7—1 知识共享博弈支付矩阵

博弈方 1 \ 博弈方 2	共享	不共享
共享	$(k_1(r_1+m_2r_2+s+l_2-nri_1)-c/2,$ $k_2(m_1r_1+r_2+s+l_1-nri_2)-c/2)$	$(k_1(r_1-nri_1)-c,$ $k_2(m_1r_1+r_2+va_2+l_1)-\theta)$
不共享	$(k_1(r_1+m_2r_2+va_1+l_2)-\theta,$ $k_2(r_2-nri_2)-c)$	$(k_1(r_1+va_1),$ $k_2(r_2+va_2))$

根据实际情况,孵化器和创投合作共享知识时获得的收益要分别大于不共享知识时获得的收益,由此可以得到:

$$k_1(r_1+m_2r_2+s+l_2-nri_1)-c/2 > k_1(r_1+va_1) \quad (7—1)$$

$$k_2(m_1r_1+r_2+s+l_1-nri_2)-c/2 > k_2(r_2+va_2) \quad (7—2)$$

竞合下两类企业集群中孵化器群体共享知识的比例为 x,则不进行知识共享的比例为 $1-x$。同理可以设定创业投资群体共享知识的个体占比为 y,不进行知识共享的个体占比为 $1-y$。

孵化器群体在采取共享知识和不共享知识行为时的期望收益分别为:

$$u_1^Y = y[k_1(r_1+m_2r_2+s+l_2-nri_1)-c/2]$$
$$+(1-y)[k_1(r_1-nri_1)-c] \quad (7—3)$$

$$u_1^N = y[k_1(r_1+m_2r_2+va_1+l_2)-\theta]+(1-y)k_1(r_1+va_1) \quad (7—4)$$

孵化器群体的平均期望收益为:

$$\bar{u}_1 = x \cdot u_1^Y + (1-x) \cdot u_2^N$$
$$= y\{x[k_1(r_1+m_2r_2+s+l_2-nri_1)-c/2]$$
$$+(1-x)[k_1(r_1+m_2r_2+va_1+l_2)-\theta]\}$$
$$+(1-y)\{x[k_1(r_1-nri_1)-c]+(1-x)k_1(r_1+va_1)\}$$
$$(7—5)$$

创投群体在采取共享策略和不共享策略行为时的期望收益分别为:

第七章 集聚下的科技企业孵化器与创投演化 / 191

$$\begin{aligned}
\bar{u}_2 &= y \cdot u_2^Y + (1-y) \cdot u_2^N \\
&= x\{y[k_2(m_1 r_1 + r_2 + s + l_1 - nri_2) - c/2] \\
&\quad + (1-y)[k_2(m_1 r_1 + r_2 + va_2 + l_1) - \theta]\} \\
&\quad + (1-x)\{yk_2[(r_2 - nri_2) - c] + (1-y)[k_2(r_2 + va_2)]\}
\end{aligned}$$

(7—6)

根据上面计算的结果，可以分别得出竞合下孵化器群体与创投群体的知识共享博弈复制动态方程为：

$$\begin{aligned}
\frac{dx}{dt} &= x(u_1^Y - \bar{u}_1) = x(1-x)\{y(k_1 s + c/2 + \theta) \\
&\quad - [k_1(nri_1 + va_1) + c]\}
\end{aligned}$$

(7—7)

$$\begin{aligned}
\frac{dy}{dt} &= y(u_2^Y - \bar{u}_2) = y(1-y)\{x(k_2 s + c/2 + \theta) \\
&\quad - [k_2(nri_2 + va_2) + c]\}
\end{aligned}$$

(7—8)

（二）演化博弈模型的分析

竞合下孵化器创投联盟知识共享的演化可用微分方程（7—7）和（7—8）组成的系统来描述，并得到系统的平衡点 (x, y)：$(0, 0)$，$(0, 1)$，$(1, 0)$，$(1, 1)$，$([k_2(nri_2 + va_2) + c]/(k_2 s + c/2 + \theta)$，$[k_1(nri_1 + va_1) + c]/(k_1 s + c/2 + \theta))$。系统平衡点的稳定性可由该系统相应的 Jacobian 矩阵的局部稳定分析获得。对式（7—7）（7—8）两式依次对 x，y 求偏导数，可得出 Jacobian 矩阵为：

$$J = \begin{bmatrix} (1-2x)\{y(k_1 s + c/2 + \theta) - [k_1(nri_1 + va_1) + c]\} & x(1-x)(k_1 s + c/2 + \theta) \\ y(1-y)(k_2 s + c/2 + \theta) & (1-2y)\{x(k_2 s + c/2 + \theta) - [k_2(nri_2 + va_2) + c]\} \end{bmatrix}$$

使用 Jacobian 矩阵的局部稳定分析法判断这五个平衡点的局部稳定性[1]，将 J 的行列式记为 Det J，迹记为 Tr J，令 $M_1 = k_1 s + c/2 + \theta$，$M_2 = k_2 s + c/2 + \theta$，$N_1 = k_1(nri_1 + va_1) + c$，$N_2 = k_2(nri_2 + va_2) + c$，得到结果如表7—2所示。

---

[1] Friedman D., Evolutionary games in economics [J]. Econometrica: Journal of the Econometric Society, 1991: 637-666.

表 7—2　　　　　　　　　　矩阵 J 的行列式和迹

平衡点 (x, y)	Det J	Tr J
$U_1 (0, 0)$	$N_1 N_2$	$-N_1 - N_2$
$U_2 (0, 1)$	$(M_1 - N_1) N_2$	$M_1 - N_1 + N_2$
$U_3 (1, 0)$	$(M_2 - N_2) N_1$	$M_2 - N_2 + N_1$
$U_4 (1, 1)$	$(M_1 - N_1)(M_2 - N_2)$	$-(M_1 - N_1) - (M_2 - N_2)$
$U_5 (N_2/M_2, N_1/M_1)$	$-N_1 N_2 (M_1 - N_1)(M_2 - N_2)/M_1 M_2$	0

x，y 分别表示某一群体中选择某一策略的个体占该群体的比例，所以 $0 \leq x \leq 1$，$0 \leq y \leq 1$。因此我们在平面 $G = \{(x, y) \mid 0 \leq x, y \leq 1\}$ 内讨论系统的平衡点及稳定性。下面分四种情况进行讨论，每种情况下 Jacobian 矩阵行列式与迹的符号如表 7—3 所示。

讨论系统的平衡点及稳定性，可得定理 1 和定理 2。

定理 1：当 $N_1 < M_1$，$N_2 < M_2$ 时，复制动态系统有五个平衡点 U_1—U_5 在平面 G 内，其中 U_1、U_4 为稳定状态点，U_2、U_3 为不稳定状态点，U_5 为鞍点，该动态系统的相位图如图 7—1 所示。

该动态系统存在五个平衡点，即 (x, y)：$U_1 (0, 0)$、$U_2 (0, 1)$、$U_3 (1, 0)$、$U_4 (1, 1)$、$U_5 (N_2/M_2, N_1/M_1)$，它们分别对应着一个演化博弈均衡。通过表 7—3 判别各个点的行列式与迹的符号可知，$U_1 (0, 0)$、$U_4 (1, 1)$ 为演化稳定策略 ESS；$U_2 (0, 1)$、$U_3 (1, 0)$ 为不稳定策略；$U_5 (N_2/M_2, N_1/M_1)$ 为鞍点。在五个平衡点中只有 $U_1 (0, 0)$ 和 $U_4 (1, 1)$ 两个平衡点具有稳定性，即孵化器与创投联盟知识共享演化博弈过程最终的稳定策略（ESS），分别对应于双方采用 {共享，共享} 和 {不共享，不共享} 策略。

由图 7—1 可知，$U_1 U_2 U_4 U_3$ 构成了竞合下孵化器创投联盟双方知识共享的演化博弈策略域，由不稳定策略 $U_2 (0, 1)$、$U_3 (1, 0)$ 和鞍点 $U_5 (N_2/M_2, N_1/M_1)$ 连成的折线 $U_2 U_5 U_3$ 是该演化系统收敛于不同均衡状态的临界线（在图 7—1 中，点 U_5 与任意顶点的连线一般不为直线，由于无法准确知道"经过两点的轨迹"，这里以直线代替），并将 $U_1 U_2 U_4 U_3$ 划分为区域 $U_1 U_2 U_3$ 与 $U_4 U_2 U_3$ 两部分。初始状态在演化博弈策略域中的位置决定了孵化器创投联盟双方演化博弈系统的最终收敛结果，若初始状态

第七章 集聚下的科技企业孵化器与创投演化 / 193

表7—3 知识共享博弈的局部稳定性分析

	$N_1 < M_1, N_2 < M_2$			$N_1 < M_1, N_2 > M_2$			$N_1 > M_1, N_2 < M_2$			$N_1 > M_1, N_2 > M_2$		
	Det J	Tr J	稳定性	Det J	Tr J	稳定性	Det J	Tr J	稳定性	Det J	Tr J	稳定性
$U_1(0,0)$	+	−	ESS	+	−	ESS	+	−	ESS	+	−	ESS
$U_2(0,1)$	+	+	不稳定	+	+	不稳定	−	?	鞍点	−	?	鞍点
$U_3(1,0)$	+	+	不稳定	−	?	鞍点	+	+	不稳定	−	?	鞍点
$U_4(1,1)$	+	−	ESS	−	?	鞍点	−	?	鞍点	+	+	不稳定
$U_5(N_2/M_2, N_1/M_1)$	−	0	鞍点									

在 $U_1U_2U_3$ 内,则系统最终收敛于 U_1 点,即孵化器创投联盟双方都不进行知识共享;若初始状态在 $U_4U_2U_3$ 内,系统最终收敛于 U_4 点,即孵化器创投联盟双方均进行知识共享。通过对初始状态参数的调整,可以使孵化器创投联盟双方群体经过演化博弈最终采用共享知识行为的概率增加,达到更高效率平衡点的可能性增大,这说明两个群体最终达到的均衡策略是可控的。

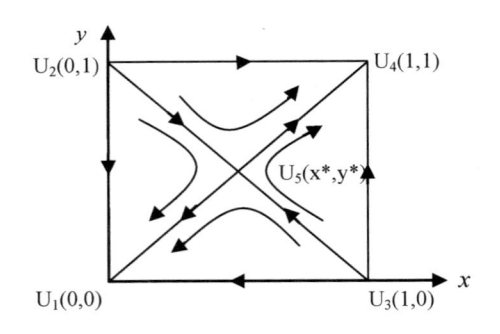

图 7—1　定理 1 情形

定理 2:(1)当 $N_1 < M_1$,$N_2 > M_2$ 时,复制动态系统有四个平衡点 U_1—U_4 在平面 G 内,其中 U_1 为稳定状态点,U_2 为不稳定状态点,U_3、U_4 为鞍点,该动态系统的相位图如图 7—2 所示;(2)当 $N_1 > M_1$,$N_2 < M_2$ 时,复制动态系统有四个平衡点 U_1—U_4 在平面 G 内,其中 U_1 为稳定状态点,U_3 为不稳定状态点,U_2、U_4 为鞍点,该动态系统的相位图如图 7—3 所示;(3)当 $N_1 > M_1$、$N_2 > M_2$ 时,复制动态系统有四个平衡点 U_1—U_4 在平面 G 内,其中 U_1 为稳定状态点,U_4 为不稳定状态点,U_2、U_3 为鞍点,该动态系统的相位图如图 7—4 所示。

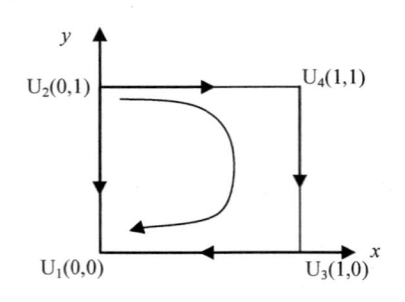

图 7—2　定理 2—(1)情形

第七章 集聚下的科技企业孵化器与创投演化 / 195

在上述 3 种情况下，动态系统只有一个稳定状态，也就是说不管初始状态在演化策略域中的位置如何，最终都会演化到稳定状态 U_1（0，0）。孵化器创投联盟双方群体在这三种条件下，它们在不断的策略调整过程中最终都会演化到 U_1（0，0）稳定策略，即｛不共享，不共享｝策略。在这种条件下，孵化器创投联盟双方群体在长期的竞合过程中，最终会走向不合作的道路。应该制定相应的机制或创造相应的条件，避免这三种低效率情况的发生。

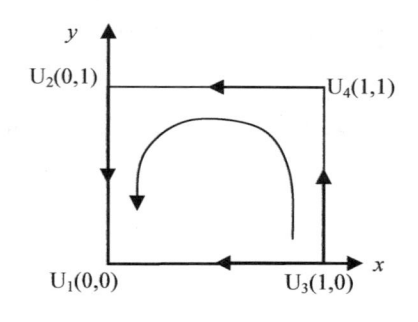

图 7—3 定理 2—（2）情形

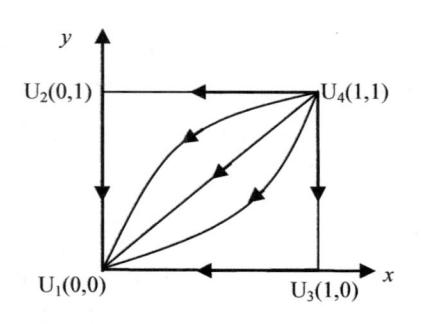

图 7—4 定理 2—（3）情形

（三）孵化器创投联盟知识竞合行为的参数分析

由于定理 2 的三种情况最终都会导致孵化器创投联盟双方选择不进行知识共享策略，双方在长期内不能达成合作目标而获得更大的收益。因此，应该制定相应的机制和限制条件，确保 U_5 点在 G 平面内。若 U_5 点在 G 平面内，则有 $N_1 < M_1$，$N_2 < M_2$ 成立，即 $k_1(nri_1 + va_1) + c < k_1s +$

$c/2 + \theta$ 且 $k_2(nri_2 + va_2) + c < k_2s + c/2 + \theta$。通过不等式变形，可以得到如下结果：

$$k_1(nri_1 + va_1 - s) < \theta - c/2 \qquad (7\text{—}9)$$

$$k_2(nri_2 + va_2 - s) < \theta - c/2 \qquad (7\text{—}10)$$

根据条件（7—1）（7—2）并不能得到条件（7—9）（7—10），因此（7—9）（7—10）两个条件在这里是必要的。在满足条件（7—9）（7—10）的基础上，孵化器创投联盟双方在长期知识共享的演化博弈过程中，会产生一个鞍点 U_5 在 G 平面内。此时，通过调整相关参数，在演化博弈过程中，最终可以得到有利于促进双方进行知识共享的演化稳定策略。

鞍点 U_5 的横坐标 $x^* = N_2/M_2$，纵坐标 $y^* = N_1/M_1$。代入 $M_1 = k_1s + c/2 + \theta, M_2 = k_2s + c/2 + \theta, N_1 = k_1(nri_1 + va_1) + c, N_2 = k_2(nri_2 + va_2) + c$，得到如下结果：

$$x^* = \frac{k_2(nri_2 + va_2) + c}{k_2s + c/2 + \theta}$$

$$y^* = \frac{k_1(nri_1 + va_1) + c}{k_1s + c/2 + \theta}$$

下面对影响 x^*，y^* 的孵化器创投联盟双方各个参数进行分析。

（1）孵化器创投联盟双方独自拥有知识的价值增值

孵化器创投联盟双方独自拥有知识的价值增值分别为 va_1、va_2。va_1 减小，va_2 不变时，鞍点 U_5 向下移动；va_1 不变，va_2 减小时，鞍点 U_5 向左移动；va_1 与 va_2 同时减小时，鞍点 U_5 向左下方移动。以上三种情况均使折线 $U_2U_5U_3$ 右上方面积增大、左下方面积减小，此时演化系统收敛于 U_4 点这种均衡状态的概率增加。以上分析表明，孵化器创投联盟双方独自拥有知识的价值增值越小，两个群体在长期的演化博弈过程中最终达到都进行知识共享均衡的概率越大。知识的价值增值反映了孵化器创投联盟双方进行知识共享时丢掉的那部分垄断价值，这部分垄断价值越小，达到理想状态的演化可能性越大。制定有效的学习模式，加快孵化器创投联盟双方学习新知识的速度，获得更加全面的知识，减少对方独自拥有知识的垄断价值，会使二者的演化博弈过程最终达到理想均衡状态的可能性增加。

(2) 孵化器创投联盟双方共享知识产生的负面影响

孵化器创投联盟双方共享知识产生的负面影响分别为 nri_1、nri_2。根据鞍点 U_5 的横纵坐标，当 nri_1 减小、nri_2 不变时，鞍点 U_5 向下移动；nri_1 不变、nri_2 减小时，鞍点 U_5 向左移动；nri_1 与 nri_2 同时减小时，鞍点 U_5 向左下方移动。这几种情况均使折线 $U_2U_5U_3$ 右上方面积增大、左下方面积减小，此时演化系统收敛于 U_4 点这种均衡状态的概率增加。分析表明，共享知识时产生的负面影响越小，孵化器创投联盟双方群体在长期的演化博弈过程中达到都进行知识共享均衡状态的概率越大。共享知识产生的负面影响来源于博弈方共享知识时自己原始知识价值的降低，原因是获得知识的博弈方很有可能得到了长期以来缺乏的知识，完善了自己的知识结构，在下一阶段中不再合作进行知识共享。这种负面影响越小，表明博弈方拥有的知识在下一阶段越值得被其他博弈方获得，导致博弈方之间进行合作并共享知识的动力就越大。这就需要孵化器创投联盟双方不断更新自己的知识，不断学习那些对方急需但并没有获得的知识，保持自己的竞争优势，促使孵化器创投联盟知识共享持续进行。

(3) 孵化器创投联盟双方知识的协同效应和杠杆作用

孵化器创投联盟双方知识的协同效应为 s，杠杆作用分别为 l_1、l_2。由假设可知 $s = t(l_1 + l_2)$，鞍点 U_5 的横纵坐标随着 s 的增大而减小。此时鞍点 U_5 向左下方移动，使折线 $U_2U_5U_3$ 右上方面积增大，左下方面积减小，此时演化系统收敛于 U_4 点这种均衡状态的概率增加。s 增大意味着 l_1、l_2 两个变量中至少有一个变量变大，这就需要孵化器创投联盟双方增大共享知识的杠杆作用，充分学习和研究知识共享方共享的知识，在获得外来知识的基础上充分发挥自己的创造力，增加外来知识的价值。孵化器创投联盟双方共享知识的杠杆作用越大，产生的协同效应越大，进而收敛于高收益均衡点 U_4 的概率越大。

(4) 孵化器创投联盟双方共享知识产生的成本

横坐标 x^* 和纵坐标 y^* 分别对 c 求一阶导数，整理后得到结果如下：

$$dx^*/dc = [(k_2s + \theta) - 1/2k_2(nri_2 + va_2)]/(k_2s + c/2 + \theta)^2$$

$$dy^*/dc = [(k_1s + \theta) - 1/2k_1(nri_1 + va_1)]/(k_1s + c/2 + \theta)^2$$

根据条件（7—10）可知：

$$(k_2s + \theta) - 1/2k_2(nri_2 + va_2) = 1/2k_2s + \theta - 1/2k_2(nri_2 + va_2 - s)$$
$$> 1/2 k_2s + \theta - 1/2(\theta - c/2)$$
$$= 1/2 k_2s + \theta/2 + c/4$$

由此可得 $dx^*/dc > 0$。同理根据条件（7—9）可得 $dy^*/dc > 0$。横纵坐标关于知识共享成本的导数小于 0 表明减小共享知识的成本，鞍点向左下方移动，系统收敛于 U_4 点这种均衡状态的概率增加。降低孵化器创投联盟双方共享知识的成本，可以有效地促进它们之间进行知识共享。

（5）孵化器创投联盟双方由于声誉降低而遭受的损失

孵化器创投联盟双方不合作者由于声誉降低而带来的损失为 θ。通过鞍点 U_5 的横纵坐标可知，当声誉损失 θ 增大时，鞍点的横纵坐标同时减小，鞍点向左下方移动。通过设定相应的声誉机制可以降低孵化器创投联盟双方道德风险行为的出现，降低某方搭便车的道德风险。当声誉成为一种资产时，任何一方都要为其机会主义行为付出一定的代价。通过适当的提高孵化器创投联盟博弈方背叛行为付出的代价，可以有效地使鞍点向左下方移动，使孵化器创投联盟双方达到都进行知识共享的理想均衡状态的可能性增加。

（6）孵化器创投联盟双方获得知识价值的边际收益

孵化器创投联盟双方获得知识价值的边际收益分别为 k_1、k_2。横坐标 x^* 和纵坐标 y^* 分别对 k_2、k_1 求导数，整理后得到结果如下：

$$dx^*/dk_2 = [(nri_2 + va_2)(c/2 + \theta) - sc]/(k_2s + c/2 + \theta)^2$$
$$dy^*/dk_1 = [(nri_1 + va_1)(c/2 + \theta) - sc]/(k_1s + c/2 + \theta)^2$$

根据条件（7—2）（7—10）不能判断 dx^*/dk_2 的符号，当 $(nri_2 + va_2)(c/2 + \theta) > sc$ 时，$dx^*/dk_2 > 0$，鞍点 U_5 的横坐标随着 k_2 的减小而减小；当 $(nri_2 + va_2)(c/2 + \theta) < sc$ 时，$dx^*/dk_2 < 0$，鞍点 U_5 的横坐标随着 k_2 的增大而减小。同理，根据条件（7—1）（7—9）同样不能判断 dy^*/dk_1 的符号，当 $(nri_1 + va_1)(c/2 + \theta) > sc$ 时，$dy^*/dk_1 > 0$，鞍点 U_5 的纵坐标随着 k_1 的减小而减小；当 $(nri_1 + va_1)(c/2 + \theta) < sc$ 时，$dy^*/dk_1 < 0$，鞍点 U_5 的纵坐标随着 k_1 的增大而减小。如果想要通过调整孵化器创投联盟双方知识价值的边际收益 k_1、k_2，让鞍点 U_5 向左下方移动，增加演化博弈朝着对双方有利方向发展的可能性，需要根据上述相关条件确定 k_1、k_2

的调整方向。

（7）孵化器创投联盟双方对共享知识的吸收能力

孵化器创投联盟双方对共享知识的吸收能力分别为 m_2、m_1，在横纵坐标 x^*、y^* 中均不存在 m_2、m_1，表明吸收共享知识的能力对鞍点 U_5 没有影响，不会影响均衡结果，因此也不影响孵化器创投联盟双方对企业共享知识的决策。

三　孵化器与创投知识共享演化博弈仿真

构建孵化器群体与创投群体知识共享演化博弈模型，有助于进一步研究和解释孵化器与创投双方的策略选择行为。由于定理 2 的三种情况最终都会导致双方选择不进行知识共享策略，因此双方在长期内不能达成合作目标而获得更大的收益，应该制定相应的机制和限制条件，确保 U_5 点在 G 平面内。若 U_5 点在 G 平面内，则有 $N_1 < M$，$N_2 < M$ 成立，得到如下结果：

$$nri_1 + va_1 - s < \theta - c/2 \tag{7—11}$$

$$nri_2 + va_2 - s < \theta - c/2 \tag{7—12}$$

垄断知识价值 va，共享知识产生的负面影响 nri，双方共享知识产生的协同效应 s 三种参数不容易测量与控制，这里着重考察声誉损失 θ 和知识共享成本 c 两个指标对演化稳定策略的影响。在满足条件（7—11）（7—12）的基础上，孵化器种群与创投种群在长期知识共享的演化博弈过程中，会产生一个鞍点 U_5 在 G 平面内。通过调整相关参数，能够得到有利于促进双方共享知识的演化稳定策略。本章利用 Matlab 软件对孵化器种群与创投种群组成的系统进行模拟仿真，各项参数的取值如表 7—4 所示。

表 7—4　　　　　　　　　参数取值

参数	取值
孵化器独自拥有知识的垄断价值 va_1	3
创投独自拥有知识的垄断价值 va_2	2
孵化器获得共享知识的杠杆价值 l_1	3

续表

参数	取值
创投获得共享知识的杠杆价值 l_2	2
协同效应系数 k	2
孵化器共享知识产生的负面影响 nri_1	3
创投共享知识产生的负面影响 nri_2	2
孵化器群体共享知识初始比例 x_0	0.5
创投群体共享知识初始比例 y_0	0.5

（1）声誉损失值 θ 对演化稳定策略的影响

设定孵化器与创投共享知识产生的成本 $c=1$，不同的声誉损失值 θ 改变了集群内孵化器种群与创投种群的演化稳定策略，如图7—5所示。集群初始状态下，孵化器种群和创投种群各有一半采取知识共享策略。当 $\theta=0$ 时，表明双方的博弈支付矩阵中没有加入声誉机制，此时系统的最终稳定状态是孵化器种群和创投种群均采取不共享知识的策略，孵化器种群和创投种群都没有取得最理想的收益水平。声誉机制的引入，能够

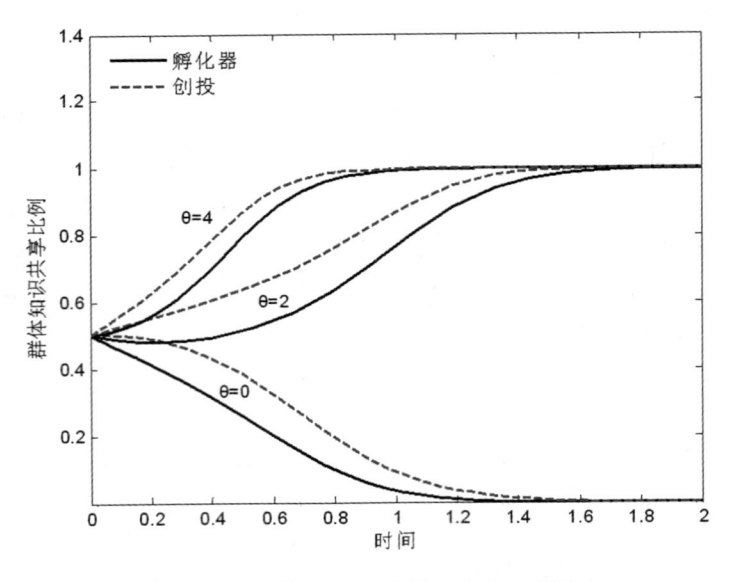

图7—5 声誉损失 θ 对演化稳定策略的影响

改变这一现象，而且声誉损失越高，系统演化到高收益稳定策略的时间就越短。仿真结果表明，通过设定相应的声誉机制可以在一定程度上避免孵化器与创投"搭便车"的道德风险行为。当声誉成为一种资产时，任何一方都要为其机会主义行为付出一定代价，通过适当提高博弈方因背叛行为而受到的惩罚，可以促使博弈双方向着高收益的稳定状态演化。

（2）知识共享成本 c 对演化稳定策略的影响

设定孵化器与创投单方面不共享知识造成的声誉损失为 $\theta=2$，不同的知识共享成本 c 影响集群内孵化器种群与创投种群的演化稳定策略，如图7—6所示。$c=0$ 是最理想的状态，表明孵化器与创投在知识共享过程中没有产生成本，双方能够达到高收益的演化稳定策略。而随着知识共享成本的增加，孵化器种群与创投种群的演化稳定策略开始发生转变，双方由原来的知识共享策略转变为不共享策略。因此，孵化器与创投知识共享过程中成本的降低，有利于双方向着高收益稳定状态演化。

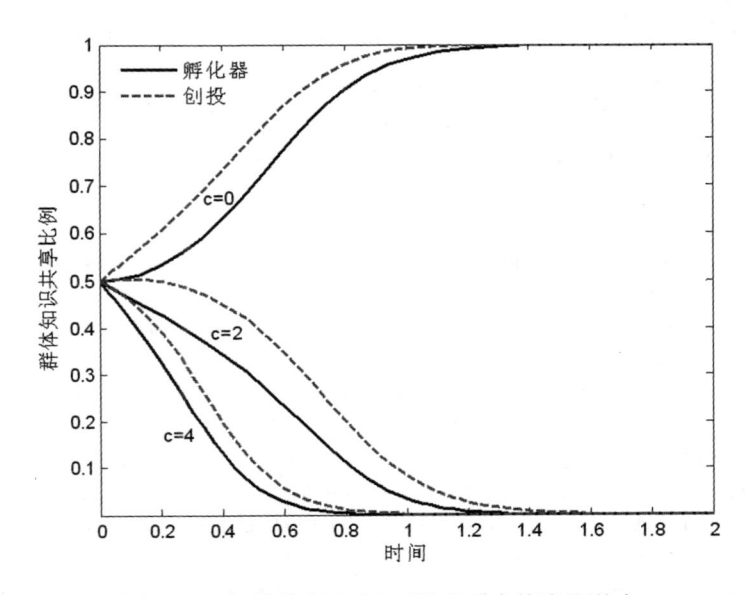

图7—6 知识共享成本 v 对演化稳定策略的影响

第二节 集聚下的孵化器与创投种群竞合模型及演化

随着实践的发展,孵化器与创投的关系出现新的形式。由于资金缺乏是创业企业成长过程中的一个非常重要的障碍,科技部出台的《国家科技企业孵化器"十二五"发展规划》明确指出"积极完善孵化器的投融资功能,鼓励孵化器及其管理人员持股孵化,……缓解在孵企业融资难问题"。科技部印发的《科技企业孵化器认定和管理办法》也明确指出国家级科技企业孵化器"自有种子资金或孵化资金不低于300万元人民币,并至少有3个以上的资金使用案例"。在此背景下,一些科技企业孵化器的孵化资金也日渐壮大,投融资机制日趋完善,如北京中关村国际孵化器有限公司的孵化基金规模达到3000万元。随着孵化基金的进一步扩大,科技企业孵化器和创投对创业企业的投融资服务形成了一定程度上的竞争关系。这样,科技企业孵化器与创投不仅存在合作关系,还形成了竞争关系,发展成一种复杂合作与竞争关系,Brandenburger 和 Nalebuff 将之称为竞合[1](coopetition)。典型的 Windows 公司与 Intel 公司竞合[2],三星公司与苹果公司竞合[3]研究也获得了学者的重视。在生态学研究领域,一些学者在 Lotka-Volterra 模型基础上研究了种群之间的合作竞争模型[4][5],自然界中种群的合作竞争模型也被引入人类社会系统中[6][7]。

---

[1] Brandenburger A. M., Nalebuff B. J., Co-opetition [M]. Random House Digital, Inc., 2011.

[2] Casadesus-Masanell R., Yoffie D. B., Wintel. Cooperation and conflict [J]. Management Science, 2007, 53 (4): 584 – 598.

[3] Gnyawali D. R., Park B. J. R., Co-opetition between giants: collaboration with competitors for technological innovation [J]. Research Policy, 2011, 40 (5): 650 – 663.

[4] Zhang B., Zhang Z., Li Z., et al. Stability analysis of a two-species model with transitions between population interactions [J]. Journal of Theoretical Biology, 2007, 248 (1): 145 – 153.

[5] Wang Y., Wu H., A mutualism-competition model characterizing competitors with mutualism at low density [J]. Mathematical and Computer Modelling, 2011, 53 (9): 1654 – 1663.

[6] Melis A. P., Semmann D., How is human cooperation different? [J]. Philosophical Transactions of the Royal Society B: Biological Sciences, 2010, 365 (1553): 2663 – 2674.

[7] 卓翔芝、王旭、王振锋:《基于 Volterra 模型的供应链联盟伙伴企业合作竞争关系研究》,《管理工程学报》2010 年第 1 期,第 134—137 页。

综上所述，科技企业孵化器与创投的合作研究获得了学者的广泛重视，竞合关系已经发展为孵化器与创投群体的一种新的重要关系，而研究孵化器与创投竞合的文献还很少见。研究科技企业孵化器与创投的合作竞争对于促进双方的融合，更为高效地培养成功创业企业和创业领军人才，促进科技成果产业化，培育战略性新兴产业等具有重要理论和实践意义。针对科技企业孵化器在成长过程中与创投所形成的竞合关系，本书构建了科技企业孵化器种群与创投种群竞合的生态学模型，利用相图分析方法分析了各个平衡点的稳定性，讨论了两种群竞合效应对稳定点的影响以及孵化器与创投在长期的合作竞争过程中种群数量的演化过程，并对模型进行了仿真分析，提出了管理建议。

一 孵化器与创投竞合模型的建立

孵化器与创投可以看作生态系统中的两个种群，在长期的竞争与合作过程中形成了复杂的合作竞争关系。结合实际情况，这里假设创投种群对孵化器种群始终表现为合作，而孵化器种群对创投种群则表现为既合作又竞争的关系：当孵化器种群处于低密度时，对创投种群表现为合作关系；当孵化器种群处于高密度时，对创投种群表现为竞争关系[1]。

令 $x_i(t)$ 表示种群 i 在时刻 t 的数量（种群1为孵化器，种群2为创投），$\dot{x}_i(t)$ 表示种群 i 的增长率 $dx_i(t)/dt$，r_i 与 k_i 分别表示种群 i 的自然增长率和生态位容纳量。α 表示创投种群对孵化器种群的合作效应，β 则同时表示孵化器种群对创投种群的竞争与合作效应。$\alpha\beta$ 定义为两种群的相互作用强度，其值越大表明孵化器种群与创投种群相互作用越明显。结合 Wang 的研究，可用以下模型描述孵化器种群与创投种群的竞合关系：

$$\begin{cases} \dot{x}_1 = r_1 x_1 (k_1 - x_1 + \alpha x_2) \\ \dot{x}_2 = r_2 x_2 (k_2 + \beta b - x_2 - \beta |x_1 - b|^*) \end{cases} \quad (7\text{—}13)$$

令 $g(x_1, x_2) = k_2 + \beta b - x_2 - \beta |x_1 - b|^*$，其中，函数 $|x_1 - b|^*$ 为绝对值函数 $|x_1 - b|$ 在不可导点 $x_1 = b$ 处的足够小区域内进行光滑处

---

[1] 吴文清、张海红、赵黎明：《科技企业孵化器与创投竞合模型及演化》，《系统管理学报》2016年第2期，第219—226页。

理后得到的区域，这样能够确保模型（7—13）中的右端函数均连续可微。参数 b 为孵化器种群对创投种群的合作区间长度，表示孵化器种群对创投种群的合作意愿，当 $x_1 < b$ 时，$g(x_1, x_2) = k_2 - x_2 + \beta x_1$，并且 $\partial g/\partial x_1 = \beta > 0$，即孵化器种群对创投种群表现为合作关系；当 $x_1 > b$ 时，$g(x_1, x_2) = k_2 + 2\beta b - x_2 - \beta x_1$，并且 $\partial g/\partial x_1 = -\beta < 0$，即孵化器种群对创投种群表现为竞争关系。模型（7—13）描述了孵化器种群在低密度时表现为合作，而在高密度时表现为竞争，即孵化器种群在从少到多、从弱小到强大的发展过程中与创投形成了复杂合作竞争关系。

二 基于竞合效应的模型均衡分析

当孵化器种群与创投种群的竞合模型确定之后，就可以对其平衡点的稳定性进行分析。令模型（7—13）方程组的右端为 0，可以得到系统 4 个可能的平衡点：$p_0(0,0)$，$p_1(0, k_2)$，$p_2(k_1, 0)$，$p_3(x_{11}, x_{12})$，$p_4(x_{21}, x_{22})$。其中，$x_{11} = \dfrac{k_1 + \alpha k_2}{1 - \alpha\beta}$，$x_{12} = \dfrac{\beta k_1 + k_2}{1 - \alpha\beta}$，$x_{21} = \dfrac{k_1 + \alpha k_2 + 2\alpha\beta b}{1 + \alpha\beta}$，$x_{22} = \dfrac{k_2 + 2\beta b - \beta k_1}{1 + \alpha\beta}$。若 l_1 与 l_2 相交，则 p_3 是零等倾线方程 $l_1: k_1 - x_1 + \alpha x_2 = 0$，$l_2: k_2 - x_2 + \beta x_1 = 0$ 的交点，如图 7—7 所示；若 l_1 与 l_3 相交，则 p_4 是零等倾线方程 $l_1: k_1 - x_1 + \alpha x_2 = 0$，$l_3: k_2 + 2\beta b - x_2 - \beta x_1 = 0$ 的交点，如图 7—8 所示。另外，可以求得直线 l_2 与 l_3 交点坐标为 $(b, k_2 + \beta b)$。

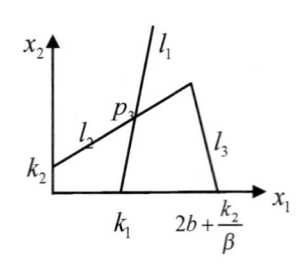

图 7—7 正平衡点 p_3 位置图

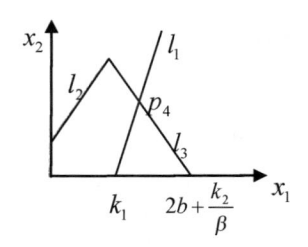

第七章　集聚下的科技企业孵化器与创投演化　/　205

图7—8　正平衡点 p_4 位置图

定理1　模型（7—13）在 $\text{int}R_+^2$ 中不存在闭轨线。

证明　取 Dulac 函数：$B(x_1,x_2) = 1/x_1x_2$，令 $P = r_1x_1(k_1 - x_1 + \alpha x_2)$，$Q = r_2x_2(k_2 + \beta b - x_2 - \beta|x_1 - b|^*)$，由于模型（7—13）系统的向量场 (P, Q) 有连续偏导数，当 $(x_1, x_2) \in \text{int}R_+^2$ 时，有：

$$\partial(BP)/\partial x_1 + \partial(BQ)/\partial x_2 = \frac{\partial}{\partial x_1}\left(\frac{r_1(k_1 - x_1 + \alpha x_2)}{x_2}\right) +$$

$$\frac{\partial}{\partial x_2}\left(\frac{r_2(k_2 + \beta b - x_2 - \beta|x_1 - b|^*)}{x_1}\right)$$

$$= -\left(\frac{r_1}{x_2} + \frac{r_2}{x_1}\right) < 0$$

由 Dulac 判断准则①可知，模型（7—13）不存在闭轨，证毕。

（一）当 $\frac{1}{\alpha} > \beta$ 时（l_1 斜率大于 l_2 斜率）

（1）当 $k_1 < 2b + \frac{k_2}{\beta}$ 时

根据已知条件和图6—4、图6—5可以判断，直线 l_1 必然要与直线 l_2 或 l_3 在第一象限相交于一点，若直线 l_1 与直线 l_2 相交可得到正平衡点 p_3，若直线 l_1 与直线 l_3 相交可得到正平衡点 p_4。

①当 $k_1 < b - \alpha\beta b - \alpha k_2$ 时

直线 l_1 与直线 l_2 相交于正平衡点 p_3，此时 $x_{11} > 0, x_{12} > 0$，模型（7—13）在 p_3 处的 Jacobian 矩阵为：

---

① Hofbauer J., Sigmund K., Evolutionary theory and replicator dynamics [M]. Cambridge：Cambridge University Press, 1998.

$$J_3 = \begin{pmatrix} r_1(k_1 - 2x_1 + \alpha x_2) & r_1\alpha x_1 \\ r_2\beta x_2 & r_2(k_2 - 2x_2 + \beta x_1) \end{pmatrix}$$

$$= \begin{pmatrix} -r_1 x_{11} & r_1\alpha x_{11} \\ r_2\beta x_{12} & -r_2 x_{12} \end{pmatrix}$$

其特征值满足 $\lambda_1 \cdot \lambda_2 = (1 - \alpha\beta) r_1 r_2 x_{11} x_{12} > 0$，$\lambda_1 + \lambda_2 = -(r_1 x_{11} + r_2 x_{12}) < 0$。所以 p_3 局部渐进稳定，又由定理 1 可知 p_3 全局稳定。下面用相图分析法从 $t \to \infty$ 时相轨线的趋向来描述系统的渐进稳定过程。两条等倾线将相平面（$x_1 \geq 0$, $x_2 \geq 0$）划分为四个区域：$s_1 : \dot{x}_1 > 0, \dot{x}_2 > 0$；$s_2 : \dot{x}_1 > 0, \dot{x}_2 < 0$；$s_3 : \dot{x}_1 < 0, \dot{x}_2 > 0$；$s_4 : \dot{x}_1 < 0, \dot{x}_2 < 0$。

若轨线从 s_1 出发，由微分的符号可知随着 t 的增加，轨线向右上方运动，那么它或者趋向于 p_3 点，或者进入 s_3，或者进入 s_2。首先，进入 s_3 是不可能的，因为如果设轨线某时刻 t_1 经直线 $l_1 : k_1 - x_1 + \alpha x_2 = 0$ 进入 s_3，则 $\dot{x}_1(t_1) = 0$，由模型（7—13）不难算出 $\ddot{x}_1(t_1) = r_1\alpha x_1(t_1) \dot{x}_2(t_1)$。由 s_1、s_3 中符号可知 $\dot{x}_2(t_1) > 0$，故 $\ddot{x}_1(t_1) > 0$，表明 $x_1(t)$ 在 t_1 时刻达到极小值，而这是不可能的，因为在 s_1 中，$\dot{x}_1(t) > 0$，即 $x_1(t)$ 一直是增加的，同理可知进入 s_2 是不可能的。若轨线从 s_2 出发，可知随着 t 的增加，轨线向右下方运动，趋向于 p_3 和进入 s_1、s_4 均是可能的。若轨线从 s_3 出发，可知随着 t 的增加，轨线向左上方运动，那么它或者趋向于 p_3 点，或者进入 s_1，或者由直线 l_2 进入 s_4，不可能由直线 l_3 进入 s_4。若轨线从 s_4 出发，可知随着 t 的增加，轨线向左下方运动，那么它或者趋向于 p_3 点，或者通过直线 l_3 进入 s_3，不可能由直线 l_2 进入 s_3，也不可能进入 s_2。因为直线 $l_1 : k_1 - x_1 + \alpha x_2 = 0$ 上 $\dot{x}_1(t) = 0$，所以在直线 l_1 上轨线方向垂直于 x_1 轴；在直线 l_2 和直线 l_3 上 $\dot{x}_2(t) = 0$，轨线方向垂直于 x_2 轴。综上所述，可以画出定性相图，如图 7—9 所示。

② 当 $k_1 > b - \alpha\beta b - \alpha k_2$ 时

直线 l_1 与直线 l_3 相交于正平衡点 p_4，此时 $x_{21} > 0$, $x_{22} > 0$，模型（7—13）在 p_4 处的 Jacobian 矩阵为：

$$J_4 = \begin{pmatrix} r_1(k_1 - 2x_1 + \alpha x_2) & r_1\alpha x_1 \\ -r_2\beta x_2 & r_2(k_2 + 2\beta b - 2x_2 - \beta x_1) \end{pmatrix}$$

$$= \begin{pmatrix} -r_1 x_{21} & r_1\alpha x_{21} \\ -r_2\beta x_{22} & -r_2 x_{22} \end{pmatrix}$$

其特征值满足 $\lambda_1 \cdot \lambda_2 = (1+\alpha\beta)r_1r_2x_{21}x_{22} > 0$，$\lambda_1 + \lambda_2 = -(r_1x_{21} + r_2x_{22}) < 0$。利用相图分析法可知 p_4 全局稳定，其定性相图如图7—10所示。

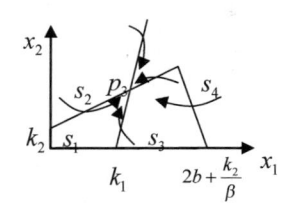

图7—9　稳定点为 p_3 的定性相图

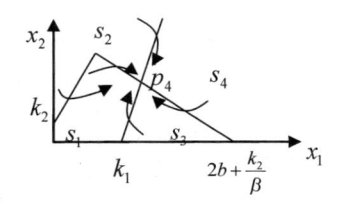

图7—10　稳定点为 p_4 的定性相图

（2）当 $k_1 \geqslant 2b + \dfrac{k_2}{\beta}$ 时

根据已知条件可知，直线 l_1 与 x_1 轴相交于 p_2，此时模型（7—13）无正平衡点，根据相图分析法可知 $p_2(k_1, 0)$ 全局稳定。当 $k_1 = 2b + \dfrac{k_2}{\beta}$ 时，定性相图如图7—11所示；当 $k_1 > 2b + \dfrac{k_2}{\beta}$ 时，定性相图如图7—12所示。

图7—11　$k_1 = 2b + \dfrac{k_2}{\beta}$ 时

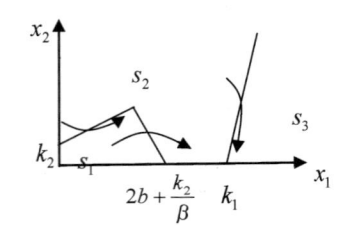

图 7—12　$k_1 > 2b + \dfrac{k_2}{\beta}$ 时

（二）当 $\dfrac{1}{\alpha} \leq \beta$ 时（l_1 斜率不大于 l_2 斜率）

根据已知条件和图 7—7、图 7—8 可以判断，直线 l_1 与直线 l_2 不可能在第一象限相交。若 $k_1 < 2b + \dfrac{k_2}{\beta}$，直线 l_1 与直线 l_3 在第一象限相交于点 p_4，根据相图分析法可知 p_4 全局稳定，如图 7—10 所示。若 $k_1 \geq 2b + \dfrac{k_2}{\beta}$，直线 l_1 与 x_1 轴相交于 p_2，此时模型（7—13）无正平衡点，同理根据相图分析法可知 $p_2(k_1,0)$ 全局稳定，如图 7—10、图 7—11 所示。

三　孵化器与创投的演化

模型（7—13）中，鉴于复杂合作竞争关系的引入，孵化器种群与创投种群在满足相应的条件下，能够超出它们的生态位容纳量。随着孵化器种群的不断演化与发展，孵化器种群与创投种群的相互作用强度、孵化器种群的合作区间长度 b 不断发生变化，因此可以根据相互作用强度和参数 b 的不断改变，研究孵化器种群发展的生命周期。通过上述讨论，可以将各个平衡点的稳定条件进行等价变换，得到孵化器种群与创投种群竞合稳定状态的 5 种情形，如表 7—5 所示。结合孵化器种群发展的三个阶段，即初创阶段、成长阶段、成熟阶段，这 5 种情形可以归纳为 3 类。

表7—5　　　　　　　　　　　　全局稳定性分析

相互作用强度	合作区间长度	稳定点	稳定时两种群关系	情形
$\alpha\beta < 1$	$b > \dfrac{k_1 + \alpha k_2}{1 - \alpha\beta}$	p_3	合作	1
$\alpha\beta < 1$	$\dfrac{1}{2}(k_1 - \dfrac{k_2}{\beta}) < b < \dfrac{k_1 + \alpha k_2}{1 - \alpha\beta}$	p_4	竞争	2
$\alpha\beta < 1$	$b \leqslant \dfrac{1}{2}(k_1 - \dfrac{k_2}{\beta})$	p_2	竞争	3
$\alpha\beta \geqslant 1$	$b > \dfrac{1}{2}(k_1 - \dfrac{k_2}{\beta})$	p_4	竞争	4
$\alpha\beta \geqslant 1$	$b \leqslant \dfrac{1}{2}(k_1 - \dfrac{k_2}{\beta})$	p_2	竞争	5

（一）孵化器种群发展的初创阶段

情形1中，存在正平衡点$p_3(x_{11}, x_{12})$全局稳定，如图7—9所示。稳定条件表明只要孵化器种群与创投种群的相互作用强度较小（相互影响并不明显），并且孵化器种群对创投种群的合作区间足够大，则稳定状态下孵化器种群对创投种群表现为合作关系（此时β为合作效应）。稳定点p_3处$x_{11} > k_1$，$x_{12} > k_2$，表明稳定状态下孵化器种群与创投种群的数量均超出了它们的生态位容纳量。x_{11}、x_{12}分别对参数α、β求一阶导数，得到$dx_{11}/d\alpha > 0$，$dx_{11}/d\beta > 0$，$dx_{12}/d\alpha > 0$，$dx_{12}/d\beta > 0$，表明当创投种群的合作效应α和孵化器种群的合作效应β增大时，稳定状态下两种群的数量都能够得到增加。

孵化器种群发展的初创阶段，不能为创业企业提供健全的基础设施和全方位的孵化服务，与创投种群合作有利于双方的共同发展。虽然孵化器种群愿意与创投种群合作，合作区间长度较大，但孵化器种群毕竟处于初创期，对创投种群的成长并没有太大帮助，因此孵化器种群的合作效应较小；而创投种群对初创阶段孵化器种群内创业企业质量还不了解，没有动力为孵化器种群提供充足的资金，创投种群的合作效应也较小，由此得到孵化器种群与创投种群的相互作用强度较小。孵化器种群与创投种群达到稳定状态时,其数量均超出了它们的生态位容纳量,促进了双方的生存与发展。为了进一步提升稳定状态下二者的生存数量,孵化器与创投需要进行更多接触,加强相互交流,扩大合作范围,以便提高相互作用强度。另外,孵化器监管部门可以制定较优惠的政策,促进孵化器拓宽融资渠道,以便实现孵化器的快速发展。

(二)孵化器种群发展的成长阶段

情形2和情形4中,存在正平衡点 $p_4(x_{21}, x_{22})$ 全局稳定,如图7—10所示。稳定状态下孵化器种群对创投种群表现为竞争关系(此时 β 为竞争效应)。x_{21}、x_{22} 分别对参数 α、β 求一阶导数,得到如下结果:

$$dx_{21}/d\alpha = \frac{2\beta b + k_2 - \beta k_1}{(1+\alpha\beta)^2}, \quad dx_{21}/d\beta = \frac{\alpha(2b - k_1 - \alpha k_2)}{(1+\alpha\beta)^2} \quad (7—14)$$

$$dx_{22}/d\alpha = -\frac{\beta(2\beta b + k_2 - \beta k_1)}{(1+\alpha\beta)^2}, \quad dx_{22}/d\beta = \frac{2b - k_1 - \alpha k_2}{(1+\alpha\beta)^2}$$

$$(7—15)$$

无论在情形2中还是在情形4中,都可以得到当 $b > \frac{1}{2}(k_1 + \alpha k_2)$ 时(p_4 点纵坐标大于创投种群生态位容纳量 k_2),$x_{21} > k_1$,$x_{22} > k_2$,稳定状态下孵化器种群与创投种群的数量均超出了它们的生态位容纳量。此时 $dx_{21}/d\alpha > 0$,$dx_{21}/d\beta > 0$,$dx_{22}/d\alpha < 0$,$dx_{22}/d\beta > 0$,表明创投种群的合作效应 α 增大时,稳定状态下孵化器种群的数量增加,而创投种群的数量减少;孵化器种群的竞争效应 β 增大时,稳定状态下两种群的数量都能得到增加。当 $b < \frac{1}{2}(k_1 + \alpha k_2)$ 时,$x_{21} > k_1$,$x_{22} < k_2$,孵化器种群的数量超出了自身的生态位容纳量,而创投种群的数量没有达到自身的生态位容纳量。此时 $dx_{21}/d\alpha > 0$,$dx_{21}/d\beta < 0$,$dx_{22}/d\alpha < 0$,$dx_{22}/d\beta < 0$,表明创投种群的合作效应 α 增大时,稳定状态下孵化器种群的数量增加,而创投种群的数量减少;孵化器种群的竞争效应 β 增大时,稳定状态下两种群的数量都减少。

情形2或情形4都可能出现在孵化器种群的成长阶段。孵化器种群在初创阶段与创投种群的合作大力促进其自身发展与完善,孵化功能也得到显著提高，并且积累了一定孵化基金。这些变化都会逐渐弱化孵化器种群与创投种群的合作意愿，使得合作区间长度逐渐减小直至低于阈值，从而打破原来双方合作的稳定状态，形成孵化器种群与创投种群竞争的新稳定状态。刚开始竞争时，孵化器种群并没有充足的资金提供给大量创业企业，创投种群仍然是资金的主要提供者，孵化器种群的竞争不会对创投种群的数量产生明显的降低作用，因此孵化器种群对创投种群的竞争效应较小。孵化器种群自有资金的增加与融资渠道的进一步拓宽，能够逐步为更多创业企业提供资金支持，此时创投种群对孵化器种群的合作效应较小，出现情形2；如果孵化器种群要想进一步扩大孵化规模，提高管理水平和服务质量，仍然需要创投种群的资金投入，此时创投种群对孵化器种群的合作效应较大，出现情形4。

无论出现上述哪种情形，孵化器种群的合作区间长度较大时，稳定状态下两种群的数量都会超出它们的生态位容纳量，孵化器种群的合作区间长度较小时，稳定状态下孵化器种群的数量超出了其生态位容纳量，而创投种群的数量没有达到其生态位容纳量。孵化器种群可以根据自身合作意愿的高低，适当调整能够显著影响创投种群发展的因素，以改变对创投种群的竞争效应，从而提高其稳定状态下的种群数量。孵化器种群成长阶段与创投种群的竞争比较复杂，需要根据实际情况对其具体分析，以便为孵化器及其监管部门提供决策支持。

（三）孵化器种群发展的成熟阶段

情形3和情形5中，不存在正平衡点，仅有$p_2(k_1,0)$全局稳定，如图7—11、7—12所示，孵化器种群对创投种群表现为竞争关系（此时β为竞争效应）。稳定状态下孵化器种群数量刚好达到其生态位容纳量，而在本书创投种群只能与孵化器种群合作的前提假设下，创投种群会濒临一种消亡的状态（意味着创投种群退出了与孵化器种群的合作）。孵化器种群竞争效应β与创投种群合作效应α的改变均不能对稳定点产生影响。

孵化器种群发展至成熟阶段，拥有完善的基础设施和全方位的孵化服务，大量成功的创业企业为孵化器种群带来了可观的收益，使孵化器种群基本上解决了资金短缺等问题。因此，孵化器种群对创投种群的合作意愿变得非常小，无论两种群相互作用强度如何变化都会使稳定状态进入一个崭新的阶段，即孵化器种群数量刚好达到其生态位容纳量，而如果创投种群仍然继续和孵化器种群合作，那么创投种群就会逐渐失去生存的空间。此时，孵化器种群的竞争效应与创投种群的合作效应均不能对稳定点产生任何影响。但是，现实生活中创投种群不可能仅与孵化器种群合作，随着经济全球化的不断深入和国际资本市场的蓬勃发展，创投种群的投资范围会日趋广泛，绝不仅限于投资孵化器种群内的创业企业。当孵化器种群发展的成熟阶段不再需要创投种群的资金投入时，创投种群将退出直接投资孵化器种群内创业企业的合作方式，即停止与孵化器种群的合作，这时创投种群更倾向于投资从孵化器种群毕业的创业企业，或转变到其他的投资业务并寻找更有发展潜力的投资对象。

四　仿真分析

针对本书讨论的孵化器种群发展的三个阶段，对孵化器种群与创投种群的竞合模型进行仿真分析。由于模型的最终稳定状态与孵化器种群和创投种群的自然增长率无关，在仿真分析中可以假定两种群的自然增长率 $r_1 = r_2 = 1$。另外，假定孵化器种群的生态位容纳量为 $k_1 = 100$，创投种群的生态位容纳量为 $k_2 = 150$。

（一）孵化器种群初创阶段的仿真

孵化器种群处于初创阶段时，根据情形 1 中的条件对模型进行模拟仿真。假定孵化器种群初始值 $x_1(0) = 10$，创投种群初始值 $x_2(0) = 20$，创投种群合作效应 $\alpha = 0.1$，孵化器种群竞争合作效应 $\beta = 0.2$，孵化器种群合作区间长度 $b = 120$。两种群竞合模型数值仿真如图 7—13 所示（以下仿真图均用 Matlab 软件实现）。根据仿真结果可知，孵化器种群与创投种群的数量很快得到提升，并且两种群稳定状态下的数量均超出了各自的生态位容纳量。

（二）孵化器种群成长阶段的仿真

孵化器种群处于成长阶段时，可能出现情形 2 或情形 4，本书以情形 2 为例进行模拟仿真。假定孵化器种群初始值 $x_1(0) = 130$，创投种群初

图 7—13　情形 1 仿真图

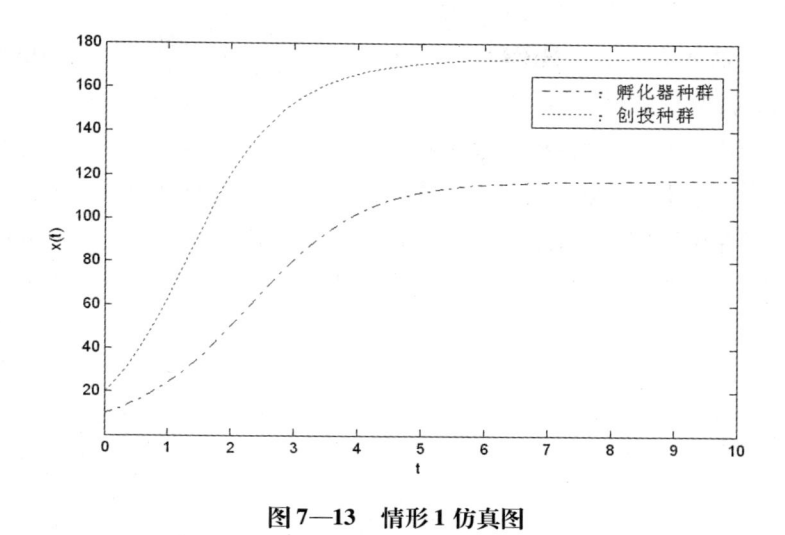

始值 $x_2(0) = 80$，创投种群合作效应 $\alpha = 1$，孵化器种群竞争合作效应 $\beta = 0.9$，孵化器种群合作区间长度减小至 $b = 50$。根据仿真结果可知，孵化器种群与创投种群的数量很快得到提升，并且稳定状态下孵化器种群数量超出其生态位容纳量，而创投种群的数量没有达到自身生态位容纳量，如图 7—14 所示。

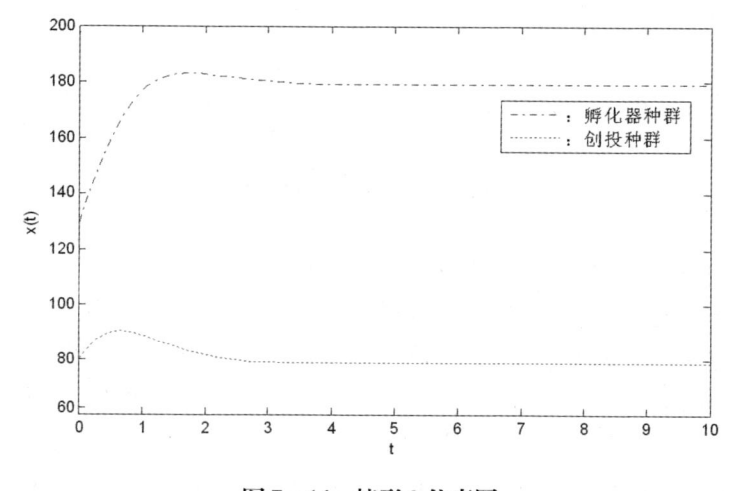

图 7—14　情形 2 仿真图

(三) 孵化器种群成熟阶段的仿真

孵化器种群处于成熟阶段时，可能出现情形 3 或情形 5。本书以情形 5 为例进行模拟仿真。假定孵化器种群初始值 $x_1(0) = 80$，创投种群初始值 $x_2(0) = 60$，创投种群合作效应 $\alpha = 1$，孵化器种群竞争合作效应 $\beta = 2$，孵化器种群合作区间长度减小到 $b = 10$。根据仿真结果可知，孵化器种群数量上升到一定程度时开始下降，稳定状态下正好达到其生态位容纳量，而创投种群数量逐渐减小，稳定状态下趋向于零点，如图 7—15 所示。

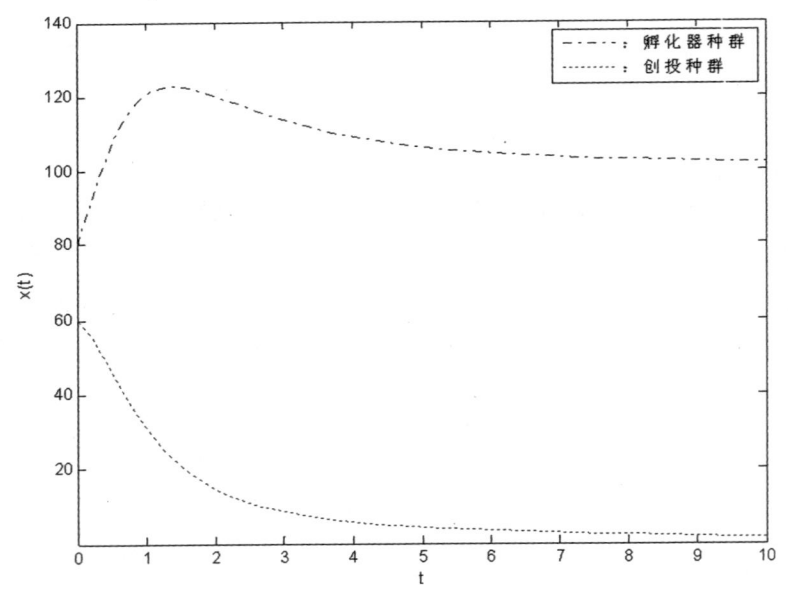

图 7—15　情形 5 仿真图

(四) 孵化器种群全周期的仿真

综合上述三种情形，下面对孵化器种群从初创阶段、成长阶段到成熟阶段与创投的演化进行仿真。假定孵化器种群初始值 $x_1(0) = 10$，创投种群初始值 $x_2(0) = 20$。在孵化器种群初创阶段，创投种群合作效应 $\alpha = 0.1$，孵化器种群竞争合作效应 $\beta = 0.2$，孵化器种群合作区间长度 $b = 120$；在孵化器种群成长阶段，创投种群合作效应 $\alpha = 1$，孵化器种群竞争合作效应 $\beta = 0.9$，孵化器种群合作区间长度 $b = 50$；在孵化器种群发展处于成熟阶段时,创投种群合作效应 $\alpha = 1$,孵化器种群竞争合作效应 $\beta = 2$,孵化器种群合作区间 $b = 10$,仿真结果如图7—16所示。

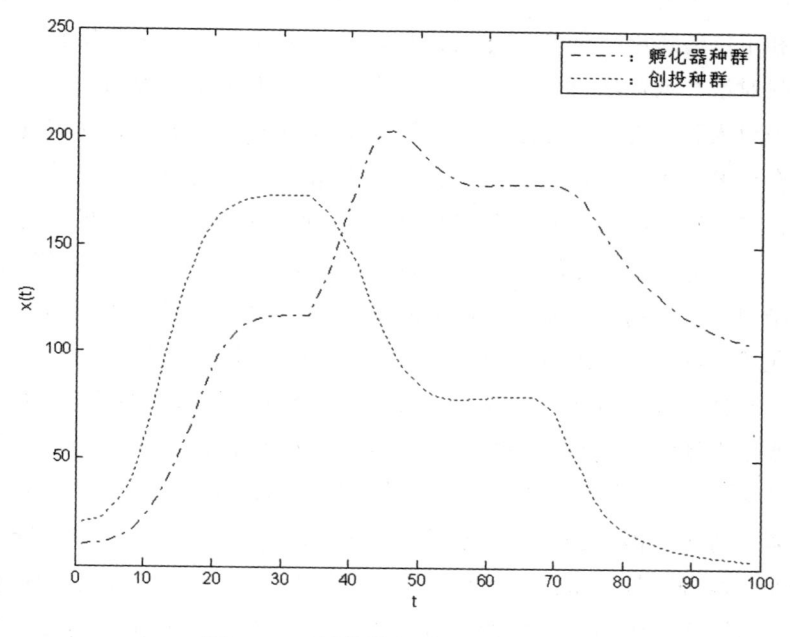

图7—16 孵化器种群全周期仿真图

第三节 集聚下的孵化器与创投合作微分对策

在科技型小微企业孵化集聚下,孵化器与创投的合作变得更为可能。孵化器与创投的有效合作可以更为高效地培育创业企业和企业家,研究的脉络从最初的孵化器与创投合作可行性、模式发展到合作绩效与影响因素。在研究方法上以定性为主,少量的理论建模研究都是从静态的角度分析孵化器与创投合作行为。鉴于孵化器与创投合作的长期性和动态变化特点,在动态框架下研究孵化器与创投的合作行为和投入更加贴近现实。声誉在经济与管理领域的重要作用很早就被不同学科的学者所关注,声誉在孵化器与创投的合作中也起着重要作用。从孵化器与创投双方合作孵化创业项目而言，合作过程中的声誉影响市场对创业项目的评价和信心，若某一方出现投入不足的情形，会向市场传递出该创业项目商业前景不足的信息。从孵化器与创投本身而言，高声誉的创投向合作伙伴和市场传递出信任和可靠的信息，降低创业项目的不确定性，进一步增强对潜在创业项目的吸引力；高声誉的孵化器能够吸引更多更好的创业项目入驻，提高孵化绩效。不过目前少有文献考虑声誉对孵化器与创投合作的作用。从世界范围看，世界上最大一类的孵化器是非营利性组织，美国运营的孵化器甚至有94%是非营利性的，营利性的孵化器只占6%。从我国的实践看，《国家科技企业孵化器"十二五"发展规划》明确指出要"坚持孵化服务的社会公益目标"。因此，作为非营利性组织的孵化器，利他主义因素是孵化器与创投合作中应考虑的一个重要因素。不过，利他主义因素在孵化器与创投的合作研究中也未获得足够重视。

　　鉴于上述考虑，本书将孵化器与创投合作孵化创业企业的过程看作一条"孵化链"，考虑声誉对孵化链的声誉影响，并纳入孵化器的利他主义因素，将孵化器与创投的静态合作扩展到动态合作，建立孵化器与创投合作的微分对策模型，分析孵化器与创投在 Nash 非合作博弈、Stackelberg 主从博弈及协同合作博弈条件下的最优策略，讨论利他主义因素对孵化器与创投合作的影响，比较了有无利他主义因素下孵化器与创投的合作策略。

一　微分对策理论及相关研究工具

（一）微分对策简介

　　对策论是描述现实世界中包含矛盾、冲突、对抗、合作诸因素的数学模型的理论与方法。微分对策产生于军事上的需要，是在动态环境中解决多局中人连续对抗或合作问题的一个数学工具，它是"对策论"非常重要的部分。美国人依萨柯（Rufus Isaacs）1965年整理出版了《微分对策》（*Differential Games*），标志着微分对策的诞生，并引起学术界广泛关注。1971年，数学家弗里德门（A. Friedman）建立了微分对策值与鞍点存在性理论，从而奠定了微分对策的数学理论基础。随后，微分对策理论与应用有了很大的发展，被广泛应用于实践中的各个领域。

　　我国关于微分对策的研究近些年才逐步兴盛起来，有关理论成果越发丰富，张嗣瀛、李登峰相继出版专著，具体介绍微分对策理论。

(二) 微分对策概念与性质

微分对策就是用微分方程（组）来描述局中人之间的对策活动，从而解释这种现象或者揭示相应规律的一种对策。根据不同的分类标准，微分对策有很多种分类法。下面主要介绍几类比较典型的微分对策模型和问题。

(1) 非线性和线性微分对策

①非线性微分对策的一般形式为

$$\begin{cases} \dot{x} = f(t,x,u,v) \\ x(t_0) = x_0 \end{cases}$$

其中 $x(t) \in R^m$ 是状态变量，$u(t) \in R^n$ 是控制函数，f 是 m 维实值函数。两博弈参与人的支付泛函分别为 J_1 和 J_2，

$$J_i(u,v) = g_i(t,x) + \int_0^{(u,v)} h_i(t,x(t),u(t),v(t))dt$$

通过选择控制函数 u,v 取得各自的目标函数最大化，$t(u,v)$ 是捕获时间。若存在控制变量 $u^*(t) \in U, v^*(t) \in V$，使得对一切控制函数 $u \in U$，$v \in V$ 都有 $J_1(u^*,v^*) \leq J_1(u,v^*)$，$J_2(u^*,v^*) \leq J_2(u^*,v)$，则 (u^*,v^*) 称为最优解，而相应的轨迹 $x(t)$ 则称为最优轨迹

$$x(t) = x_0 + \int_0^t f(t,x(\tau),u(\tau),v(\tau))d\tau$$

②线性微分对策的一般形式：

$$\dot{x}(t) = Ax(t) + B_1 u(t) + B_2 v(t)$$

同时第 i 个博弈者的支付泛函具有二次型形式，即满足

$$J_i(u,v) = \frac{1}{2} x^T P_{fi} x + \frac{1}{2} \int_0^f (x^T Q_i x + u^T R_{1i} u + v^T R_{2i} v) dt$$

这里的变量 Q_i、R_{1i}、R_{2i} 皆为对称矩阵，博弈参与人 u 和 v 的反馈策略分别满足使各自的目标函数最大化。

(2) 零和与非零和微分对策

主要区别在于博弈参与人的支付泛函之和即 $J_1 + J_2 + \cdots + J_N$ 是否为 0，其中 N 是博弈参与人数。零和问题对应 $J_1 + J_2 + \cdots + J_N = 0$，即各博弈参与人各自追求目标函数的最大值。

而非零和微分对策则主要研究博弈参与人的非合作对策模型，求出参与人的平衡策略。对于博弈参与人无目标冲突时，非合作对策可以比较好地解决对策问题，而在目标冲突的情况下，则无法得到最优解。

(3) 多人微分对策

博弈参与人有两个以上，有合作与不合作之分，这里介绍多人非合作微分对策模型

$$\begin{cases} \dot{x} = f(t,x,u_1,\cdots,u_N) \\ x(t_0) = x_0, \tilde{t} = t(u_1,\cdots,u_N) \end{cases}$$

$$J_i(u_1,\cdots,u_N) = g_i(\tilde{t},x(\tilde{t})) + \int_0^{\tilde{t}} h_i(t,x(t),u_1(t),\cdots,u_N(t))dt$$

$x(t)$ 为相应于各控制函数的轨迹

$$x(t) = x_0 + \int_0^t f(t,x(\tau),u_1(\tau),\cdots,u_N(\tau))d\tau$$

N 人微分对策的纳什均衡 $\Gamma^* = (\Gamma_1^*,\Gamma_2^*,\cdots,\Gamma_N^*)$ 是指，对每个博弈参与人的任意策略都有 $J_i(\Gamma_1^*,\Gamma_2^*,\cdots,\Gamma_{i-1}^*,\Gamma_i,\Gamma_{i+1}^*,\cdots,\Gamma_N^*) \geq J_i(\Gamma^*)$。

(三) 最值条件与求解

微分对策的均衡解包括两种：开环纳什均衡解和闭环纳什均衡解。解法主要有解析解法和数值解法：

(1) 解析解法

微分对策的解析方法有 Isaacs-Bellman 方法、Hamilton-Jacobi 方法、极大极小值方法。

设博弈的状态方程为

$$\begin{cases} \dot{x} = f(t,x,u(t),v(t)) \\ x(\tau) = \xi \end{cases} \quad (\tau \leq t \leq T_0)$$

支付泛函

$$J(u,v) = g(x(T_0)) + \int_\tau^{T_0} h(t,x(t),u(t),v(t))dt$$

求解方法如下：

①依萨柯—贝尔曼方法

对任意的 $(\tau,\xi) \in (t_0,T_0) \times R^m$，微分对策的值 $v(\tau,\xi)$ 满足如下方程

第七章 集聚下的科技企业孵化器与创投演化 / 219

$$\frac{\partial v(\tau,\xi)}{\partial \tau} + \max_{u \in U} \min_{v \in V} \left\{ \sum_{i=1}^{m} \frac{\partial v(\tau,\xi)}{\partial \xi_i} \times f_i(\tau,\xi,u,v) + h(\tau,\xi,u,v) \right\} = 0$$

此方程被称为依萨柯方程。其中 $f(t,x,u,v)$ 和 $h(t,x,u,v)$ 都是 u、v 的可分离函数，在 $[t_0, T_0] \times R^m \times U \times V$ 的有界子集中关于 (t,x) 李普希茨一致连续，且 $g(x)$ 在 R^m 的有界子集中李普希茨一致连续。

依萨柯—贝尔曼原理：如果 $g(x)$ 在 R^m 中连续，则

$$\sup_{\overline{\Gamma}_\delta} \inf_{\overline{\Delta}_\delta} \left\{ \frac{v_\delta(\tau+\varepsilon, \bar{x}_\delta(\tau+\varepsilon)) - v_\delta(\tau,\xi)}{\varepsilon} + \frac{1}{\varepsilon} \int_\tau^{\tau+\varepsilon} h(t, \bar{x}_\delta(t), \bar{u}_\delta(t), \bar{v}^\delta(t)) dt \right\} = 0$$

根据最优性原理可导出最优策略满足依萨柯 – 贝尔曼方程。但在实际应用过程中，限制较大。

②哈密尔顿—雅可比方法

设 $\lambda = (\lambda_1, \lambda_2, \cdots, \lambda_m)^T \in R^m$ 是任意向量，令

$$H(t,x,u,v,\lambda) = h(t,x,u,v) + \lambda^T \cdot f(t,x,u,v)$$

上式通常被称为哈密顿函数。求出反馈控制函数 $u^0(t,x,\lambda)$ 与 $v^0(t,x,\lambda)$。

然后，根据依萨柯方程建立下列方程

$$\frac{\partial v(\tau,\xi)}{\partial \tau} + \sum_{i=1}^{m} \frac{\partial v(\tau,\xi)}{\partial \xi_i} f_i(\tau,\xi, u^0(\tau,\xi, \nabla_\xi v(\tau,\xi)), v^0(\tau,\xi, \nabla_\xi v(\tau,\xi))) +$$
$$h(\tau,\xi, u^0(\tau,\xi, \nabla_\xi v(\tau,\xi)), v^0(\tau,\xi, \nabla_\xi v(\tau,\xi))) = 0$$

此方程为微分对策的哈密尔顿—雅可比方程。在 $[t_0, T_0] \times R^m$ 上，将终端条件 $v(T_0, \xi) = g(\xi)$ 和哈密顿—雅可比（Hamilon-Jacobi）方程联立求解，可以得出 $v(\tau, \xi)$。

哈密尔顿—雅可比方程求解过程中会涉及偏微分方程的求解，有时无法获取解析解，只能得到数值解，运用受到一定的限制。

③极大极小值方法

定量微分对策问题可转化为极值控制问题。与控制论中的极值求解问题不同，此时的哈密顿函数要满足一方取极大，另一方取极小，故称作双方极值原理或者极大极小原理。表述为：

设 $f(t,x,u,v)$，$h(t,x,u,v)$ 是 u 与 v 的可分离函数，且在 $[t_0, T_0] \times$

$R^m \times U \times V$ 的有界子集中关于 (t,x) 一致李普希茨连续; $f(t,x,u,v)$ 在 $[t_0, T_0] \times R^m \times U \times V$ 的有界子集中关于 (u,v) 一致李普希茨连续; $g(x)$ 在 R^m 的有界子集中一致李普希茨连续。如果 $(u^*(t,x), v^*(t,x))$ 是 $(\Delta^*(\Omega), \Gamma^*(\Omega))$ 的正规合成鞍点，则对一切 $u \in U$ 与 $v \in V$，有

$$\max_{u \in U}\left\{h(\tau,\xi,u,v) + \sum_{i=1}^{m} \frac{\partial v(\tau,\xi)}{\partial \xi_i} \times f_i(\tau,\xi,u,v)\right\} = h(\tau,\xi,u^*(\tau,\xi),v) + \sum_{i=1}^{m} \frac{\partial v(\tau,\xi)}{\partial \xi_i} \times f_i(\tau,\xi,u^*(\tau,\xi),v)$$

$$\min_{v \in V}\left\{h(\tau,\xi,u,v) + \sum_{i=1}^{m} \frac{\partial v(\tau,\xi)}{\partial \xi_i} \times f_i(\tau,\xi,u,v)\right\} = h(\tau,\xi,u,v^*(\tau,\xi)) + \sum_{i=1}^{m} \frac{\partial v(\tau,\xi)}{\partial \xi_i} \times f_i(\tau,\xi,u,v^*(\tau,\xi))$$

其中 $v(\tau,\xi)$ 是固定逗留微分对策的值。

（2）数值解法

微分对策的求解过程通常会涉及微分方程的求解，解析解一般很难得到，因而会利用计算机求出数值解法。

二 问题描述与假设说明

考虑一个孵化器和一个创投合作孵化一个创业项目。在孵化器和创投合作过程中，假设创投的投入为 $E_V(t)$，孵化器的投入 $E_B(t)$。创投和孵化器的成本函数分别为 $C_V(t)$ 和 $C_B(t)$，考虑投入的成本凸性，假设孵化器和创投双方投入的成本函数为二次表达式，双方的成本函数可以表示为：

$$C_V(t) = \mu_V E_V^2(t), \quad C_B(t) = \mu_B E_B^2(t)$$

其中 μ_V 和 μ_B 分别表示创投和孵化器投入的成本系数; $C_V(t)$ 和 $C_B(t)$ 分别表示创投和孵化器在合作过程中所付出的成本。

良好的孵化链声誉有助于提升创业项目的成功率并向市场传递良好的信号，孵化器和创投合作过程中，双方均努力树立良好的社会声誉。设 $G(t)$ 表示孵化链声誉，结合 Marc Nerlove 和 Dockner. 的研究，采用如下的微分方程来刻画声誉 $G(t)$ 随时间的动态变化：

$$dG(t) = [\lambda_V E_V(t) + \lambda_B E_B(t) - \delta G(t)]dt, \ G(0) = G_0 \geq 0 \quad (7—16)$$

（7—16）式中，λ_V 和 λ_B 分别表示创投和孵化器的投入对声誉的影响程度。$\delta > 0$ 表示声誉的衰减程度，表示合作声誉由于外界影响因素而衰减的速率。

创投和孵化器合作的过程中，在某时刻 t 的总收益 $\prod(t)$ 可以表示为：

$$\prod(t) = \alpha E_V(t) + \beta E_B(t) + \theta G(t) \quad (7—17)$$

式（7—17）中 α，β 和 θ 分别表示创投、孵化器的投入以及整个过程声誉对收益的影响程度，三个常数均大于0。

假设孵化器与创投合作的总收益在双方之间进行分配，创投所得的比例为 $\omega(t) \in (0,1)$，则孵化器获得的比例为 $1 - \omega(t)$，该分配比率是预先给定的。合作的双方具有相同且为正的贴现率 r，双方的目标都是在无限时区内追求利润最大化的策略。相对于创投，孵化器在创业项目入驻后就介入，更清楚创业项目技术、财务、管理等方面的信息，为了防止孵化器与创业企业合谋并促使孵化器更努力对创业项目进行孵化，创投向孵化器提供一定的补贴，假设补贴水平为 $\eta(t)$，也可认为是合作参与度，$\eta(t) \in (0,1)$。另外根据孵化器的非营利组织属性，假设孵化器是半利他性的，利他程度以参数 σ 衡量。设 $\prod_B(t)$ 和 $\prod_V(t)$ 分别表示孵化器和创投在 t 时刻的效用，$T\prod_B$ 和 $T\prod_V$ 分别表示孵化器和创投在全部时间内的效用。

根据上述假设并结合非营利性组织中利他主义下的效用函数，孵化器的效用函数为：

$$T\prod_B = \int_0^\infty e^{-rt}[(1 - \omega(t) + \sigma)(\alpha E_V + \beta E_B + \theta G(t)) - \mu_B(1 - \eta(t))E_B^2]dt$$
$$(7—18)$$

创投的效用函数为：

$$T\prod_V = \int_0^\infty e^{-rt}[\omega(t)(\alpha E_V + \beta E_B + \theta G(t)) - \mu_V E_V^2 - \mu_B \eta(t) E_B^2]dt$$
$$(7—19)$$

三 利他主义下的均衡

(一) Nash 非合作博弈

当孵化器与创投进行 Nash 非合作博弈时，双方同时独立地选择各自的最优投入策略，从而最大化自身效用。在无限时区的任何时段内，孵化器与创投面对的是相同的博弈，因而可以将策略限制在静态反馈策略。

定理 1 在 Nash 非合作博弈下，创投与孵化器的静态反馈 Nash 均衡策略分别为

$$E_B^* = \frac{(1-\omega+\sigma)[\beta(r+\delta)+\lambda_B\theta]}{2\mu_B(r+\delta)} \quad (7-20)$$

$$E_V^* = \frac{\omega[\alpha(r+\delta)+\lambda_V\theta]}{2\mu_V(r+\delta)} \quad (7-21)$$

证明 为得到此博弈的 Nash 均衡，首先假设存在连续有界的微分收益函数 $V_i(G)$，$i \in B, V$，对所有的 $G \geqslant 0$ 都满足汉密尔顿—雅可比—贝尔曼（Hamilton-Jacobi-Bellman）方程[①]：

$$rV_B(G) = (1-\omega(t)+\sigma)(\alpha E_V+\beta E_B+\theta G(t)) \\ -\mu_B(1-\eta(t))E_B^2 + V'_B(G)(\lambda_B E_B+\lambda_V E_V-\delta G) \quad (7-22)$$

$$rV_V(G) = \omega(t)(\alpha E_V+\beta E_B+\theta G(t))-\mu_V E_V^2 - \\ \mu_B\eta(t)E_B^2 + V'_V(G)(\lambda_B E_B+\lambda_V E_V-\delta G) \quad (7-23)$$

由 (7—23) 式可知，为使自身利润最大化，理性的创投在非合作博弈下将不向孵化器提供补贴，即 $\eta(t)=0$。式 (7—22)(7—23) 两式右端对 E_B 和 E_V 求一阶偏导并令其等于零，可以得到：

$$E_B = \frac{\beta(1-\omega(t)+\sigma)+\lambda_B V'_B(G)}{2\mu_B} \quad E_V = \frac{\alpha\omega(t)+\lambda_V V'_V(G)}{2\mu_V}$$

$$(7-24)$$

将式 (7—24) 代入式 (7—22)(7—23)，化简得到：

---

① E. Dockner, Deferential games in economics and management science [M]. Cambridge: Cambridge University press, 2000: 97-103.

第七章 集聚下的科技企业孵化器与创投演化 / 223

$$rV_B(G) = [(1-\omega(t)+\sigma)\theta - \delta V'_B(G)]G$$
$$+ \frac{[\beta(1-\omega(t)+\sigma)+\lambda_B V'_B(G)]^2}{4\mu_B}$$
$$+ \frac{(\alpha(1-\omega(t)+\sigma)+V'_B(G)\lambda_V)[\alpha\omega(t)+\lambda_V V'_V(G)]}{2\mu_V}$$

(7—25)

$$rV_V(F) = [\omega(t)\theta - \delta V'_V(G)]G + \frac{[\alpha\omega(t)+\lambda_V V'_V(G)]^2}{4\mu_V}$$
$$+ \frac{[\beta\omega(t)+\lambda_B V'_V(G)][\beta(1-\omega(t)+\sigma)+\lambda_B V'_B(G)]}{2\mu_B}$$

(7—26)

设 G 是 HJB 方程的解，令

$$V_V = e_1 G + e_2 \quad V_B = s_1 G + s_2 \tag{7—27}$$

其中 e_1，e_2，s_1，s_2 是常数，将式 (7—27) 及其对 G 的导数代入式 (7—25)、式 (7—26) 得

$$r(s_1 G + s_2) = [(1-\omega(t)+\sigma)\theta - \delta s_1]G + \frac{[\beta(1-\omega(t)+\sigma)+\lambda_B s_1]^2}{4\mu_B}$$
$$+ \frac{(\alpha(1-\omega(t)+\sigma)+s_1\lambda_V)[\alpha\omega(t)+\lambda_V e_1]}{2\mu_V}$$

(7—28)

$$r(e_1 G + e_2) = [\omega(t)\theta - \delta e_1]G + \frac{[\alpha\omega(t)+\lambda_V e_1]^2}{4\mu_V}$$
$$+ \frac{[\beta\omega(t)+e_1\lambda_B][\beta(1-\omega(t)+\sigma)+\lambda_B s_1]}{2\mu_B}$$

(7—29)

式 (7—28)、式 (7—29) 对任意的 $G \geq 0$ 都满足，求得最优收益函数的参数值为：

$$e_1 = \frac{\omega(t)\theta}{r+\delta} \tag{7—30}$$

$$e_2 = \frac{\omega(t)^2[\alpha(r+\delta)+\lambda_V\theta]^2}{4\mu_V r(r+\delta)^2} + \frac{\omega(t)(1-\omega(t)+\sigma)[\beta(r+\delta)+\lambda_B\theta]^2}{2\mu_B r(r+\delta)^2}$$

(7—31)

$$s_1 = \frac{(1-\omega(t)+\sigma)\theta}{r+\delta} \qquad (7\text{—}32)$$

$$s_2 = \frac{(1-\omega(t)+\sigma)^2[\beta(r+\delta)+\lambda_B\theta]^2}{4\mu_B r(r+\delta)^2} +$$

$$\frac{\omega(t)(1-\omega(t)+\sigma)[\alpha(r+\delta)+\lambda_V\theta]^2}{2\mu_V r(r+\delta)^2} \qquad (7\text{—}33)$$

将式（7—30）—（7—33）代入式（7—27），得到 Nash 均衡下孵化器与创投最优效用函数为：

$$V_B^*(G) = \frac{(1-\omega(t)+\sigma)\theta}{r+\delta}G + \frac{(1-\omega(t)+\sigma)^2[\beta(r+\delta)+\lambda_B\theta]^2}{4\mu_B r(r+\delta)^2}$$

$$+ \frac{\omega(t)(1-\omega(t)+\sigma)[\alpha(r+\delta)+\theta\lambda_V]^2}{2\mu_V r(r+\delta)^2}$$

$$(7\text{—}34)$$

$$V_V^*(G) = \frac{\omega(t)\theta}{r+\delta}G + \frac{\omega(t)^2[\alpha(r+\delta)+\lambda_V\theta]^2}{4\mu_V r(r+\delta)^2}$$

$$+ \frac{\omega(t)(1-\omega(t)+\sigma)[\beta(r+\delta)+\theta\lambda_B]^2}{2\mu_B r(r+\delta)^2}$$

$$(7\text{—}35)$$

将式（7—34）和式（7—35）分别对 G 求得的导数代入式（7—24），得式（7—20）和式（7—21）。

（二）Stackelberg 主从博弈

在 Stackelberg 主从博弈中，由于创投在和孵化器合作孵化创业企业的过程中对孵化器的投入提供补贴，创投观察到孵化器的投入行为后，做出相应的决策，即创投是领导者，孵化器是跟随者。基于 Stackelberg 主从博弈，针对孵化器与创投的效用函数，采用逆向归纳法分析模型，讨论孵化器与创投各自的最优投入水平以及创投对孵化器的最优补贴。

定理 2　在创投为领导者的博弈情形下，创投和孵化器的静态反馈 Stackelberg 均衡策略分别为

$$E_B^{**} = \frac{(1+\omega+\sigma)[\beta(r+\delta)+\lambda_B\theta]}{4\mu_B(r+\delta)} \qquad (7\text{—}36)$$

$$E_V^{**} = \frac{\omega[\alpha(r+\delta)+\lambda_V\theta]}{2\mu_V(r+\delta)} \qquad (7\text{—}37)$$

$$\eta = \begin{cases} \dfrac{3\omega - 1 - \sigma}{\omega + 1 + \sigma}, \omega > \dfrac{1 + \sigma}{3} \text{ 时} \\ \\ 0, \quad \text{其他} \end{cases} \quad (7—38)$$

定理 2 的证明和定理 1 的方法类似，利用了逆向归纳法。同定理 1 的分析，可求得孵化器与创投在 Stackelberg 均衡时的效用函数分别为：

$$V_B^{**}(G) = \frac{(1 - \omega + \sigma)\theta}{r + \delta}G + \frac{\omega(1 - \omega + \sigma)[\alpha(r + \delta) + \lambda_V\theta]^2}{2\mu_V r(r + \delta)^2}$$

$$+ \frac{(1 + \omega + \sigma)(1 - \omega + \sigma)[\beta(r + \delta) + \lambda_B\theta]^2}{8\mu_B r(r + \delta)^2}$$

$$(7—39)$$

$$V_V^{**}(G) = \frac{\omega\theta}{r + \delta}G + \frac{\omega^2[\alpha(r + \delta) + \lambda_V\theta]^2}{4\mu_V r(r + \delta)^2} +$$

$$\frac{(1 + \omega + \sigma)^2[\beta(r + \delta) + \lambda_B\theta]^2}{16\mu_B r(r + \delta)^2} \quad (7—40)$$

（三）协同博弈

创投为了在退出时，能够以理想的价格将所持创业项目股份出售给外部投资者，他将会尽力提高孵化链的声誉水平；孵化器本身具有利他主义特征，并且为了吸引更多的创业企业进入孵化器进行孵化，也将努力提高孵化链的声誉水平。孵化器和创投充分合作时将追求整体的最大效用。协同博弈主要探讨孵化器与创投充分合作时，各自的最优投入水平以及孵化链的整体收益水平。

定理 3 在协同博弈情形下，创投和孵化器的最优努力策略分别为

$$E_B^{****} = \frac{(1 + \sigma)[\beta(r + \delta) + \lambda_B\theta]}{2\mu_B(r + \delta)} \quad (7—41)$$

$$E_V^{****} = \frac{(1 + \sigma)[\alpha(r + \delta) + \lambda_V\theta]}{2\mu_V(r + \delta)} \quad (7—42)$$

定理 3 的证明和定理 1 的方法类似，也可求得孵化器与创投在协同博弈时孵化链的最优效用函数为：

$$V_C^*(G) = \frac{(1+\sigma)\theta}{r+\delta}G + \frac{(1+\sigma)^2[\beta(r+\delta)+\lambda_B\theta]^2}{4r\mu_B(r+\delta)^2} +$$

$$\frac{(1+\sigma)^2[\alpha(r+\delta)+\lambda_V\theta]^2}{4r\mu_V(r+\delta)^2} \quad (7\text{—}43)$$

（四）均衡讨论

对孵化器和创投 Nash 非合作博弈、Stackelberg 主从博弈和协同合作博弈三种情形下各自的最优投入水平和整个过程的最优效用进行比较，得到如下结论。

定理 4 ① 当 $\omega > (1+\sigma)/3$ 时，孵化器的最优投入 $E_B^* < E_B^{**} < E_B^{***}$。② 创投的最优投入 $E_V^* = E_V^{**} < E_V^{***}$。③ 创投对孵化器的补贴水平 $\eta = \dfrac{E_B^{**} - E_B^*}{E_B^{**}}$。

证明：① 当 $\omega > (1+\sigma)/3$ 时，有

$$E_B^* - E_B^{**} = \frac{(1+\sigma-3\omega)[\beta(r+\delta)+\lambda_B\theta]}{4\mu_B(r+\delta)} < 0 \; ; \; E_B^{**} - E_B^{***} =$$

$$\frac{(\omega-1-\sigma)[\beta(r+\delta)+\lambda_B\theta]}{4\mu_B(r+\delta)} < 0 \; ,$$

即有 $E_B^* < E_B^{**} < E_B^{***}$。

② $E_V^{**} - E_V^{***} = \dfrac{(\omega-1-\sigma)[\alpha(r+\delta)+\lambda_V\theta]}{2\mu_V(r+\delta)} < 0$，即有 $E_V^* = E_V^{**} < E_V^{***}$。

③ $\dfrac{E_B^{**} - E_B^*}{E_B^{**}} = \dfrac{3\omega-1-\sigma}{\omega+1+\sigma} = \eta$。

由定理 4 可知，在 Nash 非合作博弈和 Stackelberg 主从博弈时，创投的最优投入水平不变，但与协同合作时的最优投入相比，处于较低水平；而孵化器的最优投入与其收益分配比率相关，当 $\omega > (1+\sigma)/3$ 时，在三种博弈情形下，最优投入水平会逐渐增加。另外，创投对孵化器的最优补贴水平等于孵化器最优投入水平的增加幅度。

定理 5 ① 当 $\omega > (1+\sigma)/3$ 时，孵化器的最优效用 $V_B^*(G) < V_B^{**}(G)$。

② 创投的最优效用 $V_V^*(G) < V_V^{**}(G)$。

③当 $\omega > (1+\sigma)/3$ 时，整个系统的效用 $V_C^*(G) > V_B^{**}(G) + V_V^{**}(G) > V_B^*(G) + V_V^*(G)$。

证明：① 当 $\omega > (1+\sigma)/3$ 时，有

$$V_B^*(G) - V_B^{**}(G) = \frac{(1-\omega+\sigma)(1+\sigma-3\omega)[\beta(r+\delta)+\lambda_B\theta]^2}{8\mu_B r(r+\delta)^2} < 0$$

，即 $V_B^*(G) < V_B^{**}(G)$。

② $V_V^*(G) - V_V^{**}(G) = \dfrac{-(1+\sigma-3\omega)^2[\beta(r+\delta)+\lambda_B\theta]^2}{16\mu_B r(r+\delta)^2} < 0$，即 $V_V^*(G) < V_V^{**}(G)$。

③ $V_B^{**}(G) + V_V^{**}(G) - V_C^*(G)$

$$= -\frac{(1+\sigma-\omega)^2[\beta(r+\delta)+\lambda_B\theta]^2}{16\mu_B r(r+\delta)^2} - \frac{(1+\sigma-\omega)^2[\alpha(r+\delta)+\lambda_V\theta]^2}{4\mu_V r(r+\delta)^2} < 0$$

由定理5可知，与 Nash 非合作博弈情形相比，创投更偏爱 Stackelberg 主从博弈情形。当 $\omega > (1+\sigma)/3$ 时，尽管由于利他主义因素促使孵化器让渡了部分收益，但孵化器 Stackelberg 博弈下的最优效用高于 Nash 非合作博弈。从整个孵化过程的效用而言，协同合作博弈高于 Stackelberg 主从博弈，Stackelberg 主从博弈高于 Nash 非合作博弈。

定理6 在 Nash 非合作博弈和 Stackelberg 主从博弈中，孵化器的利他主义程度越高，其投入水平越高，但这一程度对创投的投入水平无影响。在协同合作博弈中，孵化器的利他主义程度越高，孵化器和创投总的投入水平越高。

证明：根据孵化器和创投三种均衡下的投入水平，可得：

$$\frac{\partial E_B^*}{\partial \sigma} = \frac{[\beta(r+\delta)+\lambda_B\theta]}{2\mu_B(r+\delta)} > 0, \quad \frac{\partial E_B^{**}}{\partial \sigma} = \frac{[\beta(r+\delta)+\lambda_B\theta]}{4\mu_B(r+\delta)} > 0,$$

$$\frac{\partial E_B^{***}}{\partial \sigma} = \frac{[\beta(r+\delta)+\lambda_B\theta]}{2\mu_B(r+\delta)} > 0, \quad \frac{\partial E_V^*}{\partial \sigma} = \frac{\partial E_V^{**}}{\partial \sigma} = 0, \quad \frac{\partial E_V^{***}}{\partial \sigma} =$$

$\dfrac{[\alpha(r+\delta)+\lambda_V\theta]}{2\mu_V(r+\delta)} > 0$。因此有定理6。

定理7 在 Nash 非合作博弈和 Stackelberg 主从博弈中，孵化器的利他主义程度越高，孵化器和创投的最优效用越高。

证明：将 Nash 非合作博弈和 Stackelberg 主从博弈下，孵化器和创投

的效用分别对利他主义程度 σ 求导易得 $\partial V_B^*/\partial \sigma > 0$，$\partial V_B^{**}/\partial \sigma > 0$，$\partial V_V^*/\partial \sigma > 0$，$\partial V_V^{**}/\partial \sigma > 0$，将协同博弈下双方共同效用对 σ 求导，易得 $\partial V_C^*/\partial \sigma > 0$。因此有定理7。

定理8 在 Stackelberg 主从博弈中，创投对孵化器的补贴强度随着孵化器利他主义程度的增加而降低，创投对孵化器进行补贴的边界条件随孵化器利他主义程度的增加而上升。

由（7—38）式显见，定理8表明孵化器的利他主义因素对创投的补贴有挤出效应，而孵化器的利他主义因素有利于提升孵化器的投入水平，提升协同博弈下创投的投入水平，有利于创业企业的成功率。因此，对于非营利性具有利他主义特性的孵化器，政府应向孵化器提供补贴降低创投补贴挤出效应带来的负面影响。

四　无利他主义的博弈模型及均衡

如果科技企业孵化器是单纯营利性质的，则无利他主义因素影响，孵化器的效用函数为：

$$T\prod_B^N = \int_0^\infty e^{-rt}[(1-\omega(t))(\alpha E_V + \beta E_B + \theta G(t)) - \mu_B(1-\eta(t))E_B^2]dt$$

孵化器的利他主义因素不影响创投的效用函数，创投的效用函数同（7—19）式。

和上述利他主义下的孵化器与创投合作分析类似，记无利他主义下孵化器与创投纳什均衡投入分别为 E_B^{N*}、E_V^{N*}，孵化器与创投的效用分别为 $V_B^{N*}(G)$、$V_V^{N*}(G)$。记无利他主义下孵化器与创投 Stackelberg 均衡投入分别为 E_B^{N**}、E_V^{N**}，创投的最优补贴强度为 η^N，孵化器与创投的效用分别为 $V_B^{N**}(G)$、$V_V^{N**}(G)$。记无利他主义下孵化器与创投协同博弈均衡投入分别为 E_B^{N***}、E_V^{N***}，孵化器与创投总的效用为 $V_C^{N*}(G)$。

同利他主义下的博弈情况类似，可以得到无利他主义下各博弈的均衡解，有无利他主义下的孵化器与创投均衡比较如表7—6所示。

表7—6　有无利他主义下的孵化器与创投微分博弈均衡比较表

利他主义	无利他主义	利他主义影响
$E_B^* = \dfrac{(1-\omega+\sigma)[\beta(r+\delta)+\lambda_B\theta]}{2\mu_B(r+\delta)}$	$E_B^{N*} = \dfrac{(1-\omega)[\beta(r+\delta)+\lambda_B\theta]}{2\mu_B(r+\delta)}$	增加
$E_V^* = \dfrac{\omega[\alpha(r+\delta)+\lambda_V\theta]}{2\mu_V(r+\delta)}$	$E_V^{N*} = \dfrac{\omega[\alpha(r+\delta)+\lambda_V\theta]}{2\mu_V(r+\delta)}$	无影响
$E_B^{**} = \dfrac{(1+\omega+\sigma)[\beta(r+\delta)+\lambda_B\theta]}{4\mu_B(r+\delta)}$	$E_B^{N**} = \dfrac{(1+\omega)[\beta(r+\delta)+\lambda_B\theta]}{4\mu_B(r+\delta)}$	增加
$E_V^{**} = \dfrac{\omega[\alpha(r+\delta)+\lambda_V\theta]}{2\mu_V(r+\delta)}$	$E_V^{N**} = \dfrac{\omega[\alpha(r+\delta)+\lambda_V\theta]}{2\mu_V(r+\delta)}$	无影响
$\eta = \dfrac{3\omega-1-\sigma}{\omega+1+\sigma}$	$\eta^N = \dfrac{3\omega-1}{\omega+1}$	减少
$E_B^{***} = \dfrac{(1+\sigma)[\beta(r+\delta)+\lambda_B\theta]}{2\mu_B(r+\delta)}$	$E_B^{N***} = \dfrac{[\beta(r+\delta)+\lambda_B\theta]}{2\mu_B(r+\delta)}$	增加
$E_V^{***} = \dfrac{(1+\sigma)[\alpha(r+\delta)+\lambda_V\theta]}{2\mu_V(r+\delta)}$	$E_V^{N***} = \dfrac{[\alpha(r+\delta)+\lambda_V\theta]}{2\mu_V(r+\delta)}$	增加
$V_B^*(G) = \dfrac{(1-\omega+\sigma)\theta}{r+\delta}G$ $+ \dfrac{(1-\omega+\sigma)^2[\beta(r+\delta)+\lambda_B\theta]^2}{4\mu_B r(r+\delta)^2}$ $+ \dfrac{\omega(1-\omega+\sigma)[\alpha(r+\delta)+\theta\lambda_V]^2}{2\mu_V r(r+\delta)^2}$	$V_B^{N*}(G) = \dfrac{(1-\omega)\theta}{r+\delta}G$ $+ \dfrac{(1-\omega)^2[\beta(r+\delta)+\lambda_B\theta]^2}{4\mu_B r(r+\delta)^2}$ $+ \dfrac{\omega(1-\omega)[\alpha(r+\delta)+\theta\lambda_V]^2}{2\mu_V r(r+\delta)^2}$	增加
$V_V^*(G) = \dfrac{\omega\theta}{r+\delta}G + \dfrac{\omega^2[\alpha(r+\delta)+\lambda_V\theta]^2}{4\mu_V r(r+\delta)^2}$ $+ \dfrac{\omega(1-\omega(t)+\sigma)[\beta(r+\delta)+\lambda_B\theta]^2}{2\mu_B r(r+\delta)^2}$	$V_V^{N*}(G) = \dfrac{\omega\theta}{r+\delta}G$ $+ \dfrac{\omega^2[\alpha(r+\delta)+\lambda_V\theta]^2}{4\mu_V r(r+\delta)^2}$ $+ \dfrac{\omega(1-\omega)[\beta(r+\delta)+\lambda_B\theta]^2}{2\mu_B r(r+\delta)^2}$	增加
$V_B^{**}(G) = \dfrac{(1-\omega+\sigma)\theta}{r+\delta}G$ $+ \dfrac{\omega(t)(1-\omega+\sigma)[\alpha(r+\delta)+\lambda_V\theta]^2}{2\mu_V r(r+\delta)^2}$ $+ \dfrac{(1+\omega+\sigma)(1-\omega+\sigma)[\beta(r+\delta)+\lambda_B\theta]^2}{8\mu_B r(r+\delta)^2}$	$V_B^{N**}(G) = \dfrac{(1-\omega)\theta}{r+\delta}G$ $+ \dfrac{\omega(t)(1-\omega)[\alpha(r+\delta)+\lambda_V\theta]^2}{2\mu_V r(r+\delta)^2}$ $+ \dfrac{(1-\omega)(1+\omega)[\beta(r+\delta)+\lambda_B\theta]^2}{8\mu_B r(r+\delta)^2}$	增加

续表

利他主义	无利他主义	利他主义影响
$V_V^{**}(G) = \frac{\omega\theta}{r+\delta}G + \frac{\omega^2[\alpha(r+\delta)+\lambda_V\theta]^2}{4\mu_V r(r+\delta)^2}$ $+ \frac{(1+\omega+\sigma)^2[\beta(r+\delta)+\lambda_B\theta]^2}{16\mu_B r(r+\delta)^2}$	$V_V^{N**}(G) = \frac{\omega\theta}{r+\delta}G$ $+ \frac{\omega^2[\alpha(r+\delta)+\lambda_V\theta]^2}{4\mu_V r(r+\delta)^2}$ $+ \frac{(\omega+1)^2[\beta(r+\delta)+\lambda_B\theta]^2}{16\mu_B r(r+\delta)^2}$	增加
$V_c^*(G) = \frac{(1+\sigma)\theta}{r+\delta}G$ $+ \frac{(1+\sigma)^2[\beta(r+\delta)+\lambda_B\theta]^2}{4\eta\mu_I(r+\delta)^2}$ $+ \frac{(1+\sigma)^2[\alpha(r+\delta)+\lambda_V\theta]^2}{4\eta\mu_V(r+\delta)^2}$	$V_c^{N*}(G) = \frac{\theta}{r+\delta}G$ $+ \frac{[\beta(r+\delta)+\lambda_B\theta]^2}{4\eta\mu_I(r+\delta)^2}$ $+ \frac{[\alpha(r+\delta)+\lambda_V\theta]^2}{4\eta\mu_V(r+\delta)^2}$	增加

定理 9 孵化器的利他主义因素除了降低了创投对其的补贴水平外，在 Nash 博弈、Stackelberg 博弈和协同博弈三种情形下，均未对均衡结果产生负面影响。

由表 7—6 显见，定理 9 表明孵化器的利他主义因素对孵化链的影响，反映出利他主义对孵化器与创投的合作具有正面的作用，从一个方面解释了孵化器保持非营利性特征并且政府对孵化器进行扶持的原因。定理 9 也为"美国运营的孵化器甚至 94% 是非营利性的，营利性的孵化器只占 6%"，我国的孵化器大多数是非营利性质的提供了一个注脚。

五 仿真研究

创投和孵化器在非合作和合作条件下，最佳投入水平和效用水平依赖于模型中的各参数的选择。假设模型中参数值衰减率 $\delta = 0.1$，贴现率 $r = 0.1, \mu_V = 2, \mu_B = 1.5, \lambda_V = 1.5, \lambda_B = 1, \alpha = 3, \beta = 2, \theta = 1$，收益分配比率 $\omega = 0.8$。Nash 博弈和 Stackelberg 博弈下，孵化器和创投的效用水平随时间及利他主义程度的变化趋势如图 7—17、7—18 所示。

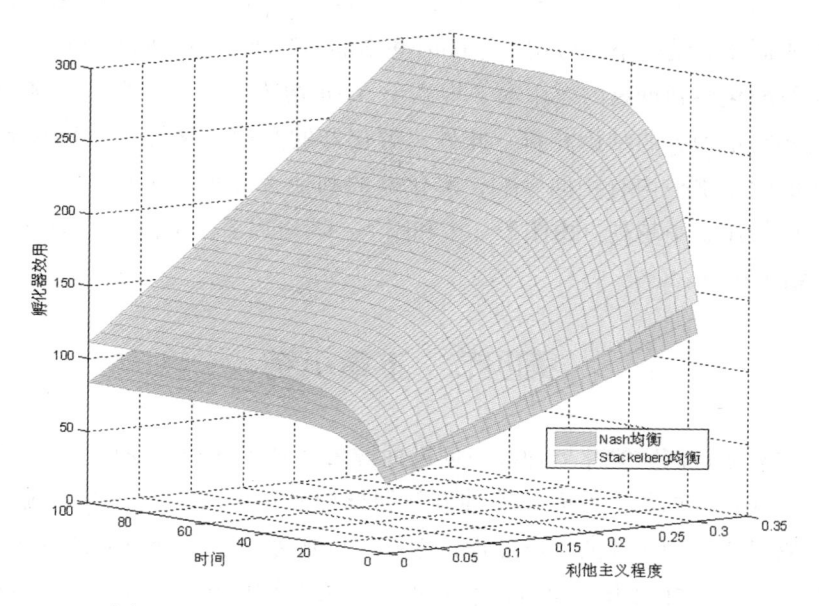

图 7—17　Nash 和 Stackelberg 均衡孵化器效用动态演化

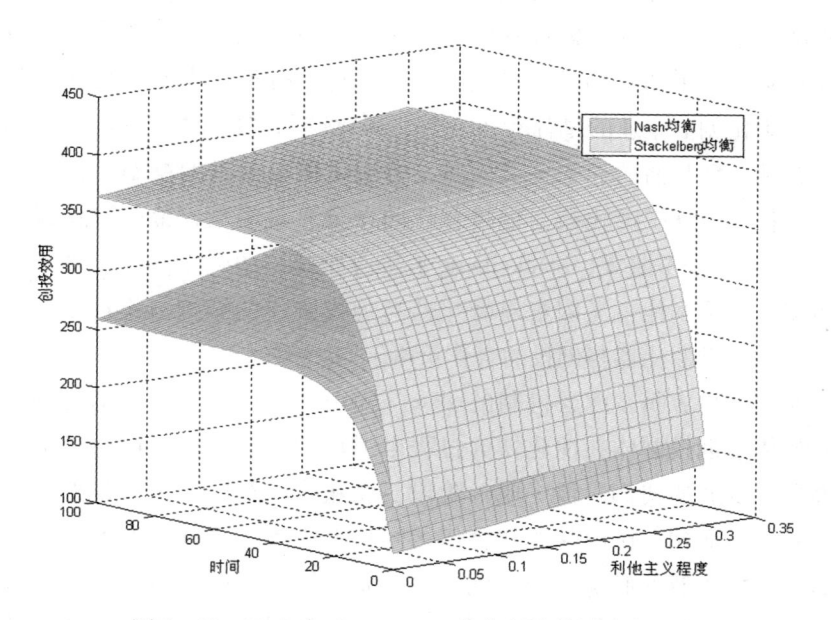

图 7—18　Nash 和 Stackelberg 均衡创投效用动态演化

从图 7—17 和图 7—18 可以看出，当 $\omega > (1+\sigma)/3$ 时，孵化器和创投在不同博弈情形下，效用水平随时间增加而趋于平稳，同时 Stackelberg 均衡下孵化器和创投的效用水平均高于 Nash 均衡下的效用水平。这一变化趋势与定理 5 的结论相符。此外，孵化器的利他主义程度对孵化器和创投的效用水平均有正向影响，孵化器的利他主义程度越高，孵化器和创投的效用水平越高。由图 7—17 和图 7—18 可以看出的这一趋势与定理 7 的结论相符。

第四节　本章小结

本章通过研究孵化器种群与创投种群之间基于知识共享的竞合关系，构建了在竞合视角下的孵化器种群与创投种群知识共享动态演化博弈模型，立足于长期博弈的学习过程，弥补了以往静态博弈分析方法的不足，并且引入了声誉损失、知识共享成本等更为全面的影响因素。本章阐述了孵化器种群在发展过程中与创投种群形成的一种竞合关系，构建了孵化器种群与创投种群之间的竞合模型，利用相图分析方法分析了各个平衡点的稳定性，讨论了创投种群的合作效应与孵化器种群的合作竞争效应对稳定点产生的影响，并对模型进行了仿真分析。本章将孵化器与创投合作孵化创业企业的过程看作一条"孵化链"，考虑声誉对孵化链的影响，并纳入孵化器的利他主义因素，将孵化器与创投的静态合作扩展到动态合作，建立了孵化器与创投合作的微分对策模型，分析孵化器与创投在 Nash 非合作博弈、Stackelberg 主从博弈及协同合作博弈条件下的最优策略，讨论利他主义因素对孵化器与创投合作的影响，比较了有无利他主义因素下孵化器与创投的合作策略。

研究结果表明，声誉机制的引入、知识共享成本的降低都有利于孵化器群体与创投群体在演化博弈过程中形成知识共享的高收益策略。孵化器种群发展的初创阶段、成长阶段、成熟阶段对应了竞合模型的三种稳定状态，而相互作用强度和合作区间长度决定了两种群发展的最终稳定状态。孵化器种群发展的初创阶段，孵化器种群的数量与创投种群的数量在稳定状态下均超出了它们的生态位容纳量，孵化器种群合作效应与创投种群合作效应的提高都能增加两种群稳定状态下的数量。孵化器种群发展的成长阶段、孵化器种群的数量能够超出其生态位容纳量，而创投种群的数量与孵化器种群的合作区间长度有关，孵化器种群的竞争效应、创投种群的合作效应与孵化器种群的合作区间长度一起对两种群稳定状态时的数量产生了不同的影响。孵化器种群发展的成熟阶段，孵化器种群的数量刚好达到其生态位容纳量，在创投种群只能与孵化器种群合作的假设下，创投种群灭绝（即退出与孵化器种群的合作），稳定状态下两种群数量与孵化器种群竞争效应、创投种群合作效应无关。孵化器与创投微分对策研究表明若充分合作可以达到，创投和孵化器的投入水平将达到最优，且合作孵化的整体效用水平也将达到最优；若充分合作不能完全实现，创投更偏向于Stackelberg主从博弈结构。从这个角度而言，孵化器管理者应创造孵化器与创投充分合作的条件和机制，促进双方充分合作，更为高效培育创业企业和企业家。另外，孵化器的利他主义因素除了降低了创投对其的补贴水平外，在Nash博弈、Stackelberg博弈和协同博弈三种情形下，均未对均衡结果产生负面影响。

基于上述结论，为促进孵化器种群与创投种群在长期的知识竞合博弈过程中朝着知识共享的理想状态发展，本章提出如下激励措施：

（1）建立声誉机制，增加对单方面违约的惩罚

孵化器种群与创投种群知识竞合并不是一次性博弈，而是一种长期的学习和交流过程，因此声誉显得尤为重要。建立声誉机制，适度提高对单方面违约的惩罚力度，有利于营造公平公正的市场环境，促进孵化器与创投知识共享。

（2）降低知识共享成本，形成合作共识

降低知识共享成本有利于孵化器种群与创投种群博弈过程朝着知识共享方向发展。孵化器与创投共享知识会产生讲授、传递、时间等方面的成本，政府为孵化器创投联盟之间相互探讨和学习提供便利条件，采取对共享知识的企业进行物质奖励等措施，能够有效降低企业由于共享知识而产生的成本，从而促进孵化器与创投共同分享知识。

（3）针对区域孵化器发展不同阶段采取措施

我国孵化器的发展已经进入快速成长阶段，孵化器自有资金规模不断扩大，股权投资形式的孵化模式开始出现。不同地区孵化器在实现综合孵化服务的成长过程中，其资金需求程度并不一致，一些孵化器急需

资金支持，而另一些孵化器对资金的需求并不强烈。对于急需资金的孵化器，应利用专业化和规模化手段提高创业项目的估值，努力将创业企业直接推向资本市场或被大公司收购，借助与创投的风险分摊方式获得可观报酬，有利于孵化器进一步成长；对于并不急需资金的孵化器，应与创投做好对接工作，及时回笼自有资金，降低风险并且避免与创投在后期形成竞争关系，有利于孵化器快速成长。

（4）支持公益孵化器的发展

不管从投入还是效用，孵化器的利他主义因素都有利于创投。因此从孵化器的运营模式看，应保持孵化器的公益性质，并向孵化器提供一定补贴，发挥其利他主义因素。公益孵化器的使命是专门培育新的有创新性的公益组织，发现和支持有潜力的社会人才。特别是对初创和中小型社会组织提供关键性的支持，包括办公场地、办公设备、能力建设、小额补贴、注册协助等。

第八章

科技企业孵化器网络平台评价与优化

科技企业孵化器对于培育自主创新企业和企业家,特别是培养科技型中小企业以及小微企业发挥着重要作用,已经得到政府和学术界越来越多的关注。随着研究的不断深入,对比国外先进孵化器的发展,孵化器的网络化、虚拟化已经成为一种趋势[1]。科技企业孵化器网络平台作为孵化器的网络门户,一般包括孵化器简介、位置与交通、服务功能、服务设施、组织结构、政策法规、在孵企业、创业新闻、行业信息、技术商品发布、友情链接等栏目[2],这些内容从很大程度上体现了孵化器与政府、同行、投资者、创业企业、中介服务机构和研发机构等关联机构和利益相关者之间的联系,反映了孵化器与孵化器之间以及孵化器与其他社会机构之间的网络关系,是科技企业孵化器进行网络关系管理与治理的重要平台[3]。同时,科技企业孵化器网络平台促进了孵化器以及其他科技产业化要素间的资源共享和优势互补,为科技创业企业的快速发展提供了良好的创业环境和发展条件[4]。

---

[1] Anne Bøllingtoft, The bottom-up business incubator: Leverage to networking and cooperation practices in a self-generated, entrepreneurial-enabled environment [J]. Technovation, 2012, 32 (5) 304–315.

[2] 彭曲波:《孵化器网站建设的困惑和出路》,《科技创业》2006 年第 2 期,第 88—89 页。

[3] 邹伟进、郑凌云:《中国企业孵化器网络化演进:基于网络治理理论分析》,《中国地质大学学报》(社会科学版) 2010 年第 1 期,第 104—109 页。

[4] 李昕:《基于互联网技术的科技企业孵化器公共信息服务平台》,《武汉大学学报》(哲学社会科学版) 2004 年第 57 期,第 6、859—863 页。

孵化器网络平台的建设受到国内外学者的广泛重视。Wiggins 和 Gibson[1]指出科技企业孵化器提供的服务应包括电信、通信与因特网设施。Chan 和 Lau[2]提出了包括九项评估标准的企业孵化器评估框架，其中一项就是网络平台。陈芝、朱常利等[3]在他们构建的科技企业孵化器指标体系中明确将"信息化平台建设完善程度"作为一项指标。刘萌芽[4]认为搞好孵化器信息中介服务需提供一个良好的平台。林德昌[5]指出网络服务对在孵企业逐渐变得越来越需要。因此，研究科技企业孵化器网络平台的效率差异并对网络平台进行设计优化，对于科技企业孵化器网络化管理和治理具有重要意义。不过，目前学者对孵化器网络平台的建设大多从理论方面进行阐述，对孵化器网络平台作用进行实证分析并进行网络平台优化尚未开展[6]。

2012 年，通过科技部审核的国家级科技企业孵化器有 338 家，其中具有独立网络平台的国家级科技企业孵化器有 213 家。科技企业孵化器网络平台数量的急剧增长，对于加快科技型中小企业的成长和发展起着积极的作用。但是，由于存在沟通渠道障碍，各个孵化器发布的融资项目并没有得到投资者的关注。如何建设科技企业孵化器网络平台，并利用其克服我国科技企业孵化器存在着"链接与整合社会资源的能力不足，特别是融资能力有待加强"的问题是一个重要课题。相对于其他行业对网络平台建设的重视，科技孵化器网络平台的建设尚未引起学者的充分重视。

---

[1] Wiggins J., Gibson D. V., Overview of US incubators and the case of the Austin Technology Incubator [J]. International Journal of Entrepreneurship & Innovation Management, 2003, 3 (3): 56 – 66.

[2] Chan, K. F., Lau, T., Assessing technology incubator programs in the science park: the good, the bad and the ugly [J]. Technovation, 2005, 25 (10): 1215 – 1228.

[3] 陈芝、朱常利、聂荣喜等：《科技企业孵化器评价指标体系的研究》，《财经理论与实践》2009 年第 160 期，第 104—107 页。

[4] 刘萌芽：《论孵化器的信息服务及信息服务体系建设》，《情报科学》2005 年第 2 期，第 228—231 页。

[5] 林德昌、陆强、王红卫：《企业对孵化器服务需求的实证研究及其对服务创新的启示》，《研究与发展管理》2011 年第 1 期，第 62—69 页。

[6] 吴文清、刘晓英、赵黎明：《科技企业孵化器网络平台效率差异与优化——基于 338 家国家级科技企业孵化器的分析》，《科技进步与对策》2014 年第 1 期，第 86—92 页。

基于上述考虑，本章运用数据包络分析（DEA）对国家级科技企业孵化器效率进行评价，对有无网络平台的科技企业孵化器进行效率差异性检验，并通过专门发布网站世界排名的 Alexa 网站分析国家级科技企业孵化器网络平台的活跃度。在此基础上基于孵化器特性对中国大陆总体科技企业孵化器、综合科技企业孵化器、专业科技企业孵化器、事业型科技企业孵化器和企业型科技企业孵化器网络平台内容进行词频分析和对应分析，寻求科技企业孵化器网络平台建设的特点。进一步，对中国大陆科技企业孵化器和台湾省科技企业孵化器网络平台内容进行对比分析，为科技企业孵化器网络平台建设和管理提供支持，更好地促进科技型中小企业特别是小微企业的发展。另外，本章以我国 213 家具有独立网络平台的科技企业孵化器为研究对象，分析其分布特征，考察它们在投资功能上的效用效率问题，以期为中国科技企业孵化器网络平台建设提供借鉴。

第一节　孵化器网络平台差异性检验

本章基于投入导向的 BCC 模型对国家级科技企业孵化器效率进行测算，然后将样本数据分为两类：拥有独立网络平台和没有独立网络平台的科技企业孵化器，对两类样本科技企业孵化器效率进行差异性检验，以评估科技企业孵化器网络平台对其效率的影响。

一　资料说明

科技部于 2011 年对 346 家国家级科技企业孵化器开展了复核工作。经审核与整改，共有 338 家国家级科技企业孵化器通过复核。本书以上述 338 家国家级科技企业孵化器为基础，删除有缺省数据的科技企业孵化器后，剩余 218 家国家级科技企业孵化器为本书分析的样本科技企业孵化器。所有数据均来源于 2011 年《中国火炬统计年鉴》。

二　投入产出指标的选取

选取合理的投入产出指标是运用 DEA 方法进行效率评价的基础性工作和关键性步骤。该指标如下：

投入指标由科技企业孵化器管理机构从业人员数、孵化器场地总面积、孵化器累计公共技术服务平台投资额与孵化基金总额之和组成。

产出指标由在孵企业人员数、在孵企业累计获得风险投资总额和批准知识产权数组成。

三　实证结果

利用上文选取 DEA 模型，在对基础数据进行标准化处理后，运用 DEAP2.1 软件进行了计算，得到 218 家国家级科技企业孵化器的综合效率、纯技术效率和规模效率，如表 8—1 所示。限于篇幅，本书给出了前 30 家国家级科技企业孵化器的效率数据（按照科技部提供的通过复核国家级科技企业孵化器名单表排列，未进行排序）。

表 8—1　2010 年 218 家国家级企业孵化器 DEA 效率综合评价
（前 30 家）

孵化器名称	综合效率	纯技术效率	规模效率
北京博奥联创科技孵化器有限公司	0.203	0.562	0.361
汇龙森国际企业孵化（北京）有限公司	0.341	0.36	0.946
汇龙森欧洲科技（北京）有限公司	0.277	0.531	0.521
中关村科技园区丰台园科技创业服务中心	1	1	1
中关村科技园区海淀园创业服务中心	0.581	0.616	0.944
北京奥宇科技企业孵化器有限责任公司	0.371	0.796	0.466
北京瀚海润泽科技孵化器有限公司	0.273	0.361	0.756
北京华海基业科技孵化器有限公司	0.285	0.378	0.755
北京中关村软件园孵化服务有限公司	0.477	0.68	0.701
北京赛欧科园科技孵化中心有限公司	0.638	0.8	0.798
北京普天德胜科技孵化器有限公司	0.577	0.918	0.628
北京启迪创业孵化器有限公司	0.82	0.827	0.992
北京理工创新高科技孵化器有限公司	1	1	1
北京北航天汇科技孵化器有限公司	0.832	0.834	0.997
北京均大高科技孵化器有限公司	0.24	0.559	0.429
北京科大方兴科技孵化器有限责任公司	0.337	0.777	0.434

续表

孵化器名称	综合效率	纯技术效率	规模效率
北京汉潮大成科技孵化器有限公司	0.098	0.29	0.338
北京中关村上地生物科技发展有限公司	0.297	0.568	0.523
北京中关村生命科学园生物医药科技孵化有限公司	0.312	0.618	0.505
北京中关村京蒙高科企业孵化器有限责任公司	0.373	0.56	0.666
北京望京科技孵化服务有限公司	0.759	0.759	1
天津海泰企业孵化服务有限公司	1	1	1
天津华科企业孵化服务有限公司	0.628	0.814	0.771
天津金虹桥电气企业孵化器有限公司	0.399	1	0.399
天津科丽泰科技企业孵化器有限公司	0.342	0.853	0.401
天津市科技创业服务中心	0.273	0.473	0.578
三河燕郊创业投资管理服务中心	0.542	0.854	0.635
石家庄高新技术创业服务中心	0.687	0.689	0.998
承德市高新技术产业开发区创业服务中心	0.396	0.687	0.576
秦皇岛经济技术开发区高新技术创业服务中心	0.443	0.562	0.789
218家国家级企业孵化器效率平均值	0.468	0.633	0.741

四 有无网络平台孵化器效率差异检验

将218家国家级科技企业孵化器分成有网络平台和没有网络平台两组（其中有网络平台的国家级孵化器共121家，没有网络平台的国家级孵化器共97家），利用S-plus软件对两组数据的综合效率、纯技术效率和规模效率进行是否具有差异性的T检验，检验结果如表8—2所示。检验结果表明，有无网络平台的国家级孵化器综合技术效率和规模效率不存在显著差异，而两者的纯技术效率在10%显著水平下存在显著差异。

表8—2　　有无网络平台国家级企业孵化器效率T检验

指标	综合效率	纯技术效率	规模效率
P值	0.3269	0.09	0.5926

进一步对有网络平台的国家级企业孵化器纯技术效率小于没有网络平台的国家级企业孵化器纯技术效率假设进行T检验，P值为0.0001，

拒绝原假设。表明有网络平台的国家级孵化器纯技术效率大于没有网络平台的国家级企业孵化器纯技术效率。这从一个侧面反映了孵化器网络平台促进了企业孵化器的制度化和规范化建设，使所在的企业孵化器表现出较高的制度效率。

第二节 孵化器网络活跃度分析

网站活跃度作为评价一个网站运营效率的重要指标，对考察某个网站的情况具有重要的作用。某一网站被查询的次数越多，表明该网站越活跃，活跃度就比较高；相反，网站的活跃度就比较低。本书借助 Alexa 网站，考察了近三个月内中国大陆具有独立网络平台的 218 家国家级科技企业孵化器和台湾地区 71 家孵化器每百万人中访问某一科技企业孵化器网站数量情况，并得到了具体数据。

在中国大陆孵化器网络平台中，17 家访问量在 1（含 1 次）次上，占总体的 7.98%，其中浙江大学科技园发展有限公司访问量最高，达到 75 次，因为访问量太少而无法统计的有 101 家，占总体的 47.42%。在台湾地区孵化器网络平台中，51 家访问量在 1（含 1 次）次上，占总体的 71.83%，其中台湾大学生命教育研发育成中心的访问量最大，达到 163 次，因为访问量太少而无法统计的有 14 家，占总体的 19.72%。

统计结果充分表明，只有少部分大陆科技企业孵化器网站得到人们的关注，绝大多数科技企业孵化器网站并没有被充分利用；考虑到两地的人口基数，台湾地区的孵化器网站的活跃度更高，更能引起人们的关注，从而使网站的信息资源得到更充分的利用。

第三节 孵化器网络平台内容优化

本部分内容对中国大陆总体科技企业孵化器、综合科技企业孵化器、专业科技企业孵化器、事业型科技企业孵化器和企业型科技企业孵化器网络平台内容进行词频分析和对应分析，寻求科技企业孵化器网络平台建设的特点。并对中国大陆科技企业孵化器和台湾地区科技企业孵化器网络平台内容进行对比分析，为科技企业孵化器网络平台建设和管理提供支持。

一 研究步骤

(1) 样本选取

本书以中国大陆国家级科技企业孵化器网络平台和台湾地区孵化器网络平台为研究对象,样本数分别为 212 个和 71 个。对于大陆企业孵化器,根据管理体制的不同,将其分为企业型孵化器和事业型孵化器,样本数分别为 71 个和 141 个;根据孵化对象的不同,将其分为综合型孵化器和专业型孵化器,样本数分别为 173 个和 39 个。为保证网络平台内容分析结果的可靠性和准确性,在样本选取的过程中剔除了仅提供对其他网站的链接或简介而无实际内容网络平台。

(2) 网络平台文本内容获取

将每个网站关于孵化器的相关内容复制到一个 word 文档 (.RTF 格式) 并保存。其中,将台湾地区的 71 个文档合并为一个文档,将大陆地区的 212 个文档按网站分类合并为 4 个文档。由于两岸中文表达习惯的差异,将有关台湾地区网站文档中的"育成中心"替换为"孵化器",将"进驻"替换为"入驻"。将有关大陆孵化器网站文档中的"入园""入孵"均替换为"入孵",将"在园"替换为"在孵",将"孵化园"替换为"孵化器",将"管理委员会"替换为"管委会"。

(3) 文本内容分析

利用词频分析软件（Rost WordParser）分别对经过预处理后的 6 个文本文件进行内容分析[1]。在进行词频统计分析之前,首先要对该词频分析软件进行自定义词典设定,以保证分词和分析结果的准确性,该词典包括孵化器所能提供的服务（如"孵化服务"）、孵化器所在地（如"北京市"）、孵化器所孵化企业的主营业务（如"生物医药"）、孵化器享受的优惠（如"优惠政策"）、孵化器的创新能力（如"专利"）等。运用软件对 6 个文档进行词频分析,将初步分析结果进行再处理,把"的""和""是"等介词、助词、连词以及"发展""园区""企业"等孵化

---

[1] 肖亮、赵黎明:《互联网传播的台湾旅游目的地形象——基于两岸相关网站的内容分析》,《旅游学刊》2009 年第 3 期,第 75—81 页。

器网站常见但又与孵化器网站的功能和服务无关的词汇纳入词频分析软件的过滤词汇表。运用软件的过滤功能，将初步分析结果中的无关词汇过滤后，获得 6 类孵化器网站中的高频特征词表及其词频。

（4）对应分析

将中国大陆国家级企业孵化器网站的 4 个文档合并为一个文件，使用 Rost WordParser 提取所有 212 个样本的高频特征词表，并选取词频最高的 30 个关键词作为对应分析的列变量，以孵化器类型作为行变量，以专业孵化器、综合孵化器、企业型孵化器、事业型孵化器网站中 30 个关键词出现的次数作为观测值（尺度变量），编码输入 SPSS 软件，进行对应分析。

二　孵化器网络平台内容分析结果

按照上述步骤对所选 6 类样本数据进行分析，每类样本提取 30 个关键词，将关键词从高到低排列，词频统计数据如表 8—3 所示。根据表 8—3 可得：

（1）大陆与台湾地区孵化器网站词频比较

从表 8—3 大陆孵化器网站与台湾地区孵化器网站词频统计可以发现，"孵化器""创新""孵化""入驻"是两岸孵化器网站使用最多的特征词。"高新技术"一词在大陆孵化器网站中的使用频率很高，但是在台湾地区孵化器网站中却没有进入前 30 名，这在一定程度上反映出大陆孵化器相较于台湾地区孵化器来说更加注重高新技术产业的孵化；同样的，"优惠政策"一词也没有进入台湾地区孵化器网站的前 30 名，这说明大陆相对台湾地区来说，更注重政府在政策和经济上的支持。此外，"软件""研发""营销""创意""留学人员"等特征词在两岸网站词频分析的排名有较大差异。"软件"在大陆孵化器网站列第 8 位，而在台湾地区网站列第 21 位；"研发"在台湾地区孵化器网站列第 5 位，而在大陆网站列第 15 位；"营销""创意"没有进入大陆孵化器网站的前 30 名，表明台湾地区孵化器网站比较注重创业企业的营销和创意方面的要求和培育；"留学人员"没有进入台湾地区网站的前 30 名。可见，两岸孵化器所侧重的内容并不完全一致。

（2）专业型和综合型孵化器网站词频比较

从表 8—3 大陆专业型和综合型孵化器网站词频比统计可以发现，

"孵化器""孵化""创新""高新技术"是各类孵化器网站使用最多的特征词。"留学人员"一词在综合孵化器中列第 10 位，而在专业孵化器中列第 22 位，这可能是由于专业孵化器的服务内容和服务范围相对较小，不能为所有专业的留学人员提供全面的孵化服务；"光电子""航空"没有进入综合孵化器网站的前 30 个特征词表中，说明这些行业需要更加专业的服务和指导，而相关的专业孵化器相较于综合孵化器更能满足这一需求；"江苏省"一词未进入专业孵化器网站的前 30 个特征词，在一定程度上说明江苏省综合孵化器的发展状况优于专业孵化器。

（3）事业型和企业型孵化器网站词频比较

表 8—3 事业型孵化器和企业型孵化器网站词频统计可以发现，"孵化器""孵化""创新""高新技术"是事业型和企业型孵化器网站使用频率最高的特征词。"技术服务"和"管委会"等词并未进入企业型孵化器的特征词表，说明综合孵化器得到了管委会更多的关注和支持，也更注重为孵化企业提供技术服务。总体而言，事业型孵化器和企业型孵化器网站词频差异不太明显，反映出我国事业型孵化器和企业型孵化器还未形成独自具有特色的孵化体系。

表 8—3　　　　　各类样本的高频特征词与排序

排序	中国大陆孵化器网络平台	台湾地区孵化器网络平台	中国大陆孵化器网络平台		中国大陆孵化器网络平台	
			事业型	企业型	综合型	专业型
1	创新	孵化器	创新	孵化	创新	孵化器
2	孵化	创新	高新技术	孵化器	孵化	创新
3	高新技术	入驻	孵化	创新	高新技术	孵化
4	入驻	大学	申报	入驻	入驻	入驻
5	孵化器	研发	入驻	高新技术	申报	培训
6	申报	申报	孵化器	中关村	孵化器	申报
7	资金	台湾	资金	申报	资金	北京市
8	软件	孵化	软件	培训	软件	高新技术
9	培训	经济院	培训	北京市	培训	软件
10	留学人员	政府	技术服务	软件	留学人员	光电子

续表

排序	中国大陆孵化器网络平台	台湾地区孵化器网络平台	中国大陆孵化器网络平台 事业型	中国大陆孵化器网络平台 企业型	中国大陆孵化器网络平台 综合型	中国大陆孵化器网络平台 专业型
11	基金	创意	留学人员	资金	基金	专利
12	咨询	电子	基金	研发	咨询	资金
13	优惠政策	生物	优惠政策	招聘	技术服务	研发
14	技术服务	专利	咨询	咨询	优惠政策	生物医药
15	研发	咨询	专利	政策法规	研发	毕业
16	专利	实验室	江苏省	专利	在孵	优惠政策
17	在孵	营销	科技部	留学人员	科技部	招聘
18	招聘	毕业	研发	在孵	专利	基金
19	科技部	政策	在孵	优惠政策	招聘	政策法规
20	政策法规	高雄	毕业	政府	政策法规	咨询
21	北京市	软件	管委会	基金	政府	技术服务
22	政府	台北市	招聘	生物医药	江苏省	留学人员
23	毕业	艺术	政府	上海市	大学科技园	农业
24	江苏省	医疗	政策法规	科技部	毕业	管委会
25	管委会	投资	新材料	投融资服务	管委会	上海市
26	上海市	光电	大学科技园	环保	北京市	政府
27	大学科技园	台中	投融资服务	大学科技园	投融资服务	科技部
28	投融资服务	医药	上海市	四川省	上海市	航空
29	环保	财团	环保	毕业	环保	环保
30	新材料	培训	生物医药	技术服务	新材料	投融资服务

三 对应分析

通过对应分析，得到的分析结果如表8—4所示。第一个维度（维度1）解释了84.3%的信息量，第二个维度（维度2）解释了14.9%的信息量，前两个维度累计解释了99.2%的总信息量。因此，二维图形已基本可以表示两个变量间的信息。

表8—4　　　　　　　　　对应分析结果

维度	奇异值	惯量	惯量比例 解释	惯量比例 累积	标准差
1	0.22	0.048	0.843	0.843	0.004
2	0.092	0.009	0.149	0.992	0.004
3	0.021	0	0.008	1	
总计		0.057	1	1	

表8—5　　　　　　孵化器类别对各维度的贡献度

网站类别（行变量）	维度的得分 1	维度的得分 2	惯量	贡献度 点对维惯量 1	贡献度 点对维惯量 2	贡献度 维对点惯量 1	贡献度 维对点惯量 2	总计
专业孵化器	0.773	-0.824	0.017	0.237	0.64	0.676	0.323	0.999
综合孵化器	-0.139	0.133	0.003	0.036	0.08	0.662	0.258	0.92
企业型孵化器	0.754	0.342	0.024	0.449	0.22	0.918	0.079	0.997
事业型孵化器	-0.443	-0.131	0.014	0.278	0.061	0.952	0.037	0.989
有效总计			0.057	1	1			

从表8—5中可以看到，两个维度对大陆各类孵化器网站变量所提取的信息量都超过90%，因此，大陆各类孵化器网站变量都可以被结果很好的解释。

图8—1为关键词与孵化器类型对应分析图。图8—1中各散点的空间位置关系反映出"网站类别"和"关键词"两类变量之间的关联信息。从图8—1可以看出，30个关键词与大陆各类孵化器网站分别在4个象限形成集聚，表明各类孵化器网站构建并传达的主要信息有所不同。根据散点离远点的距离和散点间的距离考察两类变量的类别联系，并结合上文对各类孵化器网站关键词的分析结果发现，专业型孵化器更加注重对新技术的研发（专利、创新、研发）；综合型孵化器更加突出其综合性（大学科技园、留学人员）；企业单位孵化器更注重对资金（投融资服务）以及人才（招聘）的需求；事业单位孵化器则突出了其管理部门（管委会）以及所得到的政府部门的支持（优惠政策）。

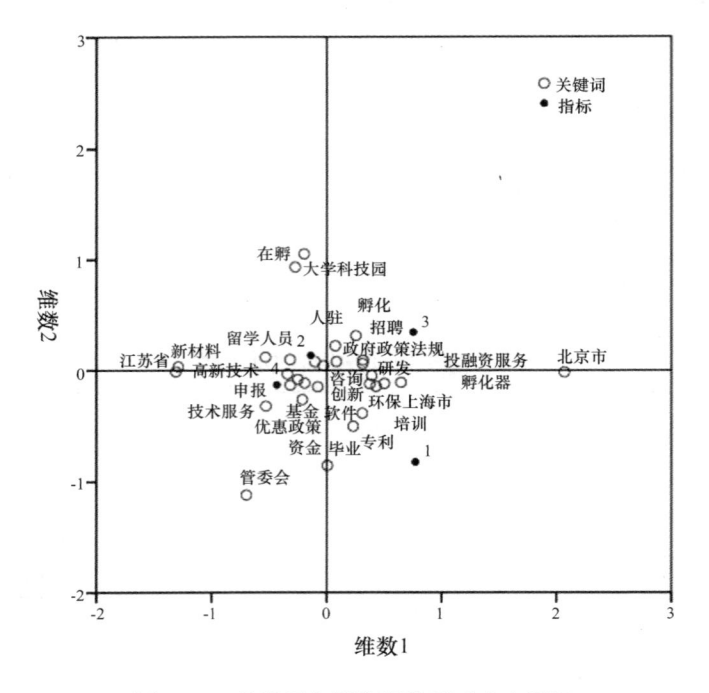

图 8—1　关键词与孵化器类型对应分析图

注：1＝专业孵化器；2＝综合型孵化器；3＝企业型孵化器；4＝事业型孵化器。

四　网络平台词频分析结果

大陆与台湾地区孵化器网络平台词频分析研究表明，台湾地区孵化器与大陆孵化器网站所侧重的内容并不完全一致。台湾地区孵化器网站侧重表现研发、营销整个营运过程的连续性和营利性，而大陆孵化器网站则强调在政府部门所提供的优惠政策下，以高新技术产业为重点，加强对中小企业的扶持和资助。大陆各类型孵化器之间也有一定程度的差异，专业型孵化器网站更注重对某一专业领域的介绍与研究，综合型孵化器则可以对不同专业领域的创业企业进行孵化，其网站内容具有综合性，但缺乏专业性；企业单位孵化器更注重企业效益，其网站更加突出了资金、利润与人才的作用，而事业单位孵化器则更注重对中小企业的扶持，培育新生力量。这些差异，一方面是孵化器自身性质所导致的，另一方面则是由各孵化器的目标差异所造成的。研究过程还发现，台湾地区与大陆的孵化器之间关联甚少,其联系有待加强;并且各类孵化器网站对孵化器功能与服务的介绍还不够深入,网站内容及表现形式均有待完善。

第四节 基于网络平台的孵化器投资功能评价

一 研究对象选择和分布

(1) 研究对象选择

我国科技企业孵化器分为国家级孵化器、省级孵化器、市级孵化器等。2012年,通过科技部审核的国家级科技企业孵化器有338家,笔者在互联网上查找这338家国家级科技企业孵化器是否具有独立网络平台,发现有213家国家级科技企业孵化器具有独立的网络平台。本书以213家国家级孵化器网络平台为研究样本,包括大陆各个省份的科技企业孵化器。选择国家级科技企业孵化器网络平台进行研究有如下特点:国家级科技企业孵化器需进行严格的认定,一般运行了一段时间,科技企业孵化器统计数据比较齐全,不同孵化器可以进行相应的比较。国家级孵化器基础设施比较完善,孵化服务种类比较齐全,便于在同等条件下研究不同孵化器网络平台建设,进而评价基于网络平台的孵化器投资功能。国家级科技企业孵化器的组织机构设置比较合理,领导团队具有较高的学历,对孵化器的投资功能有更深入的了解并能做出正确的决策。由于制度和经济发展水平的不同,本研究没有考察港、澳、台地区的科技企业孵化器。

(2) 我国科技企业孵化器网站的空间分布特征

2012年9月20日至10月7日笔者完成了对中国大陆各省区和直辖市213家国家级科技企业孵化器网络平台数据的收集和整理,得到了大陆各省区和直辖市国家级孵化器网络平台分布表(如表8—6所示),其中东部地区有145家,中西部地区有68家。由于一部分国家级孵化器网络平台还没有建设好,目前整理的数据并没有包括所有国家级企业孵化器网站,但从中仍能看出我国国家级科技企业孵化器网络平台的区域分布特征,国家级科技企业孵化器网络平台在我国大陆各省区存在一定的地域差异性。表8—6充分说明,我国大陆国家级孵化器网络平台数量总体上从东部沿海向中部及西部地区逐渐减少，经济发达的地区其孵化器网络平台数量一般高于周边其他省市区。

表8—6　各省市国家级科技企业孵化器网站数及归类

等级	地区名称	相关说明
1	北京（21）、江苏（32）、山东（21）	孵化器网站数≥20
2	浙江（15）	15≤孵化器网站数<20
3	上海（14）、湖北（11）	10≤孵化器网站数<15
4	天津（6）、河北（7）、辽宁（9）、黑龙江（5）、安徽（6）、福建（6）、河南（7）、湖南（7）、广东（8）、深圳（6）、四川（6）、云南（5）、陕西（7）	5≤孵化器网站数<10
5	山西（1）、内蒙古（1）、吉林（2）、江西（2）、广西（3）、重庆（1）、西藏（1）、甘肃（2）、青海（1）、新疆（1）、宁夏（1）	孵化器网站数<5

二　科技企业孵化器投资网络平台功能指标体系构建

（1）指标体系层次与内容

科技企业孵化器网络平台投资功能主要指创投对孵化器内创业企业的投资。对于每个科技企业孵化器网络平台来说，创投不仅关注孵化器网络平台提供的可供投资的创业企业信息，而且关注孵化器网络平台中招商引资、网络互动、基础设施、服务能力等与创业企业成功率相联系的其他方面内容。每个孵化器网络平台建设的风格和内容不尽相同，但是总体上可以概括出几个吸引投资者的栏目，由于这些栏目内容不同，投资者关心的程度也有相应的差异。本书将孵化器网络平台投资功能指标体系建立在投资者关心的各个方面，以此来评价整个孵化器网络平台对创投的吸引程度。经过对专家学者和业界的咨询，指标体系可分为4个一级指标和14个二级指标。一级指标包括招商引资、网络互动、基础设施和服务能力。其中招商引资包括招商引资专栏、项目发布数量、项目更新速度、项目内容细则、投资政策数量；网络互动包括网上办公系统、在线咨询下载、办事指南数量；基础设施包括孵化器规模、管理人员素质；服务能力包括孵化基金支持力度、创业导师辅导、孵化器平台建设、成功案例。为了更好地研究各个指标对投资功能的差异，可以将指标体系分为五级，由低级到高级依次赋值为1、3、5、7、9（如表8—7所示）。

表8—7　　　　　国家级企业孵化器网站投资功能的指标及其权重

指标名称	权重	1	3	5	7	9
招商引资专栏	0.12	无该项内容	偶见相关条目	其他频道下	首页设有专栏	直接设有频道
项目发布数量	0.09	0项	1—10项	11—20项	21—30项	31项以上
项目更新速度	0.08	没有更新	2年以上更新	1年更新	半年更新	每月更新
项目内容细则	0.07	没有细则	仅有联系方式	有项目概况	有简单项目建议书	有详细项目建议书
投资政策数量	0.11	0项	1—5项	6—10项	11—15项	16项以上
网上办公系统	0.06	无	能零散的查询到相关文件	有政府信息公开专栏	有专门网上政务管理系统	全方位友好的交互式系统
在线咨询下载	0.07	无	在线下载	具有留言功能	网上论坛	及时互动交流平台
办事指南数量	0.06	0项	1—5项	6—10项	11—15项	16项以上
孵化器规模	0.03	无相关描述	仅有孵化空间内容	仅有在孵企业内容	简单介绍在孵企业和孵化空间	详细介绍在孵企业和孵化空间
管理人员素质	0.06	无相关描述	偶见相关条目	简单介绍了管理人员组成	有专栏介绍管理团队	管理团队学历层次较高
孵化基金支持力度	0.07	无相关描述	资金服务种类在1—2项	资金服务种类在3—4项	资金服务种类在5—6项	资金服务种类在7项以上

续表

指标名称	权重	1	3	5	7	9
创业导师辅导	0.05	无	只提供辅导的联系方式	只是单向的咨询服务	创业辅导双向交流并制订一定计划	深入企业贴身服务且专家进行专业指导
孵化器平台建设	0.07	无相关栏目	不同服务条目且服务简单	有专栏介绍但服务条目较少	服务条目较多且条目概况	服务体系健全并有条目详细描述
成功案例	0.06	无	偶见相关条目	有成功案例概况	简单介绍成功案例	详细分析成功案例

（2）指标体系权重

网络平台数据通过逐一查询大陆 213 家国家级科技企业孵化器网站，并且对照指标体系为每个孵化器的各个指标进行评分。指标体系中的各个指标对投资功能影响不同，因而每个指标会有不同的权重分配。通过一些相关领域专家的讨论确定各个指标的权值，确定指标体系和每个指标的权值之后，就可以根据每个指标的打分确定该指标的加权得分。用每个指标的权值乘以该指标的得分可以得到该指标的加权值，这样就可以评价某一个指标对所有研究对象的影响；通过某一研究对象所有指标权值和可以得到该研究对象的总得分，由此研究不同对象的得分分布对投资功能的影响。

（3）网络活跃度研究

网站活跃度作为评价一个网站运营效率的重要指标，对考察某个网站的情况具有重要的作用。某一网站被查询的次数越多，表明该网站越活跃，活跃度就比较高；相反，网站的活跃度就比较低。为考察科技企业孵化器网络平台活跃度和投资功能的联系，本书通过专门发布网站世界排名的 Alexa 网站（www.alexa.com）查询各个科技企业孵化器网站近三个月来每百万人中访问该网站人数。通过访问人数这一指标，能够比较各个科技企业孵化器网络平台的活跃度。

三 各国家级企业孵化器网络平台的投资功能评价

（一）总体结果分析

通过指标体系的确定和研究方法的设计，笔者截止到 2012 年 10 月 7 日完成了对大陆 213 家国家级科技企业孵化器的数据查询并进行了相应指标的打分，最终整理出全部数据的评价总分分布情况。科技企业孵化器网络平台的得分在最高分和最低分之间，最高分为上海张江高新技术创业服务中心（6.80 分），最低分为西安集成电路设计专业孵化器有限公司（1.00 分）。为了考察本研究中所有科技企业孵化器网络平台得分的分布情况，可以将科技企业孵化器网络平台的得分结果分成四个分数段，以 2 分为区间刻度。按照上述划分方法，得分 1.00—3.00（不包含 3.00 分）的孵化器网络平台有 77 个，占总数的 36.15%；得分 3.00—5.00（不包含 5.00 分）的孵化器网络平台有 120 个，占总数的 56.34%；得分 5.00—7.00（不包含 7.00 分）的孵化器网络平台有 16 个，占总数的 7.51%；得分 7.00—9.00 的孵化器网络平台 0 个。大部分科技企业孵化器网络平台的综合得分在 3—5 分中间，处于平均水平以下，还有相当一部分科技企业孵化器网络平台得分在 1—3 分中间，处于高分阶段的科技企业孵化器网络平台屈指可数。这充分表明绝大多数国家级孵化器网络平台建设还不够完善，没有充分利用网络平台进行招商引资。

本书对 213 家国家级科技企业孵化器网络平台的招商引资功能得分进行描述性统计分析，如表 8—8 所示。

表 8—8　　　　我国大陆国家级科技企业孵化器
网络平台投资功能描述性统计

统计量	最小值	最大值	均值	中位数	标准差	偏度	峰度
数量（N=213）	1.00	6.80	3.73	3.26	1.02	0.29	0.26

从描述性统计结果可以看到，我国国家级科技企业孵化器网络平台投资功能得分平均在 3.73 的水平，而标准差则相对较大，为 1.02。这表明，我国不同地区国家级科技企业孵化器网络平台投资功能得分较低，

反映出我国国家级科技企业孵化器网络平台没能充分发挥其与外界联系和交流的平台功能，也未能有效利用该平台吸引投资者的关注；较大的标准差也表明我国不同地区国家级科技企业孵化器网络平台投资功能相差比较悬殊。

将213家国家级科技企业孵化器分成东部地区和中西部地区两组（其中东部地区有145家，中西部地区有68家），利用S-plus软件对两组数据差异性进行T检验，检验结果P值为0.5988，检验结果表明两组数据不存在显著差异性。这表明尽管东部和中西部地区国家级孵化器网络平台在数量上存在较大差异，但在投资功能方面不存在显著差异。

（二）投资功能结构分析

（1）招商引资

从一级指标来看，招商引资的权重为0.47（招商引资一级指标下二级指标招商引资专栏、项目发布数量、项目更新速度、项目内容细则、投资政策数量指标权重之和），是最为重要的评价因素，排名靠前的一些国家级孵化器网络平台该项目的总得分往往较高；而排名靠后的一些国家级孵化器网络平台该项目的得分普遍偏低，由此看来孵化器网络平台的投资功能与招商引资密切相关，招商引资指标是影响孵化器网络平台投资功能的最重要因素。例如，济南高新技术创业服务中心的基础设施、服务能力指标得分较低，但是因为招商引资指标项目得分比较高，从而使其排在第17位。网络互动和服务能力是第二重要的评价因素，二者的权值分别为0.19和0.25。从所有孵化器网络平台从高到低的排名次序来看，孵化能力指标得分和网络互动得分也呈逐渐递减趋势，但是变化程度不如招商引资指标显著，这表明孵化能力和网络互动对孵化器网络平台的投资功能也有重要影响，但不是决定因素。基础设施指标的权重仅为0.09，也正是因为该指标的权重较低，从孵化器网络平台得分排名结果来看，基础设施指标得分对某一孵化器网络平台的排名没有显著影响。由此我们可以得出结论，招商引资指标是影响科技企业孵化器网络平台投资功能的最重要因素，往往决定一个孵化器网络平台是否具有吸引投资者的能力；网络互动和服务能力在相当大的程度上影响着孵化器网络平台的招商引资能力，而基础设施却对孵化器网络平台投资功能影响较小。

(2) 招商引资专栏

在招商引资一级指标中，招商引资专栏的权值最高，同时在所有指标中所占比重也最大，这说明招商引资专栏这一指标对孵化器网络平台吸引投资者具有重要作用。在 213 家科技企业孵化器网络平台该指标得分中，41 家孵化器网络平台均得到 9 分，占总数的 19.25%；6 家孵化器网络平台得到 7 分，占总数的 2.82%；3 家孵化器网络平台得到 5 分，占总数的 1.41%；53 家孵化器网络平台得到 3 分，占总数的 24.88%；110 家孵化器网络平台仅得到 1 分，占总数的 51.64%。数据分析结果显示，大部分孵化器网络平台并没有重视招商引资专栏的建设，因此在很大程度上降低了孵化器网络平台招商引资的能力；然而有一部分孵化器网络平台比较重视招商引资栏目，从而提高了孵化器网络平台综合得分。投资政策数量指标权值仅低于招商引资专栏指标，投资政策数量评分较高的孵化器网络平台，其综合排名往往也较高，表明投资政策数量对投资者也具有相当重要的影响力。项目发布数量、项目更新速度和项目内容细则指标具有很大的相关性，是投资者投资的重要评价因素，投资者在很大程度上会衡量孵化器网络平台招商项目的价值，并由此判断是否会进行投资。数据显示，排名靠前的孵化器网络平台会很重视招商项目的发布，并为投资者提供详细的数据。

(3) 网络互动和服务能力

在网络互动和服务能力上，各指标的权值很接近，对孵化器网络平台的招商引资功能具有同等重要的作用。各孵化器网络平台在网上办公系统、在线咨询下载、办事指南数量总体得分上相差不明显，没有一个孵化器网络平台在这三个指标上均得到满分，这表明孵化器网络平台中网络互动功能建设还有较大发展空间，有必要进一步完善网络互动功能，方便投资者通过孵化器网络平台与创业企业进行交流与沟通，加强孵化器网络平台的投资功能。服务能力指标体现了一个孵化器网络平台对入孵企业提供的各种服务资源，对入孵企业的健康成长和顺利毕业起着至关重要的作用，也是投资者考察孵化器孵化能力的重要评价指标，对招商引资有重要影响。调查数据显示，网站平台中服务能力较强的孵化器，其总得分也往往较高；而排名靠后的孵化器网络平台，其服务能力得分比较低。研究结果表明，孵化器网络平台的服务能力对投资功能也有重要影响，孵化器网络平台服务能力的提升，有助于孵化器网络平台吸引投资者关注。

（三）网站活跃度分析

本研究借助 Alexa 网站，考察了大陆 213 家国家级科技企业孵化器网络平台近三个月内每百万人中访问数量情况，并得到了具体数据。浙江大学科技园发展有限公司访问量最高，达到 75 次。所有孵化器网络平台中有 17 家访问量在 1（含 1 次）次上，占总体的 7.98%；因为访问量太少而无法统计的有 101 家，占总体的 47.42%。

统计结果充分表明，只有少部分科技企业孵化器网络平台得到人们的关注，绝大多数科技企业孵化器网络平台并没有被充分利用。笔者对访问量排名情况和孵化器网络平台投资功能评价结果进行了比较，两者相关性不大，表明孵化器网络平台并没有引起人们的重视，网络平台访问量没有影响孵化器网络平台的投资功能。

第五节　本章小结

本章运用数据包络分析方法对中国大陆国家级科技企业孵化器综合技术效率、纯技术效率、规模效率进行了测算，效率差异性检验表明有无独立网络平台的国家级孵化器综合技术效率和规模效率不存在显著差异，而有独立网络平台的国家级孵化器纯技术效率显著高于没有独立网络平台的国家级孵化器，这表明了孵化器网络平台对促进孵化器制度建设方面的显著作用。网络活跃度分析显示我国大陆的国家级孵化器网络平台访问量较低，一方面反映出孵化器的管理和运营者对孵化器网络平台的重视程度不够，另一方面反映出我国大陆孵化器网络平台缺乏鲜明特色和充实的内容。对中国大陆和台湾地区孵化器网络平台的词频分析表明大陆和台湾地区孵化器网络平台具有一定的共性并各有特点，应互相借鉴。本章对我国大陆 213 家国家级科技企业孵化器网络平台分布和投资功能进行了研究，研究结果表明我国科技企业孵化器网络平台在区域中发展不平衡，孵化器管理和经营者尚未充分认识到孵化器网络平台链接与整合社会资源方面的潜力，特别是链接融资方面的作用。同时，我国科技企业孵化器网络平台自身建设和宣传亟待提升，网络平台利用效率比较低，通过网络平台进行招商引资的力度不够。

结合本章的研究，对科技企业孵化器网络平台和科技企业孵化器网络投资功能优化分别提出以下建议。

(1) 科技企业孵化器网络平台优化建议

①重视孵化器网络平台作用

在 Web2.0 下，要充分重视孵化器网络平台的重要作用。网络平台的建设可以加强资源的整合、信息的交流和功能的完善，促进孵化器之间、孵化器与在孵企业之间以及孵化器与政府部门间的联系、交流与合作，进而推动科技企业的发展，保护技术创新主体，提高孵化成功率。

②以孵化器网络平台建设提升孵化器制度建设

孵化器网络平台的建立需要对孵化器的各项政策和制度进行全面的梳理和完善，例如入孵毕业制度、基金资助制度、辅导制度等，在此基础上，才能在网络平台上向目标用户群进行系统分析和介绍，以便吸引更多潜在的入孵企业和投资者。因此，可以通过孵化器网络平台的建设提升孵化器制度建设。

③优化孵化器网络平台内容设置

对于孵化器网站的内容设置，不仅要体现政策信息、孵化服务、投融资服务等共性的层面，更要体现其个性差异及特色服务，如管理体制、专业特性。特别是对于专业孵化器，更需要体现其孵化服务、设备资源、信息资源的专业性，吸引潜在创业企业，也使在孵企业可以得到更专业的辅导。

④借鉴台湾地区孵化器网络平台建设经验

我国台湾地区孵化器网站的活跃度明显高于大陆孵化器网站，一个重要原因是台湾地区孵化器更加注重创意产业，提升服务业创业企业的孵化，并加强对创业企业营销方面的培育和辅导。营销能力的提升，利于增加网站和入孵企业的知名度，有助于迅速打开市场。大陆孵化器要借鉴台湾地区孵化器的成功经验，不仅培育高新技术产业，也要加强对文化、创意产业的培育，提升在孵企业的营销能力，增加网站的访问量和使用率。

⑤扩大孵化器网络平台影响

随着科技的突飞猛进，对孵化器的宣传不仅要依靠电视、广播、纸媒等传统媒体，更要依靠微博、网络等新媒体，它们有着更快的传播速度、更广泛的传播范围和更多的用户群，多种渠道的宣传手段相互作用、相互配合，进一步扩大孵化器网络平台的影响力。

（2）科技企业孵化器网络投资功能优化建议

①提高对孵化器网络平台重要作用的认识

随着互联网的飞速发展，网络平台的重要作用也逐渐凸显。孵化器网络平台作为科技企业孵化器对外发布信息的重要渠道，对发挥孵化器网络平台投资功能有重要作用。投资者通常会通过孵化器网络平台了解某个科技企业孵化器及其在孵企业的基本信息，进而进一步做出决定。因此，各孵化器管理人员须提高对孵化器网络平台重要作用的认识，加强孵化器网络平台建设，提高科技企业孵化器招商引资的能力。

②加强孵化器网络平台招商引资栏目建设

招商引资指标是与投资功能密切相关的因素，科技企业孵化器必须重视孵化器网络平台在招商引资方面的建设，细化招商引资内容、项目和政策，为投资者提供重要参考和依据。通过加强招商引资栏目建设，投资者能够快速、准确地了解科技企业孵化器招商引资的项目内容和各项政策，减少了投资者查找和咨询相关内容的时间，提高了办事效率。

③增加孵化器网络平台孵化器服务能力展示

科技企业孵化器管理人员应增强孵化器服务能力的展示，在实事求是的原则下提升孵化器各种服务能力的展示水平，从而让投资者有信心投资科技企业孵化器内的创业企业。在网络平台上展示孵化器服务能力时，孵化服务栏目应该尽可能放在网站中比较明显的位置，并且详细描述孵化器能够提供的各种服务项目，以便投资者能够深入了解孵化器的孵化能力。

④扩大孵化器网络平台互动与宣传

为加强投资功能，科技企业孵化器应提升孵化器网络平台互动能力并扩大宣传，拓宽投资者和孵化器管理者交流沟通的渠道，为投资者投资创业企业创造良好的沟通环境。科技企业孵化器可以进一步完善孵化器网络平台网络互动功能，建设一个全方位交互式系统，以便能和投资者进行实时交流。孵化器管理人员还可以通过微博等新媒体扩大孵化器网络平台知名度,增加投资者与孵化器网络平台接触的机会。

⑤中西部地区要进一步加强孵化器网络平台建设力度

中西部地区经济发展水平与沿海地区有一定差距,国家级科技企业孵化器数量相对较少,孵化器网络平台建设也有待加强。本书研究表明,东部和中西部地区国家级科技企业孵化器网络平台在投资功能方面不存在显著差异,中西部地区科技企业孵化器可以充分发挥后发优势,通过进一步加强孵化器网络平台建设力度,提升孵化器网络平台知名度,吸引投资者的关注和投资,降低区位因素的不利影响,提升孵化器的孵化能力和创业企业成功率。

第九章

社会网络下的科技企业孵化器合作及政策

在孵化器的发展过程中，政府机构、高校及科研机构、风险投资机构和依托孵化器的相关企业在整个孵化器网络中扮演着不可或缺的角色。潘冬等学者通过对典型孵化器进行实地调研指出，政府在为孵化器提供资金支持、建设必要的公共服务平台、实行经济政策调控这几方面起到了十分重要的作用。Robinson 指出在孵化器孵化企业的过程中，政府对孵化器不断增加的投资（包括财政投入和政策支持）会对其孵化效果产生作用，因此政府对孵化器网络产生了十分重大的影响。关于高校及科研机构与孵化器之间的相互作用，盛昭瀚、卢锐指出大多数科技企业孵化器会在附近的高校及科研机构、大中型企业等地发展形成产业聚集区，同时依赖各高校及科研组织的研发能力和创新环境来不断发展壮大。基于清华科技园的成功实例，徐井宏、梅萌指出清华科技园成功的重要基础在于，其与国内外研发机构和高校联合建立研发机构，使企业能够迅速转化高校的最新科研成果，形成先进产业；同时创业企业面临的市场压力，激励高校不断进行科研创新，从而促进高校的科研水平提高，促进大学的科研与市场结合，进一步促进了产学研融合。Hackett 和 Dilts 指出孵化器与当地的高校及科研机构建立强烈的联系是有很多好处的。McAdam M 和 McAdam R 指出，孵化器能够促进高校、孵化企业和其他外部组织之间的合作，从而促进专业知识由高校转移到商业经济。北京高创天成国际企业孵化器有限公司通过访问考察美国和加拿大多个孵化器，得出了科技企业孵化器、科技型中小企业技术服务机构以及中介机构之间的相互合作,能够使科技成果供需双方更直接对接,从而形成多渠道、多形式、多层次服务网络的结论。

关于科技企业孵化器的网络化研究,国内外有不少学者对此进行了探索。Hackett 和 Dilts 指出,网络化孵化器中的网络关系和其中制度化的知识转移能够提高孵化器孵化企业成功的概率。Hansen 等指出一个网络化的孵化器能够结合各组织的优势,为在孵企业提供有组织的网络环境,从而增强网络中各业务合作伙伴的联系,这些组织对初创企业在新的经济增长上有十分重要的作用。Soetanto 和 Jack 指出了科技企业孵化器网络包括内部网络和外部网络两类,均可以为科技企业孵化器提供有形的和无形的资源,其中内部网络是指孵化器与孵化企业之间的网络,外部网络指孵化器与政府机构和科研组织之间的关系网络。Bøllingtoft 和 Ulhøi 指出了网络化孵化器模型出现的原因,并说明了网络化孵化器相对于其他传统孵化器模型的优势。Cooper、Hamel 和 Connaughton 采取实地调查和访谈孵化器的方式,指出了科技企业孵化器进入网络化的动机和阻碍。Carayannis 和 Von Zedtwitz 提出了构建孵化器网络对于欠发达地区的经济发展具有加速作用,因为孵化器可以帮助整合资金、人力、知识、社会资本等创业成功的关键因素。国内学者王国红等指出了区域孵化器网络以孵化器为核心,将高校及科研机构、中介机构等社会资源纳入其中,能够增强孵化器与外界的联系,拓宽了孵化企业的资源,从而促进科技成果的转化,提高了孵化企业的成功率,并将孵化网络中的节点分为资金结点、知识结点、价值结点和制度结点。葛宝山、王艺博基于权变机理探讨了科技企业孵化器网络中各节点关系强度,并指出孵化器网络规模对于孵化绩效的影响。

Hansen 研究表明孵化器网络可以促进孵化企业的成长。Soetanto 和 Jack 研究表明,孵化器建立了广泛的网络以获取更多的无形资源,孵化器网络帮助在孵企业获得更多的商业机会,提高了创业企业成功率。Sa 和 Lee 认为孵化器的主要特征是为在孵企业建立与其他组织合作关系并提供交流的机会,通过定性分析技术,研究表明孵化器管理者更应关注孵化器组织间的相互作用。张力、刘新梅研究了孵化器网络在孵化企业成长过程中的作用,研究表明孵化器与在孵企业之间构成内部孵化网络,孵化企业及孵化器之间的互动对孵化企业的成长和毕业有促进作用。葛宝山、王艺博研究表明,孵化网络中各结点间的关系强度及孵化网络规模能够显著影响孵化器绩效。阎明宇研究了科技企业孵化器与孵化企业、创业投资机构、政府机构等合作方之间的协同创新机制。

本章基于社会网络思想和方法研究孵化器合作网络及政策。从区域孵化网络而言,本章采用共词分析的方法,构建了我国北京市和上海市科技企业孵化器的合作网络,并通过分析我国科技企业孵化器合作网络的密度、中心势、点度中心度、链接频次及小世界特性等指标研究了我国孵化器合作网络的结构特征。从具体孵化器合作网络而言,本章建立了孵化器利益相关者的共词网络,通过分析我国孵化器利益相关者网络的点度中心度、网络密度和中心势等指标,探索我国孵化器利益相关者网络的特征。从孵化器政策而言,本章构建了我国国家级及地方级企业孵化政策关键词的共词网络,通过分析我国企业孵化政策关键词网络的链接频次、点度中心度等指标,并在此基础上进行聚类分析和多维尺度分析,发现我国企业孵化政策的结构特征,并且给出了我国企业孵化政策建议。

第一节　孵化器合作网络结构及测度

科技企业孵化器网络主要由孵化器、政府机构、高校、风险投资企业及相关企业构成,在网络中存在着三类主体:第一类主体是孵化器自身;第二类主体是支持类主体,主要包括:政府机构及相关投资企业,这些机构对于孵化器和在孵企业的成长具有政策支持和资金支持作用;第三类主体是产学研类主体,主要包括:高校及科研机构、技术交易中心等相关企业,这类主体既能为孵化器提供技术支持,又能将孵化器内的成果进行转化,成为推动孵化器发展的重要力量。孵化器网络为在孵企业提供了外部关系网络集成平台,降低了创业企业的搜寻成本,弥补了单个企业资源和能力的不足,扩展了在孵企业社会网络,提高了创业企业成功率①。在孵创业企业也迫切需要孵化器建立资源网络、强化横向联合②。孵化器的网络化已经成为一种趋势。

显然，以孵化器为核心，与政府、高校、研究机构、创业投资机构、法律、财务等众多机构形成的孵化器网络是一种复杂社会网络，具有社会网络的一般属性。相对于产学研网络，目前基于社会网络研究孵化器网络的研究还很少见。在复杂社会网络下，孵化器网络具有怎样的拓扑结构、复杂性特征，这些对于孵化器网络的良性深入发展具有重要意义。本章以北京市和上海市的国家级孵化器为研究对象，北京市和上海市均是孵化器发展较为成熟的地区，同时北京可以作为京津冀地区的代表反映北方孵化器的发展，上海作为长三角地区的代表反映南方孵化器的现状，选取两者为代表有助于从共性角度反映我国目前科技企业孵化器网络发展的拓扑结构和复杂性特征。

一 科技企业孵化器网络的构建

笔者在2014年4—7月通过实地调研、电话调查两种方式调查北京市和上海市国家级孵化器网络现状，并利用搜索引擎，在北京市和上海市的国家级孵化器官方网站及百度、谷歌中收集有关孵化器结成"战略联盟"及签订"相关协议"的相关信息，同时筛选孵化器官方网站中"友情链接"的信息，通过对相关信息进行频次统计与整理，构建出科技企业孵化器网络研究的矩阵。最后将统计数据输入到Ucinet 6.0软件中，分别绘制了北京市和上海市国家级科技企业孵化器网络，如图9—1、9—2所示。

图9—1中，北京市国家级科技企业孵化器网络中含有节点244个，联结线385条。图9—2中，上海市国家级科技企业孵化器网络中含有节点247个，联结线323条。由图9—1和9—2可以看出，北京市和上海市国家级科技企业孵化器网络的联结较为松散，孵化器网络的中部联结相对密切，

---

① 张宝建、胡海青、张道宏：《企业孵化器组织的网络化机理研究述评》，《科学学与科学技术管理》2011年第10期，第152—157页。

② 林德昌、陆强、王红卫：《科技企业孵化器服务评价与服务需求实证分析》，《科技进步与对策》2010年第23期，第122—127页。

但在网络的边缘也分布着不少节点,甚至表现出多中心的特征[①]。

图 9—1 北京市国家级科技企业孵化器网络

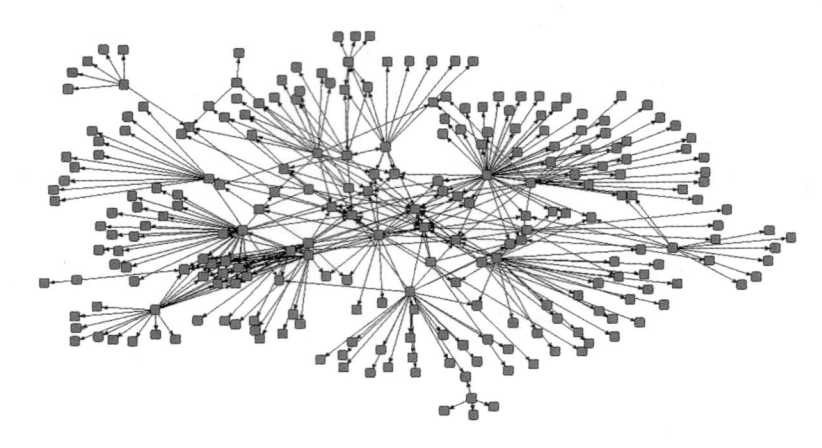

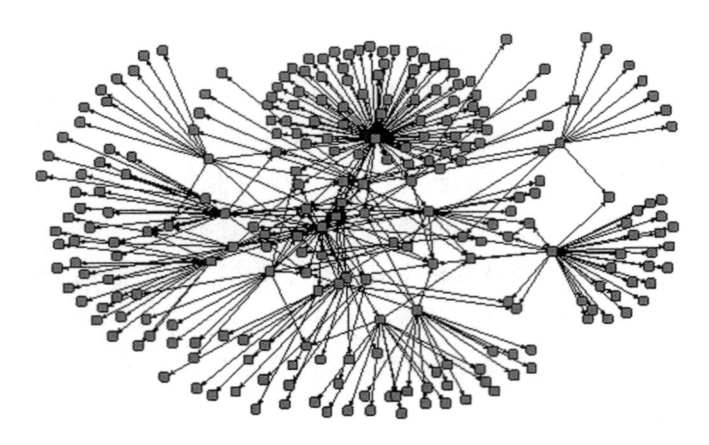

图 9—2 上海市国家级科技企业孵化器网络

二 科技企业孵化器网络结构特征

（一）整体网络特征分析

采用网络的密度和中心势衡量科技企业孵化器网络的整体结构特征。

---

① 吴文清、吕卓燏、赵黎明:《科技企业孵化器合作网络结构及测度研究——以北京市、上海市为例》,《科学管理研究》2015 年第 2 期,第 65—68 页。

第九章 社会网络下的科技企业孵化器合作及政策 / 263

科技企业孵化器网络密度反映孵化器网络各主体之间关系密切程度和凝聚力；科技企业孵化器网络中心势反映网络凝聚力能够在多大程度上围绕某些特定点组织起来[1]，即孵化器网络内某些主体的集中程度。孵化器网络密度和中心势的计算公式分别如下：

$$Density = \frac{2L}{g(g-l)} \quad (9\text{—}1)$$

$$Centralization = \frac{\sum_{i=1}^{n}(C_{D\max} - C_{Di})}{\max \sum_{i=1}^{n}(C_{D\max} - C_{Di})} = \frac{\sum_{i=1}^{n}(C_{D\max} - C_{Di})}{n^2 - 3n + 2} \quad (9\text{—}2)$$

其中 L 为孵化器网络中实际存在的联结总数，g 为孵化器网络中节点的个数，C_{Di} 为孵化器网络节点的中心度，$C_{D\max}$ 为孵化器网络中节点的最大中心度数值。

将北京市国家级孵化器网络节点数 244 和联结数 385 代入，求得北京市孵化器整体网络密度为 0.0130，北京市孵化器网络的网络中心势为 19.04%。将上海市国家级孵化器网络节点数 247 和联结数 323 代入，求得上海市整体网络的密度为 0.0105，上海市孵化器网络的中心势为 30.90%。

从计算结果可以看出，北京市和上海市国家级孵化器网络的密度分别为 0.0130 和 0.0105，密度很小，说明了北京市和上海市国家级孵化器网络关系较为稀疏，反映出孵化器与企业及机构之间的组织合作程度较低，进一步推进孵化器与相关机构、企业之间合作的空间很大。北京市和上海市国家级孵化器网络的网络中心势分别为 19.04% 和 30.90%，表明两地国家级孵化器网络通过孵化器与政府机构、高校、相关企业在一定程度上可以组织起来，具有一定的集中趋势。相对而言，上海市国家级孵化器网络的中心势比北京市的国家级孵化器网络要高，集中趋势更为明显。这与图 9—1 和 9—2 中北京市和上海市国家级孵化器网络图反映出的情形是一致的，孵化器网络关系中"权利"较为分散，中心化趋势不太明显，呈现出多中心的网络结构。

---

[1] 马艳艳、刘凤朝、孙玉涛：《中国大学——企业专利申请合作网络研究》，《科学学研究》2011 年第 3 期，第 390—395 页。

(二)孵化器网络的无标度特性分析

(1)网络的点度中心度统计特征

在孵化器网络中的点度中心度是指与孵化器网络节点相关联的边的数量,该值越大反映该孵化器网络节点在整个网络中的作用越核心。计算北京市和上海市国家级孵化器网络的每个节点的点度中心度,统计特征如表9—1所示:

表9—1　　　北京市和上海市国家级孵化器网络
点度中心度统计特征

地区	绝对点度中心度		相对点度中心度	
	北京市	上海市	北京市	上海市
平均值	3.098	2.591	1.275	1.053
标准差	5.609	6.221	2.308	2.529
总和	756.000	640.000	311.111	260.163
方差	31.458	38.703	5.327	6.396
最小值	1.000	1.000	0.412	0.407
最大值	49.000	78.000	20.165	31.707

由表9—1可以看出,从北京市整个孵化器网络链接平均值来看,北京市国家级孵化器网络中的各个孵化器与政府机构、相关企业、高校及风险投资机构的平均关联度为3.098,即每个孵化器、政府机构、相关企业、高校和风险投资机构平均与3个机构相联系。点度中心度最高的节点为北京中关村软件园孵化服务有限公司,其连通度为49,这说明该孵化器与各政府机构、企业和大学的联系十分紧密。从上海市整个孵化器网络链接平均水平来看,上海市国家级孵化器网络中的各个孵化器与政府机构、相关企业、高校及风险投资机构的平均关联度为2.591,即每个孵化器、政府机构、相关企业、高校和风险投资机构平均与2—3个机构相联系。

从孵化器网络点度中心度的方差可以看出,北京市国家级孵化器网络的点度中心度方差为31.458,上海市国家级孵化器网络的点度中心度方差为38.703,两地的国家级孵化器网络的点度中心度的方差较大,说明孵化器网络链接在网络中的分布极不均匀，上海市孵化器网络链接的不均匀更为明显。

（2）孵化器网络点度中心度分布特征

对孵化器网络分析结果中各节点的连通度进行频次概率统计，将连通度的概率统计结果及节点连通度描绘在双对数坐标图中，得到北京市和上海市国家级孵化器网络点度中心度分布特征，分别如图9—3、9—4所示：

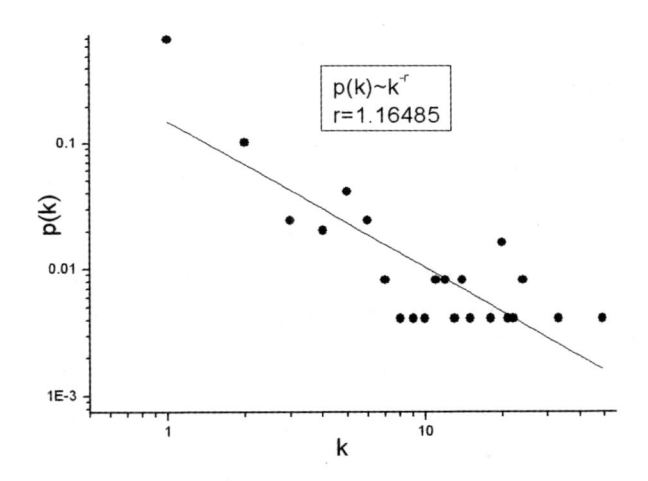

图9—3　北京市国家级孵化器网络点度中心度分布特征图

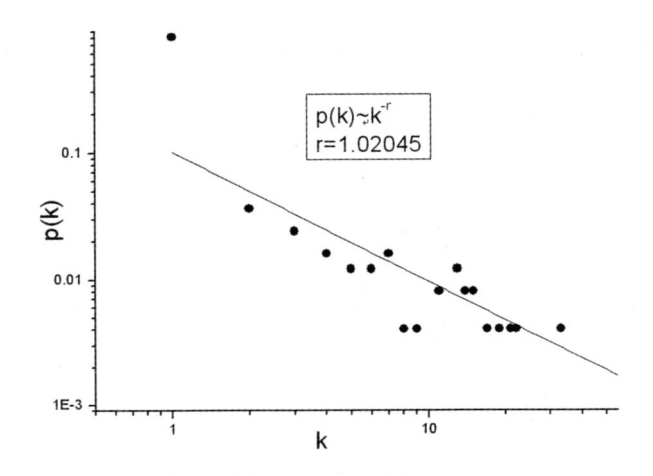

图9—4　上海市国家级孵化器网络点度中心度分布特征图

图9—3 中,直线是对各点进行拟合后得到的直线,其斜率为 -1.16485。据此可以得出北京市国家级科技企业孵化器网络是一个无标度网络,对图9—3 各节点进行拟合分析,回归通过了 t 检验和 F 检验,因此北京市国家级孵化器网络中的节点连通度分布服从幂律分布 $p(k)$—k^{-r},其中 r = 1.16485。与北京市相似,上海市国家级科技企业孵化器网络中的节点连通度同样服从幂律分布 $p(k)$—k^{-r},其中 r = 1.02045。这说明北京市和上海市国家孵化器网络中各节点的点度中心度分布并不均匀,北京市和上海市国家孵化器网络中的大多数节点中心度较小,存在着中心度较大的少数节点。

在孵化器网络中,与科技企业孵化器节点直接连接的节点包括政府机构、创投机构、产学研机构、创投机构以及法律中介组织等。科技企业孵化器的节点度数越高,说明该科技企业孵化器与之相联系的政府机构、创投机构、产学研机构、中介机构联系越密切频繁,这说明该孵化器内创业企业的搜寻成本更低,与外界联系的成本也更低,创业企业成功的概率更大,相应的孵化器的孵化绩效也更高。

(三)孵化器网络的小世界特性分析

研究表明,大量人类社会群体间的网络是小世界网络。孵化器网络是以科技企业孵化器为核心,政府机构、创投机构、产学研、中介机构等多参与主体形成的社会网络,研究孵化器网络的小世界特性有助于深入了解信息在孵化器各主体之间传递所经过的路径长短和速度。平均距离是衡量孵化器网络小世界特性的关键指标,通过对北京市和上海市国家级孵化器网络的统计分析,北京市和上海市国家级孵化器网络的平均最短距离数据如表9—2 所示:

表9—2　　　　北京市和上海市国家级孵化器网络的平均最短距离

指标 \ 地区	北京市	上海市
平均距离	1.057	1.051
基于距离的集聚	0.971	0.974

表9—2表明北京市和上海市国家级孵化器网络的平均最短路径长度分别为1.057和1.05，说明北京市国家级孵化器网络中包括的244家孵化器、企业或者机构部门中任意两个平均通过1—2个中间机构部门、组织或企业就能发生联系，上海市国家级孵化器网络所含的247家孵化器、企业或者机构部门中任意两个平均也通过1—2个中间机构部门、组织或企业就能发生联系。这说明北京市和上海市国家级孵化器网络具有小世界特性，整个孵化器网络中的知识流动与技术创新的传播速度较快。孵化器网络中较为重要的节点有孵化器、政府机构与高校及科研机构。北京市和上海市国家级孵化器网络基于距离的集聚值分别为0.971和0.974，说明两地的孵化器网络均具有很大的凝聚力。

孵化器网络的小世界特性分析表明，尽管北京市和上海市国家级孵化器网络结构从直观上看相差较大，但在小世界特性上具有高度的相似性，也反映出我国孵化器网络的小世界本质特性。相对于产学研网络，孵化器网络的信息传递路径更高，速度更快，这也是孵化器网络相对于产学研网络的一个优势，从一个侧面反映出孵化器的加入改进了产学研网络的信息传递效率，为深入认识孵化器在技术转化中的作用提供了新的视角。孵化器网络应充分利用这一优势，积极促进科技成果转化，更为高效地培育创业企业和创业企业家。

（四）科技企业孵化器网络链接频次统计

笔者对北京市和上海市孵化器网络图中的节点链接频次进行统计，得到北京市和上海市孵化器网络链接频次居于前10位的统计表，如表9—3所示：

表9—3　　　　　北京市和上海市孵化器网络链接
频次统计表（前10位）

北京市国家级孵化器网络	频次	上海市国家级孵化器网络	频次
北京市科学技术委员会	15	上海市科学技术委员会	13
中关村科技园区管理委员会	13	科技部火炬高新技术开发中心	9
科技部火炬高新技术开发中心	12	中华人民共和国科技部	7
中华人民共和国科技部	8	上海科技企业孵化协会	7
北京创业孵育协会	7	上海市科技金融信息服务平台	5

续表

北京市国家级孵化器网络	频次	上海市国家级孵化器网络	频次
科技型中小企业技术创新基金	6	上海研发公共服务平台	5
中关村科技园区海淀园管委会	6	科技型中小企业技术创新基金	5
北京市经济和信息化委员会	6	上海市政府	4
北京市发展和改革委员会	4	上海张江高新技术创业服务中心	4
中国（北京）保护知识产权网	4	上海市经济和信息化委员会	4

从表9—3可以发现，以北京市和上海市为例的国家级孵化器网络表现出一些共性特征，在以北京市和上海市为例的国家级孵化器网络图中链接频次中前10位的多为政府机构。北京市和上海市孵化器网络链接频次前10位中均有"科技型中小企业技术创新基金"这一组织。这表明政府资金的引导支持对于孵化器本身和创业企业的发展具有重要作用，也反映出目前支持孵化器内创业企业和孵化器的社会资金相对缺乏，需要促使社会资金与孵化器的充分融合。孵化器协会的链接频次也居于前列，反映出孵化器协会在孵化器发展中起到了重要的作用，未来需进一步发挥孵化器协会在孵化器之间的信息交流、规范管理等方面的作用，促进孵化器协会大力发展。从表9—3可看出，孵化器网络中初步形成了一些居于孵化器网络核心的科技企业孵化器，北京市国家级孵化器网络中处于核心位置为中关村科技园区海淀园管委会，上海市为张江高新技术创业服务中心。此外，与孵化器联系比较密切的法律、财务等中介机构均未进入北京市和上海市国家级孵化器网络链接频次的前10名，表明还未形成专门为孵化器服务的大型专业中介机构。政府应引导成立为孵化器和孵化企业服务的大型专业中介机构，提升服务的专业性。

三 科技企业孵化器合作网络管理建议

孵化器网络作为我国孵化器和在孵企业成长的重要网络，对于孵化器的孵化效率和新创企业的生存与发展具有重要的作用，基于本章的研究，笔者对我国孵化器今后的发展提出以下五点建议：

（1）促进孵化器与其他机构的联系

北京市和上海市国家级孵化器网络的整体密度均较小，应加强建立孵化器与风险投资机构、高校及科研机构的战略联盟关系，促使孵化器从外部资源获取孵化资源与信息。高校及科研机构作为孵化器内部科技型中小企业技术创新的重要支持，其在科技型中小企业技术创新发展中起着十分重要的作用，应加强它们之间的联系。要进一步促进风险投资机构与孵化器之间的知识和信息共享，提高知识和信息在孵化器网络中的流动速率，提升孵化器的孵化效率。

（2）改善政府在孵化器发展过程中的作用

目前，北京市和上海市国家级孵化器与政府机构联系最为紧密，政府依然在孵化器发展过程中起着十分重要的政策支持作用，因此，应逐步建立以市场为导向而不是以政府为主导的孵化器孵化网络，紧密联系市场中的中介服务机构，并加强与产学研的联系，从而改善目前孵化器发展过度依赖政府政策支持的现状。另外，研究表明科技型中小企业创新基金在创业企业孵化过程中起着举足轻重的作用，但这一基金目前仅靠政府的资金支持，建议扩大该基金的融资范围，建立起以市场为导向的方式大力向社会资本融资，扩大基金规模，提升资助强度和效率，更好发挥政府主导的科技型中小企业技术创新基金在创业企业成长中的作用。

（3）优化孵化器网络中的节点

在北京市和上海市国家级孵化器网络中存在较多节点的中心度较小、极少节点的中心度较大的问题，说明整个孵化器网络的链接不均匀，这很可能导致孵化器绩效分布不均匀，阻碍孵化器整体网络的运行与发展，应优化孵化器网络中的节点，加强网络中各节点之间的合作关系，从而达到提高孵化效率、优化整体网络结构的目的，以促进整体网络内部知识转移与共享。

（4）加强孵化器网络处于中心节点孵化器间的联系

北京市和上海市国家级孵化器网络体现出小世界特征，这说明整个网络的知识流动和技术创新的速度都较快，在此基础上应加强孵化器网络中的中心节点之间的联系即加强各核心国家级孵化器之间的合作关系，与此同时加强各孵化器与风险投资机构、中介机构之间的知识转移和信息交流，增加孵化器整体网络的链接效率，从而促进孵化器网络的科技成果转移。

（5）引导成立为孵化器服务的专业中介机构

研究结果显示，与孵化器联系比较密切的法律、财务等中介机构未进入北京市和上海市国家级孵化器网络链接频次的前 10 名，这表明我国目前还未出现专门为孵化器提供中介服务的专业服务机构，针对这一现状建议引导成立专门为孵化器和孵化企业服务的大型专业中介机构，提升服务的专业性，实现各类中介机构之间的资源互补，提高孵化服务的完善性与全面性，从而更好地为孵化企业提供服务，降低孵化企业的创业风险。

第二节 孵化器利益相关者网络

1984 年，弗里曼出版了《战略管理：利益相关者管理的分析方法》一书，明确提出了利益相关者管理理论。利益相关者管理理论是指企业的经营管理者为综合平衡各个利益相关者的利益要求而进行的管理活动。与传统的股东至上主义相比较，该理论认为任何一个公司的发展都离不开各利益相关者的投入或参与，企业追求的是利益相关者的整体利益，而不仅仅是某些主体的利益。对于一般企业而言，利益相关者包括企业的股东、债权人、雇员、消费者、供应商等交易伙伴，也包括政府部门、本地居民、本地社区、媒体、环保主义等利益关联集团，甚至包括自然环境、人类后代等受到企业经营活动直接或间接影响的客体。这些利益相关者与企业的生存和发展密切相关，他们有的分担了企业的经营风险，有的为企业的经营活动付出了代价，有的对企业进行监督和制约，企业的经营决策必须要考虑他们的利益或接受他们的约束。

关于科技企业孵化器的利益相关者研究，学者 Gstraunthaler 指出，孵化器执行着两项主要任务，即完成内部企业的孵化，同时要实现利益相关者的利益，因此孵化器承受着来自公众及私有利益相关者的压力。陶志梅等指出，孵化器网络中的利益相关者可以分为内部和外部两类，内部利益相关者包括孵化企业、投资机构、政府机构等，外部利益相关者包括中介机构、孵化器联盟、高校及科研院所等。学者 Hsu P H 等指出，由于台湾地区的孵化器并不受地方政府机构和地方银行机构的支持，而受大学的支持较多，因此孵化器的利益相关者被定义为大学的教授和专家。Rubin等通过研究孵化器的知识流动,将孵化器的利益相关者分为技术知识、市场知识和财务知识利益相关者,其中技术知识利益相关者不仅包括大学,还包括其他孵化企业和已毕业孵化企业,市场知识利益相关者指孵化器联盟,财务知识利益相关者包括潜在的投资者和投资基金。Aerts等指出,在孵化器的利益相关者中,十分关键的角色包括政府机构、孵化器和孵化企业。Somsuk等基于泰国科技企业孵化器的发展,指出政府作为政策制定者是孵化器的主要利益相关者,同时政府机构应当通过提供风险投资基金和引入社会资本从而更好地促进孵化器和孵化企业的成长。

孵化器网络中的利益相关者对孵化企业的发展发挥着至关重要的作用。政府机构制订和颁布的政策能够促进孵化器和孵化企业的发展壮大,其通过一系列支持措施向孵化器及孵化企业提供资金支持、税收优惠等,为中小企业的发展营造良好环境,如优化孵化企业发展的投融资环境、完善公共服务环境等;中介机构能够为孵化企业提供财务、法务、物业等一系列服务;投资机构包括国内外银行机构、国内外风险投资机构及基金机构等,其与孵化器合作共同向孵化企业提供资金支持,缓解孵化企业初创期的融资困难;大学高校和科研院所能够和孵化器及孵化企业之间建立合作关系,形成产学研合作,加速高校和科研院所的科技成果转化;孵化器内部的管理机构向孵化器内部的孵化企业提供物业服务等一系列服务;行业协会能够加强孵化器之间的交流合作,促进各孵化器之间的知识及信息交流,孵化器协会在孵化器之间的信息交流、规范管理等方面发挥着重要作用,在促进整个孵化器行业的进步与发展中扮演着至关重要的角色。孵化器的利益相关者关系网络图如图9—5所示:

在我国孵化器发展及壮大的过程中,孵化器逐渐形成了不同的孵化模式。我国孵化器的孵化模式可分为综合性孵化器、大学科技园、公益性孵化器、物业型孵化器等。本章选择四种不同的孵化模式进行对比研究,在每种孵化模式下选择一个代表样本进行分析,探讨不同孵化模式下的孵化器利益相关者链接特征。

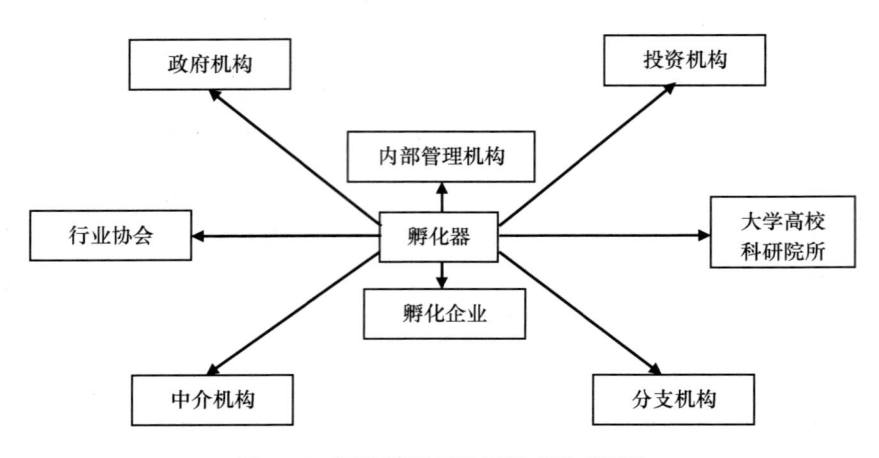

图 9—5 孵化器的利益相关者关系网络

一 利益相关者网络样本选取

武汉东湖新技术创业中心作为我国第一家科技企业孵化器,其已发展为综合型的科技企业孵化器,本章选取其作为我国综合型孵化器的代表;选取清华科技园作为大学科技园群体的代表;选取创新工场作为投资者主导的民间创投机构的代表;选取上海市非营利组织中心作为公益性孵化器的代表;基于此,分析比较不同的孵化模式下的孵化器利益相关者网络及其特征。

二 利益相关者网络结构特征

(一)利益相关者链接网络

本章通过查询与阅读选取的 4 个孵化器官方网站内有关该孵化器的相关资讯、孵化器官方微博中的内容,以及关于该孵化器研究的相关文献、案例等,基于以上资料建立该孵化器的利益相关者链接网络。选取的 4 个孵化器样本的利益相关者及其关系网络链接如表 9—4 至 9—7 所示:

表 9—4　　武汉东湖新技术创业中心利益相关者链接网络

利益相关者	关联方	利益相关者	关联方
武汉东湖新技术创业中心	各孵化企业；国内外投资机构；国内外孵化器；政府机构；中介机构；国内外高校、科研院所；行业协会；武汉东湖孵化管理有限公司；武汉东湖创业股份有限公司；武汉东创物业服务有限公司；武汉东湖基金管理公司；武汉东湖建筑公司；分支机构	各孵化企业	武汉东湖新技术创业中心；国内外投资机构；政府机构；国内外高校、科研院所；中介机构；武汉东湖基金管理公司；武汉东湖建筑公司；武汉东创物业服务有限公司；武汉东湖孵化管理有限公司；武汉东湖创业股份有限公司；国内外孵化器
武汉东湖孵化管理有限公司	武汉东湖新技术创业中心；各孵化企业；中介机构；政府机构	国内外孵化器	武汉东湖新技术创业中心；各孵化企业；行业协会
武汉东湖创业股份有限公司	武汉东湖新技术创业中心；各孵化企业	政府机构	武汉东湖新技术创业中心；各孵化企业；武汉东湖基金管理公司；武汉东湖孵化管理有限公司
武汉东创物业服务有限公司	武汉东湖新技术创业中心；各孵化企业；中介机构	国内外高校、科研院所	武汉东湖新技术创业中心；各孵化企业
武汉东湖基金管理公司	武汉东湖新技术创业中心；各孵化企业；国内外投资机构；政府机构	中介机构	武汉东湖新技术创业中心；各孵化企业；武汉东创物业服务有限公司；武汉东湖孵化管理有限公司
武汉东湖建筑公司	武汉东湖新技术创业中心；各孵化企业	行业协会	武汉东湖新技术创业中心；国内外孵化器；各孵化企业
国内外投资机构	武汉东湖新技术创业中心；各孵化企业；武汉东湖基金管理公司；政府机构	分支机构	武汉东湖新技术创业中心

表 9—5　　　　　　　　　　清华科技园利益相关者链接网络

利益相关者	关联方	利益相关者	关联方
清华科技园	启迪创业投资管理（北京）有限公司；国内外投资机构；国内外高校、科研院所；各孵化企业；分支机构；中介机构；启迪科技园运营管理有限公司；国内外孵化器；政府机构	各孵化企业	清华科技园；启迪创业投资管理（北京）有限公司；中介机构；国内外高校、科研院所；启迪科技园运营管理有限公司；国内外投资机构；政府机构；国内外孵化器
启迪创业投资管理（北京）有限公司	清华科技园；各孵化企业；国内外投资机构	中介机构	清华科技园；各孵化企业；启迪科技园运营管理有限公司
国内外投资机构	清华科技园；启迪创业投资管理（北京）有限公司；各孵化企业	启迪科技园运营管理有限公司	清华科技园；各孵化企业；中介机构
国内外高校、科研院所	清华科技园；各孵化企业	国内外孵化器	清华科技园；各孵化企业
分支机构	清华科技园	政府机构	清华科技园；各孵化企业

表 9—6　　　　　　　　上海市非营利组织中心利益相关者链接网络

利益相关者	关联方	利益相关者	关联方
上海浦东非营利组织发展中心	各孵化企业；政府机构；国内外投资机构；国内外大型企业；社会公众；中介机构	各孵化企业	上海浦东非营利组织发展中心；国内外投资机构；政府机构；中介机构；国内外大型企业；社会公众
政府机构	上海浦东非营利组织发展中心；各孵化企业	社会公众	上海浦东非营利组织发展中心；各孵化企业
国内外投资机构	上海浦东非营利组织发展中心；各孵化企业	中介机构	上海浦东非营利组织发展中心；各孵化企业
国内外大型企业	上海浦东非营利组织发展中心；各孵化企业		

表9—7　　　　　　　创新工场利益相关者链接网络

利益相关者	关联方	利益相关者	关联方
创新工场	各孵化企业；国内外大型企业；中介机构；国内外投资公司；政府引导基金；政府机构	各孵化企业	创新工场；国内外大型企业；中介机构；国内外投资公司；政府引导基金；政府机构
国内外大型企业	创新工场；各孵化企业	政府引导基金	创新工场；各孵化企业；国内外投资公司
中介机构	创新工场；各孵化企业	国内外投资公司	创新工场；各孵化企业；政府引导基金
政府机构	创新工场；各孵化企业		

（二）利益相关者网络图

基于以上收集到的各孵化器的利益相关者链接网络，将表9—4至9—7的链接内容导入Excel中，统计各孵化器的利益相关者链接网络数据，将其作为绘制各孵化器利益相关者链接网络图的数据基础，再将各孵化器数据导入Ucinet6.0软件中，绘制出各孵化器的利益相关者链接网络图，如图9—6至9—9所示：

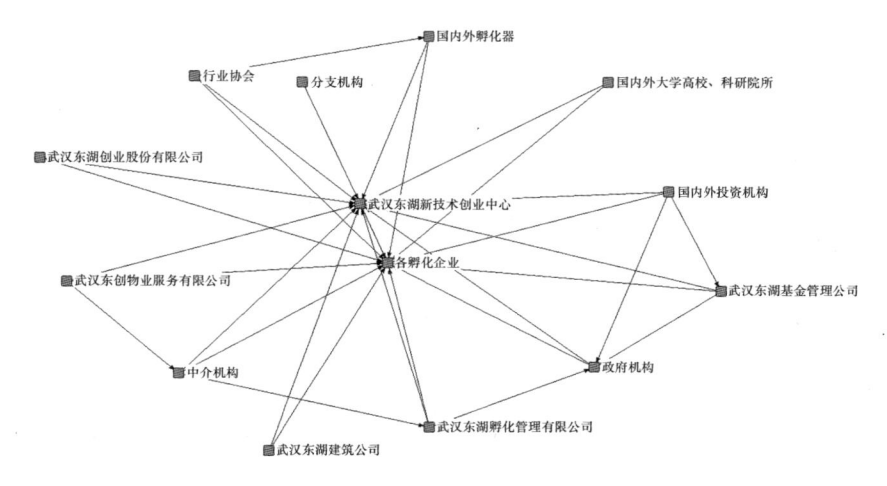

图9—6　武汉东湖新技术创业中心利益相关者链接网络图

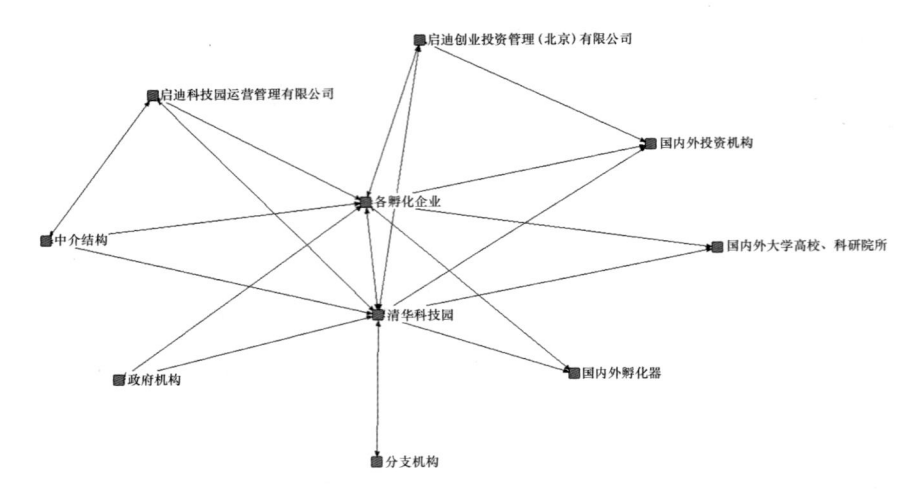

图 9—7　清华科技园利益相关者链接网络图

由图 9—6、9—7 可以看出，选取的武汉东湖新技术创业中心和清华科技园利益相关者链接网络中，涉及的节点较为全面，涵盖了孵化器本身、孵化企业、孵化器内部的管理服务机构、高校及科研院所、国内相关组织等，节点较多，说明现阶段我国综合性孵化器的发展较为成熟。

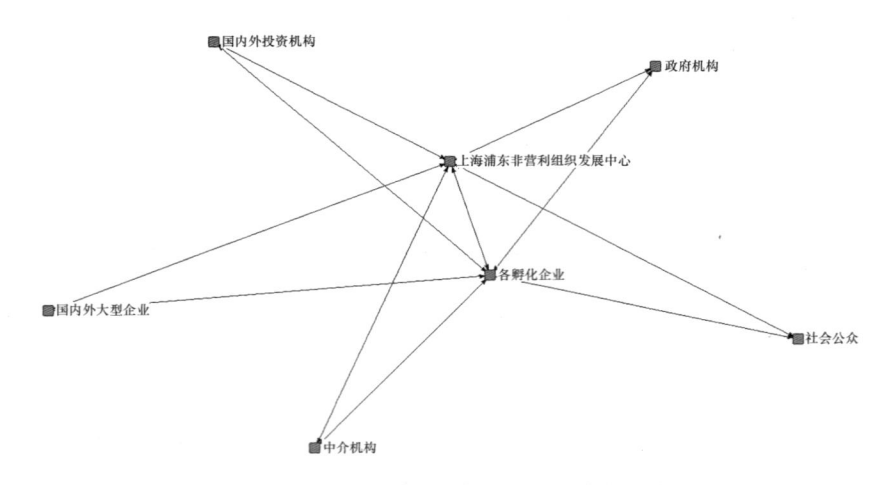

图 9—8　上海市非营利组织中心利益相关者链接网络图

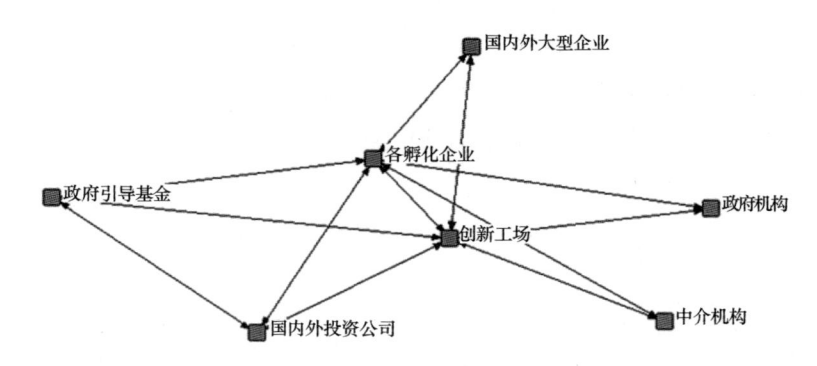

第九章 社会网络下的科技企业孵化器合作及政策 / 277

图9—9 创新工场利益相关者链接网络图

由图9—8、9—9可以看出，公益性孵化器和创新工场利益相关者链接网络图中，节点种类较少，我国公益性孵化器和创新工场的发展还处于不成熟阶段，有待进一步与高校及科研院所、国内相关组织之间建立联系，同时建立自身的孵化管理机构，从而更好地促进孵化企业的发展。

（三）利益相关者链接网络指标特征

将选取的4个孵化器样本数据导入Ucinet软件中，得到的孵化器利益相关者链接网络的指标特征，如表9—8所示：

表9—8　　　　　孵化器利益相关者链接网络指标

网络链接指标	武汉东湖新技术创业中心	清华科技园	上海市非营利组织中心	创新工场
密度	0.7949	0.8000	1.0476	1.6000
关联数	62	36	22	24
网络中心势	76.92%	75.00%	66.67%	60.00%

基于4个孵化器样本可以看出，武汉东湖新技术创业中心的网络联结数最多，且网络的中心势最大，说明武汉东湖新技术创业中心的网络集中趋势比较大，武汉东湖孵化器的发展历史最长，其发展较为完备成熟，因此其网络的集中趋势最大。创新工场的网络密度最大，说明创新

工场中各利益相关者之间的关系较为密切。

(四) 利益相关者链接网络中心度和权力值分析

将选取的 4 个孵化器样本数据导入 Ucinet 软件中，得到的孵化器利益相关者链接网络的中心度和权力值，如表 9—9 至 9—12 所示：

表 9—9　　　　武汉东湖新技术创业中心度和权力值

利益相关者	度数中心度	中间中心度	接近度	权力值
武汉东湖新技术创业中心	100.000	45.299	100.000	26.000
各孵化企业	92.308	29.915	92.857	24.000
政府机构	38.462	0.855	61.905	10.000
武汉东湖孵化管理有限公司	30.769	0.427	59.091	8.000
武汉东湖基金管理公司	30.769	0	59.091	8.000
中介机构	30.769	0.427	59.091	8.000
国内外投资机构	30.769	0	59.091	8.000
武汉东创物业服务有限公司	23.077	0	56.522	6.000
国内外孵化器	23.077	0	56.522	6.000
行业协会	23.077	0	56.522	6.000
武汉东湖建筑公司	15.385	0	54.167	4.000
武汉东湖创业股份有限公司	15.385	0	54.167	4.000
国内外高校、科研院所	15.385	0	54.167	4.000
分支机构	7.692	0	52.000	2.000

表 9—10　　　　清华科技园中心度和权力值

利益相关者	度数中心度	中间中心度	接近度	权力值
清华科技园	100.000	48.611	100.000	18.000
各孵化企业	88.889	26.389	90.000	16.000
启迪创业投资管理（北京）有限公司	33.333	0	60.000	6.000
启迪科技园运营管理有限公司	33.333	0	60.000	6.000
国内外投资机构	33.333	0	60.000	6.000
中介机构	33.333	0	60.000	6.000
国内外高校、科研院所	22.222	0	56.250	4.000

续表

利益相关者	度数中心度	中间中心度	接近度	权力值
政府机构	22.222	0	56.250	4.000
国内外孵化器	22.222	0	56.250	4.000
分支机构	11.111	0	52.941	2.000

表9—11　　　　上海市非营利组织中心度和权力值

利益相关者	度数中心度	中间中心度	接近度	权力值
上海浦东非营利组织发展中心	100.000	33.333	100.000	12.000
各孵化企业	100.000	33.333	100.000	12.000
政府机构	33.333	0	60.000	4.000
国内外投资机构	33.333	0	60.000	4.000
国内外大型企业	33.333	0	60.000	4.000
社会公众	33.333	0	60.000	4.000
中介机构	33.333	0	60.000	4.000

表9—12　　　　创新工场中心度和权力值

利益相关者	点度中心度	中间中心度	接近度	权力值
创新工场	100.000	30.000	100.000	12.000
各孵化企业	100.000	30.000	100.000	12.000
政府引导基金	50.000	0	66.667	6.000
国内外投资公司	50.000	0	66.667	6.000
中介机构	33.333	0	60.000	4.000
国内外大型企业	33.333	0	60.000	4.000
政府机构	33.333	0	60.000	4.000

孵化器利益相关者链接网络的度数中心度可以衡量利益相关者网络中各利益相关者的交际能力，综合看各孵化器链接网络中度数中心度最大的分别是该孵化器及孵化器内的孵化企业，说明孵化器链接网络的核心均是孵化企业，这与孵化器存在的根本目的是相符的。除去孵化器本身及孵化企业，武汉东湖孵化器网络中政府机构的度数中心度最高，说

明政府机构在武汉东湖孵化器链接网络中的作用十分重要,政府机构发挥着重要的作用;在清华科技园和上海非营利孵化器链接网络中没有明显的节点具有很高的度数中心度,说明各节点之间的关系较为平均;在创新工场链接网络中,政府投资基金和国内外投资机构的中心度最高,说明创新工场作为创投机构,与各资本之间的关系十分密切。

在4个孵化器利益相关者链接网络中,中间中心度较高的节点,度数中心度也较高,各孵化器及内部孵化企业在整个孵化器网络中占有重要的地位,其是孵化器网络的核心,说明孵化器及各孵化企业控制着整个孵化网络中各项资源的流动。

此外,在4个孵化器利益相关者链接网络中,具有较高接近度的节点同时也具有较高的中间中心度,接近度体现了孵化器网络中该利益相关者节点的独立性,孵化器及孵化企业本身在孵化器网络中独立性较高。

权力值可以体现各孵化器利益相关者在孵化器网络中的地位及影响。除去孵化器和孵化企业本身,在武汉东湖新技术创业中心网络中比较有地位的有政府机构、孵化管理公司、基金管理公司、中介机构和国内外投资机构。清华科技园网络中有影响力的分别是启迪创投公司、启迪运营公司、中介机构和国内外投资机构。上海市非营利孵化器网络中各节点地位较为平均。创新工场网络中有影响的是政府投资基金和国内外投资机构。综上可以看出,国内外投资机构在各孵化器网络中的地位较大,各孵化器均较重视与投资机构之间的合作。其中,综合性孵化器即武汉东湖新技术创业中心清华科技园网络中,影响较大的节点还包括政府机构、孵化器内部的运营公司和基金公司,说明综合性孵化器链接网络较为成熟与完善。

第三节 社会网络分析下的孵化器政策

科技企业孵化器政策对孵化器绩效有重要影响。李志檀指出政府制定颁布的相关支持政策对提高科技型中小企业的技术创新能力尤为关键。章卫民认为政府政策是影响企业产出的重要因素,其中税费减免、为企业提供贷款贴息支持以及政府采购新产品计划等政策工具能够对企业的收益产生放大效应。郑代良指出要突破阻碍中国高新技术产业发展的人才、资本及技术等瓶颈,需要完善高新技术产业的投融资政策、技术政策、人才政策和财税政策。Adegbite认为政府对孵化器的优惠政策执行不力是造成尼日利亚企业孵化器数量不多的主要原因。Abetti指出,欧洲企业孵化器发展状况良好的原因是欧洲的各国家地区政府采取促进孵化器发展的有效的政策支持,并提供和创造了适合孵化器发展的良好条件。Sofouli指出政府针对孵化器颁布与实施的优惠政策吸引了众多知识密集型和科技型企业进入孵化器孵化,进而促进了孵化器和中小企业的共同发展。国内一些学者也从资金、税收、财政、土地、人才等各个维度对孵化器及孵化企业的绩效影响进行了研究,提出了有针对性的建议。

对现有的有关科技企业孵化器政策的研究进行梳理可知,到目前为止,主要包括了三方面的内容:首先,关于某个税收或财政政策的具体内容的研究所占比例最大;其次,关于不同地区、不同国家的科技企业孵化器政策的比较和经验总结研究;最后,还有一些是关于科技企业孵化器政策的一般性理论研究。很难找到关于从整体上研究孵化器政策体系和政策结构的相关文献。通过对科技企业孵化器政策体系和结构的研究,不但能阐明科技企业孵化器政策的构成,揭示科技企业孵化器政策在创业孵化中的作用,而且能为更好地制定创新创业政策服务。基于此,本章尝试运用社会网络的定量分析方法,构建了我国国家级及地方级企业孵化政策关键词的共词网络,在此基础上进行聚类分析和多维尺度分析,发现我国企业孵化政策的结构特征,并且给出了我国企业孵化政策建议。

一 企业孵化政策关键词共词矩阵的建立

本章选择我国企业孵化政策作为研究对象,探讨我国企业孵化政策的主要举措、内部结构,在此基础上分析我国国家级与地方级企业孵化政策的特点。首先,收集中央与地方的企业孵化政策,人工提取各政策的关键词;其次,采取共词分析法对提取的政策关键词进行统计分析;最后,根据数据分析结果得到我国企业孵化政策的结构与特点。

企业孵化政策的发布主体为中央及地方政府,为了能够更加科学全面地研究我国企业孵化政策的结构组成,本章在选取国家中央各部委企业孵化政策的同时,另外选取我国的四个直辖市(北京、天津、上海及重庆）作为地方级政策的代表，共同作为本章的研究对象。在收集政策之前，首先对"企业孵化政策"进行定义：政府为促进科技型中小企业的成长与发展、支持科技企业孵化器的发展壮大而制定并实施的各种直接政策。这个狭义的定义排除了间接促进科技型中小企业及科技企业孵化器以及其他广义上的企业孵化政策，这样获取的数据剔除了主观选取样本时可能导致的分散化，使研究样本相对集中。

（一）企业孵化政策收集

本章通过收集科技部、财政部、商务部、国家工商总局等国家级机构及选取的四个直辖市地方政府、科学技术委员会、财政局、工商局等地方级政府机构官方网站，收集各政府部门颁布与实施的企业孵化政策，此外在"北大法宝"政策法规数据库中搜索标题及全文中含有"企业""孵化""企业孵化"等关键词的中央法规和地方法规规章相关政策。

本章共收到2000—2015年的国家级政策60篇，地方级政策97篇，合计157篇，在收集每条政策法规时在Excel中记录好各企业孵化政策的政策名称、政策编号、发布时间、颁布机构及政策来源等信息。

（二）企业孵化政策关键词提取与规范化

步骤1：政策关键词提取。提取的企业孵化政策关键词每篇控制在20—40词。

步骤2：关键词的规范化。为保证政策关键词的科学合理性，在导师的指导下，并与3位科技企业孵化器研究领域的博士研究生共同讨论。方法如下：

①剔除无效关键词，以及含义过于宽泛的关键词，如"转变增长方式""园区服务与运营""与地方及社会发展规划相适应"等。

②相近关键词合并，如"完善公共服务""加强公共服务体系建设""提高公共服务水平"和"增强服务能力"均用"完善公共服务"代替。

国家级企业孵化政策得到关键词383个，平均每篇政策关键词为6.38个。地方级企业孵化政策得到关键词656个，平均每篇政策关键词为6.76个。经规范化处理，国家级企业孵化政策共计34个高频关键词，总计出现342次；地方级得到38个高频关键词，总计出现554次，基本覆盖了近 15 年国内的企业孵化政策。

（三）企业孵化政策共词矩阵的建立

将提取确定的 60 篇政策关键词作为 60 条文本，采用 bibexcel 软件，两两统计确定的 34 个关键词在 60 篇企业孵化政策关键词中共同出现的次数，形成一个 34×34 的共词矩阵。共词矩阵中对角线上数字为该关键词的频次，其他数字为对应的 2 个关键词在同一篇政策中的共现次数。对于地方级企业孵化政策，采取同样的方法，得到一个 38×38 的共词矩阵。国家级及地方级企业孵化政策共词矩阵（部分）如表 9—13、9—14 所示：

表 9—13　国家级企业孵化政策关键词共词矩阵（部分）

关键词	加强绩效考核跟踪评估	优化政策环境	完善公共服务	加强人才培训与培养	税收优惠支持企业发展	营造利于企业发展的良好环境
加强绩效考核跟踪评估	25	14	13	10	8	6
优化政策环境	14	25	12	13	8	10
完善公共服务	13	12	22	13	7	11
加强人才培训与培养	10	13	13	17	5	8
税收优惠支持企业发展	8	8	7	5	17	7
营造利于企业发展的良好环境	6	10	11	8	7	16

表 9—14　地方级企业孵化政策关键词共词矩阵（部分）

关键词	完善公共服务	加强绩效考核跟踪评估	加大财政资金支持	加强科技金融中介服务	优化政策环境	设立专项资金支持企业发展	税收优惠支持企业发展
完善公共服务	42	21	16	19	17	11	15
加强绩效考核跟踪评估	21	34	16	16	12	10	12

续表

关键词	完善公共服务	加强绩效考核跟踪评估	加大财政资金支持	加强科技金融中介服务	优化政策环境	设立专项资金支持企业发展	税收优惠支持企业发展
加大财政资金支持	16	16	33	13	10	5	17
加强科技金融中介服务	19	16	13	32	19	8	7
优化政策环境	17	12	10	19	30	7	6
设立专项资金支持企业发展	11	10	5	8	7	26	7
税收优惠支持企业发展	15	12	17	7	6	7	25

由表9—13、9—14可以看出，加强孵化器的绩效考核及跟踪评估是国家级企业孵化政策出现次数最多的关键词，其在60篇国家级企业孵化政策中出现了25次；完善公共服务是地方级企业孵化政策出现次数最多的关键词，其在99篇国家级企业孵化政策中出现了42次。

二　企业孵化政策网络结构

（一）企业孵化政策关键词频次统计

对国家级和地方级孵化政策关键词网络图中的节点链接频次进行统计，得到国家级和地方级企业孵化政策关键词频次统计表，如表9—15、9—16所示：

表9—15　　　　　　国家级企业孵化政策关键词频次

频次	关键词	频次	关键词
25	加强绩效考核跟踪评估	8	推动集聚化发展
25	优化政策环境	8	加大财政资金支持
22	完善公共服务	7	推动企业进入多层次资本市场融资
17	加强人才培训与培养	6	加强宏观指导

续表

频次	关键词	频次	关键词
17	税收优惠支持企业发展	6	加强孵化器之间交流合作
16	营造利于企业发展的良好环境	6	加大对企业的信贷支持
15	设立专项资金支持企业发展	6	加大财税支持力度
14	加强和改善金融服务	6	完善和创新管理体制和运行机制
14	促进国际合作与交流	5	民间资本、创投支持企业发展
12	建立和完善信用担保体系	5	加强科技成果转化和产业化
11	支持企业技术创新发展	5	降低涉企收费
11	拓宽中小企业融资渠道	5	促进科技和金融合作
11	发挥社会组织作用	5	支持企业市场开拓
10	加强产学研合作	4	加大政府采购对中小企业的支持力度
10	开放科技创新创业资源	4	加强知识产权服务、管理及保护
9	改善投融资服务	4	资本金注入支持
9	加强科技金融中介服务	4	贷款贴息支持企业发展

表 9—16　　地方级企业孵化政策关键词频次

频次	关键词	频次	关键词
42	完善公共服务	14	加强知识产权服务、管理及保护
34	加强绩效考核跟踪评估	13	加大财税支持力度
33	加大财政资金支持	13	加大对企业的信贷支持
32	加强科技金融中介服务	12	降低涉企收费
30	优化政策环境	11	加强信息化建设
26	设立专项资金支持企业发展	11	开放科技创新创业资源
25	税收优惠支持企业发展	11	加强科技成果转化和产业化
20	加强产学研合作	11	加大科技孵化体系宣传力度
20	加强人才培训与培养	10	推动集聚化发展
19	支持企业技术创新发展	9	民间资本、创投支持企业发展
19	拓宽中小企业融资渠道	7	促进国际合作与交流
18	支持企业市场开拓	7	发挥社会组织作用
16	加大政府采购对中小企业的支持力度	6	支持中小企业实施品牌发展
16	贷款贴息支持企业发展	6	降低企业税费负担
16	建立和完善信用担保体系	6	推进信用信息服务

续表

频次	关键词	频次	关键词
16	改善投融资服务	6	培育中小企业加快发展
15	营造利于企业发展的良好环境	5	支持创办科技型中小企业
15	推动企业进入多层次资本市场融资	5	加大研发投入
14	加强和改善金融服务	5	加强孵化器之间交流合作

从表9—15、9—16可以发现，国家级及地方级企业孵化政策关键词表现出一些共性特征，国家级和地方级的企业孵化政策关键词内容大致相同，反映出我国的地方级企业孵化政策多是将国家级的企业孵化政策进行重复或同义表达，地方级政府等单位应结合当地科技企业孵化器及中小企业的发展现状，提出符合本地实情的具体政策措施，从而更好地推动当地孵化器和中小企业发展。此外，国家级和地方级企业孵化政策关键词频次前10位中均有"加强绩效考核评估""优化政策环境""完善公共服务""加强人才培训与培养""税收优惠支持企业发展"和"设立专项资金支持企业发展"等关键词，说明这几项措施是我国中央政府和地方政府促进企业孵化发展的主要措施，这些关键词囊括了孵化绩效、政策环境、公共服务、人才培养、税费优惠和财政资金等促进孵化器及中小企业发展的各个方面。

（二）企业孵化政策网络

将国家级及地方级企业孵化政策关键词共词数据输入到Ucinet6.0软件中，运用Ucinet中的NetDraw技术分别绘制国家级和地方级企业孵化政策关键词网络图，如图9—10、9—11所示：

图9—10中，国家级企业孵化政策关键词网络图中含有节点34个，联结线420条。图9—11中，地方级企业孵化政策关键词网络图中含有节点38个，联结线625条。由图9—10、9—11可以看出，国家级与地方级企业孵化政策关键词网络的中部联结相对密切，其中"加强绩效考核评估""优化政策环境"和"完善公共服务"等高频关键词位于国家级网络图的中心，"加强绩效考核评估""设立专项资金支持企业发展"和"完善公共服务"等关键词位于地方级网络图的中心，但在网络的边缘也分布着一些节点。

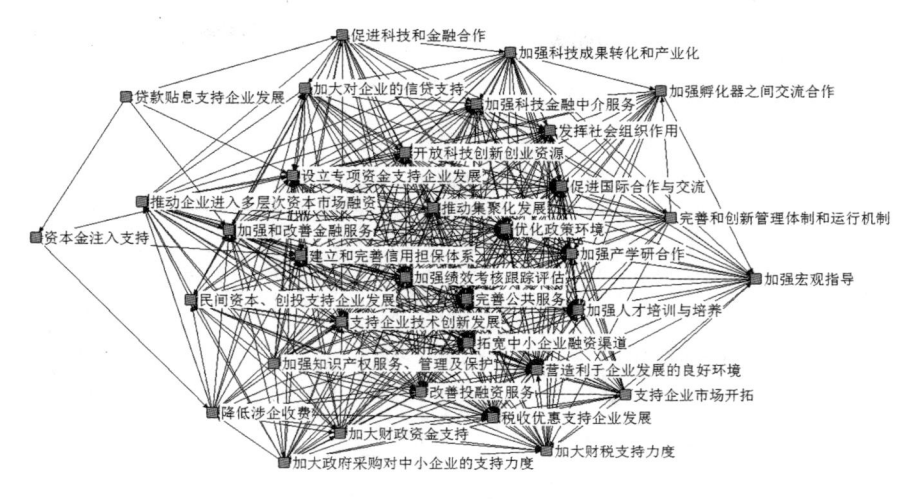

第九章 社会网络下的科技企业孵化器合作及政策 / 287

图 9—10 国家级企业孵化政策关键词网络图

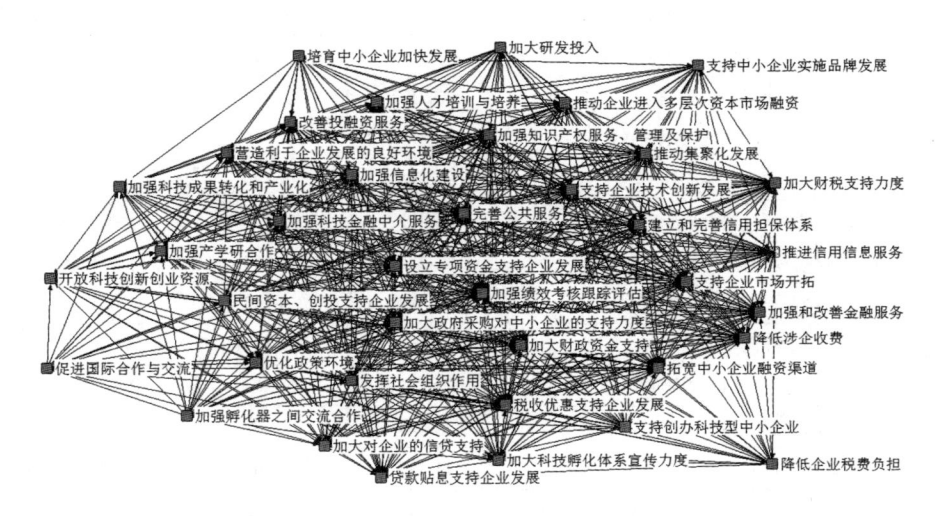

图 9—11 地方级企业孵化政策关键词网络图

(三) 企业孵化政策关键词点度中心度

关键词的点度中心度能够反映该关键词节点在政策关键词网络中的重要程度。其数值代表了该政策关键词与网络中其他政策关键词共同出现的次数。某个政策关键词的点度中心度越高，即反映了该关键词是企业孵化政策的关键手段。如"完善公共服务"这一关键词的点度中心度最高,这说明"完善公共服务"是当前中央及地方政府扶持孵化器与孵化企业的关键举措。表 9—17、9—18 分别列示了国家级与地方级企业孵化政策关键词的点度中心度。

表 9—17　国家级企业孵化政策关键词点度中心度（前 20 位）

关键词	Degree	NrmDegree	Share
完善公共服务	182.000	39.394	0.068
优化政策环境	181.000	39.177	0.068
加强绩效考核跟踪评估	147.000	31.818	0.055
加强人才培训与培养	147.000	31.818	0.055
营造利于企业发展的良好环境	129.000	27.922	0.049
促进国际合作与交流	118.000	25.541	0.044
支持企业技术创新发展	113.000	24.459	0.043
拓宽中小企业融资渠道	107.000	23.160	0.040
税收优惠支持企业发展	105.000	22.727	0.040
加强产学研合作	97.000	20.996	0.036
发挥社会组织作用	94.000	20.346	0.035
加强和改善金融服务	93.000	20.130	0.035
开放科技创新创业资源	93.000	20.130	0.035
设立专项资金支持企业发展	92.000	19.913	0.035
建立和完善信用担保体系	83.000	17.965	0.031
推动集聚化发展	81.000	17.532	0.030
加强科技金融中介服务	77.000	16.667	0.029
加大财政资金支持	77.000	16.667	0.029
推动企业进入多层次资本市场融资	71.000	15.368	0.027
加大财税支持力度	67.000	14.502	0.025

表 9—18　地方级企业孵化政策关键词点度中心度（前 20 位）

关键词	Degree	NrmDegree	Share
完善公共服务	331.000	42.600	0.062
加强绩效考核跟踪评估	261.000	33.591	0.049
加强科技金融中介服务	260.000	33.462	0.049

续表

关键词	Degree	NrmDegree	Share
加大财政资金支持	243.000	31.274	0.046
优化政策环境	237.000	30.502	0.044
税收优惠支持企业发展	207.000	26.641	0.039
加强人才培训与培养	206.000	26.512	0.039
加大政府采购对中小企业的支持力度	203.000	26.126	0.038
拓宽中小企业融资渠道	186.000	23.938	0.035
建立和完善信用担保体系	181.000	23.295	0.034
支持企业市场开拓	180.000	23.166	0.034
改善投融资服务	172.000	22.136	0.032
支持企业技术创新发展	169.000	21.750	0.032
加强知识产权服务、管理及保护	160.000	20.592	0.030
设立专项资金支持企业发展	154.000	19.820	0.029
加强信息化建设	148.000	19.048	0.028
营造利于企业发展的良好环境	144.000	18.533	0.027
加强产学研合作	141.000	18.147	0.026
降低涉企收费	136.000	17.503	0.025
加大财税支持力度	132.000	16.988	0.025

政策关键词共词网络的中心势可以反映网络中各政策关键词的紧密性与集中程度，其越接近1，说明网络越具有集中趋势。国家级和地方级企业孵化政策的关键词共词网络中心势分别为23.88%和25.89%，表明国家级和地方级企业孵化政策关键词网络在某种程度上具备集中趋势，但这一趋势并不明显，存在诸多企业孵化关键词无关联或关联性很小的现象，由此看出我国企业孵化政策内容相对而言并不集中，比较分散化。

地方级关键词网络的中心势略高于国家级关键词共词网络，这一点可在图9—10、9—11中看出，地方级企业孵化政策关键词网络比国家级网络更为集中一些。国家级及地方级共词网络中，"完善公共服务"的点度中心度最大，说明企业孵化政策中，国家层面及地方层面都将完善公共服务作为孵化器发展的一大要求，在"十三五"规划的社会经济发展与变革时期，政府对科技企业孵化器的公共服务提出了更高的要求，指出孵化器应进一步加强公共服务体系建设，提升其公共服务水平，以更好地为中小企业提供创新创业服务，从而发挥孵化器集聚创新创业社会资源的优势，发展新兴产业，加速科技成果转化。完善科技企业孵化器的孵化功能，完善创业创新孵化服务体系，是科技企业孵化器不断发挥其内在价值的要求。

综上分析可以看出，国家与地方企业孵化政策的关键词基本相同。在企业孵化政策上，我国地方级企业孵化政策多是将国家级企业孵化政策进行同义改写，如将国家层面的"加大资金投入"细化为"设立北京市中小企业发展基金""设立西城区促进中小企业发展专项资金"等，由于在关键词提取时对关键词进行了统一的规范化处理，因此得出的国家层面及地方层面关于企业孵化的政策措施手段基本相同，某些地方政策的关键词是在国家级政策的基础上结合本地特征的细化。

此外，由于前期对关键词进行了规范化处理，部分关键词包含若干关键词的意义，如"加强产学研合作"包含"建设产学研结合的行业研发基地""加大产学研结合的财政支持力度""鼓励重点企业牵头建立产学研合作战略联盟""大力推动产学研合作""鼓励创业型企业开展多种模式的产学研合作""建设产学研结合产业化基地"等含义。

（四）企业孵化政策聚类分析

在共词分析过程中，关键词自身的词频大小可能会影响到共现频次，为了准确揭示关键词之间的共词关系，采用 Ochiia 系数对关键词共词矩阵进行修正，构造关键词的相关矩阵。

$$O_{ij} = C_{ij}/(C_i^{1/2} * C_j^{1/2}) \qquad (9—3)$$

其中，C_{ij} 表示 t、j 两个政策关键词共同出现的次数，C_i 表示关键词 i 出现的次数，C_j 表示关键词 j 出现的次数。

通过 Ochiia 系数对孵化政策关键词共词矩阵计算得出的相关矩阵中，数值越大表示对应的两个政策关键词距离越近，相似度越好，相反则相似度越差。由于政策关键词相关矩阵中 0 值较多，造成的统计分析误差较大。因此，用数值 1 与政策关键词相关矩阵中所有数据相减得到政策关键词的相异矩阵，如表 9—19、9—20 所示。政策关键词的相异矩阵中数值越大表明对应的两个政策关键词距离越远，相似度越差；数值越小，则相似度越好。

表 9—19　　国家级企业孵化政策关键词相异矩阵（部分）

关键词	加强绩效考核跟踪评估	优化政策环境	完善公共服务	加强人才培训与培养	税收优惠支持企业发展	营造利于企业发展的良好环境
加强绩效考核跟踪评估	0.0000	0.4400	0.4457	0.5149	0.6119	0.7000
优化政策环境	0.4400	0.0000	0.4883	0.3694	0.6119	0.5000
完善公共服务	0.4457	0.4883	0.0000	0.3278	0.6380	0.4137
加强人才培训与培养	0.5149	0.3694	0.3278	0.0000	0.7059	0.5149
税收优惠支持企业发展	0.6119	0.6119	0.6380	0.7059	0.0000	0.5756
营造利于企业发展的良好环境	0.7000	0.5000	0.4137	0.5149	0.5756	0.0000

表 9—20　　地方级企业孵化政策关键词相异矩阵（部分）

关键词	完善公共服务	加强绩效考核跟踪评估	加大财政资金支持	加强科技金融中介服务	优化政策环境	设立专项资金支持企业发展	税收优惠支持企业发展
完善公共服务	0.0000	0.4443	0.5702	0.4817	0.5211	0.6671	0.5371
加强绩效考核跟踪评估	0.4443	0.0000	0.5223	0.5149	0.6243	0.6637	0.5884
加大财政资金支持	0.5702	0.5223	0.0000	0.6000	0.6822	0.8293	0.4081
加强科技金融中介服务	0.4817	0.5149	0.6000	0.0000	0.3868	0.7226	0.7525
优化政策环境	0.5211	0.6243	0.6822	0.3868	0.0000	0.7494	0.7809
设立专项资金支持企业发展	0.6671	0.6637	0.8293	0.7226	0.7494	0.0000	0.7254
税收优惠支持企业发展	0.5371	0.5884	0.4081	0.7525	0.7809	0.7254	0.0000

对政策关键词共词网络中各关键词之间的距离进行聚类分析，可将距离较近的关键词聚集起来，选择 SPSS 中的系统聚类分析法对企业孵化政策关键词的相异矩阵进行分析，聚类方法选择 Ward 法，度量标准为平方欧式距离。通过聚类分析，将国家级与地方级企业孵化政策关键词分为 8 类。由于有些团体中含有的关键词规模过大，对其分析不具有重要意义，在导师的指导下，并与 3 位科技企业孵化器研究领域的博士研究生共同讨论，在国家级聚类团体中筛选出最有意义的 4 个小团体，在地方级聚类团体中筛选出 2 个团体，供进一步讨论分析，如表 9—21、9—22 所示，这些类别分别代表了我国企业孵化政策的主要子领域，分别为：

表 9—21　　国家级企业孵化政策关键词网络小团体分析结果

小团体	关键词
团体 1	拓宽中小企业融资渠道、加大财政资金支持、加大财税支持力度、税收优惠支持企业发展、支持企业技术创新发展、推动集聚化发展、加大政府采购对中小企业的支持力度
团体 2	加强和改善金融服务、建立和完善信用担保体系、加大对企业的信贷支持、促进科技和金融合作
团体 3	设立专项资金支持企业发展、推动企业进入多层次资本市场融资、民间资本、创投支持企业发展、加强科技金融中介服务、加强知识产权服务、管理及保护
团体 4	资本金注入支持、贷款贴息支持企业发展

表 9—22　　地方级企业孵化政策关键词网络小团体分析结果

小团体	关键词
团体 5	加强产学研合作、加强科技成果转化和产业化、开放科技创新创业资源
团体 6	加大科技孵化体系宣传力度、促进国际合作与交流、加强孵化器之间交流合作

团体 1 中"拓宽中小企业融资渠道""加大财政资金支持""加大财

税支持力度""税收优惠支持企业发展"均是支持中小企业发展的财税方面的政策及手段,其中拓宽融资渠道是实施财税措施的主要目的,可以采取的措施包括税收优惠支持企业发展、加大财政资金支持及加大财税支持力度;"支持企业技术创新发展""推动集聚化发展""加大政府采购对中小企业的支持力度"对科技型中小企业的创新发展、集聚化发展及市场化发展提出了新的要求。

团体2中"促进科技和金融合作""加强和改善金融服务""建立和完善信用担保体系""加大对企业的信贷支持"指出孵化器发展过程中不断加强科技和金融合作的必要性,促进科技和金融融合是总要求,通过加强和改善金融服务,创新对小微企业的金融服务方式,同时建立和完善信用担保体系,加大对中小企业的信贷支持,从而在中小企业的成长过程中不断实现科技和金融的融合。

团体3中"设立专项资金支持企业发展""推动企业进入多层次资本市场融资""民间资本、创投支持企业发展"指出了中小企业投融资过程中可以选择的融资途径,从而更好地促进科技型中小企业的发展。"加强知识产权服务、管理及保护""加强科技金融中介服务"进一步强调了科技与金融合作的潜力,建立科技金融合作服务平台,推动科技和金融的进一步融合。

团体4中"资本金注入支持""贷款贴息支持企业发展"为两个较细化支持中小企业的措施,资本金注入是指政府的资金直接用做股权投入,从而缓解了中小企业的融资困难,贷款贴息通过由政府负担部分或全部中小企业贷款的利息从而缓解了中小企业的资金压力,从而促进了中小企业的资金流动,以保证其更好地发展。

团体5中"加强产学研合作""加强科技成果转化和产业化""开放科技创新创业资源"指出了发展科技型中小企业的目的即通过加强产学研之间的合作,不断促进科技成果转化及产业化,在产学研合作的过程中,要开放科技创新创业资源,这样才能更好地推动产学研之间的合作,使高校、科研院所和企业之间的各项科技资源都能够得到相互利用与分享,从而推动科技成果的转化与产业化。

团体6中"加大科技孵化体系宣传力度""促进国际合作与交流""加强孵化器之间交流合作"提出了加强国内各孵化器之间的交流合作,

同时加强与国际孵化器之间的交流合作，学习国际先进孵化器的发展经验，从而使各孵化器之间达到优势互补，并不断加大孵化体系在我国的宣传力度，使各中小企业看到孵化器的发展优势，从而更好地促进中小企业的创新发展。

（五）企业孵化政策多维尺度分析

多维尺度分析可以通过测定各关键词之间的距离来发现我国企业孵化政策的结构。在分析结果中，各孵化政策的关键词通过其在多维尺度图中的位置显示了它们在政策中的共现性。聚集在一起的关键词形成了一个主题群，在主题群中，越是靠近原点，该关键词越核心。

此外，需要采用孵化政策关键词的相异矩阵进行多维尺度分析。多维尺度分析时，数据的度量水平采用序数，以欧式距离为度量模型，分析结果采用二维组图的方式输出，得到如图9—12所示的企业孵化政策。

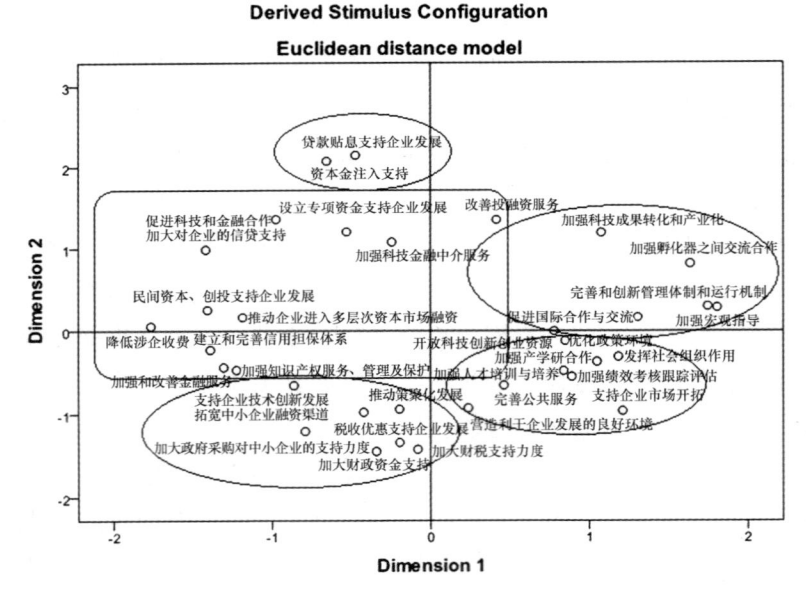

图9—12　企业孵化政策多维尺度分析图

根据图9—12企业孵化政策多维尺度分析的结果，我国企业孵化政策可以基于此划分为5大政策领域。我国企业孵化政策的各个类别之间整体上较为清晰，体现出目前我国企业孵化政策发文部门之间的矛盾焦点

第九章 社会网络下的科技企业孵化器合作及政策 / 295

并不是很集中。在 5 个政策团体中，并无处于中间核心位置的政策领域。表 9—23 列示了我国企业孵化政策的多维尺度分析结果。

表 9—23　　　　　　　　企业孵化政策多维尺度

团体	关键词
团体 1	加强绩效考核跟踪评估、优化政策环境、完善公共服务、加强人才培训与培养、营造利于企业发展的良好环境、发挥社会组织作用、加强产学研合作、支持企业市场开拓
团体 2	拓宽中小企业融资渠道、加大财政资金支持、加大财税支持力度、税收优惠支持企业发展、支持企业技术创新发展、推动集聚化发展、加大政府采购对中小企业的支持力度
团体 3	设立专项资金支持企业发展、推动企业进入多层次资本市场融资、民间资本、创投支持企业发展、加强知识产权服务、管理及保护、开放科技创新创业资源、加强科技金融中介服务、加强和改善金融服务、降低涉企收费、建立和完善信用担保体系、加大对企业的信贷支持、促进科技和金融合作、改善投融资服务
团体 4	加强宏观指导、加强孵化器之间交流合作、促进国际交流与合作、完善和创新管理体制和运行机制、加强科技成果转化和产业化
团体 5	资本金注入支持、贷款贴息支持企业发展

(六) 企业孵化政策结构分析

综合考虑我国企业孵化政策关键词的聚类分析和多维尺度结果，并结合对我国企业孵化政策了解的实证经验，可以将我国企业孵化政策归为以下几类，如表 9—24 所示：

表 9—24　　　　　　　　我国企业孵化政策体系表

我国企业孵化政策体系	企业孵化政策体系关键词明细
资金支持体系	拓宽中小企业融资渠道、加大财政资金支持、加大财税支持力度、税收优惠支持企业发展、加大政府采购对中小企业的支持力度、资本金注入支持、贷款贴息支持企业发展、降低涉企收费

续表

我国企业孵化政策体系	企业孵化政策体系关键词明细
投融资支持体系	设立专项资金支持企业发展、推动企业进入多层次资本市场融资、民间资本、创投支持企业发展、加强科技金融中介服务、降低涉企收费、建立和完善信用担保体系、加大对企业的信贷支持、促进科技和金融合作、加强和改善金融服务、改善投融资服务
社会网络支持体系	加大科技孵化体系宣传力度、促进国际合作与交流、加强孵化器之间交流合作
企业创新支持体系	加强产学研合作、加强科技成果转化和产业化、开放科技创新创业资源、支持企业技术创新发展
社会环境支持体系	完善公共服务、加强宏观指导、推动集聚化发展、优化政策环境、营造利于企业发展的良好环境、发挥社会组织作用
人才培养支持体系	加强人才培训与培养、加强知识产权服务、管理及保护

第四节　本章小结

通过实地调研、电话调查并收集北京市和上海市的国家级孵化器官方网站友情链接资料及与孵化器结成"战略联盟"和"签订协议"相关资料得到国家级孵化器链接矩阵，采用 Ucinet6.0 软件对矩阵进行社会网络分析，绘制出北京市和上海市国家级孵化器网络图，在此基础上，对北京市和上海市国家级孵化器网络的网络密度和中心势、孵化器网络的无标度特性、小世界特性、孵化器网络链接频次进行了分析。研究表明北京市和上海市国家级孵化器网络关系较为稀疏，孵化器网络中各个机构的合作空间较大。北京市和上海市国家级孵化器网络是一个无标度网络，同时也是一个小世界网络，具有较短的网络平均最短路径。北京市和上海市国家级孵化器网络中各节点的点度中心度分布不均匀。

通过对国内 4 家孵化器进行利益相关者网络分析，得到孵化器和孵化企业是整个孵化器利益相关者网络的核心，其控制着整个孵化器资源的流动，且其独立性很高。其次，国内外投资机构在各孵化器网络中的地位较高，各孵化器均很重视与投资机构之间的合作，各投资机构提供的资本支持是孵化企业成长与发展的基础。此外,综合性孵化器的链接网络较为完备,其网络节点中包含国内外投资机构、政府机构、中介机构及孵化器自身的孵化管理机构、创投机构等,政府机构在孵化器网络中发挥着十分重要的作用,具有较高的点度中心度;武汉东湖新技术创业中心作为综合性孵化器的典型代表,其网络联结数最多,且网络的中心势最大,其发展较为完备成熟,是国内各孵化器应学习与借鉴的典范。对于新近出现的非营利孵化器和创新工场等此类新兴孵化机构,应加强与高校及科研院所、国内外孵化组织之间的联系,并进一步建立内部的孵化机构、分支机构等,从而更好地促进孵化企业和孵化器的发展。

本章通过对我国国家级和地方级企业孵化政策的关键词进行共词分析,通过绘制政策关键词共词网络,分析政策关键词共词网络的关键词频次、点度中心度、网络中心势,并对共词网络进行聚类分析和多维尺度分析,得出了我国企业孵化政策的结构体系,分为资金支持政策体系、投融资支持体系、社会网络支持体系、企业创新支持体系、社会环境及政策支持体系和人才培养支持体系。此外国家级和地方级企业孵化政策关键词网络在某种程度上具备集中趋势,但这一趋势并不明显,存在诸多企业孵化关键词无关联或关联性很小,由此看出我国企业孵化政策内容相对不集中,比较分散化。"完善公共服务"在国家级及地方级企业孵化政策网络中的点度中心度均位于首位,说明我国企业孵化政策中,国家层面及地方层面都将完善公共服务作为孵化器发展的一大要求。在企业孵化政策上,我国地方级企业孵化政策多是将国家级企业孵化政策进行同义改写,建议各级地方政府在制定企业孵化政策时应考虑各地的经济、孵化器及中小企业的发展现状,并结合不同的战略定位,提出具有本地特征的企业孵化政策,从而更好地促进本地孵化器和中小企业的发展。

第十章

科技企业孵化器网络关系嵌入、知识能力与绩效

在"万众创新、大众创业"背景下,作为搭建产学研合作平台、促进科技成果转化、培养科技型中小企业和创业领军人才、培育战略性新兴产业的科技企业孵化器,肩负着更大的责任和使命,而如何更好地促进创业企业的成长、提升孵化绩效是孵化器理论和实务界关心的核心问题。从实务方面看,科技部火炬中心关于印发的《国家级科技企业孵化器评价指标体系(试行)》明确提出国家级孵化器的孵化绩效指标包括孵化效率、研发效率、获奖情况、毕业企业等评价标准。

从学术研究看,一部分研究集中于孵化器内部资源、服务以及政策对孵化绩效的影响。卢锐等[1]通过对企业孵化器的核心资源的研究,探讨企业孵化的绩效。宋清等[2]研究认为孵化绩效受硬件投资的管理者、孵化器基金以及孵化器平台三类资源投入的影响较小,孵化器的增值服务对孵化绩效的影响相对而言更为显著;对于科技创新绩效,孵化资金投入和在孵企业人员数对科技创新绩效表现出显著的正相关。张炜等研究表明[3]孵化器的核心服务主要体现在项目申报与资助、信息与中介服

---

[1] 卢锐、盛昭瀚:《核心资源与企业孵化器的创新》,《中国管理科学》2002年第2期,第71—75页。

[2] 宋清、金桂荣、赵辰:《科技企业孵化器绩效的影响因素实证研究》,《中国科技论坛》2014年第10期,第120—125页。

[3] 张炜、邢潇:《科技企业孵化器服务项目与服务绩效关系实证研究》,《科学学与科学技术管理》2006年第4期,第159—164页。

务、政府网络支持、合作交流机会、基础代理服务和投融资渠道建设等六个因素当中；这六个因素与孵化器任务绩效高度相关。殷群、吴文清[1]等研究了大学科技园的孵化绩效，研究表明投融资政策对孵化绩效的影响最大，而房租场地政策和财政税收政策对孵化绩效的影响较小。还有众多的文献从孵化器评价指标体系的角度研究了孵化器的绩效构成。

随着研究的深入，孵化器内外部网络对孵化绩效的影响获得了重视。阎明宇[2]研究了创新集群网络对科技企业孵化器绩效的影响，创业网络对于入孵企业创业绩效的积极影响，以及知识转移和孵化环境在两者关系中的中介和调节作用；邢蕊、王国红[3]研究了孵化环境对在孵企业创新绩效的调节作用；王国红等[4]研究了孵化器"内网络"情境下社会资本对在孵企业成长的影响，研究表明在孵化器与创业企业构成的网络中，个体社会资本和集体社会资本通过资源获取对在孵企业成长具有重要作用；张宝建等[5]对孵化器内在孵企业的网络能力、网络结构与创业绩效进行了研究，研究表明相对稳定的网络结构各维度在网络能力和创业绩效之间发挥着中介效应；葛宝山[6]孵化网络对孵化器多维绩效影响进行了实证分析，研究显示孵化网络的关系强度和网络规模对孵化绩效、运营绩效、创新绩效、经济绩效有正向作用，但孵化网络的关系强度和网络规模对孵育绩效、运营绩效、创新绩效、经济绩效的影响作用

---

[1] 吴文清、赵黎明：《中国大学科技园动态效率评价》，《天津大学学报》（社会科学版）2012年第3期，第247—252页。

[2] 阎明宇：《创新集群网络对科技企业孵化器绩效的影响研究》，《财经问题研究》2014年第8期，第92—99页。

[3] 邢蕊、王国红：《创业导向、创新意愿与在孵企业创新绩效——孵化环境的调节作用》，《研究与发展管理》2015年第1期，第100—112页。

[4] 王国红、周建林、邢蕊：《孵化器"内网络"情境下社会资本对在孵企业成长的影响——基于大连双D港创业孵化中心的案例研究》，《管理案例研究与评论》2015年第1期，第84—96页。

[5] 张宝建、孙国强、裴梦丹、齐捧虎：《网络能力、网络结构与创业绩效——基于中国孵化产业的实证研究》，《南开管理评论》2015年第2期，第39—50页。

[6] 葛宝山、王艺博：《孵化网络对孵化器多维绩效影响的实证研究》，《东北师大学报》（哲学社会科学版）2013年第3期，第72—76页。

有很大区别；张涵等①研究了科技企业孵化网络关键影响因素与合作绩效的关系。

创业网络主要包括三种形态的网络：企业网络（企业在产业链上下游纵向关系与同类公司间的水平关系）；社会网络（企业与非同构型企业公司的联系关系）；人际关系网络（人与人之间的关系）。其中，科技企业孵化器就是连接社会网络的有效平台。科技企业孵化器内的创业企业在社会网络方面，在建立沟通信赖上、在获取市场信息上、在降低不确定性因素上、在防止机会主义行为上、在降低经济行为的风险上，均具有明显的优势。从学术研究的现状和发展来看，孵化绩效的研究从孵化器拥有的实体资源角度转向孵化器拥有的虚拟资源如社会网络、网络能力方面。尽管孵化网络对孵化器绩效的研究取得了一些进展，不过孵化器的社会网络特性如何影响孵化绩效，以及其内部的路径和机理是什么还比较模糊。本章试图从孵化器社会关系网络中的关系嵌入角度出发，沿着科技企业孵化器向创业企业提供知识服务的角度，探讨孵化器的关系嵌入与孵化绩效的深层次关系。

第一节 理论基础与研究假设

一 嵌入与关系嵌入

（1）嵌入

Polanyi②（1957）首先使用嵌入（embeddedness）一词描述现代市场运作中的社会结构，并指出个人的经济动机是嵌入在社会关系里的，经济行为属于社会活动的一部分。Powell③（1990）指出经济交换的方式是必须嵌入在特殊社会结构脉络中来解释，因此必须以新视野来解释这些交换形态所展现出来的某些特征。此后，有更多学者开始将嵌入的概念

---

① 张涵、赵黎明、乌兰娜：《科技企业孵化网络关键影响因素与合作绩效的关系研究——基于 SEM 模型》，《科学管理研究》2013 年第 6 期，第 114—117 页。

② Polanyi K., The economy as instituted process [J]. Trade and Market in the Early Empires, 1957, 243.

③ Powell, Neither market nor hierarchy: network forms of organization [J]. Research In organizational Behavior, 1990, 12: 295–336.

运用在合作网络上[1]，如构建信任关系，维系合作网络中的信任关系[2]（Gulati & Gargiulo，1999）；合作网络嵌入也可以降低交易成本、促进学习[3]（Dyer & Singh，1998）。Clegg[4]（1990）认为嵌入代表着关系的轮廓，这一关系的轮廓是自主和依赖交互作用产生的结果。科技企业孵化器的嵌入指的是孵化器之间以及孵化器与政府、高校、研发机构、中介机构、创投等外部机构的合作关系网络及互动模式。

（2）关系嵌入

Granovetter[5]（1985）将嵌入分为时间性、地域性、社会性、政治性、市场性和技术性嵌入等六类。Zukin & Dimaggio[6]（1990）将嵌入分为结构性、认知性、政治性与文化性等四类；而其他关于嵌入的类型还有技术性嵌入[7]（Hakansson，1989）、区域性嵌入 Dicken，1992/Amin，1993）、社会性嵌入[8]（Scott，1997/Ahrne，1994）等。对于人类社会网络中的嵌入，Granovetter[9]（1992）将之分为关系性与结构性两类，在关系性嵌入中，合作双方需要考虑彼此的信任关系，只有在深度的互信下合作才能深入持续进行，因此信任关系是关系性嵌入的核心议题。

为了深入研究组织关系嵌入的路径以及影响因素，学者们基于不同

---

[1] Uzzi B., Errata: social structure and competition in interfirm networks: the paradox of embeddedness [J]. Administrative Science Quarterly, 1997, 42（2）: 35 – 67.

[2] Gulati R., Social Structure and alliance formation patterns: a longitudinal analysis [J]. Administrative Science Quarterly, 1995, 40（4）: 619 – 652.

[3] Dyer, Singh., The relational view: cooperative strategy and sources of inter-organizational competitive advantage. Academy of Management Review, 1998, 23（4）: 660 – 679.

[4] Clegg C., The relationship between simplified jobs and mental health: a replication study [J]. Journal of Occupational Psychology, 1990, 63（4）: 289 – 296.

[5] Granovetter M. S., Economic action and social structure: The problem of social embeddedness. American Journal of Sociology, 1985, 91（3）: 481 – 510.

[6] Zukin S., P. Dimaggio, Structures of Capital: The Social Organization of the Economy [M]. Cambridge: Cambridge University Press, 1990.

[7] Hakansson, Corporate Technological Behaviour: Co-operation and Networks [M]. London: Routledge, 1989.

[8] Feld S. L., Structural embeddedness and stability of interpersonal relations [J]. Social Networks, 1997, 19（1）: 91 – 95.

[9] Granovetter M., Problems of explanation in economic sociology [J]. Networks and Organizations: Structure, Form, and Action, 1992, 25: 56.

时期的研究对象实际情况以及自身对该问题的理解，提出了不同但有所交叉的关系嵌入维度[1]。这里，本书借鉴 McEvily 和 Marcus 的研究，将孵化器关系嵌入分为信任、信息共享和孵化器间合作解决问题三个维度。

二 关系嵌入与孵化绩效

一般认为，关系嵌入包含信任、信息共享和共同解决问题三个维度。Ganesan[2]（1994）认为信任程度是合作双方发展长期导向关系的重要因素。Jones 和 George[3]（1998）研究发现当合作双方产生完全信任时，将会将本身所拥有的知识与信息自愿性进行分享，因此相互信任可以导致组织间的信息流畅度，增强应对顾客需求的能力；Kumar[4]（1996）研究发现当合作方相互信任时，会分享较机密的信息，也因为能真正了解对方，可减少不必要的监督成本。Smith 和 Barclay[5]（1997）指出若组织间缺少信任，将会使合作伙伴出现一些不良行为，导致合作绩效的降低。Anand[6] 等（2000）认为基于信任的共同合作比传统契约更加有利于双方的合作，将会增加组织间的知识共享。

信任能够提高组织间的合作绩效得到了众多实证研究的证实[7]。Morgan 和 Hunt（1994）[8] 创立的信任——关系承诺理论中提出了著名的 KMV 模型，该理论认为信任是影响合作绩效的重要变量，实证也证明了

---

[1] 李世超、蔺楠、苏竣：《基于知识转移的产学关系嵌入作用机制研究》，《科学学研究》2011 年第 10 期，第 1532—1541 页。

[2] Ganesan S., Hess R., Dimensions and levels of trust: implications for commitment to a relationship [J]. Marketing Letters, 1997, 8 (4): 439 - 448.

[3] Jones G. R., George J. M., The experience and evolution of trust: implications for cooperation and teamwork [J]. Academy of ManagementRreview, 1998, 23 (3): 531 - 546.

[4] Kumar N., The power of trust in manufacturer-retailer relationships [J]. Harvard Business Review, 1996, 74 (6): 92.

[5] Smith J. B., Barclay D. W., The effects of organizational differences and trust on the effectiveness of selling partner relationships [J]. Journal of Marketing, 1997, 61 (1): 3 - 21.

[6] Anand B. N., Khanna T., Do firms learn to create value? The case of alliances [J]. Strategic Management Journal, 2000, 21 (3): 295 - 315.

[7] 唐朝永、陈万明、彭灿：《社会资本、失败学习与科研团队创新绩效》，《科学学研究》2014 年第 7 期，第 1096—1105 页。

[8] Morgan, R. M., Hunt, S. D., The commitment-trust theory of relationship marketing [J]. Journal of Marketing, 1994, 58 (3): 20 - 38.

信任和合作绩效存在显著的正相关关系[1][2]。王琦[3]等对IT外包项目合作绩效的实证研究表明，信任控制与外包合作绩效呈正相关关系。叶飞等对[4]供应链伙伴间的信任与运营绩效之间的关系实证研究表明，供应链伙伴间的信任有助于提升供应链伙伴间的运营绩效。林筠等对[5]企业—供应商关系与合作绩效路径模型实证研究表明，企业与供应商双方的信任通过直接合作和间接合作的途径对企业合作绩效具有直接和间接的正向影响。刘学等[6]认为信任能够促进合作绩效，并且信任与合作绩效受到技术不确定性的影响，在高度技术不确定下，更需要关注合作双方的信任关系管理。周青等[7]研究表明在技术标准联盟伙伴关系中，良好的信任和关系承诺与合作绩效有显著正相关关系，信任关系是合作获得高绩效的基础和保障。杨敏利[8]研究发现创业企业与创投机构间的利益分配、信任程度及信息共享度是影响创业企业成长绩效的重要因素。周育红等[9]通过考察文献得出创投通过网络化发展可以实现信息共享、风险分担，最大限度地为创业企业增值，并提高创投机构自身的绩效。

前述文献表明，信任、信息共享以及合作完成任务在组织合作、战略联盟、技术创新、供应链合作等方面均对合作绩效有正向影响。在科

---

[1] De Jong G., Woolthuis, K., The institutional arrangements of innovation: Antecedents and performance effects of trust in high-tech alliances [J]. Industry and Innovation, 2008, 15 (1): 45–67.

[2] Candace E. Ybarra, Thomas A. Turk., The evolution of trust in information technology alliances [J]. Journal of High Technology Management Research, 2009, 20 (1): 62–74.

[3] 王琦、刘咏梅、卫旭华：《IT外包项目中控制机制与合作绩效的实证研究——基于IT服务提供商的视角》，《系统管理学报》2014年第2期，第166—173页。

[4] 叶飞、徐学军：《供应链伙伴关系间信任与关系承诺对信息共享与运营绩效的影响》，《系统工程理论与实践》2009年第8期，第36—49页。

[5] 林筠、薛岩、高海玲等：《企业—供应商关系与合作 绩效路径模型实证研究》，《管理科学》2008年第4期，第37—45页。

[6] 刘学、王兴猛、江岚等：《信任、关系、控制与研发联盟绩效——基于中国制药产业的研究》，《南开管理评论》2008年第3期，第44—50页。

[7] 周青、韩文慧、杜伟锦：《技术标准联盟伙伴关系与联盟绩效的关联研究》，《科研管理》2011年第8期，第1—8页。

[8] 杨敏利、党兴华：《创业企业与创投机构合作关系对成长绩效的影响》，《科研管理》2014年第10期，第69—76页。

[9] 周育红、宋光辉：《创业投资网络研究现状评价与未来展望》，《外国经济与管理》2012年第34期，第6、17—24页。

技企业孵化器之间的合作中，信任关系同样具有重要作用。只有科技企业孵化器之间有充分的信任，才能进行信息方面的交流、公共平台方面的共享、资源的互相利用、孵化经验方面的相互借鉴，甚至核心外部资源例如创投网络的共享。科技企业孵化器作为培育创业企业的平台，不仅需要为创业企业提供创业导师、基金和公共空间等方面的支持，还需要向创业企业提供外部的市场、技术等方面的信息，科技企业孵化器之间的信息共享可以大大提高在孵企业的信息源，降低信息搜寻成本，有助于提高孵化成功率。合作完成任务作为科技企业孵化器之间的高级合作，可以取长补短，为在孵企业提供更为完善的增值服务，降低在孵企业创业风险，提升孵化绩效。

由此，提出假设1，2，3：

假设1：科技企业孵化器之间的信任对孵化绩效有显著正向影响。

假设2：科技企业孵化器之间的信息共享对孵化绩效有显著正向影响。

假设3：科技企业孵化器之间的合作完成任务对孵化绩效有显著正向影响。

三　知识能力与孵化绩效

（1）孵化器的知识服务

Raymond W. Smilor[①]（1987）在其针对科技企业孵化器促进新创企业发展的重要因素的研究中指出，科技企业孵化器所提供商业专门知识服务依重要性排列，依次为商业规划、营销、会计、管理、一般咨询服务。Donald F. Kuratko & Frank J. Sabatine[②]（1989）在研究中指出科技企业孵化器所提供的服务，特地提到增进创业者的知识，并取得各种财务及技术上的支持。从上述学者的观点可以看出，孵化器内创业企业在成长过程中不仅需要设施和资金的支持，还需要管理、技术等知识来保证自身

---

① Smilor W., Commercializing technology through new business incubators [J]. Research Management, 1987, 30 (5): 36－41.

② Kuratko D. F., Sabatine F. J., From incubator to incubation: a conceptual focus in the dev [J]. Economic Development Review, 1989, 7 (4): 42.

运行和健康发展。因此,科技企业孵化器不仅要为在孵企业提供资金、设施等外部支持,还应与创投等外部机构共同向在孵企业提供知识服务[①],孵化器的知识服务最近几年也开始受到更多关注。Studdard 研究了创业企业从孵化器管理者获取知识对新产品开发、提升技术能力和降低销售成本产生积极影响的原因。Bergek 等人指出孵化器通过孵化网络向在孵企业提供知识。尤荻等人发现孵化器知识服务的互动过程两个主要方面中的一个是孵化器和创投等外部知识资源间的互动。李文博从孵化器创业知识服务的运营模式角度,认为孵化器应加强与创投等网络的协同创新。为了更好地向孵化器内创业企业提供相关的知识,孵化器应具有良好的知识能力。

(2) 孵化器的知识能力

一般而言,企业知识能力是企业通过运用知识和管理知识来提高其绩效并获得竞争优势的能力[②]。关于知识能力的划分目前尚无统一标准,宁烨等[③]认为企业知识能力的构成主要包括三个方面:基础资源能力、知识运作能力和知识机制。詹勇飞等[④]认为企业的知识网络包括内部和外部的知识网,并从知识网络的广度、深度和整合能力三个方面构建指标衡量体系。刘红丽等[⑤]认为企业孵化器知识转移影响因素包括孵化器管理机构知识存量、孵化器管理机构的结网能力、孵化器管理机构的知识转移能力、孵化器管理机构的知识转移意愿等四个方面。李文博[⑥]应用扎根理论提炼了知识服务创新的影响因素,提炼出知识运作能力、知识结网能力、知识服务需求和创新保障机制 4 个主范畴。

---

① 钟卫东、孙大海、施立华:《企业孵化器的复杂性:分析与启示》,《科技进步与对策》2006 年第 2 期,第 156—158 页。

② 王磊、张庆普、李沃源:《企业知识能力的可拓评价研究》,《图书情报工作》2011 年第 22 期,第 83—88 页。

③ 宁烨、樊治平:《知识能力的构成要素:一个实证研究》,《管理评论》2010 年第 12 期,第 96—103 页。

④ 詹勇飞、和金生:《基于知识整合的知识网络研究》,《研究与发展管理》2009 年第 3 期,第 28—32 页。

⑤ 刘红丽、周佳华:《企业孵化器知识转移影响因素研究》,《科技进步与对策》2012 年第 8 期,第 128—131 页。

⑥ 李文博:《企业孵化器知识服务创新的关键影响因素——基于扎根理论的一项探索性研究》,《研究与发展管理》2012 年第 5 期,第 22—33 页。

考虑到本书主要研究的是基于知识能力的科技企业孵化器关系嵌入与孵化绩效的关系，考察的主要是孵化器如何通过网络中的关系嵌入提升知识能力，进而提升孵化绩效，这里主要考察科技企业孵化器的知识运作能力和知识结网能力。

(3) 知识结网能力与孵化绩效

科技企业孵化器对培育科技型中小企业的成长具有重要作用。不过，仅仅依靠孵化器自身的力量，还难以对孵化企业提供系统的支持，因此孵化器在发展过程中，与政府、高校、研究机构、创业投资机构、法律、财务等机构建立了紧密联系，并与这些机构互动，向在孵企业提供多层次立体化的支持，构成了以孵化器为核心的内外部纵横交错的孵化网络。孵化器网络为在孵企业提供了内部交流纽带和外部社会网络依托，降低了创业企业的信息搜索成本、交易成本和搜索距离，弥补了单个企业知识、经验和能力的不足，提升了在孵企业的学习能力，扩展了在孵企业社会网络，降低了创业失败率。科技企业孵化器知识结网能力需要在孵化器自身知识的基础上，在孵化网络中吸引各种机构并和各种机构建立紧密联系和知识网络的能力。孵化器的结网能力越强，其拥有的知识资源越丰富，越能够为在孵企业提供知识服务等方面的支持，从而促进各类不同机构或主体的知识向在孵企业转移，促进在孵企业成长。由此本书提出假设4：

假设4：科技企业孵化器知识结网能力对孵化绩效有显著正向影响。

(4) 知识运作能力与孵化绩效

科技企业孵化器知识运作能力是指孵化器在对创业企业所需要的知识进行识别后，充分吸收外部孵化网络的知识，进而对外部知识进行整合，向在孵企业成功转移的能力。相对于一般的企业，科技企业孵化器有其自身特点，孵化器的服务对象是其内的创业企业，能否准确识别创业企业缺乏的知识或某些知识的不足，是孵化器知识运作能力的前提；知识吸收能力是指科技企业孵化器对孵化网络中的知识进行的认知、评估、内化的能力，科技企业孵化器的知识吸收能力越强，就越有机会将其他科技企业孵化器和机构的各种知识吸收到其内部；科技企业孵化器的知识整合能力是一种组织能力，要求孵化器能够将所吸收的外部知识整合成创业企业需要的知识；孵化器知识运作的目的是向在孵企业转移孵化网络中的有效知识，能够采取适宜的途径将吸收的创业知识转移给创业企业是孵化器知识运作能力评价的关键指标。科技企业孵化器知识运作能力越强，越能有效向在孵企业提供知识服务，进一步提升孵化绩效。由此，本书提出假设5：

假设5：科技企业孵化器知识运作能力对孵化绩效有显著正向影响。

四　孵化器关系嵌入与知识能力

Gelauff（2003）认为组织间的交易问题，虽然可以通过采用正式的合作等正规机制来解决，不过，正式的机制对于知识这类复杂且难以具体衡量的交易，存在一定的局限，组织间的非正式关系对于组织间的知识交易是一种很好的选择。许多学者证实（Powell，Smith-Doerr，1994；Podolny，Page，1998）组织建立的网络有助于企业获取新的知识。组织间的社会互动不仅可以帮助其获取显性的知识，而且还可以帮助组织获取隐性知识，Lane和Lubatkin[①]（1998）指出，互动式学习可以帮助企业不仅可以获取到可观察的知识，而且还可以获取深层次隐性知识；Maskell[②]（2001）指出大部分的隐性知识是通过社会互动形成的。孵化器的关系嵌入包括信任、信息共享、共同解决问题三个维度，孵化器间的信任、信息共享和共同解决问题促进孵化器之间关系的深化，促进孵化器间的深度学习，孵化器的知识结网能力得到提升，同时在此过程中，孵化器的知识运作能力也得到了提升。由此，本书提出假设6—假设11：

假设6：孵化器间的信任对孵化器知识结网能力有显著正向影响。

假设7：孵化器间的信息共享对孵化器知识结网能力有显著正向影响。

假设8：孵化器间的共同解决问题对孵化器知识结网能力有显著正向影响。

假设9：孵化器间的信任对孵化器知识运作能力有显著正向影响。

---

① Lane P. J., Lubatkin M., Relative absorptive capacity and interorganizational learning [J]. Strategic Management Journal, 1998, 19 (5): 461-477.

② Maskell P., Towards a knowledge-based theory of the geographical cluster [J]. Industrial and Corporate Change, 2001, 10 (4): 921-943.

假设10：孵化器间的信息共享对孵化器知识运作能力有显著正向影响。

假设11：孵化器间的共同解决问题对孵化器知识运作能力有显著正向影响。

五　孵化器关系嵌入、知识能力与孵化绩效

傅慧等[1]研究表明知识资源在内部学习能力与企业绩效之间扮演着部分中介的角色，在外部学习能力与绩效之间扮演着完全中介的角色。范钧等[2]研究表明，组织隐性知识获取对网络运作、配置能力与突破性创新绩效关系起部分中介作用。蔡猷花等[3]研究表明，网络结构、网络关系通过知识整合影响了创新绩效。吴俊杰等[4]研究表明知识整合能力对企业家技术社会资本、商业社会资本与技术创新绩效存在着中介作用。根据上文对孵化器关系嵌入中的信任、信息共享、共同解决问题与孵化绩效的关系探讨，孵化器关系嵌入中的信任、信息共享、共同解决问题与知识结网能力和知识运作能力关系的探讨，知识结网能力和知识运作能力和孵化绩效关系的探讨，结合上述文献的研究结论，本研究判断，关系嵌入与孵化绩效之间还存在着间接的正相关关系，即关系嵌入通过知识能力间接作用于孵化绩效。因此，本研究提出以下假设：

假设12：知识结网能力在信任和孵化绩效之间起中介作用。

假设13：知识结网能力在信息共享和孵化绩效之间起中介作用。

假设14：知识结网能力在共同解决问题和孵化绩效之间起中介作用。

假设15：知识运作能力在信任和孵化绩效之间起中介作用。

假设16：知识运作能力在信息共享和孵化绩效之间起中介作用。

---

[1] 傅慧、付冰：《学习能力与企业绩效：知识资源是中介变量吗》，《南开管理评论》2007年第4期，第23—28页。

[2] 范钧、郭立强、聂津君：《网络能力、组织隐性知识获取与突破性创新绩效》，《科研管理》2014年第1期，第16—24页。

[3] 蔡猷花、陈国宏、蔡彬清：《产业集群网络、知识整合能力及创新绩效关系研究——基于福建省三个制造业集群的实证分析》，《福州大学学报》（哲学社会科学版）2013年第2期，第21—28页。

[4] 吴俊杰、戴勇：《企业家社会资本、知识整合能力与技术创新绩效关系研究》，《科技进步与对策》2013年第11期，第84—88页。

假设17：知识运作能力在共同解决问题和孵化绩效之间起中介作用。

本研究假设汇总表如表10—1所示。

表10—1　　　　　　　　　　假设汇总表

假设	子假设	假设内容
H1	假设1	科技企业孵化器之间的信任对孵化绩效有显著正向影响
	假设2	科技企业孵化器之间的信息共享对孵化绩效有显著正向影响
	假设3	科技企业孵化器间的合作完成任务对孵化绩效有显著正向影响
H2	假设4	科技企业孵化器知识结网能力对孵化绩效有显著正向影响
	假设5	科技企业孵化器知识运作能力对孵化绩效有显著正向影响
H3	假设6	孵化器间的信任对孵化器知识结网能力有显著正向影响
	假设7	孵化器间的信息共享对孵化器知识结网能力有显著正向影响
	假设8	孵化器间共同解决问题对孵化器知识结网能力有显著正向影响
	假设9	孵化器间的信任对孵化器知识运作能力有显著正向影响
	假设10	孵化器间的信息共享对孵化器知识运作能力有显著正向影响
	假设11	孵化器间的共同解决问题对孵化器知识运作能力有显著正向影响
H4	假设12	知识结网能力在信任和孵化绩效之间起中介作用
	假设13	知识结网能力在信息共享和孵化绩效之间起中介作用
	假设14	知识结网能力在共同解决问题和孵化绩效之间起中介作用
	假设15	知识运作能力在信任和孵化绩效之间起中介作用
	假设16	知识运作能力在信息共享和孵化绩效之间起中介作用
	假设17	知识运作能力在共同解决问题和孵化绩效之间起中介作用

作为培育创业企业的平台，孵化器能够为创业企业提供空间支持、平台支持、服务支持、资金支持、政策支持等，并且形成创业企业的聚集区，促使创业企业进行自我孵化、催化孵化，能够有效降低在孵企业的创业风险，提高创业企业成功率。不过仅靠孵化器一己之力，不足以对在孵企业形成更为有效的支持，孵化器需寻求外部资源提升对在孵企业的支持力度，形成孵化网络或孵化联盟。实际上，孵化器本身嵌入由政府、高校、研发机构、创投、金融机构、法律、财务等中介机构以及自身组成的社会网络之中，孵化器的关系嵌入对孵化绩效有显著的促进作用，孵化器间的信任、信息共享和共同解决问题能够深刻反映出孵化

器间的关系嵌入情况。孵化器除了对在孵企业提供人、财、物等硬件支持外，知识服务是影响孵化绩效十分重要的环节，良好的知识结网能力和知识运作能力有助于提升孵化绩效。孵化器的关系嵌入有助于孵化器获取外部知识，有助于孵化器知识服务能力的提升。综合上文的假设，本研究的概念模型如图10—1所示：

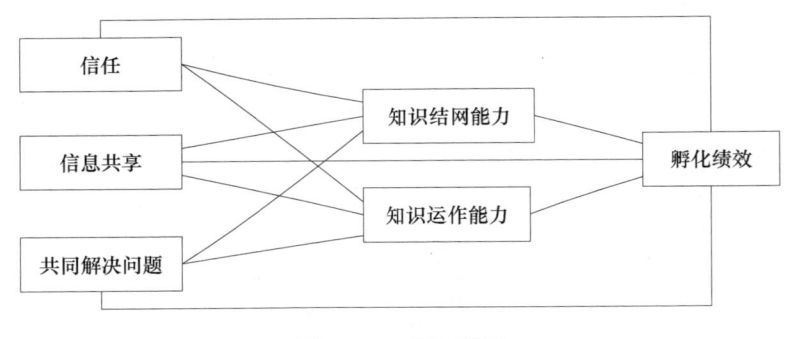

图 10—1　概念模型

第二节　问卷设计与调查

对于难以进行客观数据衡量的变量，通过问卷设计能够用相对简单的方法获取衡量变量的数据。问卷的设计和收集对于模型的检验结论有直接和重要的影响。为保证孵化器关系嵌入、知识能力与孵化绩效问卷的科学性，需要尽可能通过问卷获取变量的真实数据，本研究的问卷设计遵循以下步骤：

（1）文献基础

本书科技企业孵化器关系嵌入、知识能力与孵化绩效调查问卷的设计建立在前期对于关系嵌入、知识能力以及孵化绩效文献总结和梳理的基础上，关系嵌入、知识能力与孵化绩效领域论文中的问卷为本研究的问卷设计提供了可靠的基础，关系嵌入中的信任、信息共享和共同解决问题是比较成熟的测量变量，本研究吸取前人的问卷选项结合科技企业孵化器领域对于关系嵌入的描述，适当进行了修改。孵化绩效的评价标准较多，也不统一，本研究总结了孵化绩效评价标注的文献和时务，提出了相应的评价体系，设计了孵化绩效的问卷。知识能力方面的问卷在前期文献的基础上，结合科技企业孵化器知识能力的特征，通过文献的演绎设计了相关问卷。

（2）深入访谈

本研究是国家社科基金项目"科技企业孵化器集聚、效率与空间发展研究"的成果，在设计问卷之前，联系天津本地的科技企业孵化器如天津市科技创业服务中心、天津海泰企业孵化服务有限公司、天津火炬鑫茂创业服务有限公司、天津华苑软件园建设发展有限公司等国家级孵化器，深入了解孵化器之间的关系嵌入现状及发展情况，孵化器的知识能力内涵和作用，并与这些孵化器的高级管理人员就问卷的变量和测度进行了探讨，同时征求了孵化器研究领域一些专家学者的意见，力争问卷符合客观实际。

（3）问卷前测

根据通过问卷调查进行实证分析的经验，在进行大规模数据调查之前，需要对问卷进行小规模的调查并进行实验性测评，对问卷题项的可辨识性、可阅读性进行分析，确认问卷题项准确无异议，及时发现问卷选项中可能存在的问题以及在填写问卷中的可能障碍；需要对问卷的信度、效度等进行分析。根据调查过程中和对问卷数据的初测评，对问卷的题项进行修改和完善；同时对一些重复、冗余的选项进行删减和合并，降低问卷填写的时间，获得高质量的问卷样本。

（4）结构合理

科技企业孵化器关系嵌入、知识能力与孵化绩效调查问卷设计遵循问卷设计的一般原则①。问卷从本次科技企业孵化器关系嵌入、知识能力和孵化绩效研究的主要内容出发，每一个问项均围绕关系嵌入、知识能力和孵化绩效关系的要素展开。问项的结构安排上，按照关系嵌入的信任、信息共享、合作解决问题三个维度，中介变量知识能力的知识结网能力和知识运作能力，孵化绩效的测评变量以及被调查者基础信息的顺序进行安排，在问卷题项的整体安排和每一个部分安排均按照先易后难

---

① 曾鑫：《"科技企业孵化器、创投机构、在孵企业"三方联盟绩效及其网络演化研究》，博士学位论文，天津大学，2012年。

的规则,并且以被调查者易于理解的语言设计问卷题项,问卷共有 29 个题项,整体问卷的回答时间控制在不超过 20 分钟。

第三节　问卷观测变量设计

(1) 关系嵌入的观测变量

关系嵌入变量的三个维度信任、信息共享、共同解决问题比较成熟,不过目前还没有关于科技企业孵化器关系嵌入的成熟问卷,本研究参考了张恒俊等[①]关于关系嵌入对企业创新绩效影响的研究,赵炎等[②]关于网络嵌入性对联盟企业创新绩效影响的研究,郑登攀等[③]关于网络嵌入性对企业选择合作技术创新伙伴影响的研究,魏江等[④]关于关系嵌入强度对企业技术创新绩效的影响机制研究等文献。

结合 Jong,McEvily[⑤],Sherwood 等的研究,以及科技企业孵化器的实际情况,本研究科技企业孵化器关系嵌入的信任观测变量由 5 个问题组成:本孵化器与其他孵化器之间在交流时能做到实事求是;本孵化器与其他孵化器之间都能注重信誉,信守承诺;本孵化器与其他孵化器之间真诚合作,不会出现相互误导/欺骗的行为;本孵化器与其他孵化器之间不会利用相互的弱点来获取不当收益;本孵化器与其他孵化器之间能进行公平的协商、谈判。

结合 Gulati, Lambe , McEvily, Malhotra 等的研究,以及孵化器实际情况,本研究孵化器关系嵌入的信息分享观测测量由 5 个问题组成:本

---

① 张恒俊、杨皎平:《关系嵌入性对企业创新绩效的影响研究——以知识溢出、知识吸收能力为中介变量》,《合肥工业大学学报》(社会科学版)2014 年第 1 期,第 44—50 页。
② 赵炎、郑向杰:《网络嵌入性与地域根植性对联盟企业创新绩效的影响——对中国高科技上市公司的实证分析》,《科研管理》2013 年第 11 期,第 9—17 页。
③ 郑登攀、党兴华:《网络嵌入性对企业选择合作技术创新伙伴的影响》,《科研管理》2012 年第 1 期,第 154—160 页。
④ 魏江、郑小勇:《关系嵌入强度对企业技术创新绩效的影响机制研究——基于组织学习能力的中介性调节效应分析》,《浙江大学学报》(人文社会科学版)2010 年第 6 期,第 168—180 页。
⑤ McEvily B., Marcus A., Embedded ties and the acquisition of competitive capabilities [J]. Strategic Management Journal, 2005, 26 (11): 1033–1055.

孵化器与其他孵化器之间信息交流频繁，而非局限于既定的协议；本孵化器与其他孵化器之间相互提醒发展可能存在的问题和变化；本孵化器与其他孵化器之间能够分享未来的孵化发展战略；本孵化器与其他孵化器之间能够相互共享创业信息和孵化经验；本孵化器与其他孵化器有共同/接近的孵化发展观等。

结合 Becerra et al，McEvily 和 Marcus 等的研究，以及孵化器的反馈，本研究孵化器关系嵌入的共同解决问题观测测量有3个问题组成本孵化器与其他孵化器之间能合作完成任务；本孵化器与其他孵化器之间能互相帮助，解决对方问题；本孵化器与其他孵化器之间能共同协作，克服困难。

（2）知识能力的观测变量

参考 Goll[①]，Gold[②] 等人的研究，结合李文博通过扎根理论得出的对孵化器包括知识运作能力、知识结网能力等知识服务能力的划分，宁烨等对企业知识能力评价体系的研究，本研究的科技企业孵化器知识结网能力观测变量共有4个题项：本孵化器能够给孵化企业提供齐备的孵化知识，与本孵化器联系的其他孵化器、大学研究机构的数量很多，本孵化器与其他孵化器、外部服务机构的联系十分紧密，本孵化器在所处的孵化器网络中居于中心地位。本研究的科技企业孵化器知识运作能力观测变量共有4个题项：本孵化器能够充分识别出创业企业需要的知识，孵化器能够从外部充分吸收关于创业企业的知识，孵化器能够将所吸收的外部知识整合成创业企业需要的知识，本孵化器能够采取适宜的途径将创业知识转移给创业企业。

（3）孵化绩效的观测变量

孵化器绩效是一个各方面综合的结果，需要考虑的因素较多，《国家级科技企业孵化器评价指标体系（试行）》中孵化绩效包括孵化效率、研发效率、获奖情况和毕业企业四个方面，其中最核心的是创业绩效、创

---

① Goll I., Brown Johnson N., Rasheed A. A., Knowledge capability, strategic change, and firm performance: the moderating role of the environment [J]. Management Decision, 2007, 45 (2): 161 – 179.

② Gold A. H., Arvind Malhotra A. H. S., Knowledge management: an organizational capabilities perspective [J]. Journal of Management Information Systems, 2001, 18 (1): 185 – 214.

新绩效和筹资绩效，再加上科技企业孵化器的社会绩效，构成了本研究孵化器绩效的四个维度，共有 5 个题项：本孵化器的孵化成功率水平、本孵化器中创业企业的收入状况、本孵化器的资金充足水平、本孵化器内创业企业拥有的知识产权水平、本孵化器内在孵企业从业人员水平。

（4）控制变量

影响孵化绩效以及孵化器间的关系嵌入、知识能力的因素较多，为了保证研究结果的稳定性，防止其他相关变量影响关系嵌入、知识能力、孵化绩效等主要变量而出现统计偏差，根据科技企业孵化器领域研究的有关文献，把科技企业孵化器成立年限、科技企业孵化器规模、科技企业孵化器企业或事业性质作为研究的控制变量。

（5）测量方法选择

对结构方程模型观测变量进行测度时，可以选择客观数据，也可以选择主观数据。使用客观数据的优势在于受被调查者主观认识偏差影响较小，且指标一致，不同调查问卷、甚至不同问项之间差异不受被调查者差异的影响，但对于本研究模型中的变量，几乎无法获取客观的定量数据。当客观数据难以获取的时候，自评方式可以被认为是有效的替代评价方法。由于本研究变量以定性为主，参考绩效和心理学相关研究对变量的测度方法选择主观评价方式对观测变量进行测量。

（6）测量尺度选择

一般而言，进行问卷设计获取样本进行实证的研究使用 Likert 量表法对相关变量进行测量。Likert 量表法有 5 级、7 级或 9 级三个测量尺度，可以针对不同的调查对象和研究问题灵活掌握运用。本研究的调查对象主要为科技企业孵化器的中高级管理人员，素质相对较高，对问卷问题的敏感性较强，使用 5 级尺度可能对调查对象而言区分度较低，而使用 9 级尺度对本研究的调查对象而言可能敏感度区分度过高，因此使用 7 级尺度的 Likert 量表，本调查问卷中每个问项设有 7 级选项，由"非常同意"到"非常不同意"分别给予 1—7 分，从而形成孵化器关系嵌入、知识能力与孵化绩效研究的原始问卷。

（7）积极性回答偏差

该偏差是自评调查问卷最大的弱点。由于问项基于被调查者自身的感知，具有较强的主观性。自评问项设计考虑到管理者往往容易对自身企业的运营存在过于积极的判断，为避免被调查问卷中出现有失公允的回答，本调查将管理人员与直接参与孵化器知识服务的员工均纳入调查范围，因其更了解合作中的细节，可以保证问卷结果的信度、效度和客观性；在问项语言设计上，尽可能保持客观、排除感情色彩的干扰，从而使调查结果尽可能显示孵化器知识服务实践过程中的真实情况。

第四节 实证分析

本研究以孵化器为研究对象，研究内容为孵化器关系嵌入、知识能力与孵化绩效的关系。关系嵌入作为孵化器社会资本的一个重要方面，需要在较紧密的社会网络中才能更好体现其价值，如果选取的对象分布太广，聚集度较差，不容易体现出问卷中关于关系嵌入的题项，因此，本研究问卷发送的对象根据课题组所在地区以及能够获取的调查渠道，主要集中于天津、西安、郑州、苏州、北京以及济宁等城市，考虑到样本的广泛性，本次调查问卷也通过邮件的方式调查了少量的河北省、上海市、深圳市的孵化器。本次问卷的调查时间集中在2015年10月到2016年3月，通过现场发放、邮件以及微信等方式共发放调查问卷500份，回收332份，回收率为66.4%，通过异常值排查、同一问卷雷同选项查阅等方式筛选得到有效问卷219份，有效率为66%。

一 调查问卷描述性统计分析

如上所述，本研究获取有效问卷219份，样本的基本情况如表10—2、10—3所示。

（1）被调查者所在孵化器成立年限分布

表10—2　　　　　　被调查者所在孵化器成立年限

被调查者所在孵化器成立年限	样本数量	百分比	被调查者所在孵化器成立年限	样本数量	百分比
1—3年	26	11.9%	1—3年	46	21%
4—7年	49	22.4%	4—7年	55	26.3%

续表

被调查者所在孵化器成立年限	样本数量	百分比	被调查者所在孵化器成立年限	样本数量	百分比
7—10 年	113	51.5%	7—10 年	97	44.3%
10 年以上	31	14.2%	10 年以上	21	9.6%
合计	219	100%	合计	219	100%

从表 10—2 中可以看出，被调查者所在孵化器大多在 7—10 年之间，成立时间小于 3 年的较年轻孵化器和成立时间大于 10 年的较长时间孵化器均占有一定比例，被调查者所在孵化器有很好的代表性。被调查者在孵化器中的工作年限从 1—3 年到 10 年以上，均有一定的分布，而且以 7—10 年工作年限为多，表明被调查者在孵化器中工作经验丰富，具有较好的素质，能够提供真实可靠的数据。

（2）被调查者的学历背景与职位分布

表 10—3　　　　　　　被调查者学历背景与职位分布表

被调查者学历背景	样本数量	百分比	被调查者职位	样本数量	百分比
大专以下	15	6.8%	高层管理者	86	39.3%
本科	127	57.9%	中层管理者	102	46.5%
硕士	68	31.1%	基层工作人员	31	14.2%
博士	9	4.1%			
合计	219	100%	合计	219	100%

从表 10—3 中可以看出，本次被调查者的学历集中于本科和硕士，另外有少量的大专以下学历者和博士学位者，被调查者的学历比较多元化，具有代表性。另外，本次被调查者职位分布以科技企业孵化器中高层管理者为主，符合问卷收集预期。

（3）被调查者所在孵化器类型

从科技企业孵化器的事业型与企业型分类来看，被调查者所在孵化器中事业型有 85 家，企业型有 134 家；从科技企业孵化器的综合型与专业型分类来看，被调查者所在孵化器中综合型有 96 家，企业型有

123 家。

二 变量的信度与效度分析

（1）变量的均值与相关性分析

变量的均值与相关性分析如表 10—4 所示。从表 10—4 中可以看出，科技企业孵化器关系嵌入的三个维度、信息共享的两个维度和孵化绩效之间均存在高度相关性（在 1% 水平上显著）。

表 10—4　　　　　　　　变量的均值与相关性分析

	均值	标准差	1	2	3	4	5	6
1 信任	5.42	0.92	1	—	—	—	—	—
2 信息共享	6.05	0.94	0.538**	1	—	—	—	—
3 共同解决问题	5.94	0.84	0.53**	0.679**	1	—	—	—
4 知识结网能力	5.54	0.95	0.501**	0.528**	0.421**	1	—	—
5 知识运作能力	5.67	0.79	0.485**	0.423**	0.442**	0.723**	1	—
6 孵化绩效	5.28	0.62	0.44**	0.433**	0.406**	0.675**	0.622**	1

注：** 表示在 1% 的水平上显著。

①科技企业孵化器关系嵌入的三个维度中，信任和共同解决问题均值高于 5，而信息共享的均值高于 6，表明被调查者认为科技企业孵化器关系嵌入情况要高于预期。科技企业孵化器知识结网能力的两个维度知识结网能力和知识运作能力均值高于 5，表明被调查者认为孵化器的知识能力高于预期，同时孵化绩效均值高于 5，表明被调查者认为孵化器的孵化绩效较好。

②在变量的相关性分析中，信任、信息共享、共同解决问题、知识结网能力、知识运作能力、孵化绩效均显著正相关，初步支持了本研究的一些假设。

（2）信度与效度分析

①信度与效度检验方法

运用量表法进行实证研究，必须对量表进行效度与信度的检验，图 10—2 形象地反映了不同效度与信度的调查问卷的所能反映实际数据的情况，可见保证测量量表的可靠性和有效性，才能保证分析结果的合理与科学。

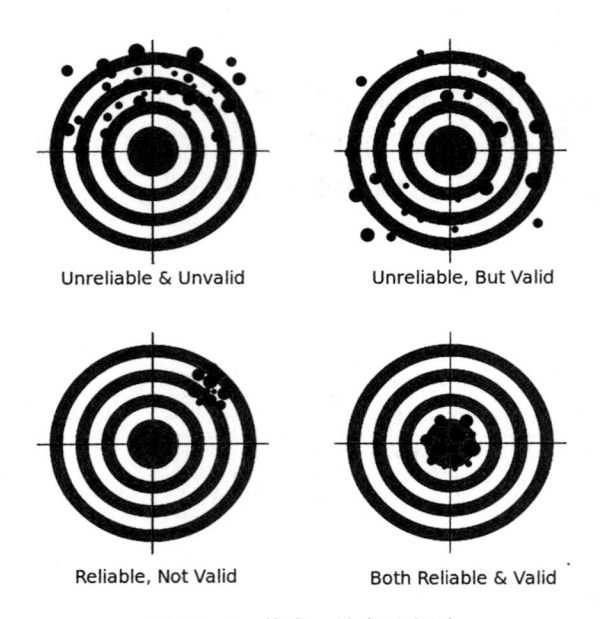

图 10—2　信度、效度示意图

资料来源：维基百科 http://en.wikipedia.org/wiki/Validity_(statistics)#Construct_validity。

在计量心理学相关研究分析方法中，通过量表法收集的数据应首先进行量表效度检验，指的是检验实证数据以及理论对量表分值的解释程度，或者说是指检验量表设计是否具备有效性，在一般实证研究中，常见的效度检验包括内容效度（content validity）和结构效度（construct validity）两个部分。其中内容效度是指对量表问项涵盖内容和结构设计是否具有代表性的检验，由于本研究调查问卷中变量结构、问项设计是基于已有研究结果和经过实证检验的理论框架而构建的，同时针对本研究领域结合深入访谈、实地调研进行过修正，因此可以认为该问卷具有较好的内容效度；结构效度是指对根据理论推导所得到的概念模型设计的量表是否能够真实有效地反映理论研究内容的检验，对结构效度的检验包含不同问项之间的关系以及问项与结构安排之间关系的检验，主要通过因子分析工具从调查所得的实证数据中分析出基本结构，以此来检验根据理论模型设计的测量量表是否能够与实证数据相符，若从实证数据提取的共同因子与理论结构相一致或接近，那么可以认定该测量量表结构效度较好。

根据因子分析相关研究，在进行因子分析之前首先要进行 KMO 检验和 Bartlett 球度检验，其中 KMO 取值在 0 和 1 之间，是对样本量充足度的检验，KMO 值越接近 1，说明原有变量越适合作因子分析；反之 KMO 值接近 0，说明原有变量越不适合做因子分析。根据 Kaiser 提出的 KMO 度量标准：0.9 以上表示非常适合；0.8 表示适合；0.7 表示一般；0.6 表示不太适合；0.5 以下表示极不适合。而 Bartlett 球度检验则是测量样本数据是否适合做因子分析的检验，当 P 值小于 0.05 的显著性水平时，表明原样本数据适合做因子分析。因此 KMO 值和 Bartlett 检验值必须在合适的范围内才能进一步进行因子分析。

②孵化器知识孵化器能力问卷信度与效度检验

在进行科技企业孵化器关系嵌入、知识能力与孵化绩效各项假设检验之前，首先对科技企业孵化器关系嵌入、知识能力与孵化绩效量表进行因子分析和信度检验。变量及因素的因子载荷与信度如表 10—5 所示。

采用 Cronbach's alpha 系数来评价多条目构念的信度。其中，Alpha 系数超过 0.7 就是有效的[①]。本研究中所有构念的测量表的 Alpha 系数都超过了 0.7，表明变量的信度通过了检验。对于问卷的效度检验，当问卷 KMO 系数小于 0.5 时，不宜进行因子分析。经检验发现 KMO 系数均大于 0.7，且 Bartlett 球体检验的显著水平为 0.000，因子抽取均得到清晰结构的因子，满足因子分析的要求，所以问卷具有较好的效度，各变量或指标的因子载荷值大于 0.500，说明问卷具有较好的结构效度。AVE 指标值大于 0.50，表示该潜变量具有较好的收敛效度。除了孵化绩效之外，其余潜变量的 AVE 均大于 0.6，数据信度较好。

科技企业孵化器关系嵌入、知识能力和孵化绩效各量表均在参考国

---

① 苏中锋、李嘉：《吸收能力对产品创新性的影响研究》，《科研管理》2014 年第 5 期，第 62—69 页。

外经典文献和国内相关研究,结合孵化器的实际情形进行设计,在设计过程中充分针对孵化器研究领域专家以及孵化器实务人士的意见,反复修改,问卷具有较好的内容效度。

表 10—5　　变量或因素的因子载荷与信度

	题项	因子载荷	Cronbach's α	AVE
信息分享	本孵化器与其他孵化器之间信息交流频繁,而非局限于既定的协议	0.835	0.835	0.607
	本孵化器与其他孵化器之间相互提醒发展可能存在的问题和变化	0.649		
	本孵化器与其他孵化器之间能够分享未来的孵化发展战略	0.784		
	本孵化器与其他孵化器之间能够相互共享创业信息和孵化经验	0.897		
	本孵化器与其他孵化器有共同/接近的孵化发展观	0.870		
信任	本孵化器与其他孵化器之间在交流时能做到实事求是	0.671	0.895	0.712
	本孵化器与其他孵化器之间都能注重信誉,信守承诺	0.696		
	本孵化器与其他孵化器之间真诚合作,不会出现相互误导/欺骗的行为	0.723		
	本孵化器与其他孵化器之间不会利用相互的弱点来获取不当收益	0.732		
	本孵化器与其他孵化器之间能进行公平的协商、谈判	0.623		
共同解决问题	本孵化器与其他孵化器之间能合作完成任务	0.742	0.724	0.656
	本孵化器与其他孵化器之间能互相帮助,解决对方问题	0.774		
	本孵化器与其他孵化器之间能共同协作,克服困难	0.688		

续表

	题项	因子载荷	Cronbach's α	AVE
知识结网能力	本孵化器能够给孵化企业提供齐备的孵化知识	0.762	0.775	0.619
	与本孵化器联系的其他孵化器、大学研究机构的数量很多	0.612		
	本孵化器与其他孵化器、外部服务机构的联系十分紧密	0.806		
	本孵化器在所处的孵化器网络中居于中心地位	0.682		
知识运作能力	本孵化器能够充分识别出创业企业需要的知识	0.711	0.904	0.778
	孵化器能够从外部充分吸收关于创业企业的知识	0.821		
	孵化器能够将所吸收的外部知识整合成创业企业需要的知识	0.726		
	本孵化器能够采取适宜的途径将创业知识转移给创业企业	0.768		
孵化器绩效	本孵化器的孵化成功率水平	0.628	0.722	0.513
	本孵化器中创业企业的收入状况	0.778		
	本孵化器的资金充足水平	0.832		
	本孵化器内创业企业拥有的知识产权水平	0.686		
	本孵化器内在孵企业从业人员水平	0.796		

KMO 样本充分性检验：0.793；Approx. Chi-Square：2889.937；df：325；Sig：0.000

三　研究假设检验

（1）直接效应检验

表10—6中，模型1是孵化器关系嵌入与孵化绩效关系的检验，关系嵌入维度的系数即信任（0.237，$p<0.01$）、信息共享（0.22，$p<0.01$）、共同解决问题（0.158，$p<0.05$）对孵化绩效均有显著正向影响，假设1、假设2、假设3成立。说明孵化器间的关系嵌入越高，孵化器的孵化绩效越好。关系嵌入中的信任对孵化绩效的正向影响最大，从一个侧面反映出关系嵌入的核心问题是信任关系的建立和维护。

模型2是孵化器关系嵌入与孵化器知识结网能力关系的检验，关系嵌入维度的系数即信任（0.299，$p<0.01$）、信息共享（0.348，$p<$

0.01）对孵化器知识结网能力均有显著正向影响，假设6、假设7成立，而共同解决问题对孵化器知识结网能力影响不显著，假设8不成立。共同解决问题对孵化器构建关系网络作用不显著，这与孵化器的本质特征相联系。孵化器作为培育创业企业与企业家的平台，不是以问题为导向，主要是以服务提供和信息提供为导向，因此关系嵌入的信息共享对孵化器知识结网能力影响较大。

模型3是孵化器关系嵌入与孵化器知识运作能力关系的检验，关系嵌入维度的系数即信任（0.327，$p<0.01$）、信息共享（0.118，$p<0.1$）、共同解决问题（0.179，$p<0.01$）均对孵化器知识运作能力有显著正向影响，假设9、假设10、假设11成立。说明孵化器间的关系嵌入越高，孵化器的知识运作能力越强。关系嵌入中的信任对孵化器知识运作能力的正向影响最大，考虑到孵化器的知识运作能力指的是孵化器识别创业企业需要知识，从外部网络中吸收知识，进而整合成创业企业可接受的知识并向创业企业有效传递的能力，较高的信任关系能够促使孵化器更容易从其他孵化器获取知识，提升孵化器知识运作能力。

模型4是孵化器知识能力与孵化绩效关系的检验，知识能力维度的系数即知识结网能力（0.471，$p<0.01$）、知识运作能力（0.282，$p<0.01$），其均对孵化器孵化绩效有显著正向影响，假设4、假设5成立。说明孵化器的知识能力越强，孵化绩效越好。知识能力中的知识结网能力较知识运作能力影响更为显著，这也反映出，相对直接向孵化器内创业企业提供知识，构建更紧密的社会关系网络，为创业企业建设可供联系的社会资本，其作用更为有效。

表10—6　　　　　关系嵌入、知识能力与孵化绩效

	模型1	模型2	模型3	模型4
	关系嵌入与孵化绩效	关系嵌入与知识结网能力	关系嵌入与知识运作能力	知识能力与孵化绩效
信任	0.237***	0.299***	0.327***	
信息共享	0.22***	0.348***	0.118*	
共同解决问题	0.158**	0.027	0.179***	
知识结网能力				0.471***

续表

	模型 1	模型 2	模型 3	模型 4
知识运作能力				0.282***
R^2	0.273	0.344	0.285	0.493
AdjustR^2	0.266	0.338	0.278	0.49
F for R^2	38.616***	54.095***	40.994***	153.634***
D-W 检验	1.8	2.044	2.099	1.858

注：N = 319；显著性水平：*p < 0.10；** p < 0.05；***p < 0.01。

（2）中介效应检验

中介效应是指变量间的影响关系（X→Y）不是直接的因果链关系，而是通过一个或一个以上变量（M）的间接影响产生的，此时称 M 为中介变量，而 X 通过 M 对 Y 产生的间接影响称为中介效应①，如图 10—3 所示。中介效应是间接效应的一种，模型中在只有一个中介变量的情况下，中介效应等于间接效应；当中介变量不止一个的情况下，中介效应不等于间接效应，此时间接效应可以是部分中介效应的和或所有中介效应的总和。

以最简单的三变量为例，假设所有的变量都已经中心化，则中介关系可以用回归方程表示如下：

$$Y = cX + e_1 \tag{10—1}$$

$$M = aX + e_2 \tag{10—2}$$

$$Y = c'X + bM + e_3 \tag{10—3}$$

上述 3 个方程模型图及对应方程如下：

$Y = cX + e_1$

$M = aX + e_2$

$Y = c'X + bM + e_3$

图 10—3　中介变量示意图

① 温忠麟、刘红云、侯杰泰：《调节效应和中介效应分析》，教育科学出版社 2012 年版。

传统上中介效应的检验有三种方法,分别是依次检验法、系数乘积项检验法和差异检验法。依次检验法的步骤如下:

首先检验方程(1)$Y = cX + e_1$,如果c显著(H0:$c = 0$被拒绝),则继续检验方程(2),如果c不显著(说明X对Y无影响),则停止中介效应检验;

在c显著性检验通过后,继续检验方程(2)$M = aX + e_2$,如果a显著(H0:$a = 0$被拒绝),则继续检验方程(3);如果a不显著,则停止检验;

在方程(1)和(2)都通过显著性检验后,检验方程(3)即$Y = c'X + bM + e_3$,检验b的显著性,若b显著(H0:$b = 0$被拒绝),则说明中介效应显著。此时检验c',若c'显著,则说明是不完全中介效应;若不显著,则说明是完全中介效应,X对Y的作用完全通过M来实现。

①孵化器知识结网能力的中介效应检验

按照中介效应的依次检验法分别对关系嵌入的信任、信息共享、共同解决问题和知识结网能力与孵化绩效进行分层回归分析,结果如表10—7至表10—9所示。第一步表明关系嵌入的三个维度信任、信息共享均与因变量孵化绩效之间有显著的正相关关系。第二步表明信任、信息共享、共同解决问题与知识结网能力存在显著正相关关系。第三步表明中介变量知识结网能力和孵化绩效存在显著正相关关系。第四步表明,在包含知识结网能力的中介变量模型中,关系嵌入与孵化绩效之间的正相关关系减弱,信任与孵化绩效之间的系数为0.13,小于不包含中介变量时的系数0.44,且在1%的水平上显著;信息共享与孵化绩效之间的系数为0.107,小于不包含中介变量时的系数0.433,且在5%的显著性水平。共同解决问题与孵化绩效之间的系数为0.148,小于不包含中介变量时的系数0.406,且达到1%的显著性水平。综上所述,知识结网能力对关系嵌入与孵化绩效之间的关系有部分中介效应。假设12、假设13、假设14成立。

第十章 科技企业孵化器网络关系嵌入、知识能力与绩效 / 325

表10—7　知识结网能力在关系嵌入和孵化绩效之间的中介效应检验

	步骤	第一步	第二步	第三步	第四步		a (Sa)	B (Sb)	c (Sc)	c' (Sc')
信任	自变量	信任	信任	知识结网能力	信任	知识结网能力				
	因变量	孵化绩效	知识结网能力	孵化绩效	孵化绩效					
	B (SE)	0.299	0.522	0.442	0.088	0.404	0.522	0.442	0.299	0.088
		(0.035)	(0.051)	(0.027)	(0.032)	(0.031)	(0.051)	(0.027)	(0.035)	(0.032)
	β	0.44***	0.501***	0.675***	0.13***	0.62***				
	△R²	0.193***	0.251***	0.455***	0.288***					
信息共享	自变量	信息共享	信息共享	知识结网能力	信息共享	知识结网能力				
	因变量	孵化绩效	知识结网能力	孵化绩效	孵化绩效					
	B (SE)	0.287	0.533	0.442	0.071	0.405	0.533	0.442	0.287	0.071
		(0.034)	(0.048)	(0.027)	(0.032)	(0.032)	(0.048)	(0.027)	(0.034)	(0.032)
	β	0.433***	0.528***	0.675***	0.107**	0.618***				
	△R²	0.188***	0.278***	0.455***	0.276***					
共同解决问题	自变量	共同解决问题	共同解决问题	知识结网能力	共同解决问题	知识结网能力				
	因变量	孵化绩效	知识结网能力	孵化绩效	孵化绩效					
	B (SE)	0.303	0.479	0.442	0.111	0.401	0.479	0.442	0.303	0.111
		(0.038)	(0.058)	(0.027)	(0.034)	(0.03)	(0.058)	(0.027)	(0.038)	(0.034)
	β	0.406***	0.421***	0.675***	0.148***	0.612***				
	△R²	0.165***	0.177***	0.455***	0.308***					

注：N = 319；显著性水平：* $p < 0.10$；** $p < 0.05$；*** $p < 0.01$。

② 知识运作能力的中介效应检验

表10—8　　　知识运作能力在关系嵌入和孵化绩效之间的中介效应检验

	步骤	第一步	第二步	第三步	第四步	a（Sa）	B（Sb）	c（Sc）	c'（Sc'）
信任	自变量	信任	信任	知识运作能力	知识运作能力				
	因变量	孵化绩效	知识运作能力	孵化绩效	孵化绩效				
	B（SE）	0.299	0.415	0.494	0.448	0.415	0.494	0.299	0.113
		(0.035)	(0.042)	(0.035)	(0.039)	(0.042)	(0.035)	(0.035)	(0.033)
	β	0.44***	0.485***	0.622***	0.166***				
	△R²	0.193***	0.235***	0.387***	0.437***				
信息共享	自变量	信息共享	信息共享	知识运作能力	知识运作能力				
	因变量	孵化绩效	知识运作能力	孵化绩效	孵化绩效				
	B（SE）	0.287	0.353	0.494	0.424	0.353	0.494	0.287	0.137
		(0.034)	(0.042)	(0.035)	(0.037)	(0.042)	(0.035)	(0.034)	(0.031)
	β	0.433***	0.423***	0.622***	0.207***				
	△R²	0.188***	0.179***	0.387***	0.422***				

续表

步骤		第一步	第二步	第三步	第四步		a(Sa)	B(Sb)	c(Sc)	c'(Sc')
	自变量	共同解决问题	共同解决问题	知识运作能力	共同解决问题	知识运作能力				
	因变量	孵化绩效	知识运作能力	孵化绩效	孵化绩效					
共同解决问题	B(SE)	0.303	0.416	0.494	0.122	0.437	0.416	0.494	0.303	0.122
		(0.038)	(0.047)	(0.035)	(0.036)	(0.038)	(0.047)	(0.035)	(0.038)	(0.036)
	β	0.406***	0.442***	0.622***	0.163***	0.55***				
	△R²	0.165***	0.195***	0.387***	0.408***					

注：N = 319；显著性水平：* $p < 0.10$；** $p < 0.05$；*** $p < 0.01$。

根据中介效应检验步骤，分别对关系嵌入的信任、信息共享、共同解决问题和知识运作能力与孵化绩效进行分层回归分析。第一步表明关系嵌入的三个维度信任、信息共享均与因变量孵化绩效之间有显著的正相关关系。第二步表明信任、信息共享、共同解决问题与知识运作能力存在显著正相关关系。第三步表明中介变量知识运作能力和孵化绩效存在显著正相关关系。第四步表明，在包含中介变量的模型中，关系嵌入与孵化绩效之间的正相关关系减弱，信任与孵化绩效之间的系数为0.166，小于不包含中介变量时的系数0.44，且在1%的水平上显著；信息共享与孵化绩效之间的系数为0.207，小于不包含中介变量时的系数0.433，且在1%的显著性水平；共同解决问题与孵化绩效之间的系数为0.163，小于不包含中介变量时的系数0.406，且达到1%的显著性水平。综上所述，知识运作能力对关系嵌入与孵化绩效之间的关系有部分中介效应。假设15、假设16、假设17成立。

（3）假设检验结果汇总

本书假设检验结果汇总如表10—9所示。本书中的假设除了孵化器间共同解决问题对孵化器知识结网能力有显著正向影响外，其余均得到了验证。

表10—9　　　　　　　　检验结果汇总

假设	检验结果
假设1：科技企业孵化器之间的信任对孵化绩效有显著正向影响	检验显著
假设2：科技企业孵化器之间的信息共享对孵化绩效有显著正向影响	检验显著
假设3：科技企业孵化器间的合作完成任务对孵化绩效有显著正向影响	检验显著
假设4：科技企业孵化器知识结网能力对孵化绩效有显著正向影响	检验显著
假设5：科技企业孵化器知识运作能力对孵化绩效有显著正向影响	检验显著
假设6：孵化器间的信任对孵化器知识结网能力有显著正向影响	检验显著
假设7：孵化器间信息共享对孵化器知识结网能力有显著正向影响	检验显著
假设8：孵化器间共同解决问题对孵化器知识结网能力有显著正向影响	检验不显著
假设9：孵化器间的信任对孵化器知识运作能力有显著正向影响	检验显著
假设10：孵化器间的信息共享对孵化器知识运作能力有显著正向影响	检验显著
假设11：孵化器间共同解决问题对孵化器知识运作能力有显著正向影响	检验显著

续表

假设	检验结果
假设12：知识结网能力在信任和孵化绩效之间起中介作用	检验显著
假设13：知识结网能力在信息共享和孵化绩效之间起中介作用	检验显著
假设14：知识结网能力在共同解决问题和孵化绩效之间起中介作用	检验显著
假设15：知识运作能力在信任和孵化绩效之间起中介作用	检验显著
假设16：知识运作能力在信息共享和孵化绩效之间起中介作用	检验显著
假设17：知识运作能力在共同解决问题和孵化绩效之间起中介作用	检验显著

第五节 本章小结

科技企业孵化器对在孵企业一般提供基础设施（硬件）、资金和知识三个方面的服务，孵化器提供的基础设施以及资金服务有较多研究，而孵化器对在孵企业知识服务方面的研究则存在不足。随着知识社会的更加深入发展，孵化器对创业企业的知识服务更加重要。单一孵化器的能力不足以对在孵企业提供全方位的知识服务，孵化器需要与其他孵化器建立广泛而深入的社会网络，从中学习如何管理孵化器以及如何培育在孵企业。孵化器获取知识通过正式的机制如战略联盟是不够的，甚至许多隐性的知识是通过非正式的社会互动获得的。以往孵化器研究关注孵化网络对孵化绩效的影响，也有文献阐述了知识服务对于孵化绩效的重要意义。但很少有学者对孵化器的关系嵌入、知识能力与孵化绩效进行系统研究。

基于上述考虑，本研究综合考虑孵化器的关系嵌入与知识能力两种因素与孵化绩效的关系，试图厘清知识能力如何影响孵化绩效、关系嵌入如何影响孵化器知识能力以及知识能力是否在孵化器关系嵌入和孵化绩效之间存在中介效应。研究表明：

（1）关系嵌入的三维度即信任、信息共享和共同解决问题分别对孵化绩效有显著影响。这一结论与组织间的关系嵌入与合作绩效的研究一致。孵化器内的创业企业大多是高新技术产业，相对于传统产业，孵化器对于高新技术创业企业的管理较一般企业管理更为复杂且专业，仅仅依靠孵化器自身，难以为在孵企业提供高效的服务。这需要孵化器借助外部机构共同对在孵企业进行孵化，只有良好的嵌入关系才能使孵化器形成良好的社会关系网络，提升自身的孵化能力，并且为在孵企业提供延伸的社会网络，提升孵化绩效。科技企业孵化器建立起紧密的社会网络，可以以群体力量达成单一孵化器所无法完成的目标，网络成员越紧密，联结强度越大，互惠层面越广，越有助于孵化器间信息、经验的交流。同时孵化器的良好关系嵌入降低了孵化器之间的交易成本，也降低了孵化器间合作的道德风险。

结合本研究的关于孵化器关系嵌入的问卷，孵化器建立好的嵌入关系，在信任方面应该做到与其他孵化器之间在交流时能做到实事求是，与其他孵化器的交往做到注重信誉、信守承诺，与其他孵化器之间真诚合作，不会出现相互误导/欺骗的行为，不能乘人之危，利用其他孵化器的弱点来获取不当收益，在商业谈判中做到公平。在信息共享方面，孵化器应与其他孵化器之间进行较为频繁的信息交流，而非局限于既定的协议；提醒其他孵化器发展可能存在的问题和变化；与其他孵化器分享未来的孵化发展战略，与其他孵化器相互共享创业信息和孵化经验。在共同解决问题方面，孵化器可以尝试与其他孵化器合作完成任务；与其他孵化器互相帮助，解决对方的问题；与其他孵化器共同协作，克服困难。

（2）孵化器知识能力对孵化绩效有显著正向影响。研究表明孵化器知识能力的两个维度——孵化器知识结网能力和知识运作能力均对孵化绩效有显著正向影响，证实了孵化器知识服务对孵化绩效的重要作用，孵化器不仅应向在孵企业提供基础设施服务和资金支持，还应提供高质量的知识服务，从而提升孵化绩效。孵化器内的在孵企业大多是初创企业，可能仅具有某行业的专门的专利技术知识，创业者缺乏创业知识、企业管理知识、市场知识、金融知识等众多知识，孵化器对创业企业的有效知识服务能够显著提升创业企业绩效，降低创业企业的失败风险。

（3）孵化器关系嵌入对孵化器知识能力有显著正向影响。研究表明，孵化器间的信任和信息共享对孵化器知识结网能力具有显著正向作用，孵化器间的信任、信息共享、共同解决问题对孵化器知识运作能力具有显著正向作用。孵化器关于自身管理知识和在孵企业需要的知识获得并不是一件简单的事情，仅靠自身努力也是不够的，特别是对于隐性知识，因此孵化器需要从与其他孵化器的交流中获取知识。良好的嵌入关系特别是信任关系能够降低孵化器的交易成本和道德风险，能够更好地获取各种知识，提升孵化器的知识结网能力和知识运作能力。

（4）孵化器知识能力在孵化器关系嵌入和孵化绩效之间存在中介效应。这说明了孵化器进行知识服务对于孵化绩效的重要性。同时也反映了在知识能力的介入下，孵化器关系嵌入的社会资本效应更能带来孵化器知识的获取和知识能力的提升，从而提升孵化绩效。结合本研究的问卷，在知识结网能力方面，孵化器应该能够给孵化企业提供齐备的孵化知识，尽可能多的与其他孵化器、高校科研机构、中介机构建立广泛密切的联系，并且力争使自身处于区域孵化网络的中心位置；在知识运作能力方面，孵化器应该能够充分识别出创业企业需要的知识，能够从外部充分吸收关于创业企业的知识，能够将所吸收的外部知识整合成创业企业需要的知识。